결별과 회귀

전통문화와 근대의 관계에 대한 시험적 분석(증보판)

결별과 회귀

초판 1쇄　인쇄 2018년 5월 23일
초판 1쇄　발행 2018년 5월 25일
지 은 이　장카이위안(章开沅)
옮 긴 이　서세영(徐世榮)
발 행 인　김승일
편　　집　마은정
펴 낸 곳　경지출판사
출판등록　제 2015 - 000026호

판매 및 공급처　도서출판 징검다리
주소 경기도 파주시 산남로 85-8번지
Tel : 031-957-3890~1　FAX : 031-957-3889　E-mail : zinggumdari@hanmail.net

ISPN 979-11-88783-46-5

결별과 회귀

전통문화와 근대의 관계에 대한 시험적 분석(증보판)

저자 /

장카이위안(章开沅)

옮긴이 /

서세영(徐世榮)

목 차

자 서 [1]

중국의 현대화를 실현하는 과정에서 역사학계는 제 역할을 발휘하며 꽤 큰 공헌을 이뤄냈다.

우리의 선배인 사마천(司馬遷)은, 역사학자들은 반드시 "하늘과 인간의 관계를 탐구하고 고금의 변화에 통달하여 독창적인 의견을 내야 한다"라고 일찍이 말하였다. 학과의 분류에 따라 말하자면 역사학자는 비록 과거를 연구하는 데에 치중하지만 마땅히 현실에 발을 딛고 미래를 바라보아야 한다.

"인간사는 늘 신구가 바뀌면서 고금이 만들어진다."라는 것은 과거, 현재, 미래가 늘 앞뒤로 이어졌을 뿐만 아니라 더욱 거시적으로 살펴보면 세 가지가 모두 상대적이라는 말이

1) 이 서문은 원래 "중외근대화비교연구총서"의 전체 서문으로 《결별과 회귀 - 전통문화와 근대의 관계에 대한 시험적 분석》은 이 총서의 일종이다.

다. 역사학자들은 적극적으로 현실생활에 참여해야 할 뿐만 아니라 현실과 과거, 그리고 미래를 잇는 가교역할을 해야 한다. 자신의 풍부한 연구 성과를 이용해서 현실사회에 영향을 주는 동시에 국민들과 함께 밝은 미래를 추구해야 한다.

중국은 어떻게 스스로 현대화를 이루었는가? 중국은 어떤 모습의 현대화를 실현해야 하는가? 이는 현재 나라 전체는 물론 전 세계 각 분야 사람들의 공통된 관심사이다. 이런 중대한 문제에 대해 많은 학과에서는 종합적으로 연구하고 아울러 현재의 실천에 대한 시의적절한 이론을 총결하고 탐구해야 한다. 그래야만 비교적 확실하고 유익한 결론을 이끌어 낼 수 있다. 역사학은 다른 학문으로 대체할 수 없고 포괄할 수 없다. 그러나 역사학은 고유의 특정한 기능을 갖고 있을 뿐만 아니라 그 자체로도 많은 학문들과 상호 관련을 갖고 스며들 필요가 있기 때문에 역사학은 중국 현대화 문제를 연구하는 데 큰 역할을 발휘해야 한다.

역사 그 자체를 말할 때, 앞뒤로 이어지는 과정을 단번에 자르기는 어렵다. 특히 근대화와 현대화라는 것들은 모두 공업화와 민주화의 기본적인 과제를 담당했기 때문에 엄격한 잣대를 들이대기 더욱 어렵다. 이 책에서 말하는 근대화에 대해 간략히 서술하자면, 대개 나영거(羅榮渠) 교수가 《마르크스주의 현대화이론의 초보적 탐색을 세우며》에서 말한 "초기현대화"에 해당하며 시기적으로는 최근현대화의 이전이라 할 수 있다. 초기현대화와 최근현대화의 역사주제와 기본내용은 앞뒤로 이어졌으나 각자 단계별 특징을 가진다. 최근현대화와 비교하자면, 초기현대화의 사회구조와 그 시스템, 효율 등은 모두 성숙하지 못하고 불완전한 특징을 갖고 있다. 그러나 바로 이러한 이유 때문에 초기현대화는 상대적으로 단순하고 비교와 판단이 쉽다는 특징을 갖고 있다.

초기현대화와 최근현대화를 딱 잘라 구별하기 어려운 것처럼 역사와 현실 역시 완벽하게 분리하기는 어렵다. 우리가 중외근대화의 역사를 연구하는 과정에는 반드시 국내외의 중대한 현실문제들이 관련되어 있다. 왜냐하면 사회구조란 초기에는 상대적으로 간단해 보이지만 다양한 시스템과 사회적 효용은 종종 성숙해진 뒤에야 비로소 더 완전하고 깊이 있고 뚜렷하게 판단할 수 있기 때문이다. 역사를 고찰하는 기간에 꽤 큰 시간적 간격이 필요한 까닭이며 그 원인 또한 여기에 있다.

우리는 중국과 외국의 현대화 비교연구가 매우 어렵고 규모가 큰 연구 프로젝트임을 깊이 느낀다. 결론적으로 말하자면, 어렵고도 또 어려운 것이 지피지기라는 말이다.

상상하기 어렵지만, 만약 자신과 남, 모두가 아는 것이 매우 적거나 얕더라도 어떤 것에 관해 유의미한 비교를 할 수 있다. 설령 작자가 꽤 우수한 비교방법을 쓴다 하더라도, 만약 그 작자가 중외역사와 현상에 대해 필요한 이해가 부족하고 심지어 관련 있는 중외학술문화의 최소한의 소양마저도 부족하다면 의미 있는 연구 성과를 거두기는 어렵다. 여기에서는 만청(晚清) 시기 사상해방운동의 경험을 본보기로 삼을 필요가 있다. 왜냐하면 그것 역시 중외비교, 특히 중외문화비교에서는 사상과 이론의 토대가 되었기 때문이다. 이 운동의 지도자 중 한 명인 양계초(梁啓超)는 《청대학술개론》에서 담백한 검토를 이미 한 적이 있다. "만청 서양사상운동에 있어 가장 불행한 일은 서양 유학생들의 대부분이 이 운동에 참여한 적이 없다는 것이다. 운동의 원동력과 그 주체는 여전히 서양의 말과 글이 통하지 않는 사람들이었다. 그저 제한된 능력으로 앉아있으니 답습과 파괴, 두루뭉술함과 천박함, 그리고 오류 등의 폐단에서 모두 벗어날 수 없었다. 그런 까닭에 운동이 20년 동안 이어져도 끝내 튼튼한 기초조차 마련하지 못한 채 사회에서 가벼운 소용돌이가 되었다."[2] 양계초는 말과 글의 불통을 강조하였으나 문제는 말과 글의 불통에 그치는 것만은 아니었다. 왜냐하면 말과 글이 비록 서양문화의 가교 역할을 하지만 겨우 서양의 언어와 문자를 만족할 만큼 숙달한 것으로는 서방의 중요한 전적이나 문헌 등을 진지하게 연구하거나 서방의 사회구조와 풍속 등을 깊이 이해할 수 없다. 즉, 여전히 서방의 학술문화, 역사 및 현상 등을 완벽히 이해할 수 없다는 말이다. 이는 흡사 과거의 일반적인 팔고문(八股文)을 쓰는 선비가 늘 능숙한 글재주로 글을 짓지만 중국의 문화, 역사와 현상에 통달하지 못한 것과 같다.

양계초는 풍부한 중국 전통학술문화의 소양을 갖추고 있었으며 일본에 머물던 기간 동안 구미 각국을 돌아다니며 일본과 구미의 학술, 문화, 역사, 현상에 대해 많이 공부하고 이해했다. 비록 선택의 여유가 없었던 맹목적인 답습이지만 학문의 성실함과 넓은 시야는 지금까지도 여전히 우리를 진심으로 감탄하게 한다. 양계초는 이러한 조건에도 불구하고 늘 "표절과 파괴, 두루뭉술함과 천박함, 그리고 오류 등 여러 가

2) 梁启超：《清代学术概论》, 见《梁启超论清学史二种》, 80页, 上海, 复旦大学出版社, 1985°

지 폐단"에 대해 자책하였으니, 우리가 지금 중국과 외국간의 근대화 비교연구를 진행함에 어찌 '지피지기'의 영역을 더욱 착실하게 하지 않을 수 있겠는가?

중국은 세계 굴지의 강대국 중의 하나이다. 오랜 기간 동안 어느 정도 통일된 중앙집권국가였지만 각 지역의 경제, 문화 발전이 고르지 않아 연해와 내륙, 남방과 북방, 동부와 서부, 그리고 각 성들 사이에도 모두 큰 차이가 있다. 또한 중국은 다민족국가로 각 민족들은 모두 고유의 경제, 문화 및 사회구조 부분에서 특징을 갖고 있다. 한족 문화가 비록 주도적인 위치에 있지만 오랜 기간 동안 받아들이고 보존하며 축적해 와서 그 속에 다양한 국내 형제 민족의 문화 및 외국 문화의 소양과 영향력도 이미 포함되어 있다. 오늘날에 이르러서는 각각의 소수민족들이 점점 더 한족문화의 영향을 받고 있지만 본래 민족의 문화적 특징 역시 다양하게 보존하고 있다.

중국은 세계적으로 손꼽히는 오랜 문명국가 중 하나로 온갖 부침을 겪었어도 여전히 생기 넘치며 기나긴 발전 과정 속에서 각자 자신의 특질을 갖고 있다. 유학(儒學)은 통치자들의 제창 덕분에 오랜 기간 동안 통치지위를 차지했고 민족문화생산에 깊은 영향을 끼쳤다. 그러나 다른 계급과 묵가(墨家), 법가(法家), 도가(道家), 불교(佛教) 등의 여러 학설과의 충돌 및 침투로 인해 유학 자체에 변화가 일어났다. 아편전쟁 이후에는 상황이 더욱 복잡해져서 중국학과 서학이 서로 충돌하고 융합하기 시작했다. 5·4운동 이전에는 진화론과 서양자본가계급의 사회정치학설이 들어왔고 5·4운동 이후에는 마르크스주의와 기타 사회주의 유파가 들어왔다. 이 외래 사상들은 모두 각각 다른 시기와 과정을 통해 중국 고유문화들과 결합했고 아울러 중화문화 속에서 서로 다른 위치로 포섭되었다. 이로 인해 오늘날에는 중국전통문화가 순수하다거나 고정불변이라고 말하기가 어렵게 됐다. 우리는 중국문화의 역사와 현상에 대해 진지하고 구체적으로 분석할 뿐만 아니라 외국문화의 역사와 현상과 다양한 비교연구를 해야 겨우 어떤 실질적으로 유익한 결론을 얻을 수 있을 것이다. 만약 역사와 현상의 구체적인 시발점에 관한 철저한 이해가 없이 부랴부랴 간단한 규격화, 입론, 프레임만을 급조한다면 주관적이고 독단적이라는 약점을 피하기 어려울 것이다. 이는 앞서 말했던 "표절과 파괴, 두루뭉술함과 천박함, 그리고 오류 등 여러 가지 폐단"을 저지른 만청 시기 사상계의 선구자들보다 더욱 심각한 일이다.

중국 근대화의 역사 과정 연구는 불필요한 정치적, 감정적, 더 나아가 이데올로기적 간섭을 최대한 배제해서 객관적이고 자유로워야 한다. "여산(廬山)의 진면목을 모르는 것은 바로 이 몸이 여산 속에 있기 때문이다."라는 말처럼 자국의 역사와 현상에 대해서는 일시적으로 색안경을 끼고 보거나 착오를 일으키기도 한다. 또한 입장이나 관점의 착오가 아니더라도 종종 좁은 시야와 왜곡된 시각을 갖기도 한다. 이 때문에 우리는 중국을 살펴보되 중국에서 빠져나와야 하고, 현실에 발을 딛되 현실을 뛰어넘어야 한다. 세계적인 안목과 식견을 갖춰야 하고 세계 전체에서 중국을 관찰하려고 노력해야 하며 단순히 중국에서 세계를 둘러보아서만은 안 된다. 우리가 중외근대화의 비교연구를 해야 하는 까닭이며, 그 원인이 여기에 있다.

종숙하(鍾叔河) 선생이 이룬 큰 업적은 “주향세계총서(走向世界叢書)”라는 책을 출판하여 세계의 형상이 어떻게 중국인의 시선에서 점점 변화가 일어났는지, 그리고 이러한 세계 형상의 변화는 또 중국의 변화에 어떻게 점점 영향을 끼치고 있는지를 우리가 이해하는 데에 도움을 준 것이다. 하지만 내 생각에는 여전히 미진하고 한 가지 항목과 여기에 대응하는 큰 작업이 부족하다. 이를 위해 “주향세계총서”의 출판은, 이전에 중국을 거쳐 간 여러 여행자나 학자, 교사, 상인 및 외교관의 일기, 여행기, 편지, 회고록 등의 문헌자료를 통해 외국인의 시선에서 중국의 형상이 어떻게 점점 변화했는지, 또 이들의 문화가 중국과 세계에 어떠한 영향을 끼치고 있는지를 우리가 이해하는 데에 도움을 주어야 한다. 앞서 상술했던 이미 이루어진 작업과 아직 이루어지지 않은 두 가지의 거대한 작업을 합친다면 반드시 문명화된 세계적인 안목과 식견을 높이는 데 도움이 될 것이다.

올해 초여름, 나는 바쁜 대외활동의 와중에 틈을 이용하여, 미국 뉴 헤이븐(New Haven)에 3주간 머물렀다. 매일 예일대 신학도서관(Yale Divinity School Library) 선본실(善本室, Special Collects)에서 관련 문헌들을 열람하였다. 나의 옛 은사님이신 베이츠 박사(Dr. Miner Searle Bates)의 백여 종의 문건 중, 그가 만년까지 완성하지 못한 책의 친필 원고 중 일부를 발견하였다. 《중국에서 신교도 50년》(Protestant Effort in China,1900—1950)이라는 제목으로, 내용이 매우 풍부하며 재미있었다. 나는 은사께서 인용하신 수많은 문헌들의 단서를 좇아 이 도서관에 수장되어 있는 책 중에서 중국을 거쳐 간 수많은 외국 선교사들의 문서,

친필 원고 및 저작을 발견하였는데, 내용이 상당히 상세하였고 또 그들이 중국에서 있었던 경험, 견문, 감상이 착실하게 기록되어 있었다. 여기에는 당연히 종교적 색채와 인종차별 및 정치적 편견이 다소 뒤섞여 있지만 비교적 객관적이고 소박한 원시자료들도 많이 보존되어 있었다. 마치 여러 방면에 놓인 거울처럼 측면, 각도, 높이에 따라 형형색색의 중국을 반영하였다. 어느 정도의 왜곡을 피할 수는 없지만 대체적으로 우리가 더 깊이 우리의 조국을 이해하는 데에는 결국 도움이 된다고 말할 수 있다. 왜냐하면 이 문헌들은 우리에게 부족한 부분, 즉 바깥 세계에서 관찰한 중국을 알맞게 보완해 주기 때문이다.

지금까지 자신을 알기가 어렵다는 것을 주로 말했고, 이제부터는 남을 아는 것에 대한 어려움에 대해 다시 논하려 한다.

만청 사상계몽 운동에 서양 유학생 "대부분이 참여하지 않았다"는 양계초의 말에는 분명 허점이 있다. 왜냐하면 계몽운동의 지도자 중 한 명이라 여겨지는 엄복(嚴複)이 비록 관료이며 해군을 공부했을지라도 서양 유학생이기 때문이다. 그러나 설령 엄복처럼 서양 학문을 깊고 풍부하게 이해하고 있더라도 그가 가장 익숙한 것은 그저 영국의 학술, 문화, 역사 및 현상에 불과하여 기껏해야 겨우 서양문화의 대표 주자라 할 수 있는 서양(영국을 포함한 프랑스와 독일)만을 많이 이해했다고 할 수밖에는 없다. 프랑스와 비슷한 영향력을 지닌 미국에 대해서 엄복은 그리 익숙하지 않았다. 진정으로 "미국통"이라고 말할 수 있는 용굉(容閎)도 비록 《서학동점기》라는 책 한 권을 썼지만 애석하게도 미국 학술문화를 소개하는 데에 노력을 한 적은 없다. 따라서 양계초가 말한 전반적인 비판은 틀린 말이 아니어서, "만청 서양사상운동"에서 입에 침이 마르도록 극찬한 "서양사상"은 주로 "동양유학생"에게 기대어 일본인으로부터 드물게 사들이는 "중고품"과 같은 것이었다.

서양문화나 서양문명이라는 것은 내용의 광범위함과 내부의 현격한 차이를 포함하고 있고 중화문화와 비교하면 지나치긴 해도 모자라지는 않는다. 왜냐하면 중국은 하나의 국가이지만 서양은 몇 십 개의 국가, 심지어는 몇 개 대륙을 포함하기 때문이다. 각 대륙과 각 국가 간의 차이가 큰 것은 물론이거니와 한 국가 안의 지역 간의 차이도 매우 크다. 우리는 아편전쟁사를 연구하며 늘 서양의 진보와 개방, 그리고 중국의 낙후와 폐쇄를 말하는데 당시 서양에도 낙후되고 폐쇄된 국가와 지역이 있었음은 전혀 알지 못한다. 엥겔스가 일찍이 지적했던 것처럼 1847년까지도 "유럽의 두 지역에는 가장 원시적인 고대 기독교와 독일식 야만을 여전히 유지하고 있고 대부분 도토리를 먹었다. 이 두 지역은 노르웨이와 알프스 고산지대인 올드 스위스이다." 특히, "올드 스위스"는 "그들은 그야말로 가축처럼 끈질기게 모든 세계와 단절을 고집하고 지역풍습, 옷차림, 편견 및 모든 지역에서 편협성과 폐쇄성을 사수하고 있다."[3] 내가 거론한 이러한 예시들은 절대로 생트집을 잡으려는 것이 아니라, 서양 현대화 모델이라는 유럽의 많은 국가 속에도 그 역사적 과정이 매우 불평등하며 각자 자신들의 특징을 갖고 있음을 설명하려는 것뿐이다. 따라서 서양식 모

---

3) 〔德〕恩格斯 :《瑞士的内战》,见《马克思恩格斯全集》, 中文1版, 第4卷, 385,392页, 北京, 人民出版社, 1958°

델이라는 것에서 그 통일성이란 상대적인 것으로 이는 많은 국가들이 갖고 있는 천차만별의 평균을 포함하고 있다. 이 점을 망각한다면 아마도 이 모델은 단순화, 절대화되어 자신의 시야와 사고회로를 막는 데까지 이르게 될 것이다.

현재 사람들이 즐겨 말하는 서양문명은 대개 미국문명이나 미국식 문명을 가리킨다. 미국은 천혜의 조건을 갖추고 있으며 경제발전 수준도 매우 높지만 그들의 문명은 서양문명의 원형이 아니다. 영국, 프랑스 문명이 신대륙으로 뻗어 나간 갈래이며 각국의 이민자들이 가져온 형형색색의 문명들의 통합이다. 사실대로 말하자면 미국 본토에 속했던 인디언 문화는 식민주의, 인종주의의 창궐로 인해 이미 대부분 사라지고 겨우 박물관의 진열품이나 관광 명소의 장식품이 되어 버렸다고 할 수 있다. 미국 동북 지역, 특히 뉴잉글랜드의 여러 주는 영국문화의 영향을 깊이 받았고, 서부지역은 서반아문화의 영향을 많이 받았다. 북부와 남부의 분명한 차이는 미국에 처음 온 사람이라도 한눈에 알 수 있다. 그러나 이러한 말도 이제는 진부한 이야기가 되었으니, 1970년대 이후 상황이 급격하게 변하고 있기 때문이다. 《메가 트렌드》의 작자인 네이스비츠(John Naisbitt)의 판단에 따르면 북부의 쇠퇴와 남부의 번영, 즉 경제의 중심이 북부에서 남부로 바뀌는 추세는 이미 뒤집을 수 없다. 뉴잉글랜드 여러 주의 몇몇 유서 깊은 가문들이 여전히 저토록 신중하고 도도하지만 캘리포니아, 플로리다, 텍사스 같은 3개 주가 그들의 전통적 지위를 점점 대신하고 있다. 그렇기 때문에 내 선배인 TK(당덕강(唐德剛))가 그의 스승인 호적(胡適)을 비평하며 호적이 죽을 때까지 흠모한 뉴잉글랜드와 뉴욕 교외의 WASP(앵글로 색슨계 백인 신교도) 계급의 생활방식은 미국 문명 전체를 대표할 수 없다는 지적도 나무랄 수 없다. "WASP의 배후에 미치게 되면 여전히 또 다른 양식이 있는데, 당시 20대의 중국인 청년이었던 호적이 어떻게 이해할 수 있었겠는가? 더군다나 후대의 저명한 학자들도 분명하게 이해하지 못하였다."[4] TK는 역사학자로 미국에 40년 넘게 살며 "격화소양(隔靴搔癢)"을 조롱하고 실제 상황과 동떨어졌음을 비난했다.

아시아 국가로서 서구화를 가장 먼저 이루고, 그리고 가장 큰 효과를 거둔 나라로 일본을 꼽을 수 있다. 그러나 일본도 서양을 배우고 현대화를 추진하는 데에 역시 복잡한 과정이 있었다. 비록 "탈아론(脫亞論)"(즉, 아시아의 낡은 전통을 벗어난다는 주장)이라는 한때 기개 높던 주장을 외쳤으나 "화혼양재(和魂洋才)"(중국의 "중체서용(中體西用)")도 여전히 큰 영향력을 갖고 있기 때문에 일본도 동양의 유교 문화권을 완전히 벗어나지는 못했던 것이다. 물론 "화혼(和魂)"은 단순히 일본화 된 유학만이 아니라 일본 본토의 신도(神道)의 종류도 포함한다. 일본은 확실히 대폭적으로 서구화되었다고 할 만하다. 패전하고 연합군(주로 미군)에 의해 점령당한 이후 토지제도개혁과 민주이념의 충돌이 함께 따라오면서 일본사회는 미국문화의 지대한 영향을 받았다. 비록 일본을 "유교 + 자본주의"라는 모델에 끼워 넣으려는 사람들이 있지만 실상은 전통유학문화에서 점점 멀어지고 있으니, 특히 청년세대가 그러하다. 물론 여기에는 일본

---

4) 参见唐德刚编译校注：《胡适的自传》, 第三章, 注释 (4), (5). 참고.

이 여전히 갖고 있는 적지 않은 전통적인 것들, 특히 아시아인들을 가장 고통스럽게 했던 군국주의의 잔재가 결코 제외되지 않는다. 최근 몇 년 동안 현대화 문제에 관한 토론 중에 한 가지 경향이 나타났다. 즉, 단순히 경제 발전과정과 물질생활수준을 가지고 각종 문화의 가치뿐만 아니라 종종 눈앞에 있는 것도 고려하지 않고 먼 곳에만 이르는 것을 평가하는데, 이것은 당연히 많은 편견을 갖고 있다. 사회 구조란 하나의 전체적인 것이라서 그저 경제발전 수준만 중시하고 다른 중요한 방면을 홀대할 수는 없다. 동시에 자본주의 경제발전은 대체적으로 불평등한 것이라서, 어떤 시기, 어떤 국가, 어떤 지역의 경제가 빠르게 발전하고 있더라도 이 국가나 지역의 문화가 항상 앞서나가고 사회구조가 매우 합리적이라는 의미는 절대 아니다. 과거의 독일과 지금의 일본 같은 경우가 모두 이러한 문제를 갖고 있다. 미국의 경제발전은 제2차 세계대전 이후부터 긴 시간 동안 세계를 경시하였고 몇몇 사람들은 서천낙토(西天樂土)라고 여겼다. 하지만 오래지 않아 그들도 대영제국이 쇠퇴한 것과 비슷한 처지가 되었다. 미국에 대해서 우리는 과거의 번영 때문에 과대평가할 필요도 없고, 지금의 쇠퇴 때문에 과소평가할 필요도 없다. 일본의 번영과 부침에 관해서도 이와 비슷한 관점으로 보면 된다. 물론 일본인들 모두가 "일본은 스스로 천지개벽하여 세계 일류 국가로 자리 잡았다는 일종의 환상에 취해" 있는 것은 아니고, 그 중에는 시종일관 냉철함을 유지하고 있는 사람도 많다. 중국내에서 논쟁이 많았던 책인 《추한 일본인》의 작자 다카하시 오사무(高桥敷)는 근심 걱정을 하며 국민들에게 경고한 적이 있다. "오늘날 일본인의 현상을 보길 바란다. 그들은 석차 배열과 상품의 수량에 만족하고 있다. 인간에 대한 의식은 여전히 2천 년 전 석기 시대에 머물러 있다. 그들은 안하무인격으로 세계 1등 국민을 자처하고 있다. 아마도 이런 심리의식의 편파성과 낙후성은 일본의 전통미덕으로 간주되어 이어질 것이다. 이 때문에 사람들은 완고하고 융통성 없는 화석처럼 변할 것이다."

일본과 함께 "유학+자본주의"의 모델에 끼워 넣는 나라로 싱가포르, 한국, 중국의 홍콩, 대만이 있다. 이들은 겉으로는 문화요소의 역할을 지나치게 강조하고 있지만 실상 이들 국가나 지역들은 경제가 급성장한 뒤에야 겨우 유가문화에 대한 이론적인 해석을 모색하였다. 혹자는 최소한 비약적으로 발전한 경제를 "신유학"이라는 것을 주창하기 위한 실질적 근거로 내놓을지도 모른다. 나는 여러 차례 홍콩과 싱가포르를 방문해서 현지의 전문가들에게 폭 넓은 가르침을 받은 적이 있는데, 일부 유학이 경제발전에 대해 신기한 역할을 다소 시도했다는 점을 알아차릴 수 있었다. 그러나 매우 유감스럽게도 아마 나의 "완고하고 융통성 없음" 때문에 "유학이 비약적인 경제발전을 이끌었다"는 결론을 내기는 어려웠다. 나의 초보적인 인식에서는 이들 국가와 지역의 경제발전은 주로 기회, 시장, 정책결정, 체제로 결정되는 것일 뿐 유가문화와는 조금도 직접적인 관련이 없다는 것이다. 한 싱가포르 학자가 내게 "유학이 경제발전을 이끌었다는 말은 차라리 경제가 발전한 뒤에야 비로소 어떤 조건과 필요성이 생겨 유학을 제창하였다는 말이 더 낫다."라고 말했다. 적지 않은 성취를 거두고 높은 문화수준을 가진 홍콩의 한 기업가는 더 솔직했다. "유학이요? 홍콩에선 소수의 학자들만 열심히 부르짖을 뿐 일반적인 홍콩 사람들은 관심도 없어요. 그들은 그저 돈을 벌고 즐기는 데만 관심이 있습니다. 홍콩이 번영한 이유는 홍콩이 실업을 허용했기 때문입니다." 그의 말은 냉혹했으나 이지적인 사고를 품고 있었다.

이상의 말이 남을 아는 어려움에 대한 것이다. 내가 어려움에 대해 너무 많이 말한 것 같지만 근현대 비교연구에 종사하는 학자들은 대부분 동감한다. 오랫동안 현대화와 비교사학연구에 종사한 블레이크(C.E.Black) 교수는 개탄스러워하였다. "엄격히 말해서 이러한 큰 프로젝트는 반드시 백과사전 수준의 대학자가 있어야만 겨우 감당할 수 있다." 그러나 마르크스도 《자본론》의 제1권 서문에서도 일찍이 이렇게 말하였다. "모든 일의 시작은 어렵고 이는 모든 과학도 마찬가지이다." 우리는 마땅히 어려움을 직시하되 과감하게 극복해야 한다. 용감하게 장애를 헤치고 험난함을 뛰어넘어 과학의 새로운 영역을 개척해야 한다. 나는 나영거(羅榮渠) 교수가 쓴 《마르크스주의의 현대화 이론을 수립하는 초보적인 탐색》의 글에 나온 두 구절을 무척 좋아한다.

중국은 스스로 현대화된 길을 찾기 위해 장장 100여 년간의 힘든 투쟁을 이어왔으나 현대화연구는 학술계에서 줄곧 주목을 불러일으키지 못했다. 지금에야 이런 이론으로 매우 뒤쳐진 현실 상황을 바꿀 시기가 되었다.

이렇게 위대한 시대의 새 물결 앞에서 사회과학이론 학계는 마땅히 분발하여 과감하게 나아가 현대화의 도전을 맞이해야 한다![5]

* 나는 그가 우리 사회과학이론계의 공통된 목소리를 정확하게 표현했다고 생각한다. 그리고 이 책의 연구도 날카로운 소리를 내며 다가오는 현대화와 세계화 물결이라는 거센 도전을 맞이하기 위함이다.

5) 중국사회과학《中国社会科学》, 1988 (1).

'결별과 회귀'는 인류문화사에서 늘 번갈아 나타나거나 상호보완적으로 생겨난 두 가지 경향이며, 문화연구사가 가지는 영원하고 매력적인 핵심과제이다.

특히 봉건사회에서 자본주의사회로 변화하는 과정에서 새로운 제도적 사상을 세운 선구자들은 전통문화에 대해 대부분 결별이나 회귀라는 두 가지 경향을 갖고 있었다. 자본주의의 발전이 가장 이른 서유럽이 한 가지 유형이다. 그곳에서의 결별은 주로 중세시기 천년의 암흑기에 대한 비판과 이반으로 표현되고, 회귀는 그리스, 로마의 고대 정신문명 중에서 인문주의의 역량과 근원을 탐구하는 것으로 표현된다. 아마도 일종의 시간과 거리를 뛰어넘는 결별과 회귀라고 말할 수 있다. 중세의 낙후된 상황에서 오랫동안 잠들어 있던 동양도 또 하나의 유형이다. 여기에서의 결별은 가장 먼저 서양근대문명의 모방, 학습 그리고 접근으로 표현되고, 회귀는 주로 전통문화에서 자기민족의 주체의식을 찾아서 진보한 외국문명에 휩쓸리지 않기를 바라는 것으로 표현된다. 아마도 일종의 공간과 거리를 뛰어넘는 결별과 회귀라고 말할 수 있다.

동양국가에 대해 말하자면, 서양근대문명으로 나아가되 전통문화에 대해 결별한다고 표현되며, 일반적으로 진보적인 역사흐름이라고 말한다. 하지만 강약과 빈부의 차이가 커서 자신감이 부족한 민족콤플렉스가 쉽게 생겨났고 심지어 전면적인 서구화주의와 민족허무주의가 생겨났다. 전통문화로의 회귀에 이르면 상황이 더 복잡하다. 보수주의자들의 수구와 복고는 새로운 흐름에 적대하는 풍조로 자연스러운 일종의 퇴행 현상이다. 일부 새로운 제도적 사상을 세운 선구자들도 종종 전통문화로 회귀하였는데, 주로 독립적 민족정신의 상실을 우려하고 서양문화의 완전한 정복과 동화를 막기 위해서였다. 이러한 회귀에는 자연스럽게 몇몇 합리적이고 필수적인 적극적 요소가 포함되어 있었다. 그러나 낡은 전통이 오랫동안 복잡하게 얽혀있고 타성에 너무 많이 젖은 까닭에 새로운 사회적 힘은 제한적으로 결별한 뒤에 회귀를 거쳐 복귀하기 쉽다. 이 때문에 동서양의 문화교류과정 중에서 결별과 회귀는 모두 적절하게 필요하다. 어쩌면 이렇게 표현할 수도 있다. 결별하되 뿌리째 드러내서는 안 되고, 회귀하되 옛날로 돌아가서는 안 된다.

이 책은 중국의 근대화를 향한 문화적 과정 속에서 결별과 회귀라는 두 가지 경향을 중점적으로 연구하고 문화흐름의 역학적 관점에 따라 전통문화와 근대문화 사이의 관계를 탐구하는 데 목적이 있다. 이것은 저자의 현재 수준과 시간, 그리고 정력으로는 난이도가 매우 높은 과제로서 여전히 본격적이고 체계적이며 깊이 있는 분석을 진행하기는 어렵다. 이 책은 그저 옥을 끌어내기 위한 벽돌로서, 대가들의 흥미를 이끌어 내는 문제를 제기해서 더 많은 학자들이 공동연구를 하는 하나의 과제가 되도록 추진하며 사람들이 충분히 납득할 만한 합리적인 답안을 찾아내면 충분하다.

더 많은 독자들, 특히 역사학을 연구하지 않은 독자들이 이 과제의 의의를 이해하는 데 편리하도록, 우리는 먼저 청나라 말기에 여성으로서는 처음으로 해외로 출국하여 여행기를 쓴 선사리(單士厘)에 대해 말하고자 한다.

결별과 회귀

제 1 장

청나라 말기
여성의 강인함을 말하다

제 1 장

청나라 말기 여성의 강인함을 말하다

청나라 말기의 유능한 여성에 대해 언급하면 대부분의 독자들은 소흥(紹興)의 추근(秋瑾)을 곧바로 떠올리지만, 나는 여기에서 또 다른 절강성의 여성 – 선사리(單士厘)에 대해 쓰려고 한다.

선사리(1856-1943)는 소산(蕭山) 사람인데, 소산과 소흥의 거리는 멀지 않다. 선사리는 추근보다 약 20년 먼저 태어났고 출국도 추근보다 4년 앞섰다. 선사리와 추근은 모두 구식 선비 집안의 규수였으나 성격과 경력, 그리고 결말에는 큰 차이가 있었다. 선사리는 추근이 갖고 있던 영웅적인 기개와 협의정신이 없었기에, 직접적으로 혁명에 참여하지 않았으며 피 흘리는 희생은 더 말할 것도 없다. 그러나 그녀는 동양여성의 영민함과 세밀함으로써 바깥세상을 진지하게 관찰하고 소개했을 뿐만 아니라 낡은 전통을 벗어나고 서양문화를 동경하는 부분에 있어서는 더욱 신중하고 깊이 있게 정진하는 기질을 또 다른 형태로 표출하였다. 중국이 근대적 문화로 나아가는 과정에서 그녀도 자신의 발자취를 남겼음을 인정해야 한다.

선사리의 남편 전순(錢恂)(1853-1927, 저명한 문학가인 전현동(錢玄同)의 큰형으로 저명한 과학자인 전삼강(錢三強)의 백부)은 청나라 말기의 외교관 중에서 지식인으로 사상이 상당히 깨어 있고 일본, 러시아, 네덜란드, 이탈리아 등 여러 나라를 간 적이 있다. 1899년 선사리는 두 아이를 데리고 일본에 있는 전순의 부임지로 갔는데, 이것이 그녀의 첫 출국이었다. "경자년(1900), 신축년(1901), 임인년(1902) 동안 계속 되었고 흉년엔 가지 않았다. 배를 한 번 타기도 하고, 두 번 타기도 했다. 연이어서 여러 차례 왔다 갔다 하며 얹혀산 지가 오래라 일본이 고향 같았다."[6] 1903년 그녀는 다시 남편을 따라 시베리아 철도를 타고 유럽과 러시아 여행을 80일간 하며 "3만 수천 자를 써서 2만 수천 리의 여정을 기록하였다." 이 여행일지는 바로 《계묘여행기(癸卯旅行記)》라는 이름으로 출간되었다. 선사리는 다년간 부지런히 닦은 학문으로 시야가 크게 열렸을 뿐만 아니라 학문도 눈에 띄게 향상되었다. 일본어는 듣고 말하고 쓰고 번역하는 "네 가지가 가능한" 수준에 도달했으며 유럽 근대어와 라틴어, 고대 그리스어까지도 어느 정도 이해하였다. 서양문

6) 전선사리(钱单士厘) : 계묘여행기《癸卯旅行记·归潜记》, 22页, 长沙, 호남인민출판사(湖南人民出版社) 1985.

화예술에 대해서도 비교적 진지한 인식을 갖고 있었으니 청나라 말기 여성 지식인 중에서는 단연 으뜸이라 할 수 있다.

이 책에서 선사리의 평생 내력을 소개할 의도는 없다. 필자의 관심은 단지 그녀가 규방을 벗어나 세계로 향한 뒤에 일어난 급격하고 심각한 내면의 변화를 탐구하는 데 있다. 물론 변화가 다양하고 내용도 매우 다채롭고 풍부하기 때문에 우리는 여기에서 단지 두 가지 예시를 들어 상세한 분석을 더할 수밖에 없다.

한 가지는 거주환경과 청결한 위생관념의 변화이다. 1903년 봄, 선사리는 출국하기 전 출항 날짜가 늦춰지는 바람에 상해의 한 여관에서 며칠 머무른 적이 있었다. 그녀는 외국생활을 오래해서 국내의 거주환경에 적응하지 못했다. 처음에는 진승객잔(晋升客棧)에 투숙했는데, "이불이나 세면도구"조차도 여행객이 필요하면 스스로 준비해야 했다. 뒤에 복흥객잔(福興客棧)으로 옮겼는데 진승객잔보다 약간 깨끗했을 뿐, "번잡하긴 다를 바 없었다." 선사리는 이에 "우리나라의 여관은 대부분 묵을 만한 곳이 없다.", "한 번 본국을 다녀갔다 돌아가면 불편한 것이 많아서 실소를 짓게 된다." 하며 탄식했다.[7)]

한 가지는 학교교육 관념에 대한 변화이다. 전순은 과거 1897년에 일본유학에 관한 논의를 처음으로 제창하며 아우 전유릉(錢幼楞)을 먼저 일본에 입학시키고 뒤이어 아들, 사위, 며느리를 계속 일본으로 데리고 가서 공부시켰다. 선사리는 1903년 4월 17일의 일기에서 이에 대해 기술한 적이 있다.

---

7) 전선사리(钱单士厘) : 계묘여행기《癸卯旅行记·归潜记》, 34页.

"우리 집안에서 일본으로 유학 간 남녀 학생이 4명인데 모두 완전히 독립한 자비학생이다. 모두 학교를 선택해서 학비를 마련하니 모든 것이 바깥양반 한 사람의 머릿속에서 나왔다. 여학생이 우리 집안에서 처음인 점은 굳이 말할 것도 없다. 두 아들은 이미 소학교 6년 과정을 졸업하고 중학교 1, 2학년으로 올려 보냈다. 중국인들의 순서를 좇아 학문을 배울 때도 다른 생각을 하지 않았다. …… 나는 본국에는 다닐 만한 학교가 한 군데도 없어서 어쩔 수 없이 자녀들을 타지로 보내 공부를 시켰으니, 개탄을 금할 수 없다!"[8]

시와 책을 많이 읽고 오랫동안 전통문화의 영향을 받은 명문가의 규수가 출국한 지 4, 5년이 지나서 조국에 거주할 만한 여관이 한 군데도 없으며 자녀들이 다닐 만한 학교가 없다고 느낄 정도가 되었다. 이렇게 깜짝 놀랄 만한 말은 당시 사람들로 하여금 어안이 벙벙해지지 않을 수 없게 하였다.

그러나 선사리의 인식은 결코 외롭게 흔들리는 촛불이 아니었다. 비록 언사가 약간 격앙되고 편파적이기는 하나 당시의 수많은 진보적인 중국인들의 공감대에 속해 있는 것이었다. 상황은 마치 아오야기 아츠츠네(青柳篤恒)[9]가 1906년에 묘사한 그것과 똑같다. "그래서 학생들은 서로 모여 한목소리로 '우향우'라 하고, 발맞춰서 국내의 학당과 이별하고 배를 사서

---

8) 전선사리(钱单士厘) : 계묘여행기《癸卯旅行记·归潜记》, 40页.

9) (역주) 아오야기 아츠츠네(青柳篤恒) : 1877-1951. 메이지와 쇼와 시기의 중국학자이다. 1877년 8월 9일 태어났다. 1908년 모교인 와세다 대학의 교수가 되어 중국어, 극동외교사 등을 강의하였다. 1914년부터 2년간 중화민국(中華民國) 대통령 원세개(袁世凱)의 고문을 맡았다. 1951년 1월 8일 향년 73세로 사망하였다. 야마가타현 출신이고, 호는 류사렴(柳士廉)이다. 저서로 「중국어 조사 용법(支那語助辞用法)」, 「극동외교사 개관(極東外交史概観)」 등이 있다.

동쪽으로 천리를 멀다 않고 떠난다. 북쪽으로는 천진에서부터, 남쪽으로는 상해에서부터 마치 밀물처럼 몰려든다. 매번 일본으로 건너가는 배편을 만나면 반드시 모터보트를 만들어 서둘러 승선하니 배마다 좌석이 가득 찼다. 중국 유학생들이 동쪽으로 건너가려는 마음은 이미 다급해서 동경의 각 학교의 학기나 학년의 진도상황을 헤아릴 겨를이 없을 정도에 이른다. 즉, 중도입학을 이유로 거절당할 것도 둘러볼 겨를이 없다는 것이다. 요컨대 분초를 다투어 반드시 일본에 빨리 도착하도록 애쓰는 것이니 이것이 유학을 간절히 바라는 실정이다."[10] 이것이 근대 중국의 첫 출국 열풍으로 그 규모가 매우 크고 영향력이 깊어 모두 역사상 유례가 없던 일이라 말할 수 있다. 중국유학생들은 일본을 서양문화로 통하는 다리라 여겼고 일부 일본인들은 이러한 흐름을 일종의 "운수"라고 생각했다. 그리고 역사상 명성이 전혀 없었던 선사리도 이 흐름을 연 선구자 중의 한 명이다.

선사리가 받은 서양문화의 영향은 내면적 사상 심리의 변화로 나타났을 뿐만 아니라 사회적 행위를 통해서도 드러났다. 그녀는 중국의 전통적인 "정월 초하루" 개념을 반대하며, 전국적으로 양력으로 바꾸어 정치, 경제, 학교, 병역, 형벌의 각 영역에서 "통일의 효과"를 받아들이도록 주장했다. 그녀는 외부의 논의를 감안하지 않고 앞장서서 "가정에서 양력을 이용해 계산하면 무궁무진한 편리함을 얻을 수 있다."라고 하였다. 그녀는 전족이라는 악습에 반대하고 부녀자들도 사교활동

10) [日] 青柳笃恒 :《中国子弟何故必须游学我邦?》, 载《早稻田学报》141号, 1906-11.

에 참여하여 남성들처럼 얼굴을 드러낼 것을 주장했다. 이러한 흐름을 열기 위해 그녀는 부인들을 데리고 "큰 비를 무릅쓰고 많은 사람들이 모인 곳으로 걸어갔다." 또 몇 리를 걸어 외삼촌댁에 도착하여 "마을에 바람을 일으킨 부인"이었다. 그녀는 또 전국의 부녀자들을 격려하며 "규방의 반려에게 말을 전하니, 풍속을 고치는 약이 필요하다. 학문에 힘쓰는 것은 때가 있으니(원주 : 영국인이 19세기는 여성의 시대라고 논했는데, 지금은 20세기이니 우리 중국 여성들은 힘을 내야 한다.) 좋은 시절은 다시 오지 않는다."11) 하였다. 이렇듯 얌전하고 우아한 언행 속에는 옛 전통에 대한 과감한 도전이 담겨 있다.

오랫동안 낡은 진영에서 살아왔던 선사리가 불과 몇 년 사이에 이토록 크게 변화할 수 있었던 힘은 무엇일까? 또 저 현숙하고 여린 여인이 감히 거대한 전통과 결별하고 스스로 서양근대화 문화에 대한 흠모를 공개적으로 표명하게 된 힘은 무엇일까? 이 안에는 어떤 힘, 일종의 전통문화와 결별하는 무형적 힘이 확실히 존재한다. 영국의 역사학자 토인비(Toynbee)의 말을 빌려 말하자면 아마도 "탈피 의지"라고 말할 수도 있겠다.

토인비의 말에 따르면, 어떤 문명이 성장하는 시기에 그 왕성한 창의력은 자신의 내·외부와 사람들의 마음속에서 저절로 "귀순 심리"를 이끌어 내게 할 수 있다. 물론 그 문명이 점점 창의력을 잃어 가면(토인비는 이것을 "병에 걸린 문명"이라고 칭했다.) 일부 민중들에 의해 소수 통치자들의 "압박의지"에 대해

---

11) 전선사리(钱单士厘) : 계묘여행기《癸卯旅行记·归潜记》, 49, 31, 37页.

도전할 수도 있고, 일종의 "탈피의지"가 생겨날 수도 있다. 토인비는 주지시(主知詩)와 일반적인 용어를 가지고 이 두 가지 의지 사이에서 지속적으로 발전한 모순을 묘사하였는데, 오래된 "모체(母體)" 문명의 점진적인 소멸과 새로운 "자체(子體)" 문명의 풍부한 힘을 가진 "탈피"('모체'에게서 벗어나는 것을 가리킴)의 탄생을 기술한 것이다. 그는 "문화가 변화하기 시작해서 끝날 때까지 우리는 일종의 정신적인 이유로 생기는 극적인 변화를 만날 수 있다. 우주의 생명들이 가을의 침체된 상태에서부터 겨울의 고통을 지나 다시 생명력이 끓어오르는 봄날에 이르는 것이 바로 창조의 재현이다."라고 말했다.[12)]

나는 이 "탈피의지"를 차라리 "탈피"라고 부르고, 문화 흐름 속의 어떤 경향, 일종의 큰 힘을 가진 경향으로 간주하며, 혹은 또한 일종의 문화력 운동이라 말하고 싶다. 이러한 운동에는 심리와 의지적 요소가 가득한데, 단순하게 인간의 두뇌와 마음에서는 그 궁극적인 원인을 찾기 어렵다. 그것은 반드시 사회 전체의 역사적 환경을 더 살펴봐야 한다.

전 세계의 역사를 두고 말하자면 문화사적인 결별 현상은 크게 두 가지 유형으로 나눌 수 있다. 한 가지는 새로운 사회제도는 낡은 사회의 모체에서 조금씩 태어나고 자라나므로 새로운 사회의 역량과 실천이 옛 전통문화와 격렬하게 충돌하는 유형이다. 새로운 "자체" 문명은 낡은 "모체" 문명의 탯줄(질곡)을 벗어나서 왕성한 생명력과 창의력을 가지고 세상에 태어난다. 이러한 결별의 구동력은 먼저 사회 내부에서부터

---

12) 参见[英] 汤因比：《历史研究》, 第二部, "文明的起源", 上海, 上海人民出版社, 1986.

주로 생겨난다.

또 다른 결별의 구동력은 무엇보다 사회 외부에서 주로 나온다. 어떤 낙후된 문명과 선진 문명이 서로 만나면 낙후된 문명은 선진 문명에 의해 휩쓸려서 사라진다. 아니면 외래 선진 문명의 강대한 흡인력 때문에 스스로 내부에서 결별하려는 경향이 점차 강해지면서 새로운 "자체(子體) 문명"의 탄생 속도가 가속화된다. 근대 세계사적 국면에서 살펴보면 서유럽 각국의 신문명이 낡은 문명으로부터 결별하는 것은 대부분 전자의 유형에 속하고, 동양 각국의 신문명이 낡은 문명으로부터 결별하는 것은 보통 후자의 유형에 속한다.

이것은 서유럽의 여러 나라가 비교적 일찍 근대화, 공업화의 길로 나아간 데다 17, 18세기 이후에 동서양의 격차가 더 벌어졌기 때문이다. 물의 흐름이 높은 곳에서 낮은 곳으로 흐르는 것과는 반대로 인류의 다양한 문명 간의 접촉 과정에서는 모두 낮은 곳을 등지고 높은 곳으로 향하는 동시에 낙차가 크면 클수록 흡인력도 더 커진다. 근대 동서 문화 교류의 충돌과정에서는 동양국가가 보편적으로 전통문화를 벗어나서 서양 근대문화를 따라가려는 흐름을 드러냈다. 이것이 바로 근대 자산계급 문명발전의 총체적인 구조를 반영한 "서학동점(西學東漸)"이다.

선사리의 관념과 마음가짐의 변화는 이 "서학동점"이라는 큰 물결에서 작은 한 방울에 지나지 않지만 이 작은 한 방울을 통해서도 전 세계를 볼 수 있었다.

결별과 회귀

제 2 장

러시아와 일본을 거울로 삼다

제 2 장

러시아와 일본을 거울로 삼다

동양의 국가를 광범위하게 말하면, 유라시아의 러시아도 포함된다. 러시아는 유라시아 대륙에 걸쳐 있기 때문에 동양의 여러 나라 중에서 가장 먼저 서양 근대문명의 충격과 영향을 받았다. 19세기 중엽 이후, 서쪽에서부터 동쪽으로 유입된 마르크스주의가 급격한 속도로 러시아에 들어온 점, 10월 혁명의 승리와 세계 제1의 사회주의 국가라는 점은 지리적 위치와 적지 않은 관련이 있다.

러시아는 18세기부터 19세기까지 야만적이고 낙후된 농노제 국가였다. 역대 차르들은 대부분 무지몽매하거나 포학하고 음란하여 그 위의 귀족 대신들도 재물에 눈이 멀어 온갖 나쁜 짓을 일삼는 하수인들이었다. 농노의 생활은 매우 빈곤하고 비참하여 걸핏하면 수백 수천 대의 채찍을 맞는 형벌을 받으니 생명을 조금도 보장받지 못했다. 체르니셰프스키(Chernyshevsky)의 소설 《서막(序幕)》에서 이러한 상황에 대해 "불쌍한 민족, 노예의 민족, 상하 모두가 노예이다."라며 말했다. 그러나 서양근대문명의 흐름은 마침내 발트 해를 건너 이 광활하고 낙후된 대지로 밀려들기 시작했는데, 식량의 수출과 함께 모직물, 편지지, 편지봉투는 물론 편지 스티커까지 수입되면서 러시아와 서유럽의 정보교환이 이어졌다. 표트르 대제가 천도한 페테르부르크는 바로 이 고루한 민족이 서양문명으로 나아가려는 상징이었다. 그는 낡은 풍속인 수염을 자르고 서구(특히 영국)를 본보기로 삼아 정치, 경제, 문화 등 각 방면에서 대대적인 개혁을 실행했다. 18세기 중엽 이후 자유파 귀족을 주체로 하는 이른바 서양파가 등장했다. 서양파는 영국이 걸어간 길을 러시아가 반드시 따라야 한다고 생각해서 부르주아개혁을 실행하고 입헌군주제를 세우며 나아가 전면적인 서양화를 주장했다. 발전은 최고조에 이르렀고, 그들은 심지어 "세계의 모든 민족 중에서 우리만 세계에 아무런 공헌을 하지 않았고, 우리만 이 세계학(世界學)의 어디에도 이르지 않았다. …… 우리는 인류의 정신적 진보에 대해 지금까지 어떠한 공헌도 하지 않았으니, 우리는 늘 이 점이 부끄럽다."(표트르 차아다예프(Pyotr Chaadaev)의 말)라고까지 생각했다.

이러한 과격한 논조는 이미 민족허무주의의 행동과 비슷하다. 그러나 민족의 자긍심을 잃은 비관적인 실망감은 동서 문화의 거대한 격차에 대한 깊은 인식에서 나온 것이 아니라, 자기 민족을 독려하여 분발시키려는 마음에서 우러나온 말이다. 비슷한 말을 벨린스키(Belinskii)가 고골(Gogol)에게 보냈던 편지에서도 어렵지 않게 발견할 수 있다. 그는 이러한 풍자 문학가의 작품을 충분히 긍정적으로 받아들였으며 고골의 낡은 러시아에 대한 심각한 해부, 예를 들면 독단적인 압박, 가혹한 관리의 포악함, 영주들의 무의미한 삶 등등의 것들을 높이 평가했다. 이 편지에서 벨린스키 본인도 비분이 가득하여 조국의 암담함을 비난하고 있다. "이런 끔찍한 상황을 가진 나라에서 사람이 사람을 팔 때에, 미국의 농장주들처럼 교활하게 이런저런 핑계를 대며 흑인은 사람이 아니라고 우길 필요도 없다. …… 이 나라 안에서는 개성이나 명예, 재산 따위에 대한 아무런 보장도 없으며 심지어 치안의 질서조차도 없이 그저 거대한 무리의 관리 도적과 약탈자만 있을 뿐이다." 자기 민족의 추악함을 폭로하는 것을 전부 외국 것에 대한 맹목적인 숭배나 과도한 자기 비하라고 할 수 없고, 일부 애국주의의 진정성이나 자기 민족의 쇠락에 관한 시대적인 뚜렷한 의식에서 나온 것이 확실하다. 이는 사랑이 깊을수록 책임감도 간절해지는 것처럼 옛 전통의 진부한 부분과 철저하게 갈라설 것에 대해 분명히 밝힘과 동시에 자기 민족이 근대문명을 되도록 빨리 창조하기를 바라는 진실한 감정을 드러낸 것이다. 그래서 레닌(Lenin)은 《대러시아 민족의 자긍심을 논함》이라는 글에서 이전 사람들이 세운 이론을 편파적이라 비판하면서도 찬양하며, "대러시아 사람 가운데 공개되거나 공개되지 않은 노예(차르 군주 제도의 노예)들은 이런 말을 떠올리기 싫어한다. 그러나 우리는 이러한 말들이 조국에 대한 그들의 진정한 사랑을 표현한 것이며 이러한 사랑은 대러시아 민중들의 혁명정신이 부족하다는 이유로 그들을 매우 침울하게 한다."[13]라고 말했다.

이것이 바로 러시아의 진보적 흐름인 동시에 진부한 전통으로부터의 결별이다. 이러한 결별은 인민주의자, 혁명민주주의자, 마르크스주의자들의 몇 대에 걸친 노력을 통해 결국 러시아로 하여금 낡은 과거와 결별하게 하고 굳건한 현대문명의 길로 들어서게 하였다.

일본은 19세기 중엽 이후에 낡은 전통과 결별하는 흐름이 발생하는데 이는 러시아에 비해 100년 이상 늦다. 러시아 개혁가들이 단지 자국민족의 진부한 전통을 벗어나는 것만을 주장하였다면, 서양근대문명을 흠모한 일본의 유신 지사들은 여기서 더 나아가 모든 아시아의 진부한 전통관계를 끊을 것을 주장했다.

막부 통치하의 일본은 오랫동안 쇄국정책을 실행하였다. 그들도 중국과 마찬가지로 핍박에 의해 개방하였고, 문호도 외국의 군함의 대포 소리에 의해 열렸다. 1853년 미국 동인도 함대 사령관인 페리(Perry)는 4척의 군함, 5백 명의 미군을 이끌고 제멋대로 에도만(동경만)에 들어섰고, 이듬해 막부를 위협해 《가나가와 조약(神奈川條約)》을 체결했다. 그 뒤 러시아, 영국, 프랑스, 네덜란드 등의 함대가 연이어 침입하여 일본은 끝내 대문을 활짝 열었다. 한 중국 시인이 "조수가 밀려와 베

---

13) 《列宁选集》, 第2卷, 450页, 北京, 人民出版社, 1995.

개를 때리니 두 번 다시 문을 닫고 잘 수 없네. 일본의 다리 앞 물이 런던의 하늘에 닿는다."[14]라고 묘사하였다. 오래된 일본이 빠르게 서양 자본주의문명과 이어졌다.

일본의 서양을 향한 개방은 중국보다 10년이나 늦었지만 서양학습의 발걸음은 중국보다 훨씬 빨랐다. 1875년에 유신사상가 후쿠자와 유키치(福澤諭吉, 1835-1901)[15]는 《문명론개략(文明論概略)》이라는 책을 통해 단언하기를 "서양문명 흡수의 측면에서는 일본이 중국에 비해 쉽다고 말할 수 있다."[16]라고 하였다. 다른 여러 원인 이외에도 일본은 오랫동안 외국문화를 잘 흡수하는 유익한 요소를 역사적 전통으로 갖고 있었기 때문에 서양근대문명의 강력한 흡인력이 일본으로 하여금 "탈아입구(脫亞入歐)"를 결심하게 했다. 일본의 진보사상계는 이 방면에서 중국의 지식인들보다 더 큰 결심과 용기를 드러냈다. 앞서 1854년에 페리 함대가 다시 침입하여 "오랑캐를 물리치자는 함성"으로 조야가 시끄러울 때 유신사상의 유명한 선구자 요시다 쇼인(吉田松陰, 1830-1859)[17]은 사쿠마 쇼잔(佐久間

---

14) 黃遵宪：《近世爱国志士歌》, 见《人境庐诗草》, 卷三.

15) (역주) 후쿠자와 유키치(福澤諭吉) : 일본의 무사, 난학자(蘭學者), 저술가, 계몽사상가, 교육가이다. 게이오기주쿠(慶應義塾)를 창설하고 전수학교(専修学校, 이후의 전수대학), 상법강습소(商法講習所, 이후의 히토츠바시 대학(一橋大学)), 고베 상업강습소(神戸商業講習所, 이후의 고베 상업고등학교), 쓰쿠시가오카 양생원(土筆ヶ岡養生園, 이후의 기타사토 연구소(北里研究所)), 전염병연구소(현재의 동경대학 의과학연구소)의 창설에도 힘을 보탰다. 신문 『지지신포(時事新報)』를 창간하였다. 그 외 동경학사회원(현재의 일본학사원) 초대 회장을 지냈다. 이러한 업적으로 인해 메이지 6대 교육가로 거론된다. 1984년부터 일본은행권 일만엔 지폐 앞면에 초상이 들어갔다.

16) [日] 福泽谕吉著, 北京编译社译 : 문명론개략《文明论概略》, 18页, 北京, 商务印书馆, 1959.

17) (역주) 요시다 쇼인(吉田松陰) : 일본의 무사, 사상가, 교육자. 야마가류(山鹿流) 병학(兵學) 사범이다. 일반적으로 메이지유신의 정신적 지도자, 이론가로 알려졌다.

象山)과 함께 미 함대에 탑승하여 출국하여 외국을 살펴보기로 계획했는데, 일이 발각되어 체포되어 옥고를 치른 적도 있었다. 1860년대 초, 일본에서 사절단과 함께 유럽과 미국으로 건너가 유학하려는 사람의 수가 매우 많아져서 결국 정부 담당관이 "어떻게 대처할지 모를" 느낌을 받는 원인이 되었다. 그러나 10년 뒤, 용굉(容閎)[18]은 외국으로 유학 갈 소년 120명을 선발하라는 명령을 받았는데 내륙에서 끝내 정족수를 채우지 못해 홍콩에서 영국인들이 운영하는 학교로부터 계속 보충해 달라고 요구하기까지 이르렀다.

위원(魏源)의 《해국도지(海國圖志)》는 1851년에 중국을 경유한 상선을 통해 일본으로 수입되기 시작해서 1854년부터 1856년까지 20여 종이 넘는 각종 판본으로 일본에서 출간되었으며, 이 책은 일본의 모든 메이지유신 선구자들에게 영향을 주었다고 말할 수 있다. 그러나 일본의 근대계몽 사상가들은 "오랑캐의 장점을 배워 오랑캐를 통제하자."는 수준을 빠르게 뛰어넘었다. 당시 중국의 선진 지식인들이 여전히 "중국의 윤리와 명교(名教)를 근본으로 삼되, 여러 나라의 부강한 기술로 보강하자."라고 주장할 때, 후쿠자와 유키치는 이미 《문명론개략》에서 문명에 따라 서양문명과 동양문명의 우열을 나누었다. 그는 경제, 정치, 문화의 발전 과정을 근거로 당시의 세계문명을 문명화, 반개화, 야만이라는 세 가지 계층으로 구분하였다. 유

사숙 「쇼카손쥬쿠(松下村塾)」에서 이후 메이지유신에서 중요한 역할을 한 많은 청년들에게 사상적 영향을 주었다.

18) (역주) 1828년-1912. 청말의 정치개혁자, 실업가. 근대 중국 역사상 최초의 미국 유학생이다.

럽 각국과 미국은 문명국이고 터키, 중국, 일본 등의 아시아 국가는 반개화 국가이며 아프리카, 오세아니아의 국가는 야만 국가이다. 그는 아시아와 아프리카의 각국들이 진보를 꿈꾸려면 분투해야 할 목표와 사물을 평가하는 척도를 반드시 유럽 문명으로 정해야 한다고 생각했다. 후쿠자와 유키치는 매우 인상 깊은 말을 하였다. "외재적 문명은 구하기 쉽고, 내재적 문명은 구하기 어렵다." 그는 "국가정세", "시세", "사회풍조", "민심"이라는 4가지를 최후에는 모두 "문명정신"에 귀결시켰고, "유라시아 두 곳의 형편에 현저한 차이가 나게 한 것은 바로 이 문명정신이다."[19]라고 하였다. 이러한 문명정신을 갖추기 위해서는 반드시 유럽에서 찾아야 하고 이것이 아시아 국가의 유일한 출구이다.

1855년 봄에 이르러, 후쿠자와 유키치는 《탈아론(脫亞論)》을 발표하며 더욱 분명히 주장하였다. "우리는 주저해서는 안 된다. 앉아서 이웃 국가들의 진보를 기다리거나 함께 동아시아를 부흥하기보다는 그 대오를 벗어나서 서양의 각 문명국가와 함께 나아가고 물러나야 한다." 이것이 "탈아입구론"으로 일본은 이미 뒤처진 아시아 국가들과 한패가 되기를 원치 않는다고 밝히고, 되도록 빨리 서양의 근대 문명권에 진입하기를 갈망했다. 동시에 그는 공개적으로 "중국과 조선에 대처하는 방법은 그들이 이웃나라라는 이유로 조금 더 고려할 필요는 없다. 그저 서양인들이 그들 국가를 상대하는 방법에 따라 대응하면 된다."라고 주장했다. 이에 손중산(孫中山, 손문)이 훗

19) [日] 福泽谕吉著, 北京编译社译 : 문명론개략《文明论概略》, 10~12页, 北京, 商务印书馆, 1959.

날 비평했던 것처럼, 일본은 국제관계를 처리하는 데 있어서도 동양의 전통적 왕도문화를 버리고 서양의 신흥 패도문화에 귀순하였으며 심지어 서양 국가의 앞잡이 역할을 기꺼이 담당했다.

서양문화를 향한 일본 계몽 사상가들의 흠모는 진실로 더할 나위 없을 지경에까지 이르렀다. "동방의 루소"라 불리는 나카에 쵸민(中江兆民)[20]도 영국의 세계 패업을 본보기로 삼았다. 그는 "대국의 국민과 소국의 국민을 구분하는 것은 영토의 크고 작음이 아니라 그들의 기질과 도량의 크고 작음이다. 지금 영국 본토는 저렇게 작지만 오대주 도처에 모두 영국의 영지가 있을 뿐만이 아니라 그들이 하는 일들은 모두 강대한 대국의 풍모를 드러낸다. 이것은 분명 그들 가슴속에 있는 위대함으로 이른 것이다. 아! 이 얼마나 강성한가!"[21]라고 말했다. 일본은 섬나라로 근200년 동안 문을 닫고 쇄국하였음에도 광활한 영토도 없고 많은 인구도 없다. 게다가 중국처럼 매우 완고한 "이하지변(夷夏之辨)"이라는 자존자대한 심리도 갖고 있지 않았다. 일본의 오만함은 비교적 많은 과장과 억지를 갖고 있어서 종종 내면의 열등감과 나약함을 감추려한다. 그러므로 메이지유신 이후, 구미 각국과의 왕래가 잦아지면서 서양의 상품과 더불어 제도, 문화, 풍속, 습관, 복장이 함께 밀려들어

---

20) (역주) 나카에 쵸민(中江兆民) : 1847-1901. 일본의 사상가, 저널리스트, 정치가(중의원 의원). 프랑스 사상가 장 자크 루소를 일본에 소개하여 자유민권운동의 이론적 지도자가 되었으며 동양의 루소라 평가되었다. 중의원에 당선되어, 제1회 중의원 의원 총선거에 당선되었다. 쵸민(兆民)은 호로, '억조(億兆)의 백성'이라는 의미이다.

21) [日] 中江兆民著, 吴藻溪译 :《一年有半·续一年有半》, 42~43页, 北京, 商务印书馆, 1979.

와 "일본의 고유문화가 갑자기 사라지고 나라 전체가 일제히 새로운 세계로 돌입하였다."[22] 서구화의 속도가 비교적 빨랐던 것은 일본 조야인사들의 심리적 포용력과 강한 관련이 있다. 예를 들어, 1875년 이홍장(李鴻章)과 일본 주중공사 모리 아리노리(森有礼)는 중서학문과 복식문제에 대해 토론한 적이 있었다. 모리 아리노리는 서학은 "모두 유용하나", 한학은 "3만 취할 뿐" 나머지 7은 모두 구닥다리여서 쓸모없다고 공개적으로 밝혔다. 이홍장은 일본이 예부터 있던 복식을 바꾸는 것에 대해 이해하기 어려워하며 이것은 선조들의 제도에 위배되어 "독립정신을 버리고 유럽의 지배를 받아들이는 것"이어서 사람들이 부끄러워 할 것이라고 생각했다. 모리 아리노리는 이에 대해 당당히 대답했다. 양복은 일하기 편하고 홀가분한 기모노는 그저 한가하고 안일한 사람들에게나 적합하다. 복식을 바꾸는 것은 노력해서 부자가 되기 위함이고 "옛것을 버리고 새것으로 나아가는 것"이다. 이는 조금도 부끄럽지 않을 뿐만 아니라 "우리는 이런 변화에 자부심을 느끼고 있다. 이런 변화는 결코 외부의 강압을 받은 것이 아니라 완전히 우리나라 스스로가 결정한 것이다. 우리는 예부터 아시아, 미국 및 다른 어떤 나라라도 그 장점을 발견하면 취하여 우리나라에서 사용하였다."[23] 두 모습을 대조해 보면 조상이 만든 법이나 상국의 의관 같은 전통 관념에 대해서 일본인은 결속력이 약하기 때문에 일본인들은 유럽문명을 표준으로 삼아 변화해도 사회 심리적 장애도 덜 만났다는 것을 알 수 있다.

22) [日] 中江兆民著, 吴藻溪译：《一年有半·续一年有半》, 62页, 北京, 商务印书馆, 1979.
23) [日] 木村匡：《森先生传》, 第3版, 99~102页, 金港堂, 1909.

주목할 만한 것은, 모리 아리노리도 "외재적 문명은 구하기 쉽고, 내재적 문명은 구하기 어렵다."(후쿠자와 유키치의 말)라는 것을 알고 있다는 점이다. 그는 복식 개혁의 성공으로 만족하지 않고 도리어 일본이 "단지 원래부터 있던 기술만 배우는 것"에 대해 실망하며, 일본이 "자기 마음속에서 서양을 닮을 방법이 떠오르지 못하는 것"[24]을 가장 고민한 사람이다. 모방을 잘하나 창조성이 부족하면 기민하고 융통성이 있지만 천박하게 된다. 이것은 모리 아리노리 개인의 일본 민족성의 약점에 대한 견해인 동시에 허다한 일본 지식인들의 공통적인 폐해이다. 이 문제에 관해는 나카에 쵸민이 가장 철저하게 이야기했다. "해외 각국의 측면에서 일본인을 관찰하면, 일본인은 매우 사리에 밝아서 시대의 필연적 추세에 따라 잘 순응하며 절대로 완고한 태도를 지니지 않는다. 이는 일본의 역사에서 서양의 여러 나라처럼 비참하고 미련한 종교전쟁이 발생하지 않았기 때문이다. 메이지유신 사업을 거의 피 한 방울 묻히지 않고 이루어 낸 것은 300여 봉건 제후들이 앞 다투어 토지와 정권을 황실에 맡겼기 때문이니 주저할 이유가 없었다. 그리고 단시간에 기존의 풍속과 습관을 모두 서양의 풍속과 습관으로 바꾸면서 절대 미련을 가지지 않았기 때문이다. 하지만 그들의 조급하고 경박한 고질병도 이 안에 있고, 그들의 의지박약, 패기부족이라는 고질병도 여기에 있다. 그들은 독창적인 철학이 없기 때문에 정치 부분에서 주장이 없고 당파투쟁에 있어서도 버텨나갈 수 없는 원인도 사실 여기에 있

---

24) 《李鸿章与森有礼问答节略》, 见中国史学会主编 : 《中国近代史资料丛刊·中日战争》(一), 299页, 上海, 新知识出版社, 1959.

다. 이것이 바로 그들이 그저 잔머리, 잔재주만 갖고 있기 때문이며 위대한 사업을 세우기에 적합하지 않은 까닭이다. 그들은 지극히 상식이 풍부한 사람이지만 끝내 상식을 뛰어넘기를 바랄 수는 없다."[25]

그러나 역사의 발전은 결국 매우 복잡한 것으로 필연성과 우연성이 상호 작용을 일으키고 역사적 기회와 민족성이 서로 선택을 해서 나아가기 때문에 하나의 척도를 써서 한 사람이나 한 국가의 가치를 판단하기란 매우 어렵다. 일본의 조급함과 천박함은 물론 국민성의 약점이기도 하지만, 대외적으로 크고 빠른 변화가 쉽게 나타난다고 표현되어, "양이(攘夷)"에서 "숭외비내(崇外卑內)"로 바뀌거나 지나친 자기비하에서 세계를 압도할 것을 계획하기도 한다. 토인비(Toynbee)는 만약 중일 양국이 과거 400년 동안 근대서양에 대해 보인 반응의 변화를 도표로 표시한다면 사람들이 일본의 기복곡선이 중국의 기복곡선보다 훨씬 크다는 점을 쉽게 발견할 수 있을 것이라는 흥미로운 말을 한 적이 있다. 바로 이런 민족성의 특징이 일본으로 하여금 특정한 역사적 기회 아래에서 희극을 연출하기도 하고, 비극을 초래하기도 하며, 심지어 온 인류의 대재앙을 일으키는 결과를 불러오기도 했다. 하지만 민족성의 역사적 효과란 종종 복잡해서 또 다른 특정한 역사적 기회에서 유리한 시기를 포착하여 자국의 부강과 사회발전을 위해 수많은 성공의 경험을 만들 수 있다.

만약 극동 지역만 말하여, 중국과 일본을 서로 비교하면

25) [日] 中江兆民：《一年有半·续一年有半》, 16页.

지리, 자연 등 여러 요소를 제외하고도 자기 민족의 장점이 뚜렷하게 드러난다. 한쪽은 당당한 대국의 광대한 포부이고 한쪽은 유구한 문화의 차분한 진중함이다. 19세기 중엽 이전만 하더라도 대체적으로 말해 중국의 상황은 여전히 일본보다 낫거나 최소한 비슷했다. 그러나 서양문명흐름의 거대한 충격 아래에서 일본의 서구화는 "중국보다 더 민첩하고, 더 빠르고, 더 효율적이었다."(토인비의 말) 일본인의 조급함과 천박함은 임기응변으로 바뀐 반면 중국인의 차분한 진중함은 개혁 과정에서 심각한 심리적 장애로 변해 버렸다. 당연히 낡은 사회의 기초를 개혁하고 정리하는 일도 중국인들은 더 많은 어려움을 만나는 동시에 더 많은 열정의 소비가 필요했다. 토인비의 계산에 따르면 1853년 미국의 "흑선"이 에도 만에 나타나기 시작한 때부터 15년 이내에, 일본인은 역사의 발전을 저해하는 도쿠가와 막부 정권을 무너뜨렸을 뿐만 아니라 서구화를 완전히 효율적으로 추진하는 메이지 정부를 세웠다. 그러나 중국은 1793년 조지 매카트니(George McCartney) 사절단이 북경에 도착한 이래 118년 만에 "이 임무의 절반을 겨우 완성했다." 왜냐하면 신해혁명은 메이지유신과 같은 찬란한 성공을 거둔 적이 없기 때문이다.

이 대목에서 소스타인 베블런(Thorstein Veblen)이 《도이치제국과 산업혁명》(Imperial Germany and the Industrial Revolution)이라는 책에서 주장한 두 가지 개념을 떠올리지 않을 수 없다. 그는 19세기 말부터 20세기 초까지 독일이 영국을 뛰어넘는 공업 강국이 될 수 있었던 까닭은 "타산지석의 노력" 덕분이고 영국이 독일보다 뒤처지게 된 까닭은 "자신이 최고라고 여긴 징벌"이라고 생각했다. 비록 독일과 영국, 일본과 중국의 상황이 다르지만 우리는 이 두 가지 개념을 빌려올 수 있다고 생각한다. 일본은 메이지유신 이후 "타산지석의 노력"의 수혜를 받았고 중국은 19세기말 까지 여전히 "자신이 최고라고 여긴 징벌"을 받았다. 이와 비슷한 것으로 레온 트로츠키(Leon Trotsky)는 《러시아 혁명사》에서 한 가지 견해를 제시했다. "비록 후진국이 선진국을 다급하게 따라가지만 전자는 결코 똑같은 순서에 따라 일을 진행하지 않는다. 역사 낙오자들의 특권 -또는 그런 특권의 존재- 은 심지어 억지로라도 스스로 어떤 장소나 시기를 채택하여 이미 완성한 발전양식을 받아들인다. 그리하여 모든 중간 단계를 뛰어넘는다."[26] 19세기 중엽, 서양의 주요 국가들이 자본주의의 발전양식을 이미 완성한 뒤에 중국과 일본은 모두 이러한 "역사 낙오자들의 특권"(혹은 문화발전의 우세함)을 모두 누렸다. 그러나 명백히 알 수 있듯이, 일본은 비교적 그 "특권"을 충분히 이용했고 중국은 여러 이유 때문에 이 "특권"을 충분히 이용하지 못했고 몇 번씩이나 시대적 흐름을 따라갈 기회로 놓쳐 버렸다.

사실 중국은 한(漢) 대 이래로 "후진이 오히려 앞사람을 누른다. [後來居上]"라는 고사성어가 있다. 송(宋)나라 시인 문향(文珦)의 《초계를 지나며[過苕溪]》 시에 "뒤 물결이 앞 물결을 밀어내는 것을 보고, 새 사람이 옛 사람을 교체하는 것을 깨달았네."라고 한 말이 이 뜻을 빗댄 것이다. 하지만 만청 시기 사람들 전부 이런 선두를 따라잡는 날카로운 기세가 부족

26) [美] 托马斯·哈定等：《文化与进化》(中译本), 80页, 杭州, 浙江人民出版社, 1987.

했으니 한스럽다!

모든 서학동점의 진행 과정을 순서대로 말하자면, 러시아 표트르 대제의 개혁을 그 발단이라고 할 수 있다. 일본의 메이지유신은 어느 정도는 러시아를 롤 모델로 삼아서 자신의 스승을 뛰어넘을 정도로 빠르게 따라잡았다. 19세기 말의 선진 중국인이 보기에, 러시아와 일본 모두 성공적으로 서양을 배운 모범적인 모델이라고 할 수 있었다. 강유위(康有爲)가 무술변법(戊戌變法)을 추진할 때, 특별히 광서황제(光緖皇帝)에게 《러시아 표트르 대제의 정변기》, 《일본정변고》를 바친 것은 조정이 러시아와 일본을 거울로 삼아 꿋꿋하게 서양을 공부하여 부강한 혁신의 길로 나아가기를 바란 것이다. 그는 러시아에 대해 "러시아 관찰의 시작은 8만 명의 병사로 만 명의 스웨덴 군대에 패해 변경지역을 스웨덴에게 떼어 준 것이다. 학교, 훈련소, 상업, 숙련된 제조업들이 모두 없다. 우둔하고 야만적이고 미련하며 융통성도 없다. 무지하며 허약해서 거의 망조가 들은 것 같아 정말 우리 중국보다 더 심했다. 표트르 대제가 변할 때를 아니 하늘도 응해서 일어났다. 무용을 떨치고 일어나 천년 동안 자존했던 어리석은 습관을 깨뜨리고 대계를 막는 신하들을 물리쳤다. 미복 차림의 노예가 되어 네덜란드, 영국 등 여러 나라를 누비며 공학을 배웠는데 스승 삼기를 부끄러워하지 않았다. 천둥과 우레처럼 목소리를 울리니 모든 법이 함께 일어났다."[27]라고 평가했다. 그는 일본에 대해서는 더 높이 평가했다. "살펴보건대, 일본 변법의 시작은 매우 어려

27) 康有为：《进呈俄罗斯大彼得变政记序》,《进呈日本变政考序》, 见汤志钧编：《康有为政论集》, 上册, 226页, 北京, 中华书局, 1981.

웠다. 유럽, 미국의 언어와 판이하게 달라, 번역서를 구해도 유럽과 미국의 모든 상황을 얻기가 어려웠다. 황제가 막부를 지켰지만, 무가가 권세를 장악하고 여러 번들이 그들을 둘러싸고 있었다. 고메이 천황(孝明天皇)이 시를 지으려 해도 종이가 없는데 받기도 어려웠다. 도막 운동(倒幕運動)에 이르러 사방에서 혁명이 일어나니 인심을 안정시키기도 어려웠다. 새로운 정치로 처음 변화하자 온갖 법제가 필요하였고 혼란이 자주 발생하였으며 군대의 보급도 곤경에 빠졌으며, 국고도 텅 비었다. …… 그러나 20년 동안 정치와 법령을 크게 갖추어서 유럽과 미국의 문화예술을 전부 모아 국민에게 녹여냈고 해마다 수십만의 병사를 기르고 십여 척의 함선을 건조하였으니, 우리를 뛰어넘는 대국이 되었다. 손바닥만 한 섬을 안정적으로 다스리는데 성공하여 표범이 하늘을 오르는 용으로 변하듯 패권국이 되었다."[28]

강유위가 문화발전의 역사적 관념을 꽤 많이 갖고 있었던 것은 주목할 만하다. 그는 이미 "낙오자들의 특권"을 발견하고 "일본은 농촌을 이끈 병사, 물을 측정하는 장대, 탐험을 하는 무리, 신농(神農)이 맛본 약, 길을 아는 늙은 말과 같은 존재이니 우리가 그 이점을 다 받아들이고 그 결점을 제거"하기만 하면 일본보다 중국이 더 크게 "문화발전의 우세함"을 발휘하여, 뒤늦게 와서 앞자리에 오르듯 앞질러 갈 수 있으리라 생각했다. 동시에 더 주목할 것은 강유위는 변혁의 역량을 강조한 만큼, 낡은 전통과 결별하는 역량도 강조했다는 점이

28) 康有为: 上册, 222~223页.

다. 그는 표트르 대제의 "바꾸는 힘"을 매우 추앙하며 찬탄하기를, "아! 천둥소리에 초목이 싹트니 바꾸는 힘이 큰 자는 다스리는 공이 크다. 푸르게 돋아나는 것들은 모두가 초목이니 천둥을 기다려 싹트고 꽃을 피우니 하늘을 찌를 듯하네. 표트르의 변혁의 힘은 천둥의 힘이 아니겠는가! 싹을 틔우고 꽃을 피워 하늘을 찌르네."[29]라고 하였다. 이러한 "변혁의 힘"에 대해 강유위는 문화형태학적 관점으로 분류했다. 정치변혁을 실행하려면 반드시 "무재(武才), 깊은 심지, 영웅적인 힘, 용맹한 기세"를 갖춰야만 단호하게 개혁할 수 있고 추이의 변화에 따라 큰일도 가볍게 처리한다. 동치(同治)년의 유신이 실패한 까닭은 그 주동자의 "문재(文才), 얕은 심지, 허약한 힘, 나약한 기세"로 인해 어려움을 겁냈고 적당히 얼버무리면서 일시적인 안일함만을 탐냈기 때문이다. 강유위가 언급한 재주, 의지, 힘, 기세는 지도자들 개인의 기질에만 지나치게 치중한 관찰이다. 만약 범위를 확대하여 민족 전체의 성격, 사회심리에서 이러한 "바꾸는 힘"을 찾는다면 더 빨리 핵심에 다가갈 수 있을 것이다.

"나라에 생기가 있으려면 비바람에 기대야 하거늘, 만마가 모두 함구하니 비통하다. 하느님께 바라오니 다시금 힘을 내시어, 한 가지 방식에만 구애받지 말고 인재를 내려주소서" 이것은 만청 시기 사람 공자진(龔自珍)의 천고(千古)의 절창(絶唱)이다. 그 역시 변혁을 갈망하여 "바꿀 힘"을 모색하면서, 중국대지를 뒤흔들고 씻어 낼 무거운 힘을 부르짖은 것이 강유위

29) 同上书, 226页.

보다 반세기 전의 시기였다. 다음에서 우리는 이 시인을 중국 근대사에서 전통문화와 결별하는 시발점으로 삼아 우리의 탐구를 시작할 것이다.

결별과 회귀

제 3 장

근대 결별의 싹이 트다

제 3 장

근대 결별의 싹이 트다

역사는 근대 중국의 전통문화의 결별에 대해 서학동점이 전부 추진한 것이 아니라, 그 스스로 몇 개의 근원적인 단서를 갖고 있다고 밝히고 있다.

통치의 지위를 점한 모든 전통문화는 반드시 옛 제도의 통치계급을 보호하는 문화이다. 옛 사회체계가 점점 익숙해지다 못해 부패하면 새로운 경제요소의 발생과 새로운 사회적 역량이 생겨난다. 나아가 사회적 위기의 심화와 모순에 대한 격렬한 저항을 반영하듯, 일반적으로 전통문화에 어느 정도 맞서는 이단(異端) 사상이 발생하는데 당연히 중국도 예외가 아니다.

17, 8세기 명말청초 시기 이지(李贄)가 공개적으로 부르짖은 “사사로운 것이 사람의 마음이다. 인간은 반드시 사사로움을 가진 뒤에야 그 마음이 드러난다.”라는 것, 황종희(黃宗羲)의 공업과 상업은 “모든 것의 근본”이라는 인식, 왕부지(王夫之)가 표방한 “천하는 한 사람의 사사로움이 돼서는 안 된다.”라는 것, 고염무(顧炎武)가 반대한 “천하가 곤궁한 것에 대해서는 입도 벙끗하지 않고, 종일 ‘위미정일(危微精一)’의 학설만 이야기한다.”라는 것 등은 모두가 나날이 추락해가는 송명(宋明) 이학(理學)에 대한 이반이자 도전이다. 동시에 이러한 근대 전기 사상(Pre-modernity)의 선구자들은 “도문(道問)”의 학문에 매우 주목한 나머지 “서양의 자연과학”을 중시하여 근대과학기술을 약간이나마 받아들이려는 염원을 어느 정도 갖고 있었다. 그중에서 안원(顔元)의 사상이 가장 급진적이었는데, 그는 공개적으로 “도통(道統) 가운데에서의 향원이 되기를 원하지 않는다.”라고 선언하며, “입언(立言)은 옳고 그름을 논함이 마땅하지, 같고 다름을 논하지 않는다. 옳다면 한 두 사람의 생각이라도 바꿀 수 없고, 그르다면 천만 인이 같다고 해도 그 소리를 따르지 않는다. 어찌 천만 인뿐이겠는가. 비록 수백 수천 년간 함께 혼미한 상황이라도 우리들은 선구자로서 후배를 가르쳐야 하며 끝까지 부화뇌동해서는 안 된다.”[30]라고 주장했다. 이렇듯 용맹한 기개와 끈기 있는 탐구는 개인의 기질에 따른 것으로 이미 몇몇은 근대 계몽의 대가에 접근하였다고 말할 수 있다. 그러나 솔직히 말해 이러한 저작과 언론이 찬란한 사상적 불

30) 《颜习斋先生言行录·学问篇》, 参见萧箑父 :《中国哲学启蒙的坎坷道路》, 见冯天瑜主编 :《东方的黎明—中国文化走向近代的历程》, 21~27页, 成都, 巴蜀书社, 1987.

꽃을 많이 포함하고 있지만 사회 환경의 제한 때문에 불꽃들이 모이고 퍼져서 들판을 태우는 큰불이 되기는 끝내 어렵다. 어둡고 지루한 중세 시기의 암흑 속에서 그들은 이따금 스쳐 지나가는 유성에 불과했고 그 희미한 빛은 근본적으로 대지를 겹겹이 뒤덮은 암흑에서 빛을 낼 길이 없었다.

어떤 시대든지 사상적 선구자에 대해 모두 자기 나름대로의 필요와 선택, 그리고 형상을 갖고 있다. 중국 근대사의 시작에는 진정 한 시대의 기풍을 여는 선구적 사상가라 불릴 만하며 변혁이라는 거대한 힘을 여러 차례 소리 내어 부르짖은 공자진이 있었다.

공자진(1792-1841)은 일명 공조(鞏祚)라고도 하며, 자는 슬인(瑟人), 호는 정암(定庵)으로, 절강성 인화(仁和, 지금의 항주) 사람이다. 12살 때 외조부에게 허신(許愼)의 《설문해자(說文解字)》 부목(部目)을 배웠고, 이후 유봉록(劉逢祿)에게 공양학(公羊學)을 배웠다. 27살 때 절강성 향시(鄕試)에 응하여 제4등 거인(擧人)이 되었으나 뒤에 회시(會試)에서 여러 번 떨어지다가 38살 때 회시를 6번 치른 후에야 겨우 진사(進士)가 되었다. 공자진은 시험을 여러 차례 떨어졌을 뿐만 아니라 벼슬길도 꽤나 어려웠다. 오랫동안 그저 내각중서, 예부주사와 같은 일반 관리직만 거치느라 자신의 재능을 발휘하거나 포부를 실현할 수 없었다.

양계초(梁启超)는 《중국 학술사상변천의 거대한 흐름을 논함[論中國學術思想變遷之大勢]》이라는 글에서 공자진의 선구적인 지위를 일찌감치 인정하며 "가경과 도광 시기에 전국이 태평세월에 취해 있었으나 정암(定庵)은 이것이 계속 이어지지 않을 것이라 근심하였다. 그 미세한 조짐을 미리 살피는 식견은 당시에 아무도 따를 수 없었다. …… 근대 사상에서 자유의 안내자를 일컬을 때, 반드시 정암을 손꼽는다. 내 생각에 오늘날 사상계를 위해 빛을 퍼뜨릴 수 있었던 자들은 가장 먼저 정암을 숭배했고 정암집을 가장 먼저 읽었으며 머릿속에 그의 자극을 받지 않은 자가 없었다."[31]라고 말했다. 그리고 《청대학술개론(清代學術概論)》에서 공자진에 대해 "공자진의 성품은 자유분방하고 작은 일에는 개의치 않아 루소(Rousseau)를 닮은 듯하다. …… 만청 사상의 해방에는 공자진에게 확실히 공이 있었다. 광서 연간의 새로운 학자라 불린 이들은 대부분 공자진을 숭배하는 시기를 거쳤다. 나는 처음 정암문집을 읽고 전율을 느꼈다."[32]라고 더욱 높이 평가했다. 양계초 본인이 바로 광서 연간의 새로운 학자로 그의 관찰과 인식은 모두 사실과 부합하며 꽤 깊이 있게 서술한 것이다. 특히 "루소를 닮은 것 같다."라는 말은 후대 사람들이 구체적으로 밝힐 만한 가치가 있다.

역사에서 어떤 사람은 스스로 알지 못한 채 사회에서 타인이 계획한 역할을 맡고 어떤 사람은 자발적으로 자신이 스스로를 위해 설계한 역할을 맡는다. 공자진은 분명 후자에 속한 역사적인 인물로 그는 《기해잡시(己亥雜詩)》에서 "하분(河汾)의 방두(房杜)를 의심하는 사람이여, 천추에 드리운 명예와 지위는 하분의 비석에 있네. 한 평생 다른 이 물어뜯긴 적 없으니, 다만 기풍을 열 뿐 선생은 되지 않겠네."[33]라며 자신을

31) 《饮冰室合集》 文集之七, 96~97页, 北京, 中华书局, 1989.
32) 《梁启超论清学史二种》, 61页.
33) 国学扶轮社 :《精刊定庵全集·定庵续集》, 宣统元年.

설명했다. 그의 삶은 확실히 기풍을 여는 삶이다. 혹자는 그가 자신의 생명으로 새로운 기풍과 개혁을 추구하는 시대정신을 만들었다고 바꿔 말할 수 있다고 했다.

엥겔스(Engels)는 1893년 이탈리아어 판《공산당선언》에서 "이탈리아는 이미 첫 번째 자본주의 민족이다. 봉건적 중세 시대의 끝과 현대 자본주의의 시작이 한 명의 위대한 인물로 대표된다. 이 사람이 바로 이탈리아 사람 단테(Dante)로 그는 중세 최후의 시인이자 새로운 시대의 최초의 시인이다. 지금도 1300년처럼 새로운 역사적 시작이 다가오고 있다. 이탈리아가 우리에게 저 새로운 단테를 안겨준 것은 이 무산계급이라는 신기원의 탄생을 선고하라는 것이 아닐까?"[34]라고 말한 적이 있다.

우리의 동료 중에는 진욱록(陳旭麓) 선생이 처음으로 엥겔스가 한 말의 정신적 실체를 참조하여 공자진을 "최후"이자 "최초"로 시대를 바꾼 단테 식 인물로 설정하였다. 나는 이 견해에 동의한다. 1820, 30년대 중국의 정세가 비록 500년 전의 이탈리아와는 큰 차이가 있지만 공자진이 살았던 시대는 분명 중대한 전환기였다. 농업종법사회가 와해될 직면에 빠지면서 새로운 사회제도의 태동을 기다리는 상황인 중국은 빈사 상태에 빠져 있었다. 공자진의 일생의 대부분은 비록 아편전쟁 이전의 시기였지만 "그의 격렬하고 매서운 시문은 과거의 만가이면서도 미래를 지향한다는 점에서 중요한 의의가 있다."[35] 엥겔스는 단테를 이탈리아에서 현대세계의 서광을 떠오르게 한 위대한 시대의 "견줄 곳 없이 완벽한 전형"[36]이라

34) 《马克思恩格斯选集》, 第1卷, 269~270页, 北京, 人民出版社, 1995.
35) 陈旭麓：《论龚自珍思想》, 见《近代史思辨录》, 197页, 广州, 广东人民出版社, 1984.

고 찬양했다. 개인의 자질과 저작물의 수준을 논하더라도 공자진 역시 단테에 비해 조금도 손색이 없다.

19세기 스위스의 유명한 이탈리아 예술부흥의 역사 연구자인 야곱 부르크하르트(Jacob Burckhart, 1818-1897) 역시 단테를 시대의 전령사라 생각했다. 그는《신곡(神曲)》연옥편 제4곡과 연회편을 중점적으로 관찰하여 "이 작품(《신곡》을 가리킴)의 구도와 구상은 중세에 속해 있으면서 역사적 측면에서도 우리의 흥미를 불러일으킨다. 그러나 이 작품은 인성에 대한 모든 유형과 표현을 힘 있게 처리하고 풍부하게 묘사함으로써 모든 근대 시가의 근원이라는 위치를 잃지 않았다."[37]라고 말했다. 이는 꽤 사실을 토대로 한 진리 탐구이며 상당히 깊이 있는 평가이다. 이것과 인구에 회자되고 있는 공자진의《기해잡시》,《존은(尊隐)》,《을병지제저의(乙丙之際著議)》,《포역(捕蜮)》등의 시문을 대조해 보면 언어, 문체에서부터 구도, 구성은 당연히 "중세에 속해 있다." 그러나 이 작품들은 구사회의 "쇠락한 시대"에 대해 썩은 암흑기라고 심각하게 폭로하며 여러 세태와 인정에 대해 정밀하게 묘사하였다. 아울러 강렬하게 표현한 시인 주체의식과 진솔하게 드러낸 내재적 성격은 당시 사람들의 이목을 일신하여 아직 열리지 않은 근대시단과 문단을 열어젖히고 나아가 학계의 새로운 기풍의 선조가 될 것이다. 이전 세대 사람들은 공자진은 "성품이 자유분방하고 작은 일에는 개의치 않는다."라고 여겼는데 이는 대체로 그의

---

36) [德] 恩格斯 :《序言》, 见[德]马克思 :《资本论》, 第3卷, 24页, 北京, 人民出版社, 1975.

37) [瑞士] 雅各布·布克哈特 :《意大利文艺复兴时期的文化》, 307页, 北京, 商务印书馆, 1979.

언행이 전통적인 유학규범과 차이가 있고 옛 진영에서 고집하던 엄격한 가치체계와는 맞지 않았기 때문이다.

"무너진 파도 바로잡기 힘드니 퇴락한 민심을 바로잡으려 30대에 구주의 목민관을 위해 잠언을 지었네. 종거(鍾虡)는 처량하고 행색 또한 저물어가니 20년의 침묵을 깨고 광언을 다시 말하겠노라."(《기해잡시》)[38]에서 공자진의 내면세계를 엿볼 수 있다. "기이하고 완곡한" 문사를 잘 투과하여 그가 구세계와 싸우는 용맹함 및 새로운 합리적인 미래에 대한 열망을 잘 드러내었다. 비록 이 모든 전투와 지향점이 모두 몽롱한 감정의 색채 속에 뒤덮여 있더라도 말이다.

전환기에 처한 공자진의 역사적 지위를 가장 잘 드러낸 작품이 《존은》이다. 작가는 1년의 세 가지 때(발시(發時), 노시(怒時), 위시(威時))와 하루의 세 가지 때(아침, 낮, 저녁)을 사회역사의 흥기, 왕성, 쇠락의 세 가지 발전단계에 비유하여 대청(大清) 왕조가 "저녁"에 처해 있으며 무너진 파도처럼 바로잡기 힘든 "쇠락한 시대"로 진입했음을 드러냈다. "해는 저물려 하고 처량한 바람이 몰아치니 사람들은 등불을 그리워하지만 시야는 어슴푸레하고 저녁 기운 마셔 꿈꾸는 듯하다." 하였고, "선조가 '내게 남은 영광이 없다. 나는 너를 마지막으로 삼을 것이다.'라고 말하였다. 숲의 신이 '내게 남은 영광이 없다. 나는 너를 마지막으로 삼을 것이다.'라고 말하였다. 잠시 후 고요해지며 등불의 빛이 사라진다. 다른 소리는 들리지 않고 코 고는 소리만 들린다. 밤이 끝이 없어 아침이 되어도 새가 울지

38) 刘逸生注：《龚自珍己亥杂诗注》, 14页, 北京, 中华书局, 1980.

않는다."[39] 하였다. 작가의 "저녁"에 대한 묘사는 당연히 《신곡》의 9층 연옥처럼 다양하고 다채롭지는 않다. 그러나 분위기나 필법에 대해 말하면 서로 통하지 않은 곳이 없고 낡은 사회에 대해 저주하고 회피하는 태도의 냉혹함과 엄준함은 더욱 특색 있다. 《존은》에는 아름답지만 요절한 베아트리체(Beatrice, 단테의 연인)가 없기 때문에 정직한 사람들이 누릴 영원한 행복의 낙원 역시 없다. 그러나 공자진은 왕조통치의 중심지인 "경사(京師, 즉 수도)"와 상대적으로 대립하는 "산중(山中)"이라는 한 가지 상상을 떠올렸다. "경사"는 조정을 대표하고 "산중"은 민간을 대표한다. "경사"는 부패를 대표하고 "산중"은 새 생명을 대표한다. "경사"는 과거를 대표하고 "산중"은 미래를 대표한다. "경사의 하루는 짧고 산중의 하루는 길다. (경사는) 바람이 험하고, 물도 나쁘며, 먼지가 자욱하다. 산중은 분위기가 평온하니 화목하고 물이 맑아 깨끗하다." "경사"에 해가 저물려 하면 "산중"은 해가 막 떠오르니 자연스럽게 풍모 역시 "경사"는 추악하고 "산중"은 수려하다. "경사"가 인재를 학대하고 악인이 횡행하니 "기가 누설되어" 들판에 흘러들었다. 그러자 "경사"는 빈곤해졌고 "사방의 산"은 충실해졌다. 그리하여 "경사"는 비천해지고 "산중"은 위엄 있게 되었다. 이렇게 되면 호걸은 "경사"를 가벼이 여기니 "경사"는 "쥐가 판 흙"처럼 허술해지고 "산중의 요새는 더욱 견고해진다." "경사"가 이미 날은 저물고 갈 길이 멀다면 "산중"은 아직 피지 않은 싹처럼 발전하는 중이다. "경사"가 이미 구제할 방법

39) 国学扶轮社 : 《精刊定庵全集·定庵续集》 卷一, 16页.

이 없다면 “산중”은 이제 막 희망이 있는 곳이다.

공자진이 쓴 “산중”은 단테가 쓴 천당보다 더욱 세속적이기 때문에 더 사회현실적인 의미가 있다. 더욱 중요한 것은 공자진은 “전력을 다한 사색”, “우울함”, “많은 울분”에만 머무르지 않고 고집스럽게 “개혁”을 추구했다는 점이다. 그는 개혁의 방안을 모색할 뿐 아니라 개혁의 힘을 모색하고 개혁의 깊이를 모색했다. “산중 백성들이 큰 소리를 내지르며 천지를 종과 북으로 삼으니 신인이 파도를 일으켰다.” 바로 이 때야 말로 썩은 왕조의 “쇠락한 시대”의 최후를 끝내야만 한다. 이른바 “산중 백성들”에 대해 사람들은 다양한 현대적인 해석을 내놓았다. 누군가는 농민으로, 누군가는 시민으로, 누군가는 공자진으로 대표되는 지주계급 개혁파의 자기과시로 인식했다. 사실 이러한 우언 또는 반우언 형식의 시문에 대해 너무 좁은 의미의 해석을 부여하는 것은 온당치 못하다. 특히 현대명사의 한계성을 부여하는 것이 옳지 않은데 그것들은 원래 다양하고 모호한 상상의 요소들을 갖고 있기 때문이다. 나는 “산중 백성들”이 작가가 희망을 걸었던 넓은 의미의 어떤 사회적 역량, 또는 혁신을 발동시키고 이끌 수 있는 역량에 불과할 뿐 작자가 어떤 사회계층이나 집단을 실제로 가리켰는지를 판단하기는 어렵다고 생각한다. “큰 소리가 일어나고”에 대해 말하면 이는 곧 “구주(九州)에 생기는 바람과 천둥을 믿고”와 함의가 서로 통한다. 모두 작가가 답답한 부분이 파괴되길 바랐고 민족의 청춘이 빛나기를 갈망했던 것들을 반영하였다.

19세기 시작부터 경사를 “범죄의 우두머리”이지 “모범”적인 땅이 아니라고 본 것은 비단 공자진 한 사람만이 아니다.

대개 중앙의 관리생활을 거쳤거나 함께 나쁜 짓을 하지 않은 재능과 지혜가 있는 인재들은 모두 이런 공통된 인식을 갖고 있다. 임칙서(林則徐)도 한림원에서의 한때 무료한 생활을 회상하며 한탄한 적이 있다. “수도에서는 원래 공무가 없어서 한림은 일 년 내내 관아에 가지 않네. 만약 책을 읽지 않는다면 어찌 허송세월이지 않겠는가. 동류끼리 모여서 서로 교제하느라 어지럽지만 중앙관리 중에 진실로 학문을 좋아하는 자는 백에 하나도 안 되니 이 또한 시류가 그렇게 한 것이다.” 결론은 “북경에서 사람을 홀리게 하는 것들이 바깥보다 더욱 심하다.”40)라는 말이다. 그러나 경사의 부패를 드러내면서 직접 “저녁”, “쇠락한 시대”라고 명확히 지적하거나 청나라 조정의 몰락과 혁신적인 힘의 굴기를 예언한 것은 공자진이 처음이다. 공자진 사후 26년 조열문(趙烈文)의 일기에야 겨우 비슷한 기술이 등장했다. “6월 20일 첫 북이 울린 뒤, 척수(滌帥, 증국번(曾国藩)을 가리킴)가 와서 북경에서 왔다는 사람이 ‘북경의 분위기가 매우 나빠서 공공연히 악행을 저지르는 일이 생기고 시장에는 거지들이 무리를 이루었으며 심지어 부녀자들도 알몸으로 바지도 안 입고 다닙니다. 백성들이 궁핍해져서 이변이 생길까 두려우니 어찌해야 합니까?’라고 한 말에 대해 이야기를 나누었다.” 이때의 경사는 두 차례의 아편전쟁과 태평천국운동이라는 연속적인 충격을 겪은 북경으로, 그 쇠락함이 《존은》편 속의 “경사”보다 더 심하여 감당할 수 없는 상황이다. 그렇기 때문에 조열문은 청나라 조정이 붕괴되고, 근본

40) 林则徐 : 《致郭运堂书》, 转引自杨国桢 : 《林则徐传》, 24页, 北京, 人民出版社, 1981.

이 뒤집히는 것이 “거의 50년도 안 될 것이다.”라고 예언할 수 있었다. 조열문의 정국을 판단하는 탁월한 통찰력은 자연스럽게 드러났으며, 공자진의 선견지명으로 드러난 사회발전에 관한 전반적인 추세파악이 얼마나 정확한 것이었는지 역으로 부각할 만하다.

위기의식은 물론 소중하지만 더욱 중요한 것은 위기에 대한 적극적인 태도이다. 증국번은 조열문의 정국의 발전추세와 관련된 분석을 듣고 난 뒤 단지 “어쩌겠는가?”하고 소리만 치는 것에서 더 나아가 “나는 오늘밤 죽기를 바란다.”라고 하였다. 그리고 공자진이 만회하기 어려웠던 “무너진 파도”를 직면해서 큰 소리를 외치는 “산중 백성들”을 일으켜 세워 맹렬하고 강대한 힘으로 이 사멸 직전의 “쇠락한 시대”를 끝맺고 “천지를 종과 북으로 삼고 신인(神人)이 파도를 일으키는” 역사의 새로운 장을 열었다. 이것은 공자진보다 더 많은 반역성을 가졌으며 임칙서부터 증국번과 같은 이들이 군왕에 대한 절대적 충성심이 부족하다는 것을 증명한다. 어떤 사람이 공자진의 시구 “떨어진 꽃잎은 무정한 물체가 아니니, 봄에 진흙이 되어 꽃을 다시 보호하네.”[41]라는 구절을 어쩔 수 없이 관직에서 물러나도 여전히 조정에 충성하기를 원하는 것이라고 해석하였다. 이것은 아마도 시의 뜻에 대한 정확한 해석이라 말하기는 어려우며 적어도 공자진의 탁월한 천고의 자아추구를 외면하였다. 그는 《서교낙화가(西郊落花歌)》에서 “전당(錢塘)의 밤 물결이 세차게 흐르듯, 곤양(昆陽) 전쟁터에서 적들을 물리치듯,

41) 《龚自珍己亥杂诗注》, 3页.

팔만 사천의 선녀가 다 씻고 나서 모두 연지를 바르듯"이라는 구절과 같은 웅장하고 아름다운 시구를 써서 낙화를 노래하였다. 눈을 감고 감상하니 "낙화가 네 치나 깊이 쌓인" 서방정토를 그리워하며 "어찌 나무에 지지 않는 꽃이 있어 비가 와야 새롭고 좋다하는가. 일 년 내내 피는 것이 낙화로구나!"라며 목청껏 노래를 불렀다. 이는 봄을 안타까워하거나 흐르는 세월을 슬퍼하는 것이 아니라 그저 세속적이지 않은 독립인격을 한껏 드러낸 것일 뿐이다. 이러한 개성과 주체의식이 풍부한 시인에 대해 우리가 어떻게 맹목적인 충성에 가까운 어휘를 사용해서 그의 작품을 설명할 수 있겠는가.

단테는 인간 감정에 대해 세밀한 관찰하고 외형의 몸짓을 잘 활용해서 내재된 심리를 뛰어난 예술로 드러내서 후세에 수많은 평론가들의 극찬을 얻었다. 예를 들어 《신곡》연옥편에는 이런 묘사가 있다. "그리하여 나는 내 눈을 크게 뜨고 앞을 바라보니 과연 수많은 영혼들이 망토를 걸치고 바라보고 있었다. 망토의 색은 바위 색과 같았고 …… 내가 이 영혼에게 다가갔을 때 나는 그들의 형상을 보았다. 그들은 어깨를 서로 맞대고 있으면서 모두 산의 절벽을 등지고 있었다. 마치 빈털터리 장님이 사면 받은 날 교회당 대문 앞에서 구걸하는 것처럼 사람마다 모두 머리를 이웃의 어깨에 기대고 있었다. 이 때문에 다른 사람의 동정심을 일으켰으니 글귀를 써서 타인의 마음을 움직인 것이 아닌 그들 일부의 모습 역시 무력하지 않았기 때문이다."[42] 단테는 습관적으로 토스카나 방언

---

42) 参见[瑞士] 雅各布·布克哈特：《意大利文艺复兴时期的文化》, 344页

을 썼기 때문에 중국어 번역으로는 그 운치와 문체의 아름다움을 표현하기 어렵다. 그러나 이것은 우리에게 공자진의 다음과 같은 시 한 편을 연상하게 한다. "한 가닥 밧줄에 선부가 십여 명, 자세히 계산하니 천 척의 배가 이 강을 건너네. 나 또한 북경의 쌀을 먹은 적 있기에, 한밤중 선부들의 힘쓰는 소리에 눈물이 솟네. [只籌一纜十夫多, 細算千艘渡此河. 我亦曾縻太倉粟, 夜聞邪許淚滂沱.]" (《기해잡시·5월12일 회포에 도착해 쓰다.》)[43] 이 시는 시인이 여름에 강소성 회안(淮安)에 도착했을 때 운하 변의 선부들이 밧줄로 배를 끌고 갑문을 지나는 것을 보고 감흥이 생겨서 쓴 것이다. 가령 단테가 조각처럼 정적인 형상을 활용해 사람들의 마음을 묘사하는 데에 능하다면, 공자진의 이 시는 소리와 동작으로 지친 군중의 고됨을 드러내어 어쩌면 연옥편보다 더 심하게 심금을 울린다. 적어도 중국 독자라면 이처럼 말할 것이다.

"힘쓰는 소리[邪許]"란 사람들이 일을 하면서 외치는 영치기 영차와 같은 의성어로 옛날 《회남자(淮南子)》에서 "큰 나무를 들어 올릴 때 앞에서 소리를 지르면 뒤에서 따라한다."라고 한 것과 같은 것이다. 나는 운하의 곡물수송선의 "힘쓰는 소리"에 익숙하지 않지만 어렸을 때 천강(川江)의 곡물수송선에서 노역을 해 본 경험이 있다. 현재 천강의 영치기 소리는 높고 낭랑한 소리로 감정의 기복을 풍부하게 해서 더욱 아름다운 민가와 가곡으로 가공 제작되었다. 그러나 이 작품들은 나에게 있어 영원히 민족의 재난과 개인의 굴곡이 교차하는

43) 《龚自珍己亥杂诗注》, 119页.

아픔을 연달아 함께 기억나게 한다. 나는 뜨거운 햇볕이 내리쬐는 여름날 험준한 산위에서 몸을 구부리고 밧줄로 배를 끌어올리는 고통을 잘 알고 있다. 특히 여울목을 건너거나 폭풍을 만날 때에는 강물이 세차게 흐르고 기암괴석이 우뚝 솟아 있기 때문에 그 영치기 소리는 통상적인 리듬과 조화를 잃는다. 사람들은 자연적인 폭력과 생사의 사투를 벌이며 서글픈 고함을 지른다. 이렇게 극도로 비통하거나 가슴 찢어지는 고함을 지르는 참담한 광경은 지금까지도 내 마음을 뒤흔들곤 했다. 공자진이 밤에 힘쓰는 소리를 듣고 눈물이 솟은 것은 그의 마음이 하층 노동자들과 서로 통했기 때문이다. 그 힘쓰는 소리는 조운선 선부들의 땀뿐만이 아니라 수많은 농민들의 피와 땀이 모여 있기 때문이다. 남쪽의 곡식을 북쪽으로 옮긴다는 말은 북경의 식량이 운하를 거쳐 남쪽에서 수탈해 온 것이라는 말이다. 공자진은 과거에 여러 해 동안 중앙관리에 있으면서 비록 품계는 낮았지만 북경의 쌀을 먹은 점은 다른 대소신료와 다를 바 없었다. 그는 백성들이 공양한 식량에 기대 살면서 백성들의 근심을 덜어 주지 못한 것이 부끄러웠기 때문에 깊은 밤의 힘쓰는 소리는 그를 더욱 잠들지 못하게 했을 것이고 마음속에 일어난 생각들을 가라앉히기 어려웠다. 이렇게 마음속 깊이 자리 잡은 자아비판과 전통문화에서 벗어나려는 반항적 성격이 공자진의 시문에 근대정신을 처음 물들게 한 것이라 풀이된다.

"자리를 털고 두려워하며 문자옥(文字獄)을 듣는다. 저서들은 모두 밥벌이가 되었네." 공자진은 청(淸) 대 중엽 이후 지식계의 이러한 자신의 안전을 구하느라 모두가 입을 다물어

버린 상황에 불만을 가졌다. 그는 권세를 두려워하지 않고 자신의 애증을 공개적으로 표명하였고 또한 조금도 남김없이 민간의 고통에 동정을 베풀었다. 《기해잡시》에 정부 관리의 폭정이 횡행하는 것을 비판하는 시가 있다. "염철을 논할 수도 없고 황하를 다스릴 수도 없게 되어, 홀로 동남쪽에 기대어 눈물만 흘리네. 나라의 세금은 석 되이나 백성에겐 한 말이니, 소 잡는 일이 어찌 벼농사만 못하겠는가."[44] 공자진은 종종 민생의 많은 어려움 때문에 눈물을 흘렸는데, 이는 절대 가식이 아닌 진실함의 표출이었다. 그는 해학적이면서도 냉엄한 필치로 《박탁요(餺飥謠)》를 쓴 적이 있는데 화폐 가치의 하락이 민간에 가져온 무궁한 재앙을 풍유(諷諭)하였다. "늙은 아비는 동전 한 냥으로 보름달 같은 수제비, 아이는 동전 두 냥으로 큰 동전 같은 수제비. 대접 속 수제비는 한 냥인데 하늘에 밝은 달은 한쪽이 여위었구나. 아! 시장의 수제비는 하늘의 달이네, 나는 저 두 개가 차고 이지러질 것을 알 수 있네. 두 개에 비친 나는 나그네일 뿐이다. 달이 수제비에게 '둥근 것은 이지러진다.'라고 말하네. 수제비가 달에게 '순환하는 것은 끝이 없다.'라고 말하네. 큰 동전 같은 것은 보름달 같아야 하네. 에휴, '500년 뒤에는 현손들을 배부르게 하리.'라고 말하리." 당연히 공자진은 그저 냉소적인 방관자에 그치지 않았으며 500년 뒤에 "현손들을 배부르게" 되기를 결코 앉아서 기다릴 수 없다고 주장했다. 그는 불합리한 현 상태의 개혁을 요구하는 동시에 개혁은 대세의 흐름이고 인심이 향하는 바이

44) 龚自珍 : 《咏史》, 见《精刊定庵全集·定庵文集补》, "古今诗体" 上卷, 9页.

니 기회를 놓쳐서는 안 되고 시간이 다시 돌아오지 않음을 인정했다. “조상의 법이 낡지 않은 것이 없고 여러 사람의 의견은 쓰러지기 마련이다. 후세 사람들에게 개혁을 맡기느니 스스로 개혁하는 것이 낫지 않은가.”[45] 공자진은 시대에 앞서 달리는 “전령사”에 손색없이 새 시대가 다가온다는 소식을 앞당겨 선포하였다.

중국 근대 초기 사상가 중에서 공자진이 가장 기개가 높고 가장 진솔한 혈기왕성한 사나이라고 할 수 있다. 이 점에서 그는 임칙서와 차이가 있을 뿐만 아니라 위원(魏源)과도 차이가 있지만, 후세에서 이들을 공위(龔魏)라고 합쳐 부를뿐더러 두 사람은 서로 통하는 바가 매우 많다. 위원도 청년 시기에 “어찌 바람과 천둥을 빌리지 못했는가, 한 건장한 천지의 얼굴이다. [何不借風雷, 一壯天地顔]”이라며 용감하게 호소한 적이 있다. 그러나 위원은 오랫동안 시련을 겪은 뒤 점점 세상사에 밝아지고 안정을 찾아갔다. 그의 시문도 감정적인 색채보다는 이지적인 요소가 많아져서, 공개적으로 세상에 대한 분노를 매우 강렬하게 드러냈던 공자진의 내면세계와는 달라졌다. 공자진이 죽음을 앞둔 1년 전까지도 위원은 여전히 이 좋은 친구가 “이론을 주장하며 당대를 거스른다.” 하며 걱정했다. 그는 공자진에게 편지로 간곡히 권고하기를 “나와 그대가 서로 사랑하기가 골육과 같으나 늘 말을 가리지 않는 그대의 병이 걱정됩니다. 무릎을 맞대고 하는 이야기와 공개된 자리는 다르고 좋은 벗의 충고와 술자리는 다릅니다. 만약 가

---

45) 龚自珍 : 《乙丙之际著议第七》, 见 《精刊定庵全集·定庵文集》卷上, 6页.

리지 않고 시행한다면 명철보신(明哲保身)의 뜻에 어그러질 뿐 아니라 덕성에도 흠집이 날 것입니다. 이는 스스로 반성하여 징계해야 하니 그렇지 않으면 오랜 습관이 되어 하루아침에 고칠 수 있는 것이 아닙니다."라고 말했다. 여기서 분명한 것은 전통 행위규범을 고집하며 "명철보신"의 뜻을 가지고 공자진에게 구세력과 어느 정도 타협하도록 설득하려는 점이다. 공자진이 자신의 결점을 모르는 것이 아니라 그는 자신의 언행이 항상 시의에 맞지 않음을 잘 알고 있었다. 그러나 그는 자기주장의 정확성을 믿고 있었기 때문에 "스스로 반성하고 징계"할 필요가 없다고 생각한 것 같다.

공자진의 또 다른 좋은 친구는 상주(常州) 사람 장수갑(莊綬甲)으로 그 역시 위원처럼 공자진에게 《을병지제저의》와 같은 통치자들의 비위를 거스르는 글들을 삭제하기를 권했다. 공자진은 오히려 대수롭지 않게 시로써 회답하였다. "문장의 품격이 점점 낮아지니 속된 복록은 가까워지네. 비속한 복록을 모르면 어떠한가? 상주 사는 장수갑 나를 가여워하여 나에게 격렬히 을병서를 지우라 권하네."(《기해잡시》) 그는 여전히 자기 방식대로 하면서 저급한 문장의 품격을 써서 눈앞의 속된 복록을 탐내려 하지 않았다. 통치자의 정치적 압력과 세속의 고루한 편견에 대해 그는 여전히 이렇게 고집스러우며 자신만만했다. 한 편의 시가 이를 증명한다. "조정을 둘러보니 여러 현인들이 부끄러워 새 책을 후회하며 쓴 지가 거의 십 년이라. 나무에 문장은 이미 병들었고 벌레처럼 말만 많아서는 하늘에 닿지 못하네. 옛 일화들을 고치고 빼면 바로잡지를 못하고 마음으로 바라는 사치는 짧은 글에 담겨 있네. 침묵과 유약함을 지키려 노력하며 애써 잘 보이려 밤잠을 설치지 말라."[46]

양계초의 말처럼 공자진은 "꽤 루소와 닮은" 기재(奇才)이다. 그 자신의 자질과 품격으로 말하자면 아마도 더 큰 덤불과 잡초를 제거하는 데에 공헌한 계몽사상가일 수도 있다. 그러나 그는 끝내 혁신적인 길을 개척하는 데에는 비교적 큰 걸음을 내딛지 못했다. "제일 먼저 말하고자 하는 자는 예부터 분명히 말하기 어렵다. 되는 대로 터무니없이 말하거나 말하지 않고 삼킨다." 낡은 세력은 여전히 쓸데없는 말을 하며, 먼지 쌓인 농업종법사회의 진부한 사상과 심리는 사회생활의 각개의 영역에 스며들어있다. 공자진은 외적으로는 사회 환경의 제약을 받았을 뿐 아니라 내적으로는 문화 심리적 소양의 한계도 안고 있었다. 그의 업적은 단지 낡은 사회에 대한 깊은 폭로와 미래에 대한 열정적인 동경에 있었으며, 그의 사유방식, 지식구조와 가치관은 결국 전통적인 사대부의 범주를 뛰어넘지 못했다. 그가 《농종(農宗)》에서 내놓은 사회개혁 법안은 전통적인 농업종법의식으로 가득 찬 것으로, 그가 혁신적인 실천방면에서는 무능하다는 점을 드러냈다. 그는 불행히도 요절하였는데, 중국의 문호가 머지않아 강제로 개방되려 하지만 아직 개방하지 않는 해에 죽었다. 그런 까닭에 그는 동시대의 다른 지식인들처럼 이후 세월이 흘러 직간접적으로 더 많은 서양의 근대문명을 접촉할 수도, 더 많은 외부세계를 이해할 수도 없었다. 그는 시대를 초월할 수 있음에도 결국 폐쇄된 사회에서 질식사한 위대한 천재로, 그의 사상적 가치

---

46) 龚自珍 : 《释言》四首之一, 见《精刊定庵全集·定庵文集补》, "古今诗体" 下卷, 4页.

는 새로운 역사조건 아래에서만 점차 후세 사람들에 의해 이해받고 이용되었다.

제 4 장

민족 각성의 시작

제 4 장

민족 각성의 시 작

토인비는 각종 문명의 발전과정에 대해 "도전이 강해질수록 자극도 더 커진다."[47]라고 말한 적이 있다. 그러나 도전의 강도는 적절하게 필요하니, 강도가 부족하면 그에 상응하는 응전태세를 갖추기 어렵고 강도가 너무 세면 낙오하는 문명들이 사라질 수 있다. 토인비가 말한 도전과 자극은 자연환경에서 오는 것과 사회의 내외부의 환경에서 오는 것으로 구별되는데, 당연히 다양한 요소가 결합할 수 있다. 공자진이 살았던 시대를 살펴보면 중국 사회에 내재적 도전 역량이 없었

47) [英] 汤因比著, 曹末风等译；《历史研究》上册, 174页, 上海, 上海人民出版社, 1986.

던 것은 아니다. 건륭황제(乾隆皇帝)의 통치 시기 60년은 국내 정치와 군사상 공적이 역사서에 빛나던 시기였으나 청나라의 흥성과 쇠퇴의 계기 역시 잠재한 기간이다. 사회 위기가 눈에 띄게 심해진 것은 가경제(嘉慶帝) 25년 동안의 대부분을 차지하며, 끊임없이 계속된 동란과 5개 성에 만연했던 백련교(白蓮教)의 봉기가 이미 상당히 강력한 도전이 되었다. 1813년 천리교(天理教)의 무장단체는 용감하게 자금성에 뛰어들었고 심지어 황궁의 융종문(隆宗門) 편액에 자신들의 화살촉을 남겨놓기까지 하였다. 이는 대청왕조에게 주는 엄중한 경고와 같았다. 도전은 이미 반응을 불러 일으켰는데 적어도 소수의 민감한 사대부들의 머릿속에는 이미 위기의식이 형성되어 있었으니, 위원의 화법을 이용하면 "발분"과 "우환"이었다.

그들은 이미 부패와 위기상황을 과감히 공개적으로 폭로하였다. 그들은 초조해하며 "건륭 60년의 태평성대를 지나면서 인심은 사치스러움에 익숙해졌고 풍속은 나태함에 물들었는데 경사(京師)는 이것이 더욱 심하다. 경사에서부터 사방에 걸쳐 대부분 부호는 빈호가 되고 빈호는 굶주리는 자들로 변했으며 사민의 우두머리는 급속히 하층민이 되었다. 각 성의 상황이 위태롭기가 한 달 하루도 지탱하기 힘든데 어찌 한 해를 물을 수 있겠는가."48)라며 지적했다. 사회가 폐쇄적인 것은 여전하지만 세태는 벌써 불안해져서 사람들은 경각심을 갖고 반성과 예측을 하기 시작했다. "쇠락한 시대"라는 말이 가리키는 것은 "세상을 다스릴" 학풍의 부흥으로, 모두 내재적 도전에 대한

48) 龚自珍：《西域置行省议》, 见《精刊定庵全集·定庵文集》卷中, 4~5页.

전통문화의 반응으로 볼 수 있다. 하지만 이와 같은 다른 차원, 다른 정도의 도전과 자극과 반응들은 모두 과거 농업종법사회의 "태평성세와 난세는 번갈아 온다."라든지 "나뉘면 반드시 합쳐지고 합쳐지면 반드시 나뉜다." 따위의 전통적인 틀로서는 뛰어넘기 어려웠다. 결론적으로 그것들의 힘의 강도는 낡은 제도 전체의 변혁을 추진하기에는 부족했다.

그러나 공자진이 죽음을 맞기 전에 사람들은 이미 아편전쟁의 포성을 들었다. 여태껏 오랑캐로 여겼던 영국인들이 광동성 한 귀퉁이에서 행패를 부리는 것에 그치지 않고 동남쪽 여러 성까지 전쟁의 불길이 퍼뜨린 것이다. 산에 비가 오려면 누각에 바람이 가득하듯 천고에 없던 큰 변화가 이미 서막을 열었다. 공자진이 일찍 죽었기 때문에 이러한 외부에서 온 강대한 도전에 대한 응전에 참여할 수 없었다. 그러나 그의 좋은 친구, 그보다 2년 늦게 태어나 16년 늦게 세상을 떠난 위원이 새로운 역사적 시기에 공자진보다 더욱 중요한 역할을 맡았으니, 이 역시 역사의 기회와 인연이 그렇게 한 것이라고 보아도 무방한 일이다.

위원(1794-1857)은 원래 이름은 원달(遠達)이고, 자는 묵심(默深)으로, 호남 소양(邵陽) 사람이다. 청년기에 유봉록(劉逢祿)에게 《공양춘추(公羊春秋)》를 배웠다. 1822년 순천(順天) 향시에 참가하여 남쪽에 호적은 둔 사람 중 1등(당시에는 "남원(南元)"이라 불렀다.)으로 거인에 합격하였다. 1825년 강소성 포정사(布政使) 가장령(賀長齡)의 초청으로 《황조경세문편(皇朝經世文編)》을 편집하였다. 1826년 책을 완성하고 강소성 순무도수(巡撫陶澍)의 중임을 받아 조운(漕運)을 개혁하는 기획에 참여하였다. 1828년 돈을 바치고 내

각 중서사인이 되어 여러 자료를 두루 살펴서 본조의 역사적 사실을 잘 알게 되어 《성무기(聖武記)》를 편찬하였다. 1831년 부모상을 당해 고향으로 돌아와 도수를 도와 회북(淮北)의 염전 행정을 개혁하였다. 위원 역시 과거시험에 여러 번 떨어졌는데, 1845년 처음 은과(恩科)를 치러 진사가 되었고 이후 겨우 지주(知州), 지현(知縣)과 같은 미관을 역임했다. 1853년 고위 관리가 원한을 품고 탄핵하여 파직된 뒤로는 부정적으로 변해서 절에서 기거하며 불학에 열중하고 책을 썼다.

이상 간단한 경력에서 볼 수 있듯이 아편전쟁이 발생했을 시기, 위원은 꽤 성취를 이룬 학자인 동시에 많은 경험을 쌓고 낡은 정치를 개혁해 본 적이 있는 실무인재였다. 그는 공자진처럼 재주를 믿고 남을 깔보며 감정을 밖으로 드러내는 사람과는 달리, 더욱더 냉정하고 신중한 눈빛으로 한 번도 있어본 적이 없는 거대한 변화를 자세히 살펴보았다.

아편전쟁은 처음으로 외세가 침략해 온 전쟁인 동시에 경제, 정치, 문화 등 각 부분에 최초의 전면적인 충돌이었기 때문에 과거에 "서력동점(西力東漸)"이라고 부르는 사람도 있었다. 이러한 외부의 힘은 과거 문화가 비교적 낙후된 이민족의 침입과는 달리, 이미 상당히 발전한 서양근대문명이 늙은 대제국에 대한 유력 충돌이다. 《공산당선언》에서 "자본계급이 100년도 못 되는 계급 통치 중에 만들어 낸 생산력은, 과거의 모든 세대가 만든 전체 생산력보다 더 많고, 더 거대하다. 자연력의 정복, 기계의 사용, 화학을 응용한 공업과 농업, 기선의 항해, 철도의 통행, 전신의 사용, 세계 모든 대륙의 개간, 하천 항로 개척, 마치 마술을 써서 땅 밑에서 불러낸 것 같은 엄청난 인구, 과거 어느 세기가 이와 같은 생산력이 사회적 노동 속에서 잠재하고 있었는지 상상이나 할 수 있었겠는가."[49]라고 말한 것과 같다. 자본주의는 해외시장의 끊임없는 확대를 그 발전의 전제로 삼았기 때문에, 식민주의를 그의 동반자로 삼기에 적합했고 아울러 수단과 방법을 가리지 않고 외부로의 확장과 약탈을 자행했다. 사람들은 서양 자본주의의 이토록 왕성하고 활발한 생산력을, 앞서 나아간 정신문명에서가 아니라 주로 아편과 대포로 중국의 대문을 폭격하는 것에서 볼 수 있었다.

"만주족 왕조의 위세가 영국의 총포를 한 번 만나고는 완전히 땅에 떨어졌다. 천조(天朝) 제국에 오랫동안 믿어왔던 미신은 무너졌다. 야만적이며 문을 닫고 스스로를 지키면서 문명세계와 단절했던 상황을 타파하니 바깥세상과 함께 연결되기 시작했다."[50] 마르크스는 단 한 번도 중국에 와 본적이 없는 서양인이지만 중국의 사태에 대해 주로 신문, 그리고 일부 외국상인과 선교사들에게 들은 풍문들에 기대어 이해했다. 그리고 상술한 논평은 제1차 아편전쟁이 끝난 지 10년 뒤에 쓰인 것이다. 실제로 1840년대 초반에는 자극과 반응 모두 다 아직 이처럼 강렬하고 분명하게 드러나지 않았다. 역사는 결국 발전과정을 갖고 있었다. 우리는 그저 역사발전의 전반적인 흐름의 각도에서 마르크스가 쓴 평론의 정신적 본질을 깨달을 수밖에 없었다. 게다가 그의 시국을 읽는 전체적인 이해 및 미래의 흐름에 대한 천재적인 예측이 얼마나 날카로운지

---

49) 《马克思恩格斯选集》, 第1卷, 277页.

50) [德] 马克思 : 《中国革命和欧洲革命》, 见《马克思恩格斯选集》, 第1卷, 691页.

탄복할지도 모른다.

토인비는 두 가지 문명이 충돌하면서 낙오되고 침략당하는 쪽의 반응을 연구할 때《신약성경》의 고사 중 두 개의 명칭인 헤롯주의와 열광주의를 이용했다. 과거 그리스문명이 각 영역에 걸쳐 압박을 가해 올 때 현명하고 실무적인 헤롯왕은 그리스문명을 배우는 것이 모든 유태인들에게 유익하며 유태인으로 하여금 피할 수 없는 그리스의 세계에서 적응하고 발전하게 할 수 있다고 주장하였다. 열광주의자들은 신념을 견지하고 선조의 교훈을 준수할 뿐 한 발자국도 물러나지 않았다. "자기 정신생활상의 배타적 근원에서부터 일종의 신력(神力)을 얻을 수 있다."하며 외래의 침략 세력을 격퇴하였다. 토인비는 이에 덧붙여 흥미로운 이야기를 하였는데, "열광주의자는 뒤를 바라본다. 헤롯주의자는 스스로 시선을 앞에 둔다고 여기지만 실제로는 옆을 보면서 이웃 사람의 행동을 모방하려고 노력한다."[51]라고 말하였다. 토인비의 이 방면에 관한 분석은 각 민족 문화 내부의 두 가지 기능과 관련이 있으니, 배타성과 포용성이라는 일종의 자아 조절 기제로 총괄하여 말할 수 있다. 배타성은 전통의 안정과 지속에 유리하고 포용성은 외래문화의 수급과 시대 흐름의 적응에 유리하다. 이 두 가지 기능은 내부와 외부 조건이 달라짐에 따라 그 영향력이 끼치는 정도가 종종 달라진다. 대개 한 문명이 건강하게 발전하여 자신감이 넘칠 때는 비교적 많은 포용성이 종종 드러나는 반면 비정상적인 발전, 특히 외래선진문명의 충격으로 인

51) [英] 汤因比 :《历史研究》下册, 288页.

해 자신감을 잃었을 때는 비교적 많은 배타성이 드러난다. 이러한 배타성은 대부분 부정적인 성질에 속해서 부정적인 효과가 생기기 쉽다.

예를 들어 청나라 조정의 수많은 보수적 왕공대신(王公大臣)과 사회 보수 세력들을 "열광주의자"에 비유한다면 저 공자진, 위원, 임칙서 등의 사람들은 "헤롯주의자"에 가깝게 볼 수 있다. 왜냐하면 후자는 이미 "스스로 시선을 앞에 둔다고 여기지만 실제로는 옆을 보면서 이웃 사람의 행동을 모방하려고 노력한다."라는 자신들의 특징을 드러내기 시작했기 때문이다.

이른바 "스스로 앞을 보고 있다고 여긴다."라는 것을 위원의 말대로 표현하자면 "옛것을 고칠수록 백성들이 더 편안해진다."이다. 그는 사물은 늘 끊임없이 변화하고 역사는 늘 앞으로 발전해 나가므로 국가의 제도, 정책, 법령 역시 사회정세의 변화에 따라 상응하는 변혁을 진행해야 한다고 생각했다. "그러므로 작년의 역법을 올해에 쓸 수 없고, 고조부와 증조부 때의 물건은 조부와 아버지에게 맞지 않다. 시간이 가까워질수록 기세가 절실해진다. 성인이 오르는 곳에 신명이 생겨나고 질서가 일어난다. 옛것이 좋다는 말은 오늘날 반드시 조사해 보아야 한다."[52] 그는 옛것에 얽매이느라 시대의 흐름을 따라가지 못하는 것에 반대했기 때문에 선조의 제도를 엄수하는 것에 대해 "천하에 수백 년 동안 낡지 않은 법이 없고 변하지 않은 법도 없고 쉽게 바꾸지 못하는 것도 없으니 임기응변의 법도 가능하다."[53]라고 하며 공개적으로 제

52) 《皇朝经世文编叙》, 见《魏源集》上册, 156页, 北京, 中华书局, 1976.

53) 《淮南盐法轻本敌私议自序》, 见《魏源集》下册, 443页.

창했다. 그는 금문경학을 이용해 통치 지위를 차지한 진부한 학술사상을 향해 도전하는 동시에 방대한 자료의 《황조경세문편》을 편집하여 만청 한 시대의 경세치용의 뛰어난 학풍을 선도했다. 그는 치수사업, 조운, 염전법, 군량보급의 네 가지 부분에 대해 개혁적인 분석을 하고 시대적 폐단을 찌르는 건의를 했다. 그는 앉아서 말할 뿐만 아니라 일어나서 행동했고 도덕적 문장을 지을 뿐만 아니라 실질적인 정책을 제시했다. 그러나 아편전쟁 이전의 그와 공자진은 변혁의 요구는 간절하였지만 시종일관 전통적 사유의 틀을 벗어나지는 못했다. 그들은 주관적으로는 새로운 변화를 추구했으나 현실적으로 실행할 수 있는 총체적 개혁구상이 부족했다. "내 사상은 어디에 있는가? 가슴속 차오르는 기운은 구름이 되고자 하네." 그들은 낡은 것을 새롭게 바꾸고 가시덤불을 헤쳐 나아가는 용기가 부족했던 것이 아니라 늙은 중국을 이끌고 나아갈 미래의 분명한 목적을 찾지 못했던 것이다.

아편전쟁은 확실히 중화민족을 깨어나게 했지만 1840년대에 이 민족의 주체가 깨어났다고 말하기는 어렵다. 진정으로 깨어났다고 할 수 있는 것은 겨우 소수의 사상적 선구자일 뿐이다. 가령 아편전쟁 이전에 그들이 겨우 농업종법사회의 폐쇄된 세상에서 뿌옇고 흐릿하게 "앞을 본" 정도라고 한다면, 아편전쟁 뒤에는 이 폐쇄된 세상을 "옆에 두고 보면서" 돌파할 수 있다는 것이다. "옆은 본다."라는 것은 서양을 본다는 말로, 주로 당시 세계를 제패했다고 칭해지는 영국을 본다는 것이다. 서양이 갖고 있는 물질문명과 정신문명의 두 부분은 이미 중국을 앞서가고 있기 때문에 "옆을 본다."는 곧 "앞을 본다."라는 말이다. 왜냐하면 서양은 이미 중국이 나아가려는 곳에 대해 어느 정도는 볼 수 있고 따라할 수 있는 목표를 제공하기 때문이다. 이것은 확실하고 본받을 수 있는 선진목표이기 때문에 그 목표를 옆에서 바라보는 것만으로도 자기 민족을 이끌고 앞으로 나아갈 수 있고 다시는 주관적으로 "스스로 앞을 보고 있다고 여기는" 것에만 머물러 있지 않는 것이다.

아편전쟁 이후 위원이 쓴 위대한 저서 《해국도지(海國圖志)》에 관한 전대 사람들과 지금 현인들의 논평은 이미 많다. 오택(吳澤), 황려용(黃麗鏞) 선생은 1960년대에 이미 《해국도지》는 특히 영국의 역사와 지리에 대한 소개를 중시하였고 이 점은 확실히 사람들에게 많은 영감을 주었다고 지적했다.[54] 《해국도지》는 대서양 유럽의 각국에 대해 17권으로 서술하였는데 그중 영국을 전문적으로 소개한 편이 4권 이상이다. 동시에 《해국도지》는 세계 각지("남양", "서남양", "북양", "대서양 밖" 등을 포함)를 소개할 때 창작 의도는 여전히 "서양을 기록하다."나 "서양을 기록하는 까닭은 영국을 아는 것이다."에 집중되어 있었다. 위원이 영국의 지위와 영향을 어느 정도 중시하였는지를 알 수 있다. 이는 영국이 첫 번째로 중국을 무장 침략하고 광동, 복건, 절강, 소주의 네 성을 횡행한 서양국가라는 이유만이 아니라, 작가가 영국이 유럽과 전 세계에서 가장 강한 국가라는 것을 이미 알아차렸기 때문이다. 과거에 공자진, 위원을 포함한 청나라의 수많은 우국지사들은 제정 러시아를

54) 参见吴泽, 黄丽镛 : 《魏源<海国图志>研究》, 载 《历史研究》, 1963(4).

가장 위험한 주요 외적으로 간주했고 이 때문에 서북변방의 역사지리 연구가 한때 크게 성행했다. 현재는 사람들이 주요 침략의 위험은 바다 위, 주로 먼 유럽 서부의 영국에서부터 온다고 인식하기 시작했다. 이것은 관념상의 자연스러운 커다란 변화였다.

아편전쟁이라는 자극의 강도는 중화민족의 강렬한 반응을 이끌어 내기 충분했다. 하지만 일반적인 반응은 대부분 "우리의 원수를 반드시 기억하자. 한스런 소리가 길에 가득하니 저 짐승 같은 놈들을 전부 물리치지 못한다면 함께 살지 않으리라 맹세한다."(《진충보국하는 의로운 광동성 백성들이 영국 오랑캐에게 알리는 글[盡忠報國全粵義民申諭英夷告示]》)라는 것과 같은, 침략행위에 대한 의분이 가득한 것에 불과하다. 위원은 "혈기가 있는 자라면 분개해야 한다."라고 강조하면서도 "이목과 심지가 있는 자라면 방법을 강구해야 한다."라는 것을 더욱 중시했다. 즉 《해국도지》는 분노를 표현하면서도 강구하는 것에 취지가 있는 작품이라고 말할 수 있다. 작자의 자서(自序) 중 한 단락 훌륭한 서술이 있다. "훌륭한 신하의 말 중에 '해상의 왜적을 평정하려면 먼저 사람의 마음에 쌓인 환란을 평정해야 한다.' 하였다. 사람의 마음에 쌓인 환란이란 무엇인가? 수해나 화재도 아니고 칼이나 돈도 아니며 연해의 교활한 백성도 아니고 아편을 피우거나 파는 나쁜 사람들도 아니다. 그러므로 군자들은 〈운한(雲漢)〉과 〈거공(車攻)〉을 〈상무(常武)〉와 〈강한(江漢)〉보다 먼저 읽어서 〈대아(大雅)〉와 〈소아(小雅)〉의 시인이 발분하는 바를 알았고 괘효(卦爻)의 안팎의 변화를 연구하여 《역(易)》을 만든 사람의 우환을 알았다. 발분과 우환은 천도가 나쁜 기운에서 태평한 기운을 회복하는 원인이자, 인심이 무지몽매함을 벗어나 깨달음을 얻는 이유이고, 인재가 허례허식을 벗어 진실해지는 까닭이다.", "어리석은 근심을 걷어 내니 밝은 세상이 일어나고 허망한 근심을 걷어 내니 거대한 힘으로 나아간다." 위원은 "우환"과 "발분"을 매우 강조하였다. 하지만 그는 발분과 우환은 "허망"과 "몽매"에서 민족을 깨어나게 만드는 원동력이며 따라서 감정은 색채에 불과할 뿐이고 이성과 재주가 내재된 품격이라고 주장했다.

위원은 냉정하고 객관적인 시선으로 외부세계를 관찰했는데 주요 제국을 가장 먼저 자세히 살펴보았다. 그는 유럽의 정세에 대해 이렇게 보았다. "이탈리아로부터 분열된 여러 나라들은 종교는 유지하였으나 부강하지는 못했다. 이에 프랑스, 영국이 흥성하였는데 영국이 특히 두드러졌다. 교리를 행하는 데만 힘쓰지 않고 상업에 몰두하였고 상업에 매진한 것으로 군대의 양성을 도왔다. 군대와 상업이 서로 근간이 되어 마침내 강력한 섬나라가 되었다."[55] 그는 영국의 패권 전성기에 관해서도 적당한 예측을 내놓았다. "사해 안에 범선이 닿지 않는 곳이 없어서 땅이 있고 사람이 있는 곳이라면 모두 멸시하며 관찰하고 그 정수를 착취할 궁리를 한다." 교리를 행하는 데만 힘쓰지 않고 상업에 몰두하여 나라를 일으킬 수 있었고 군대와 상업이 서로 근간이 되어 결국 천하의 패권을 잡았다. 이는 객관적인 진술이기도 하지만 세상물정에 무지한 중국인들, 특히 저 완고하고 우둔한 수구주의자들에게 '도대체 건국

55) 《海国图志》卷三十七,《大西洋欧罗巴洲各国总叙》.

의 근본이 무엇인가?’라는 매우 예리한 질문을 던졌다.

위원은 본래 이런 “쓸모없는 왕도(王道)”의 지지자들을 반대하며 그들을 “입으로는 심성을 말하고 몸으로는 예의를 차리며 만물은 일체라고 말하지만, 백성이 병들어도 구하지 않고 관리의 통치를 익히지 않으며 경제와 국방에 관해 묻지 않는다. 하루아침에 그에게 나라를 맡기게 되면 위로는 국가가 필요한 것을 만들지 못하고 밖으로는 국경을 안정시키지 못하며 아래로는 백성을 곤경에서 구해 내지 못한다. 백성과 만물을 사랑한다는 평소의 공리공담은 여기에 이르러 백성과 만물에 아무런 효과도 거두지 못한다.”[56]라고 비판하였다. 아편전쟁의 잔혹한 현실은 위원에게 서양의 부강함을 객관적인 참고로 삼을 수 있게 하였고 더욱이 양측의 대조는 그로 하여금 전통적 “내성외왕(內聖外王)”의 정치철학에 대해 회의를 품게 하였다.

“작은 틈새에 빛이 드니 침상이 보이고, 창문에 빛이 드니 집안이 보이며, 뜰과 대문에 빛이 드니 정원이 보이고, 천하에 빛이 드니 사방을 비춘다.” 위원의 이 말은 원래 “군자는 다른 사람의 말을 받아들인다.”라는 것, 즉 무엇이든 널리 취하고 많이 보고 말한다는 것을 설명하지만, 그가 이미 비교적 개방적인 태도를 갖고 있음을 보여 준다. 이 때문에 세계가 중국으로 나아갈 때(전종서(錢鍾書) 선생의 말을 빌리자면), 그는 비교적 신속한 반응을 보이고 비교적 분명한 생각을 갖고 세계를 향해 나아갈 수 있었다.

---

56) 《默觚下·治篇一》, 见《魏源集》上册, 36页.

아편전쟁 이후 그는 사람들의 마음속 창문이 열려서 뜰과 천하에 빛이 들기를 간절히 바랐다. 그는 “세계의 거대함을 보지 못하고 그저 중화만을 과장할 줄 아는” 보수적인 무리를 매우 경멸했다. 〈도중음(都中吟)〉이라는 시를 통해 그는 통치자의 무지몽매함을 생생하게 묘사했다. “뒷수습을 잘하네, 뒷수습을 잘하네, 포대를 세워 강과 항구를 방비하네. 기계와 함선과 화기를 만드니 감히 공격할 생각도 막을 생각도 하지 못하네. 함선과 대포는 어찌 오랑캐의 재주를 배우지 않았는가? 다만 일이 배로 늘어날까 걱정이네. 강과 바다에선 어찌 아편 금지를 엄히 하지 않는가? 국경분쟁이 격렬하여 엄금할까 걱정이네. 묻노니 바다의 오랑캐가 어디서부터 항해해 왔는가? 누군가는 파미르 고원이 대서양과 통한다 하고 누군가는 쿠르그(Coorg)와 인도에서 티베트를 엿볼 수 있다고 하네. 누군가는 미국 오랑캐, 프랑스 오랑캐, 러시아 오랑캐 무리가 회족(回族)이 당(唐)을 도왔던 것을 따라할 생각을 한다고 하네. 누군가는 여러 나라가 결탁하여 막을 방법이 없으니 우리가 조약이나 전쟁, 방어를 논의해도 모두 옳지 않다고 말하네. 아! 섬나라 오랑캐와 교역한 200년은 막막하고 암담하니 끝내 어디에 있는가? 산처럼 쌓인 상주문은 우리 문자로 번역해야 하는데 어찌 바다 오랑캐의 역관(譯官)을 새로 열어 국경을 안정시킬 계획을 세우지 않는가? 오랑캐의 상황, 기술, 의도를 멀리에서도 손바닥의 쌀과 모래를 보듯 해야 한다. 지피지기는 병가의 책략이니 누가 속국의 일을 담당하겠는가.”[57] 연이

57) 《魏源集》下册, 676 ~ 677页.

어 있는 주요 적국들이 모두 어디에 있는지도 전혀 모르는데 무슨 자격으로 경비를 논하고 전쟁을 논하며 방어를 논하는가? 위원은 세계를 이해하기 위해 역관을 설치해서 가장 먼저 오랑캐의 정황, 기술, 지도를 조사해야 한다고 주장했다. 비록 청나라 조정이 그의 건의를 받아들이지는 않았지만 그는 임칙서의 촉탁을 받아 이미 완성한 《사주지(四洲志)》를 밑거름으로 삼되 한 걸음 더 나아가 다방면으로 조사하여 《해국도지》 50권을 편찬하였다. 이후 60권, 100권으로 계속 증보하였다. 매번 증보할 때마다 그의 마음속에서 점점 더 크고 또렷하게 변한 세계가 어느 정도 드러났다.

《해국도지》는 당시 중국인들이 직접 편찬한 세계 역사 지리에 대한 전문적 소개가 비교적 잘 갖추어진 최초의 대 저작으로, 그 내용은 각국의 기후물산, 교통무역, 생산기술, 정치제도, 대외관계, 문화교육, 풍속습관 등 다양한 분야를 망라했다. 비록 아편전쟁이 전통문화의 돌파구를 열었음에도 불구하고 총체적으로는 그저 "틈"이나 "창문" 정도에 그칠 뿐이었다. 그러나 《해국도지》는 "천하에 빛이 들어 사방을 비추는" 광대한 기상이변이었다. 작가는 "오랑캐로 오랑캐를 공격하기 위해 지었고, 오랑캐로 오랑캐를 물리치려 지었으며, 오랑캐의 장점을 배워 오랑캐를 제어하려고 지었다."라고 자칭하였다. "오랑캐로 오랑캐를 공격한다."와 "오랑캐로 오랑캐를 물리친다."는 케케묵은 이야기였기 때문에 당시 여러 중외 지식인들에게 지적받은 적이 있었다. 유일하게 "오랑캐의 장점을 배워 오랑캐를 제어한다."라는 말이 빛나는 명제로 시대적인 의미를 갖추었고 작가의 초인적인 담략과 멀리 내다보는 탁월한 식견을 드러냈다.

"장점"에 대해 위원은 "첫째 전함, 둘째 화기, 셋째 군대의 양성과 훈련방법"이라고 말했다. 오랫동안 우리는 "오랑캐의 장점을 배우자."라는 명제에 대해 충분히 인식하지 못한 채 그저 서양의 "튼튼한 군함과 예리한 대포"를 배우자고 제창한 것으로 여겨왔다. 그러나 문화사적인 관점에서 살펴보면 이는 오히려 전통 관념에 대한 최초의 용감한 돌파이다. 최초의 창시자가 용감한 것은 당연하지만 최초로 옛것을 버리는 자 역시 용감하다. 위원은 두 가지를 모두 갖고 있는 위대한 용자였으니 이유는 아래와 같다.

첫 번째, 중화제국은 대대로 문명고국을 자처하여 오만하게도 외국을 야만적이고 어리석은 오랑캐로 바라보았다. 심지어 이미 점차 쇠퇴하던 청나라 중엽에 이르러도 이러한 터무니없는 전통 관념은 여전히 뿌리 깊게 박혀 있었다. 위원도 여전히 "오랑캐[夷]"라는 호칭을 답습했지만, 다방면에 걸쳐 "상세한 외국의 사정"을 알았기에 "오랑캐"의 속뜻에 분명한 변화가 있었다. 그는, 세계의 거대함은 과거 중국인 마음속의 "천하"라는 협소한 범위를 훨씬 뛰어넘은 것이며 세계의 구조와 질서 역시 전통적인 화이구별 관념과는 큰 차이가 있음을 발견하였다. 위원의 관점에서 세계는 더는 폐쇄적이며 정체된 것이 아니라 확산적이고 가변적이다. 그는 문명의 발전에는 고정된 틀이 없고 언제나 불균형한 특징을 갖고 있기 때문에 세계의 구조와 질서도 항상 끊이지 않는 변화 속에 있음을 대략적으로나마 이해하고 있었다. 대청왕조의 도광(道光) 연간에 이르러 오랫동안 중국인에게 무시당했던 "섬나라 오랑캐"

는 야만적이고 우매하지 않을 뿐만 아니라 경제, 문화면에서 발전했고 기타 유럽 각국들도 각자의 장점을 갖고 있으니 중국이 본받거나 적어도 거울로 삼을 만하였다. 오랫동안 스스로 문을 닫아걸고 자존망대(自尊妄大)해 온 늙은 제국으로 말할 것 같으면, 이러한 현실을 인정하고 관념적으로도 걸맞은 변화를 일으키는 것은 매우 어려우며 상당히 고통스럽고 지루한 과정이다. 위원은 아편전쟁 이후 즉시 적극적인 반응을 보이는 동시에 전통에 반대하며 "오랑캐를 배우자."라는 구호를 확실히 드러냈으니 이것이 그가 이뤄낸 훌륭한 일이다.

두 번째, 대외관계에 있어 청나라는 줄곧 외국을 속국이나 속지로 간주하여, "통치"하는 것을 그 기본관념으로 삼았다. 즉 무력을 써서 위협하거나 도덕적 감화를 통해 자신들의 주관에 맞춰 세계 질서를 유지해 왔다. 아편전쟁 이후 대외적인 부분에서 위원은 "통치"의 입장에서 "본받기"로 전환하였으니 즉, 이제껏 오랑캐로 취급하던 서양 국가들을 스승으로 본받은 셈이다. 비록 그가 강조한 "본받기"의 목적이 여전히 "통제"에 있고 "통제"는 물론 제어하거나 이겨낸다는 의미로 이해할 수도 있다. 하지만 당시 실제상황에 비춰 판단해 보면 "통제"를 공략한다고 간주한다기보다는 차라리 방어에 초점을 두었다고 볼 수 있으니 당연히 매우 효과적인 방어였다. "통치"와 "통제"는 한 글자 차이지만 사람들의 사상에 중대한 변화를 반영한다. 중국 문자의 함의가 매우 풍부하다는 점에서 "통치"가 "통제"로 변했다는 것은 적어도 사람들의 마음속에 중국과 외국의 지위가 중국이 높은 곳에서 낮은 곳으로, 외국(주로 서양국가)이 낮은 곳에서 높은 곳으로 변했음을 설명한다.

중국인들은 여전히 중화를 자처하고 황제 역시 여전히 천자로 여겨지지만 이미 중국 이외의 천하를 다스리던 오만함은 조금씩 사라지고 있었다.

세 번째, "오랑캐에게 배우자."라는 것의 범위가 겨우 "장점"에 국한되었지만, "기술"을 "장점"이라 부른 것에는 깊은 관념의 변화 역시 포함되어 있다. 전통 관념은 예로부터 정신문명을 드높이고 물질문명을 경시하였기에 생산기술은 더더욱 천시하였다. 특히 정교한 공예에 대해서는 종종 인심과 풍속을 해치는 "음란한 기교"라고 여겨왔다. 위원은 이러한 편견에 맞서 "유용한 물건은 기묘한 기술이지 음란한 기교가 아니다."라고 공개적으로 드러냈다. 이뿐만이 아니라 기술은 기묘해질 수 있기에 다양한 학문을 갖고 있어 "지금 서양의 기계는 풍력, 수력, 화력을 빌려 조화롭고 신명이 통하니 이목과 심사의 힘을 다하는 것은 과거 민간에서 쓰던 것에 불과하다."라고 말했다. 이목은 감각기관에 속하는 감성적 인식의 원천이고, 심사는 대뇌 기능에 속하는 고차원으로 진입한 인식으로 즉 이성으로 변화된 것이다. 자연력을 활용해서 "조화롭고 신명이 통하는" 경계에 도달하려면 단지 기발한 양손의 재주만으로 효과를 낼 수 없다. 그러므로 반드시 "이목과 심사의 힘을 다해" 기계를 만들어야 한다. 나는 위원이 과학(science)이라는 명칭을 들어봤는지는 모르지만 그가 여기에서 말한 "이목과 심사를 다하는 힘"은 실질적으로 과학이다. 이런 유용한 학문은 비록 멀리 서양의 다른 나라에서 왔지만 여러 조상이 전한 "화려하고 의미 없는 글이나 심성에 대한 공론" 따위의 썩은 유학의 학문보다 훨씬 뛰어나다.

네 번째, "장점"은 주로 "전함"과 "화기"를 가리키지만 이러한 "장점"을 본받는 것은 어디까지나 동양국가들이 서양의 근대문명을 모방하는 것으로는 뛰어넘을 수 없는 초보적인 단계이다. 근대문명의 가장 좋은 전파매개체는 상품이다. 질 좋고 저렴한 공업 상품은 늘 선진 문명의 매력을 과시하여 사람들을 폐쇄되고 낙후된 농업종법주의의 울타리에서 벗어나게 한다. 그러나 1840년대 중국에 대한 서양 상품의 충격과 흡인력은 모두 한계가 있었다. 가장 먼저 대상이 된 연해지구(특히 통상 개항장)에서는 칼과 포크 및 피아노를 조금만 더 수입해도 대외무역창고에 재고가 쌓이는 고통을 피하기 어려웠다. 외국 방직물은 경작과 직조가 결합되어 있는 소농 경제의 더욱 완강한 저항을 받았다. 당시 중외무역에서 진짜 눈길을 끈 "상품"은 아편이었다. 아편은 상품(당연히 불법 "상품"이다.)이지만 그 충격력은 사람을 해치고 대량의 은을 외국으로 유출시키는 데 그칠 뿐이며, 중국 경제구조에 직접적인 영향을 주지도 않았고 더욱이 서양의 선진 문명을 뚜렷이 드러내지도 않았다. 그러므로 서양 국가의 "전함"과 "화기"만이 한편으로는 침략과 폭행을 통해서 중국인들에게 막대한 분노와 공포를 이끌어 냈고, 다른 한편으로는 전쟁의 승리를 통해 활과 창칼 이외에도 중국인에게 서양 근대문명에서 분명 배울 만한 것이 있음을 느끼게 했다. 동시에 물건은 항상 사람과 연결되기 마련이다. 선진의 무기는 선진적인 사람에게서 제작되고 선진적인 사람이 사용하게 된다. 그러므로 반드시 "병사를 기르고 훈련하는 방법"이 필요하고 교육, 관리 및 관병의 자질이 개선되어야만 한다. 이래서 물질문명도 정신문명과 통하고, 적어도 군사편제 및 공장 체제 등 방면의 변화와 통한다. 어떠한 부분적 개혁이든 결국 전체에 연쇄반응을 불러일으키기 마련이니 이는 동서고금을 막론하고 예외는 없다. 침략 무기가 서양 근대문명을 전파한 최초의 주요 매체가 된 것은 역사 왜곡의 표현처럼 보이나 충분히 이해할 만하다.

다섯 번째, 당연히 위원이 말한 "오랑캐의 장점을 배우자."라는 것은 무기의 범위에서만 국한된 말은 절대 아니다. 그는 조선소와 무기 공장을 지어 충분한 총포를 만들고 "백성들에게 유익한 것을 모두 여기에서 만들자."라고 주장했다. 이는 병공생산(兵工生產)을 민간 용품 공업으로 확대시키자는 뜻을 분명히 드러낸 것으로, 위원이 이미 중국공업화의 관문을 조용히 두드리고 있다고 말할 수 있을 것이다. 미국 정치학자 헌팅턴(Samuel P. Huntington)은 "17세기 유럽의 전제군주제에 대해 말하자면 외부의 위협과 충돌이 군주에게 혁신과 집권의 주요 동력을 제공하였다. 19세기 비서양국가의 '국방의 현대화' 역시 같은 양상으로 외국의 침략과 정복에 대한 공포에서 비롯됐다."[58]라고 지적한 바 있다. 전자의 사례는 러시아의 표트르 대제의 군대가 나르바(Narva) 부근에서 스웨덴 사람들에 의해 궤멸된 뒤에 전력으로 나라를 다스리며 더욱 부지런히 서양을 공부해서 러시아 근대화의 서막을 연 것으로 추정된다. 200년 뒤 중국 역시 서양 강적의 위협 아래에서 국방의 근대화를 온 나라의 근대화의 기점으로 삼았다. 당연히 청나라 조정의 통치자들은 군사공업 계통이 근대화를 이룬다고

---

58) [美] 塞缪尔·亨廷顿著, 李盛平, 杨玉生等译 : 《变革社会中的政治秩序》, 150页, 北京, 华夏出版社, 1988.

하더라도 이것이 연쇄반응을 일으켜 경제구조의 변화를 이끌고 나아가 정치체제와 문화심리의 변화를 야기할 것이라고 이해하지 못했다. 이후 양무사업(洋務事業)의 발전과 그에 따른 사회적 파급효과는 이러한 역사변화의 궤적을 더욱 분명하게 드러낼 것이다.

여섯 번째, 《해국도지》에는 서양 기계에 대한 학습을 강조한 것 외에도 하나의 훌륭한 의견이 있다. "그 장점으로 인해 사용하고, 그 장점으로 인해 제어한다. 새로운 풍조가 매일 열리고 지혜로운 자들이 매일 나타나면 동양 사람들이 서양인처럼 보일 것이다." 이는 "오랑캐의 장점을 배워" 더 넓은 세상으로 이끄는 것이 새로운 "풍조"가 열리고 "지혜"가 성장하는 것과 함께 연결되어 있다는 말이다. 이것은 위원의 머릿속에서 우연히 번쩍 불꽃 튄 생각이 아니라 그가 일관되게 반대한 "허망"과 "몽매"의 실무에서 혁신을 추구하려는 의미와 맞물려 있는 것으로, 그가 《묵고(默觚)》에서 주장한 "재정(才情)"과도 일맥상통한다. 위원은 "재주는 감성에서 생기니 무정한데도 재주 있는 사람은 본 적이 없다. 어머니가 아기를 사랑하면 저절로 아기의 재주를 기를 수 있다. 부하들이 우두머리를 애정으로 지키면 저절로 우두머리의 재주를 지킬 수 있다. 백성의 재물에 무정하면서 백성의 재물을 도울 수 있는 재주는 예로부터 지금껏 없었던 일이다. 소인은 나라와 임금과 백성에 대해 모두 말없이 무정한 까닭에 그 마음 씀씀이와 지력이 재물을 돕지 않고 재물을 상하게만 하니 맹금의 발톱이며 독충의 가시이다."[59]라고 말했다. 위원은 이 말에서 정을 자식에 대한 어머니의 자애심, 국가에 대한 신민의 충성심과 같은 도덕적 범주에 속하는 동시에 일종의 위기의식과 사회적 책임감으로도 보았기에 그는 항상 "발분"과 "우환"을 이야기하였다. 재주와 정을 서로 묶은 것이고 재주와 덕을 함께 결합한 것이다. 이 점은 우리에게 메이지유신 시절 일본의 유신 사상가인 후쿠자와 유키치를 떠올리게 한다. 그는 《문명론개략》이라는 책에서 "지덕(智德)"이라는 말을 제기한 바 있고 "지덕은 반드시 서로 의지해야 그 공능이 발휘되는 재능이다."라고 강조하였다. 그러나 후쿠자와 유키치는 지에 치중했기 때문에 "지혜는 도덕의 광휘를 증가시키며 도덕을 보호하고 죄악을 없앨 수 있다."[60]라고 생각했다. 후쿠자와 유키치(1834-1901)는 위원보다 44년 늦게 태어났고 《문명론개략》은 《해국도지》보다 21년 늦게 출간되었다. 그렇기 때문에 "지덕합일(智德合一)"론은 "재정합일(才情合一)"론에 비해 역사관에 있어서 더욱 깊이가 있다. 하지만 어쨌든 위원이 아편전쟁 직후에 "기풍"과 "지혜"의 대대적인 변화를 부르짖었다는 점은 사상적 선구자의 풍모라고 할 수 있다.

수 년 뒤, 왕도(王韜)는 "요즘 해외의 제도와 문화를 말하려는 자는 중승 서송감(徐松龕)의 《영환지략(瀛環志略)》과 사마 위묵심(魏默深)의 《해국도지》를 효시로 삼아야 한다."[61]라고 하였다. 무술변법(戊戌變法) 전날 저녁 호남의 완고파(頑固派) 증렴(曾廉)은 "오랑캐의 변화에 관한 논의는, 처음엔 기술을 말하고 뒤이어 정치를 말한 뒤 더하여 교화를 말하였으니 군신 부자

59) 《默觚下·治篇一》, 见《魏源集》上册, 35页.

60) [日] 福泽谕吉：《文明论概略》, 101页.

61) 王韬：《瀛环志略跋》, 见《弢园文录外编》卷九, 北京, 中华书局, 1959.

부부의 관계가 썩어 문드러졌다."라고 말했다. 이 역시 역설적으로 위원의 선구적 지위를 더욱 유력하게 설명한 것이다. 사실 위원과 서계여(徐繼畬)의 양대 저작을 제외하고도, 요형(姚瑩)의 《강유기행(康輶紀行)》, 하섭(夏燮)의 《중서기사(中西紀事)》, 양정남(梁廷枏)의 《이분문기(夷氛聞記)》등의 책이 모두 중국 이외의 세계를 어느 정도 소개하면서 혁신적인 경향을 드러냈다. 그러나 당시 중국 풍조의 변화는 여전히 한계가 있었으니, 왕도가 "휴전과 조약을 논할 때는 국가의 통상과 바다의 안전을 모두 잘 알아 별일 아닌 듯싶었으나 안팎의 여러 대신은 모두 애써 서양의 일을 말하기를 꺼려하며 아무 일도 아닌 것처럼 꾸며 눈앞에서 대충대충 덮어 감추려 하였고 이를 지적하는 자가 있으면 바로 망령되다며 물리쳤다. 연해와 국경은 태평한 것처럼 아무런 방비를 하지 않으며 먼 곳을 정탐하고 장점을 배우려는 것에 대해 조금도 알지 못하니 하물며 해외의 영토를 묻는 것은 어떠하겠는가?"[62]라고 《영환지략》의 서문에 쓴 말과 똑같았다. 서계여는 1846년 말부터 1851년까지 복건순무(福建巡撫)를 맡으며 "말에 얽매여 의를 버리는 자의 행동은 정해진 법을 뛰어넘을 수 없다. 옛 제도는 고칠 수 없으니 조금 고칠 것이 있어도 제약이 훨씬 많다."라고 하면서 부패한 정치를 혁신할 생각을 약간 드러냈다. 결과적으로 여전히 약간의 성과를 내기도 어려웠고 기존에 갖고 있던 진부한 틀도 깼다고 말할 수 없었다.

"관청 작은 뜰에서 하늘을 바라보고, 정자 옆 못난 꽃은

62) 《弢园文录外编》卷九, 274页.

석안(石安)에서 추하다. 관리가 흩어지니 백성은 다시 병들어, 새로운 대나무로 낚싯대 깎기만을 기다리네."[63] "달 앞에서 홀로 우니 누구를 위한 슬픔인가, 다시는 암수 새 한 쌍이 이끼에 숨을 수 없네. 어찌 외로운 산림처사인가? 오직 꽃 밑으로 어린 새 날아드네."[64] 선구자의 고독감이 아직 분명한 현대적 의식을 갖추고 있지 않지만 그 내면의 고통은 상당히 짙고도 심오하다. 공자진과 마찬가지로 그들의 개인적 자질은 유럽이나 일본의 계몽사상가나 혁신을 이끈 정치가 못지않다. 위원처럼 백과사전식의 인물은 일본에서 조차도 막대한 존경을 받았고 깊은 영향을 끼쳤다. 그러나 그들은 당시 중국의 이러한 사회 환경 속에서 자신의 재지를 펼치거나 자신의 포부를 실현시키기 어려웠다. 그들은 오쿠보 도시미치(大久保利通), 사이고 다카모리(西鄕隆盛), 기도 다카요시(木戶孝允)(일본 유신 삼걸)과 같은 업적을 이루지 못했고, 카보우르(Cavour), 마치니(Mazzini), 가리발디(Garibaldi)(이탈리아 삼걸)와는 완전히 다른 길을 걸었다. 그들은 그저 광활하고 어두운 중국의 대지 위에서 적막하게 절규할 뿐이었다.

위원의 저작은 일본에서 유신사상가들의 강렬한 반응을 얻었다. 사쿠마 쇼잔(佐久間象山)은 《성무기서(聖武記序)》를 읽고 "아! 나와 위원은 각자 다른 곳에서 태어나 이름도 알지 못하지만 시대를 느껴 말을 하는 바는 같은 해에 있구나. (그 역시 1842년에 막부에 《해방팔책(海防八策)》을 올린 일을 가리킨다.) 그 생각 역시 서로 일치하니 얼마나 신기한가! 진정 해외의 동지라고 할

---

63) 魏源：《高郵州署秋日偶題》, 见《魏源集》 下册, 835页.

64) 魏源：《悼鶴》, 见《魏源集》下册, 838页.

만하다."[65]라고 적었다. 또 다른 유신사상가인 시오노야 도인(塩谷宕陰)은 《해국도지》가 중국 통치자에게 냉대 받은 일을 매우 동정하며 "아! 충직하고 지혜로운 선비가 나라를 걱정하며 쓴 책이 임금에게 쓰이지 않아 다른 땅에서도 업신여긴다. 나는 위원만 슬픈 것이 아니라 청나라 황제도 가엾다."[66]라고 하였다. 반세기 이상이 지난 뒤 양계초(梁启超)는 무술유신의 실패와 경자사변(庚子事變)의 반동을 겪으며 재차 《해국도지》에 대한 중일 양국의 다른 처지를 더욱 대조했다. 그의 인식은 더욱 깊어졌고 감정도 더욱 침통해져서 "위원은 거듭 훌륭한 말과 세상을 다스리는 방법을 《해국도지》에 풀어놓아 국민들의 대외 관념을 장려했고…… 일본의 쇼잔, 요시다 쇼인(吉田松陰), 사이고 다카모리와 같은 세대들은 모두 이 책에서 자극을 받아 간접적으로 유신 시대의 활극을 연출했다. 손 트지 않는 약으로 누구는 패자가 되고 누구는 솜 빠는 일에서 벗어나지 못했으니 어찌 그렇지 아니한가!"[67]라고 말했다.

《장자(莊子)》 〈소요유(逍遥游)〉에 손 트지 않는 약에 대한 고사가 나오는데, 원문은 아래와 같다. "송나라에 손 트지 않는 약을 잘 만드는 사람이 있었다. 그는 대대로 솜을 물에 빠는 것을 일로 삼았다. 한 나그네가 약 만드는 법을 백금에 사겠다고 청하니 친족을 모아 의논하기를, '내가 대대로 솜 빠는 일을 하지만 몇 금을 넘지 못한다. 오늘 하루아침에 이 기술을 팔면 백금이 나에게 주어진다.'라고 하였다. 나그네는 약

---

65) 转引自王晓秋：《近代中日启示录》, 35页, 北京, 北京出版社, 1987.
66) 同上书, 37页.
67) 梁启超：《论中国学术思想变迁之大势》, 见《饮冰室合集》文集之七, 97页.

만드는 법을 얻어 오왕(吳王)을 설득하였다. 월나라가 쳐들어 오자 오왕은 그를 장수로 썼다. 겨울에 월나라 군대와 수전을 하여 크게 물리치고 땅을 나누어 그를 봉해주었다. 손을 트지 않게 하는 것은 한 가지이나 누구는 작위를 얻고 누구는 솜 빠는 일을 벗어나지 못했으니 이것은 사용법이 달랐기 때문이다." 손 안 트는 약은 겨울에 손이 얼어 갈라지는 것을 막는 약으로 지금의 동상약이나 피부 크림과 비슷하다. 송나라 사람은 약을 만드는 기술이 있었으나 대대손손 그저 이 약을 솜 빠는 데 손을 보호하기 위해서만 썼다. 나그네는 기술을 산 뒤 수전에서 사용할 수 있었고 공을 세워 땅을 나눠 받고 봉작되었다. 양계초가 손 안 트는 약이라는 우언고사를 인용한 까닭은 《해국도지》에서 중일 양국의 다른 처지를 설명하기 위한 것뿐만 아니라 모든 유신운동이 중일 양국에서 다른 운명이었음을 설명하기 위해서였다.

《해국도지》는 일본에서 환영받았지만 정작 조국에서는 냉대를 받았다. 유신운동도 일본에서는 빠르게 성공하였으나 중국에서는 끊임없이 실패하였다. 그 원인은 어디에 있을까?

일본과 중국의 유신운동에 대한 비교연구는 국내외 학자들이 이미 수많은 논저를 발표하였다. 필자는 지리적 위치와 역사적 기회 같은 요인들도 작용했지만 더욱 중요한 원인은 사회 내부에서 찾아야 한다고 생각한다. 여기에서 나는 황인우(黃仁宇) 선생의 깊이 있는 이론을 인용하고자 한다. "일본은 해양성 국가로 도쿠가와 막부 말기에 이미 여러 번(봉건제후)들은 '구라모토(藏元)'(재정경리), '여러 나카마(仲間)'(각종 상업단체), '돈야(問屋)'(도매상) 및 '가이센(回船)'(보험 업무를 겸한 정기 항로) 등등의 조직을 갖추고 있었다. 정부는 중앙집권의 전통이 없었고 상업조직과 상업자본이 일찌감치 지속적으로 성장하는 중이었다. 메이지유신은 표면적으로는 시대를 초월한 개혁처럼 보이지만 실질적으로는 새로운 상층 구조가 이미 기본적으로 규모를 갖춘 하층 구조 위로 올라 드러난 것이다."[68] 황인우는 'Constitution'라는 단어로 한 나라의 자본주의 체제의 형성을 서술했다. 'Constitution'는 한편으로는 헌법이며 다른 한편으로는 "한 유기체의 기능, 조직 및 구조"이다. 헌법으로 바꿔서 쓰면 기능, 조직, 구조를 바꾸기 어렵다. 일본이 메이지유신의 성공을 거둔 주요 요인은 사회의 "하층 구조"가 자본주의 체제의 형성에 필요한 기본토대를 제공한 것이다. 그러나 당시 중국 사회의 "하층 구조"에는 이러한 여건과 체제가 갖춰져 있지 않았다.

일본 학자 오타니 토시오(大谷敏夫) 선생이 소개한 일본 막부 말기의 다양한 민간 사숙(私塾)과 시사(詩社)의 상황은 우리가 19세기 중엽의 일본 사회의 "하층 구조"의 단면을 살펴보는 데 도움이 된다. 예를 들어 부유한 상인 출신인 히로세 단소(広瀬淡窓)는 1805년에 히타(日田)에서 함의원(咸宜園)이라는 사숙을 창설하여 신분고하를 따지지 않고 모두에게 개방했다. 알려진 바에 의하면 "삼천여 명의 문인이 운집하였는데 하나같이 생생하고 활발한 패기를 드러냈다."라고 한다. 미노(美濃) 사람 야나가와 세이간(梁川星岩)은 1834년 에도에 옥지음사(玉池吟社)를 세웠는데 여기에도 강개한 우국지사들이 많이 모였다.

68) 黄仁宇：《我对"资本主义"的认识》，见《中国传统文化的再认识》，430页.

1856년 조슈번(長州藩)의 저명한 유신 사상가인 요시다 쇼인은 송하서당(松下村塾)을 세웠으며 《해국도지》가 "교수와 문하생들이 일본 개국 이후의 외교에서 갖춰야 할 도리"라는 데에 동의하였다. 송하서당의 수많은 문하생들 중에는 이토 히로부미(伊藤博文)와 같은 메이지유신 시기의 유명한 정계인사들도 출현했다. 오타니 선생은 "이렇게 사숙은 이미 인재를 기르는 장소인 동시에 유신 사상을 형성하는 곳이 되었다."[69]라고 말했다. 이러한 상황은 우리가 중일 비교연구를 할 때 주목할 만한 가치가 있다. 그러나 그는 선남시사(宣南詩社)와 같은 중국의 시사와 서원에 대해 "일본에서 막부 말기의 유신 사상을 형성하고 유신 활동 작용을 추진한사숙과 시사와 비슷하다."라고 생각하였는데 이는 아마 호의적인 오해에서 비롯된 일이다. 거리낌 없이 말하자면 1850년대 이전에 중국에는 아직 옥지음사나 송하서당과 같은 시사나 서당이 출현하지 않았다고 할 수 있다. 적어도 우리는 당시 어떤 서원이나 사숙에서도 사서오경 대신 《해국도지》를 교과서로 삼은 곳을 찾지 못했다. 선남시사는 단지 사대부들이 시문을 짓고 노래하는 모임에 불과하고 더 나아가 새로운 민간교육의 실체와는 논의 자체를 할 수 없다.

물론 "하층 구조"만 고려하다보니 어느 정도 편파적이기 마련이다. 후쿠자와 유키치는 오히려 "상층 구조"에서부터 중일 양측의 몇 가지를 비교하였다. 그는 일본이 중국에 비해 쉽게 서양 문명을 흡수한 주요 원인을 일본은 천황과 막부가

69) [日] 大谷敏夫：《<海国图志>对幕末日本的影响》, 见杨慎之, !黄丽镛编：《魏源思想研究》, 363~364页, 长沙, 湖南人民出版社, 1987.

공존했지만 중국은 신권과 정권이 군왕이라는 대일존(大一尊)에 모였기 때문이라고 생각했다. 일본의 천황제는 비록 "만세일계(萬世一系)"이지만 "지존이 반드시 가장 강해야 할 필요는 없고 가장 강한 사람이 반드시 지존일 필요도 없다."라는 중간 단계를 거쳤기 때문에 결국 정권은 막부(무력 국가)에 집중되었고 천황은 여전이 최고의 신권을 대표하는 양원정치체제를 만들었다. 이 부분에서 일본은 유럽의 교황과 군왕의 대치상황과 다소 비슷하나 지존의 지위와 최고의 권력이 황제 한 명에게 집중된 중국의 정치체제와는 꽤 차이가 있었다.[70] 다원정치체제는 통일하기도 어렵고 정신적 권위를 독점하기 어렵기 때문에 자유로운 기풍의 생산에 유리하다. 중국인들은 절대적인 군주를 추앙하며 군주는 지존(至尊)과 지강(至强)을 겸하고 있다고 깊이 믿어서 굳어 버린 전통 관념은 변화하기 쉽지 않고 이 때문에 외부에서 오는 신선한 사상을 흡수하기에 매우 어렵다. 나는 후쿠자와 유키치의 "상층 구조"에 관한 분석과 황인우의 "하층 구조"에 관한 분석을 결합하면 중국 역사에 대한 인식이 더욱 완전해질 것이라고 생각한다.

그러나 문제는 여기에서 그치지 않는다. 서양 학자들은(헌팅턴과 같은) 또 다른 각도에서 중일 간의 차이점을 찾았다. "19세기 중엽 중국의 권위와 권력의 집중은 일본을 훨씬 뛰어넘는다. 중국은 관료국가이나 일본은 기본적으로 봉건국가이다. 일본사회는 고도로 계층화 되어 있어서 사회유동성이 적다. 중국사회는 비교적 개방적이라 개인이 사회와 관료라는 계단

70) 参见 [日] 福泽谕吉：《文明论概略》, 17~18页.

을 통해 상하로 오르락내리락 하는 것을 허용한다. 라이샤워(Reischauer)의 말을 인용하면 일본의 세습은 '권위의 기본적인 원천'인 데 반해 중국의 세습제도는 아주 작은 역할만 할 뿐 벼슬을 하고 높은 지위에 오르는 것은 주로 치밀한 입시 제도를 바탕으로 하고 있다. 마치 록우드(Lookwood)가 암시한 바와 같이 만일 1850년에 어떤 정치 평론가에게 이 두 나라 중에서 어느 나라가 비교적 미래의 발전세력을 갖추었는지 판단해 달라고 요구한다면 '그는 조금도 주저하지 않고 중국에 베팅을 할 것이다.'" 아마도 거리가 멀고 민심풍속의 차이가 매우 크기 때문에 서양인들이 갖고 있는 동양에 대한 관점은 종종 그럴듯하지만 실제로는 그렇지 않다. 그리고 역사적으로 다양한 사회적 요인으로 인해 생기는 효과는 또한 매우 복잡하게 얽혀 있다. 그러므로 록우드의 예언은 한 세기 혹은 한 세기 이상의 긴 시간이 지나야만 겨우 모종의 사실증명을 거둘 수 있고 19세기 중엽이나 후기에는 그의 판단이 정확한 것이라고 말하기는 어려웠다.

헌팅턴은 "일본의 도쿠가와 막부가 중국 청나라보다 더 낙후된 봉건체계로 보이지만 폭넓은 정치참여를 위해 전통 부족과 새로운 형태의 상업 집단을 정치체계에 융합하는 사회적 기반을 제공했다." "반면 중국에서는 유가의 가치관과 태도가 정치 엘리트들이 개혁사업으로 전환하는 것을 가로막았고, 일단 그들이 원한다면 권위의 집중화는 또한 평화로운 동화로 인한 현대화와 사회집단의 생성을 방해하였다."[71]라고

71) [美] 塞缪尔·亨廷顿：《变革社会中的政治秩序》, 166页.

말했다. 헌팅턴의 학술사상체계의 형성은 대략 1968년 출판된 그의 역작인 《변혁 사회 속의 정치질서》로 상징할 수 있는데, 이 책은 후쿠자와 유키치의 《문명론개략》이 쓰인 시기와 거의 한 세기나 떨어져 있다. 나는 헌팅턴이 후쿠자와 유키치의 저서를 읽었는지는 알지 못하지만, 적어도 그의 사고는 후자와 일치한다. 후쿠자와 유키치는 사상가로서, 막부와 천황이 장기적으로 공존하게 되면서 지존의 황제와 지강의 장군 모두가 충분한 중시와 존경을 받지 못하게 되었다고 여겼다. "이렇듯 지존과 지강이라는 두 종류의 사상이 평행을 유지하면서 이 두 사상 속에는 생각할 여지가 남아 있었다. 진리를 위해 활동하는 길이 열렸다는 점은 우리 일본의 우연한 행운이라고 말하지 않을 수 없다." 헌팅턴은 정치학자로서 후쿠자와 유키치가 이미 논증한 일본 정치체계의 특징을 사회의 "잠재적 지도층"에 대한 전면적인 고찰로 확대하였다. 일본의 막번 체제의 봉건적 체계는 정권과 신권의 분리에만 있는 것이 아니라 각 지역의 여러 제후(번)에도 존재한다. 이 때문에 일본의 정치체제는 위에서부터 아래까지 모두 비교적 분산되어 있다. 사회의 "잠재적 지도층"도 나뉘어져 있어서 265개의 "자주적"가족들(Hans) 사이에 분산되어 있을 뿐만 아니라 각종 다양한 기능을 갖춘 집단 사이에도 분산되어 있다. 이는 정치참여의 확대에도 유리하고 전통적 명문가와 신흥 상업단체를 모두 다 새로운 정치, 사회체계로 통합하는 데 유리하다. 헌팅턴의 지적처럼 일본 최초의 현대적 정당 출현(1881)과 봉건주의의 상징적 끝맺음인 메이지유신과의 거리는 단지 13년에 지나지 않는다. 여기에서 "일본의 정치참여 확대와 제도화가 현대화된 혁신정책의 도입과 함께 진행되었다."라는 것을 볼 수 있다. 일본의 이런 "우연한 행운"은 명백히 상술한 정치체제와 사회구조와 관련이 있다. 아울러 우리도 그것에는 여전히 "막번이 피폐하면 권력은 상인에게 떨어진다."(막주 마쓰타이라 다다쿠니(松平忠国)의 말)라는 것과 "오사카의 부상이 한 번 노하면 천하의 제후가 두려워한다."(가모 군페이(蒲生君平)의 말)라는 말과 같은 경제적인 것과 계급적인 것의 배경이 존재한다는 점을 잊어서는 안 된다.

중국의 소농 경제는 지극히 분산되어 있지만 이렇게 분산된 개체를 연결하는 종법체계가 매우 오랫동안 지속적으로 완벽하게 강화하여, 마침내 상당히 안정적인 중앙집권의 군주전제제도를 만들었다. 정치적인 대일통(大一統)과 사상적인 대일존이라는 두 가지가 하나로 합쳐지니, 다른 성씨로 왕조가 계속 바뀌어도 이러한 사회구조와 정치체계는 오히려 변하기 어려웠다. 사분오열된 유럽 국가에서는 군주집권이 자본주의의 발전과 민족국가의 건립에 중요한 촉매역할을 발휘했지만 19세기의 중국에서는 오히려 사회 발전의 커다란 걸림돌이 되어 버렸다. 후쿠자와 유키치의 말을 빌리자면 19세기 중엽의 중국에는 일본과 같은 "우연한 행운"은 없었다. 중국의 개방과 혁신은 상하층을 막론하고 모두가 더 큰 저항에 직면해 있었다.

중국은 아편전쟁을 거치며 매우 무거운 대가를 치르고 경험과 교훈을 얻었다. 자신들의 국토에서 중대한 영향을 끼치지는 않았지만 이웃 국가인 일본에서 좋은 결과를 맺은 것은 우리 민족의 커다란 불행이었다.

중국의 전통문화와 근대화의 충돌은 아편전쟁 이후에 점점 격렬해질 것이고 양자 간의 조화와 적응에는 길고도 지난한 과정이 더욱 필요하다.

결별과 회귀

제 5 장

충돌과 조화

제 5 장

충돌과 조화

아편전쟁이 촉발시킨 서양에 대한 학습과 전통문화에 대한 부분적인 결별은 중국 민족이 보인 반응 가운데 하나로, 중요하기는 하지만 주요한 부분은 아니다. 이 외의 다른 측면의 반응은 상당히 보편적인 수구파 혹은 보수 세력의 반응이다. 그들은 여전히 서양문명에 대해 막연히 배타적인 태도를 취하고 있었다. 전자는 중국 전통문화의 포용성이나 흡수체제를 반영한다면, 후자는 전통문화의 배타성이나 폐쇄적인 체제를 반영한다고 할 수 있을 것이다.

위원이 선도한 "오랑캐의 장점을 배우자."라는 것은 "이하지변(夷夏之辨)"이라는 전통적 관념을 타파하는 것이므로 이 역시 이러한 전통사상에서는 감수하기 어려웠고, 최소한 이러한 전통적 관념을 가진 사람들의 심리로는 받아들이기가 어려웠다. 위원이 "국가에 하나의 정론이 있다면 거기에 대항하는 용렬한 논의가 반드시 있고, 웅대한 책략이 있다면 그것을 방해하는 용렬한 계략이 틀림없이 있다."[72]라고 하며 탄식한 것과 똑같다. 심지어 양정남(梁廷枏)처럼 혁신자강에 뜻이 있는 선비까지도 "오랑캐의 장점을 배우자."에 대해서는 어느 정도 보류하였다. 그는 서양이 중국보다 훨씬 뛰어나다고는 여기지 않았다. 서양의 화포는 "대체로 중국의 지뢰와 대포가 낡았기 때문에 널리 보급되었고", 함선은 정화(鄭和)가 제작한 도형에 따라 만든 것이며, 수학에서 이른바 "동쪽에서 전래된 차근법(借根法)"라고 하는 것 역시 중국에서 생겨난 것이라 생각했다. "천조가 완전히 승리하는 날에 그 힘을 바탕으로 삼고 그 능력을 본받아서 적절한 사람을 조정에 두고 알맞은 학문을 배우면 어느 것으로 국체를 잃겠는가."[73] 뒤처졌기 때문에 타격을 입고 실패한 것이 분명한데도 도리어 뒤처진 것을 공개적으로 인정하지 않고 "오랑캐의 장점을 배우는" 것을 국체를 잃는 것으로 여기고 있다. 이는 당연히 "천조지상(天朝至上)"이라는 전통적 관념을 숭배하면서 죽어도 체면을 지키려는 고집스런 심리로 서양 근대문명을 배우는 데에 커다란 걸림돌이 되었다.

천조의 상국(上國)을 설득하고 싶다면 어느 정도의 틀은 내

---

72) 魏源 :《默觚下·治篇六》, 见《魏源集》 上册, 51页.

73) 梁廷枏 :《夷氛记闻》 卷五, 116页, 见近代中国史料丛刊第52辑, 台北, 文海出版社, 1966.

려놓고 비교적 우회적인 방법을 동원해야 한다. 이 방법은 대체로 두 종류로 종합할 수 있으니 첫 번째는 인정하는 것이고, 두 번째는 이론(異論)을 세우는 것이다.

먼저 인정하는 것에 대해 말하자면, 주로 서학을 중원에 알리는 것인데, 적어도 서양의 장점이 중국에도 예부터 있었던 것으로 간주함으로써 사람들이 외래의 신문물을 받아들이는 심리적 장애를 제거한다. 예를 들면 수구파들이 기계를 "형기(形器)의 말단"으로 치부하자 위원이 반박하며 "옛 성인들은 나무로 배를 파고 노를 깎아서 막힌 곳을 건넜고 활시위와 화살로 천하에 위엄을 떨쳤는데 이 또한 형기의 말단이 아니겠는가?"[74]라고 하였다. 이는 "옛 성인"이라는 위엄만이 아니라 "예전부터 있었다."라는 심리적 관성을 이용하여 사람들에게 중국과 외국의 공통점을 이해시키고 외래의 신문물을 받아들이는 데에 도움이 되도록 유인한 것이다.

두 번째, 이론을 세우는 것에 대해 말하자면 이 점은 외래의 신문물을 쟁취하기 위한 입장이다. 중국 전통문화의 배타성은 주로 "오랑캐가 중국을 변화"시켜서 국체를 잃을지도 모른다는 두려움으로 드러난다. 이러한 방어심리는 정도의 차이만 있을 뿐 수구세력과 혁신인사들 모두 갖고 있었다. 이 때문에 혁신인사들은 수구세력을 설득하기 전에 먼저 자신의 납득이 필요했고 서양을 배우지만 반드시 절제해야 하는 것이 이치에 옳다는 결론을 내렸다. 그리하여 주(主)와 객(客), 도(道)와 기(器), 체(體)와 용(用)에 관련된 여러 대응범주에 대한

74) 魏源 :《海国图志》卷二,《筹海篇》三, 11页.

깊이 있는 토론이 출현하였고 결국 중서문화의 관계문제를 어떻게 다루느냐로 귀결되었다. “오랑캐의 장점을 배우자.”라는 말은 서양을 배우는 범위를 기(器)에 한정한다는 말이다. 중국의 전통 관념에 따르면 기는 도에 종속된 도의 매개체이거나 도를 겉으로 표현하는 것이다. 이는 당연히 보조나 용(用)의 부차적인 지위로, 다시 말해 전통문화의 정통성과 주체적인 지위는 흔들리지 않는다는 의미이기도 하다. 이것이 겉으로는 낮아 보이는 논조이지만 그 정신은 실제로 적극적이고 진취적이다. 즉, 기술과 기(器)를 통해 전통문화를 혁신할 돌파구를 찾고 서양의 선진문명의 도입을 위한 최초의 교두보를 마련하겠다는 것이다.

이러한 인정과 이론(異論)은 모두 서양 문화의 충격을 받은 중국 전통문화의 자아조절기능에 속한다. 위원이 제기한 “오랑캐의 장점을 배우자.”라는 말에서 이미 초보적인 자기조절의 실마리가 드러났지만 그는 정작 중서 문화관계의 문제에 대해서는 더욱 깊이 있게 서술하지 못했다.

풍계분(馮桂芬, 1809-1874)은 자는 임일(林一), 호는 경정(景亭), 강소(江蘇) 오현(吳縣) 사람이다. 도광(道光) 연간에 진사에 합격하여 한림원 편수(翰林院編修)에 제수되었다. 1853년에 중앙 관리로 있으면서 조정의 명을 받아 단련(團練)을 창설해 태평군과 싸웠으며 우중윤(右中允)에 올랐다. 1862년 상해에 설립된 “회방국(会防局)”을 기획하고 외국 군대를 빌려 쓸 것을 주장하며 이홍장(李鴻章)의 막부로 들어갔다. 그 역시 경세치용의 학풍을 주장하며 서학 연구에 몰두하였다. 《교빈려항의(校邠廬抗議)》가 가장 영향력이 큰 책이다.

《교빈려항의》는 1861년에 쓰였는데 《해국도지》보다 17년 늦다. 《해국도지》는 주로 외부 세계의 역사와 지리를 소개하였고, 《교빈려항의》는 제한된 서학을 흡수한다는 전제 위에서 어떻게 중국 전반에 걸쳐 낡은 것을 제거하고 새것을 세울지를 연구하는 데에 역점을 두었다. 책은 모두 40편으로 이루어져 있으며, 공출척의(公黜陟議), 태용원의(汰冗員議), 면회피의(免回避議), 후양렴의(厚養廉議), 허자진의(許自陳議), 복향직의(複鄕職議), 성칙례의(省則例議), 역리서의(易吏胥議), 변연례의(變捐例議), 회지도의(繪地圖議), 균부세의(均賦稅議), 계한료의(稽旱潦議), 흥수리의(興水利議), 개하도의(改河道議), 권수상의(勸樹桑議), 일권량의(壹權量議), 계호구의(稽戶口議), 절남조의(折南漕議), 이회차의(利淮鹺議), 개토공의(改土貢議), 파관정의(罷關征議), 주국용의(籌國用議), 절경비의(節經費議), 중주고의(重酒酤議), 두우공의(杜虧空議), 수빈민의(收貧民議), 숭절섬의(崇節儉議), 복진시의(復陳詩議), 복종법의(復宗法議), 중유관의(重儒官議), 변과거의(變科舉議), 개회시의(改會試議), 광취사의(廣取士議), 정무시의(停武試議), 감병액의(減兵額議), 엄도과의(嚴盜課議), 제양기의(制洋器議), 선어이의(善馭夷議), 채서학의(采西學議), 중전대의(重專對議)를 포함하며 관련 범위가 매우 넓다. 그 중 〈제양기의〉와 〈채서학의〉 등의 편이 가장 독창적이다.

《교빈려항의》 역시 아편전쟁에 대한 강렬한 반응의 산물이다. 풍계분은 자신의 심리에 대해 "천지개벽 이래 없었던 울분이다. 심지와 기혈이 있는 사람이면 머리카락이 관모를 뚫고 위로 솟지 않는 이가 없다. 오늘날 만 리나 되는 세계 제일의 대국이 작은 오랑캐에게 속박을 받고 있다."라고 스스로 묘사하였다. 이는 위원이 말한 "발분", "우환"과 일맥상통하는 것으로 모두 외국의 침략에 대한 의분을 강대한 사회혁신의 원동력으로 바꿔보려는 생각이다.

풍계분이 《해국도지》를 진지하게 연구하는 동시에 서문을 썼다는 점에서 《교빈려항의》는 확실히 《해국도지》를 계승하고 발전시킨 책이라고 말할 수 있다. 그는 〈제양기의〉에서 "위원은 근본적으로 오랑캐를 통제하는 것을 논했다. 그는 '오랑캐로 오랑캐를 공격하고, 오랑캐로 오랑캐를 제압한다.'라고 말했는데 언어와 문자가 통하지 않고 왕래가 잦지 않은 점을 고려하지 않고 소홀한 사이에서 갑자기 가까워지려고 하면 결코 행할 수 없다. 또 전국 시대처럼 여러 오랑캐들을 대하고자 한다면 사대관계가 동등하지 않다는 상황을 알지 못하는 것이다. …… 우둔해서 스스로 강해질 수 없다 여기고 공연히 허무맹랑한 것을 과시하면 딱 좋게 무너질 뿐이다. 오직 '오랑캐의 장점을 배워 오랑캐를 제압한다.'라는 한마디 말만 얻을 것이다."라고 논평하였다. 사상이 비교적 깨어 있으면서 "오랑캐로 오랑캐를 공격한다."라는 것에 동의하지 않는 지식인은 풍계분 한 명만이 아니었다. 대략 10여 년 전 양정남도 "우선 서양과 오랑캐가 동일한 무리라는 것으로 날마다 사소한 말다툼을 하는 것에 관계없이, 중국을 위해 쓰는 것에 절대 동의할 수 없다. 기꺼이 우리를 위해 써도 배 한 척 값이면 내륙에 병사 수천 명을 배치할 수 있다. 패하면 반드시 배상을 요구하고 승리하면 더욱 끝없이 바라니 결국 그 뒤가 좋기는 어렵다."[75]라고 비평한 적이 있다. 그러나 양정남이 이러한 어느

75) 梁廷枏 :《夷氛记闻》卷五, 116页.

정도 조리 있는 비평을 "오랑캐의 장점을 배우자."라는 것을 부정하는 데까지 확장한 점은 잘못된 결론을 내린 것이다. 양정남이 국체를 잃는다는 이유로 "오랑캐에게 배우는 것"을 부정하였지만, 풍계분은 그렇게 생각하지 않았다. 그는 "오랑캐의 장점을 배우자."라는 것에 동의할 뿐만 아니라 아울러 "장점"을 "서양 학문"의 지위까지 확고하게 높였다. 그는 "법이 나쁘다면 옛사람의 법이라도 나는 비판할 것이고, 법이 좋다면 오랑캐의 법이라도 나는 배우겠다."[76]라고 공개적으로 표명했다. 서양의 선진문명을 본받자는 태도의 분명함은 위원과 비교해도 결코 모자라지 않다. 그래서 30여 년이 지난 뒤 무술유신의 참가자인 활보통무(闊普通武)가 《교빈려항의》의 평어를 읽고 여전히 칭찬을 아끼지 않으며, 그 구절에 대해 "책 전체의 정수로 가장 훌륭한 부분", "좋구나! 이 말은 천고의 명언이다. 지금 여러 정무를 쇄신하고 있는데 만약 이 책의 이 두 마디대로 따른다면 궁변통구(窮變通久)의 큰 뜻에 매우 부합할 것"이라고 여겼다.

풍계분은 번역된 서양 서적 몇 권을 차근차근 읽으면서 "서양인의 지도에 열거된 바에 따르면 적어도 백 개의 국가가 있는데, 이 백 개국 중에 번역을 거친 책은 오직 명나라 말기의 이탈리아와 지금의 영국 두 개국의 책으로 모두 수십 종이다. 기독교를 서술한 것들은 대체로 비루하여 말할 만한 것이 못 된다. 그 밖에 수학, 역학, 시학, 광학, 화학 등은 모두 격물치지하여 지극한 도리를 얻었다. 지도책에는 백국의

76) 冯桂芬 :《校邠庐抗议(选录)》, 见中国史学会主编 :《中国近代史资料丛刊·戊戌变法》(一), 18页, 上海, 神州国光艺社, 1953.

산천, 요지, 풍토, 물산과 많은 사람들이 미치지 못하는 곳까지 자세히 기록되어 있다."[77]라며 감탄하였다. 그는 당시에 제한된 인식수준에서 중국이 서양보다 낙후된 부분이 단지 기술과 기기에 국한된 것이 아니며, "사람의 재주를 버리지 않는 것이 오랑캐보다 못하고, 토지의 이로움을 남기지 않는 면이 오랑캐보다 못하며, 군주와 백성이 소원하지 않는 부분이 오랑캐보다 부족하고 명실상부함이 오랑캐에 뒤떨어진다."[78]라는 것이 더욱 중요하다고 비교적 또렷하게 알고 있었다. 여기서 우리는 30여 년 뒤에 손중산이 했던 말이 자연스레 떠오른다. "유럽이 부유한 근원을 살펴보면 튼튼한 군함과 예리한 대포, 굳건한 요새와 병사에만 달려 있는 것이 아니라, 사람은 그 재주를 다할 수 있고, 땅은 그 이로움을 다할 수 있으며, 물산은 그 쓰임을 다할 수 있고, 상품은 그 흐름을 소통할 수 있는 데에 달려 있다. — 이 네 가지는 부강의 큰 강령이며 치국의 근본이다. 우리나라도 웅대한 구상을 확장하려면 원대한 계획을 강구하고 서양의 방법을 모방해 자강을 모색해야 한다. 이 네 가지에 서두르지 않고 공연히 튼튼한 군함과 예리한 대포만을 바라는 것은 근본을 버리고 말단을 추구하는 것이다."[79] 두 가지를 대조해 보면 우리는 풍계분이 긍정한 "서학"이 위원이 긍정한 "장점"보다 인식상의

77) 冯桂芬 :《校邠庐抗议(选录)》, 见中国史学会主编 :《中国近代史资料丛刊·戊戌变法》(一), 26页.

78) 同上书, 30页.

79) 孙中山 :《上李鸿章书》, 见广东省社会科学院历史研究室, 中国社会科学院近代史所民国史研究室, 中山大学历史系孙中山研究室合编 :《孙中山全集》, 第1卷, 8页, 北京, 中华书局, 1981.

개요가 한 단계 더 높다는 점을 어렵지 않게 발견할 수 있다. 그리고 위원도 “장점”을 결코 튼튼한 군함과 예리한 대포로 여기지는 않았다.

1850년대 이후 외국에 대한 이해가 점차 늘어난 동시에 일본 막부 말기의 서양을 배우는 풍조가 날로 생겨났던 영향으로 인해, 풍계분은 러시아와 일본을 모방하여 유신을 추진할 의사를 이미 가지고 있었다. 그는 〈제양기의〉에서 “최근 러시아에 비달왕(표트르 대제를 가리킴)이라는 사람이 있었는데, 미복을 입고 3년 동안 영국의 기관에서 일을 하면서 그 기술을 모두 배워 나라를 융성하게 했다. …… 작년에 서양 오랑캐가 일본의 수도에 쳐들어가서 교역을 청하니 허락했다. 얼마 안 돼서 일본도 증기선 10척을 이끌고 서양을 두루 거쳐 각국을 방문하였고 많은 조약을 체결해 여러 나라에 자신들의 뜻을 알리고자 하니 그 역시 허가되었다. 일본은 손바닥만 한 작은 나라지만 도리어 발분하여 힘을 가질 줄 아는데, 유독 우리 대국만 영원토록 나쁜 사람과 나쁜 일을 받아들이겠는가?”라고 지적하였다. 일본의 함대가 각국의 초빙을 받아 방문했다는 일은 사실과 모두 일치하는 것은 아니다. 실제로 일본은 1858년(안세이(安政) 5년)에 무력협박 속에서 미국, 네덜란드, 영국, 프랑스 등의 나라와 통칭 《안세이 5국 조약(安政五國條約)》이라 불리는 《수호통상조약》을 체결하였다. 이 조약은 영국, 러시아, 프랑스 세 나라가 바로 중국과 체결한 《천진조약(天津條約)》의 원본이 되었고, 일본은 가나가와(神奈川), 나가사키(長崎), 니가타(新潟), 효고(兵庫) 등의 항구와 에도(江户)와 오사카(大阪) 두 도시를 개방하였다. 조약의 본래 목적이 식민지의 족쇄를 채우는 것이니, 사실 "발분하여 힘을 가진다."라고 말할 수는 없다. 그러나 일본은 이를 계기로 삼아 개방수준이 확실히 중국보다 높아졌다. 후쿠치 겐이치로(福地源一郎)는 《막부존망론(幕府存亡論)》을 통해 막부 말기의 개방과 개혁 상황에 대해 열거한 적이 있다. "만약 에도성 10리 이내의 방포금지령을 폐지한다면 각 번은 번저(藩邸) 내에서 진행하는 훈련과 에도를 향한 총기운송을 허가하고 대형선박 건조 금지령을 해제할 것이다. 오모리(大森)에서는 대포사격장을 만들어 이를 바탕으로 연습했고 시나가와(品川) 포대를 착공하였으며 나가사키 해군포대를 증축하고 풍봉환(鳳凰丸) 등의 군함을 건조했다." "또 에도에 세운 강무소에서는 서양 창병부대를 새로 편제했다. 네덜란드에 증기선을 주문하여 나가사키에서 처음으로 해군 훈련을 했다. 난학(蘭學)에 능통한 인사를 채용하였으며 번서조소(藩書調所, 즉, 서양학문을 연구하고 외교문서를 번역하는 기구)를 세워 뛰어난 인재를 등용하여 막부의 요직을 담당하게 했다. 막부의 전례 가운데 허례허식에 속하는 것은 모두 생략하고 쓸데없는 공물을 주는 일을 폐지하여 단호하게 적폐를 청산했다. 기존의 관례를 고수해 왔고 전례를 금과옥조처럼 여기던 막부로서는 이러한 조치들은 현명하고 과감하다고 말하지 않을 수 없다."[80] "현명하고 과감하다"는 말은 과장된 면이 없지 않지만 일본 막부의 대외 도전에 대한 반응이 비교적 크고 빠른 동작과 템포였다는 점은 간과할 수 없는 사실이다.

비슷한 상황에서 비교해 보면 청나라 조정의 반응은 너무

80) 转引自王晓秋：《近代中日启示录》, 42~43页.

나 굶뗬다. 아편전쟁 때 정해방어전에서 장렬하게 희생한 세 총병 중 한 명인 갈운비(葛雲飛)는 "오랑캐들이 사건을 일으키기 전까지 문무 대신들은 전혀 관심이 없다가 사건이 터지고 나서는 다급해져서 아무런 조치를 취하지 못했다. 오랜 시간이 지나 여러 의견들이 벌 떼처럼 일어났는데, 누구는 의기를 뽐냈고 누구는 편익을 도모했다. 하지만 정곡을 찌르는 논의도 없고 진심으로 나라에 충성하는 마음도 없었다. 최근의 일들이 이 지경이 되었으니 더욱 탄식할 수밖에 없다!"라고 하며 침통해 한 적이 있다. 이 점은 "선박제조기를 설치하고 오랑캐의 장점을 배우자는 사람들이 있다면 '낭비'라고 말한다. 만약 이보다 10배를 더 낭비해도 임시변통으로 구제한 것이니 아까워해서는 안 된다. 오랑캐의 책을 번역하고 오랑캐의 사정을 정탐하는 일에 대해서도 '쓸데없는 일'이라고 말한다. 만약 일이 생기면 누구는 영국의 수도와 러시아의 수도가 얼마나 멀리 떨어져 있는지를 묻고, 누군가는 영국이 어느 길로 회부(回部)에 통하였는지를 묻는다. …… 결국 그 방향을 모른다."[81]라고 위원이 말했을 때의 상황과 똑같다. 사람들은 여전히 오랫동안 화하(華夏)와 이적으로 구분 짓던 전통적 관념인 "중국은 사방의 오랑캐를 이끌며 찾아오면 위무하고 배신하면 단절한다. 이는 변치 않는 법도이다."[82]에 얽매여 있었다.

아편전쟁의 실패로 《강녕조약(江寧條約)》을 체결한 뒤 사람들은 당연히 영토 할양과 전쟁 배상금에 분개했다. 그러나 더욱 가슴 아픈 일은 외국인이 "중국 관원과 동등한 예법을 사

81) 魏源 : 《筹海篇》 卷二, 筹海篇三, 4页, 光绪二年平庆泾固道署重刊.
82) 汤彝 : 《盾墨·绝英吉利互市论》 卷四, 13页.

용하는 것으로, "국체"가 무너졌다고 여긴 점을 가장 크게 여겼다. 당시 사람 심연경(沈衍慶)은 다음과 같이 말했다. "중국 관원과 동등한 예법을 사용하도록 요청한 일은 반역이라 해도 마땅한 일로 중원을 멸시하고 강상을 능멸한 죄이니 더욱 분하다. 우리 조정은 웅장한 위엄을 갖추어 먼 곳의 오랑캐들을 복속시켰기에 신하라 칭하지 않은 자가 없고 조공을 바치러 조정에 와서 머리를 조아렸다. 후미진 섬에 사는 오랑캐들도 오랫동안 배신(陪臣) 관계였다. 누대에 걸쳐 깊은 인애와 은혜로 돌봐주고 황상(皇上)의 높고 두터운 은덕을 우러러 받들었다. 중국 관원을 만나면 마땅히 무릎을 꿇고 엎드려서 공손함을 보여야 하거늘 어찌 우물 안 개구리마냥 망자존대하는가. 《춘추(春秋)》에서 가장 중시한 것은 상하의 구분이고 가장 신중히 여긴 것은 화이(華夷)의 구별이다. 성공(成公) 2년에 공이 초나라 공자 영제(嬰齊)와 촉(蜀) 땅에서 회동했는데, 군자들은 중원의 제후가 급을 낮추고 서열을 잃은 채 하급의 오랑캐 대부와 만났다고 비웃었다. 지금 독무(督撫)의 존귀함이 대국의 제후 못지않은데 하급의 외적무리를 만나 같은 예를 사용했다. 의관을 더럽혔을 뿐만 아니라 중국과 외국의 웃음거리가 되었으니 다른 오랑캐들 역시 소문을 듣고 너도나도 흉내 내면 중국은 무엇을 믿고 존귀하게 여겨야 하는가? 가의(賈誼)는 '천자란 천하의 머리이다. 왜냐하면 위쪽이기 때문이다. 오랑캐는 천하의 발이다. 왜냐하면 아래이기 때문이다.'라고 말했다. 오랑캐가 중국의 관원을 무시한 것은 곧 중국의 천자를 무시한 것이다. 대등한 관계라는 것은 예의 선후를 다투는 단계이다. 예의 선후를 다투면 점차 상황이 곤란해진다.

비록 예의가 형식적인 규범이라도 실제로는 다스림과 소홀함의 큰 틀이니 이는 절대로 불가한 것이다."[83] 이 글이 훌륭하다고 할 수는 없지만 작가의 견해는 당시의 커다란 대표성을 띠고 있었다. "무릎을 꿇고 엎드린다."라는 것은 노예가 주인에게 보이는 예절로 본래 신분제와 관계된 행동양식이지만 심연경 같은 이들은 여전히 중국을 존귀한 "큰 틀(大體)"이라 믿고 있다. 외교에서 서로 "동등한 예법"을 대등하게 행하는 것은 본래 근대 국제관례이며 나라와 나라 사이에 정상적인 교류의 기본 전제이다. 그러나 보수 세력은 오히려 "예절의 선후를 다투는 단계", "점차 곤란해지는 상황"과 중대한 관련이 있다고 보았다. 대청제국은 아편전쟁 이전부터 쇠락해지기 시작했지만, 조선은 4년에 한 번, 유구는 3년에 두 번, 베트남은 2년에 한 번, 태국은 3년에 한 번, 술루는 5년에 한 번, 란쌍(라오스)는 10년에 한 번씩 조공을 바쳤기 때문에, 사람들은 여전히 자신들의 강성한 국력과 존귀하며 숭고한 천자를 과시하여 마치 몰락한 대가족들이 스스로 추켜세우는 분위기를 갖고 있었다. 사람들은 청나라 관원들이 영국 사신 매카트니 경(Earl of Macartney)에게 건륭황제를 만날 때 무릎을 꿇고 절을 하라고 요구한 것을 여전히 기억하고 있다. 결국 한쪽 무릎을 꿇는 것으로 겨우 양보했는데 1793년의 일이다. 영국의 다른 사신 애머스트(Amherst) 경은 새벽 5시부터 서둘러 원명원(圓明園)에 도착해서 하마터면 열정적인 왕공대신들에게 끌려가다시피 따라가 무릎을 꿇고 가경황제를 만날 뻔 했다. 그러나

83) 沈衍庆 :《请罢英夷合议书》, 见阿英编 :《鸦片战争文学集》, 1005页, 北京, 北京古籍出版社, 1957.

그는 "매우 피곤하다."라는 핑계로 거절하였으니 1816년의 일이었다. 외국인에게 다시는 조공이라는 명목과 엎드려 절하는 예를 요구하지 않은 것이 1842년이다. 세월은 이미 반세기나 지나서 세계의 정세가 크게 변하였는데도 많은 중국인들의 진부한 관념은 여전히 미동도 없었고 항상 "융성"했던 과거의 역사로 되돌리기를 바랐다.

끝이 보이지 않는 망망대해 같은 오래된 문화사상 속에서 아편전쟁 이후 싹튼 초기 유신사상은 한 줄기 맑은 물에 불과해서 저 혼탁한 파도에 빠르게 휩쓸리고 가라앉았다. 1862년 즉, 《교빈려항의》가 출판된 지 2년 뒤에 일본의 유신 지사 다카스기 신사쿠(高杉晉作)는 상해 현지를 관찰하다가 일본에서 20여 종의 판본으로 출간되고 번역된 《해국도지》가 자기 나라인 중국에서는 이미 절판되었다는 사실을 발견하였다. 이 일본인은 청나라 조정이 "쓸데없이 편견을 갖고 옛것만을 답습하니 옳지 못하다. …… 이 때문에 이토록 쇠퇴하였구나."[84]라고 말하며 탄식을 금치 못했다.

바로 이러한 역사적 배경 아래에서 《교빈려항의》는 "중국의 윤리와 명교(名教)를 근본으로 삼되 여러 나라의 부강한 기술로 보조한다."라는 꽤 영향력 있는 주장을 제기했다. 이 주장은 위로는 "오랑캐의 장점을 배우자."를 계승하고 아래로는 "중체서용(中體西用)"을 잇는 과도기적 성격의 중간과정이며 아울러 중국 전통문화가 완만히 자기조절을 진행하는 하나의 이정표이다. 중국의 윤리와 명교를 근본으로 삼는다는 말은

84) [日] 信夫清三郎著, 周启乾译 :《日本政治史》 第1卷, 312页, 上海, 上海译文出版社, 1982.

곧 주(主)이며, 도(道)이며, 체(体)이다. 여러 나라의 부강한 기술로 보조한다는 말은 곧 기(器)이며, 용(用)이다. 조금 뒤에 설복성(薛福成)이 이 점에 대해 "서양의 기수(氣數) 학문을 취하여 우리의 요, 순, 우, 탕, 문왕, 무왕, 주공의 도를 지킨다."[85]라고 더 분명히 서술했다. 풍계분과 설복성, 두 사람은 비록 정식으로 "중체서용"을 주장하지는 않았으나 이 네 글자는 이미 시행된 것과 다름이 없다.

윤리와 명교는 농업종법사회의 정신적 지주이며 전 사회를 지배하던 행위규범이자 표준가치로서 사회생활의 각 영역과 각 계층에 스며들어 있다. 이것은 민족문화의 심층심리구조에 포함된 가장 오랜 퇴적물이며 가장 깊은 타성이다. 《독일 이데올로기》에서, 통치계급은 항상 "자신의 이익을 사회 모든 구성원의 공동 이익이라 이야기하며, 이를 관념적으로 표현하면, 자신의 사상을 보편적인 형식에 부여하여 그들을 이성적이고 보편적인 가치에 유일하게 부합하는 것처럼 묘사한 사상이라고 말할 수 있다."[86]라고 제기한 것과 똑같다. 중국의 통치계급은 바로 자신들을 군신, 부자, 부부 등의 삼강오륜 사상과 연관 지으며 유일하게 합리적이고 보편적 의미를 지닌 사상이며 만고에 변치 않는 불변의 진리로 묘사하였다. 윤리와 명교는 중국 전통문화 중에서 가장 안정적인 부분이자 농업종법사회에서 오랫동안 의지하고 안정적으로 지켜온 사상적 토대이다. 전통도덕의 붕괴는 반드시 구사회가 와해되는 징조라는 것을 수많은 통치자들, 특히 봉건시대의 통치자들이 대부분

85) 薛福成：《筹洋刍议·变法》, 48页, 光绪甲申雕版.

86) 《马克思恩格斯选集》, 第1卷, 100页.

알고 있는 이치였다. “예악이 무너졌다.”, “사회의 기풍이 나날이 나빠진다.”, “인심이 옛날 같지 않다.”라는 탄식은 그들이 “세기말”에 갖고 있던 비관적인 실망감을 드러낸다.

풍계분이 “중국의 윤리와 명교를 근본으로 삼자.”라고 가장 먼저 강조한 것 역시 당시 통치계급의 이러한 공통적인 희망을 반영한 것인데, 그 역시 통치계급 중의 한 명이기 때문이다. 무언가 새롭고 충분히 강대하여 믿을 만한 진영이 없다면 풍계분과 같은 사람들은 여전히 자신들의 계급주체를 떠나고 싶어 하지 않았다. 그들의 사상, 감정, 이익, 희망 역시 모두 이 계급에 속해 있기 때문이다. 이 점이 바로 초기 유신사상가들이 넘어서기 어려웠던 “한도(限度)”이고 이 “한도”를 넘어서면 그들은 완전히 자신들의 계급주체에게 버려질 것이고 그들은 실의에 빠질 것이며 새롭게 의탁할 곳이 없어질 것이다. “한도”를 존중하고 “한도”가 허용하는 범위 안에서 혁신을 추구해야만 그들은 비로소 원래 계급에게 용인될 수 있고 약간의 영향을 어느 정도 발휘할 수 있을 것이다. 풍계분과 같은 사대부들은 두뇌도 상당히 명석하고 혁신적인 사고력 역시 상당히 뚜렷하지만 전통문화의 결별에 대해서는 역량이 부족했다. 그들은 구시대적인 사물과 사상에 관해서 깊이 근심하면서도 새로운 사물과 신사상을 호소하기에는 부족했다. 아마도 이러한 원인 때문에 “중국의 윤리와 명교를 근본으로 삼고 여러 나라의 부강한 기술로 보조하자.”라고 하는 매우 전반적이면서도 노련한 구호로 겨우 신구 양쪽 모두에게 어느 정도 그럴 듯한 만족도를 이끌어 낼 수 있었다.

무술변법 기간에 옹동화(翁同龢), 손가내(孫家鼐) 같은 사람들의 연이은 추천과 유신 서적의 입을 모은 칭찬이 널리 알려진 덕분에 광서황제는 《교빈려항의》 1천 부를 인쇄하여 부원, 경사, 사당에 교부하고 각 관원들은 읽고 의견을 써 내라고 명령했다. 당연히 그 의론이 분분하여 좋고 나쁨이 한결같지 않았으나, 변법에 가장 격렬하게 반대했던 예부상서 회탑포(懷塔布)의 "서양의 정치는 배울 만한 것이 많지만 반드시 중국의 윤리와 명교를 근본으로 삼아야 한다."라는 한 비평이 가장 주목할 만하다. 예부좌시랑 부정(溥頲)도 "서학을 추구하는 것은 어렵지 않으나 채택하는 것이 어렵다. 본래 《교빈려항의》에 있는 '중국의 윤리와 명교를 근본으로 삼고 여러 나라의 부강한 기술로 보조하자.'가 가장 중요한 관건이다. 서학을 받아들이는 것은 언어와 문자, 제조업과 수학, 자연과학과 기술, 서양식 조련법과 여러 학문에 불과하지만 중국의 근본에 관해서는 여전히 윤리와 명교 위주로 해야 한다."라는 의견을 적었다. 이번원 상서 계수(啟秀)는 "지금 서학을 받아들이기 위해 학당을 세우지만 학술은 인심과 관련이 있으니 그 능력은 습득하되 그 풍속을 답습해서는 안 된다. 《교빈려항의》에 실린 중국의 윤리와 명교를 근본으로 삼는다는 것이 진리를 통찰하는 말이다."라고 의견을 제시했다. 첨사부 사경국 세마인 고갱은(高賡恩)은 "이 두 마디 말은 한 편의 중요한 내용으로 윤리와 명교 없이 중국의 부강을 바랄 수 없고 부강한 기술 역시 그 근본을 잘 알 필요가 있다."라는 의견을 제출했다.[87] 나는 머릿속에 옛 사상으로 가득 찬 고관귀인들이 정말로

---

87) 转引自李侃 ：《戊戌变法时期对<校邠庐抗议>的一次评论》, 见《中国近代史散论》, 126~127页, 北京, 人民出版社, 1982.

《교빈려항의》 전체를 다 읽어봤는지 혹은 읽었지만 작자의 원래 의도를 진정으로 파악했는지는 모른다. 그러나 최소한 긍정적인 점은 갑오전쟁 이후 유신운동의 거센 도전 앞에서 그들 모두가 "중국의 윤리와 명교를 근본으로 삼고 여러 나라의 부강한 기술로 보조하자."라고 하는 대원칙을 단단히 틀어쥐고 이것으로 무신변법의 전진 속도를 억제할 계획을 하고 있다는 점이다.

당연히 보수 세력들은 자신들의 입장과 바람에 따라 해석하고 "중국의 윤리와 명교를 근본으로 삼자."를 강조하였지만 사실 풍계분이 치중하고 주안점을 둔 것은 오히려 "여러 나라의 부강한 기술로 보조하자."이다. 이왕 외래기술을 도입해 보조할 필요가 있다고 생각했다면 "원본"에 어느 정도의 결함이나 적어도 부족함이 있다고 인정해서 치료를 하거나 최소한 보완할 필요가 있기 마련이다. 이 때문에 "하늘이 변하지 않으면 도 역시 변하지 않는다."에 관한 일종의 수정보완으로 볼 수 있으며, 비록 아직은 이루지 못했지만 하나의 중대한 돌파가 될 수 있다. 전통적인 해석에 따르면 도와 기, 체와 용은 분리하기 어려운 것으로, 도는 기보다 앞에 있거나 기보다 위에 있을 수 있다. 그러나 반드시 기는 체에 담겨야 하니 이것이 "도가 기 안에 있다." 또는 "기는 도를 담는다."를 일컫는 말이다. 기가 변하고 용이 변했음에도 도와 체가 고스란히 있다는 것은 상상하기 어려우니 "변치 않는 것으로 모든 변화에 대응한다."라는 말은 여태까지 모두 자신도 속이고 남도 속인 쓸데없는 허언일 뿐이다.

《교빈려항의》가 출간된 해의 사회심리의 주요 관심사는 태평천국의 봉기와 제2차 아편전쟁이었다. 중서문화의 대조연구는 여전히 고상한 양춘백설(陽春白雪) 같은 취급을 받아서 사람들의 인식 수준도 비교적 제한적이었다. 이 점은 두 가지 측면에서 드러난다. 첫 번째는 서양에 대한 이해에서 가장 중요한 것은 여전히 기계, 그리고 기계를 만드는 과학기술이었으며, 서양 사회의 정치제도에 대해서는 서양학문의 더욱 심층적인 부분이기에 이해가 부족하거나 아는 것이 매우 적었다. 이로 인해 중서문화의 격차에 대해서 주로 기물과 과학기술 방면에만 국한되어 인정하고 대다수의 사람들은 형이상학 즉, 도덕수양, 정신문명의 부분에서는 중국이 여전히 서양보다 앞서 있다고 굳게 믿고 있었다. 선사리같이 열린 마음을 가진 이도 1903년까지 일본에 있으면서 “부덕(婦德)에 대해 논해 보면 결국 중국이 우수하지만, 배우지 못한 것이 한스러울 뿐이다. 일본인들은 부덕을 받아들일 줄 알고 배우기도 하므로 귀할 만하다. …… 서양의 부녀자들은 본래 부덕이 많았으나 법도에 어긋나는 일이 결국 많아졌다. 술집에서 담론하고 문예를 나누며, 음악과 그림을 즐기며 노래하고 춤추니 겉으로는 고상하지 않은 바가 아니다. 그러나 겉으로는 우아하고 아름답지만 속은 그렇지 않으니 어찌 얻을 것이 있겠는가.”, “중국의 여성교육은 이미 소멸되었으나 여인의 덕은 여전히 사람들의 성품 속에서 전해 내려온다. 만약 잘 가르쳐서 지혜를 일깨우고 그 덕을 완전하게 하는 것을 근거라 한다면 당연히 세계에 둘도 없는 강국이다.”[88] 선사리는 일본에서 비교적 오

88) 钱单士厘：《癸卯旅行记·归潜记》, 31,36页.

래 살았는데 일본도 유교문화권에 속해 있기 때문에 그녀는 일본을 제2의 고향이라 생각했다. 사실 그녀도 중국의 전통윤리규범으로 동서 여인의 덕의 우열을 판단했다. 그녀가 찬양한 중국과 일본 여인의 덕은 소극적이고 낙후된 요인을 많이 포함하고 있다. 그녀가 서양 여인의 덕이 부족하다 비평한 점은 사실 수많은 여권성장의 표현이지만 당연히 어느 정도 소극적인 현상도 포함하고 있다. 이러한 반개방적인 시각으로 동서 정신문명의 우열을 가늠하면 비교적 객관적이고 정확한 판단을 내리기가 어렵다. 두 번째는 아편전쟁의 실패는 최초의 군사상 실패에 그친 것이 아니라 최초로 문명의 경쟁에서 실패(사람들의 인식은 대부분 기계부문에 머물러 있지만)했다는 점이 더욱 심각하다. 전자는 중국인들을 분개시켰고 후자는 중국인에게 수치스럽고 당혹스러움을 동반한 이해할 수 없는 치욕을 느끼게 하였다. 승패는 병가지상사라는 이치를 중국인들은 옛날부터 이해하고 있었기 때문에, 누군가는 경험이라 결론 내리고 다시 싸울 때 도움이 될 것이라 했고 누군가는 자기 위안으로 삼아 벗어나려고 했다. 그러나 천조의 상국이 뜻밖에도 서양의 섬나라 오랑캐보다 문명적으로 뒤떨어진다는 점은 중국인들이 이해하고 감수하기 어려운 부분이었다. 하지만 사실은 어쨌든 사실인 것이 창칼과 화살, 구식 화승총으로는 저들의 서양식 전함, 서양식 대포를 결국 상대할 수 없었고 이런 점은 일종의 상실감을 느끼게 하였다. 중국의 장구한 역사는 확실히 자긍심을 느낄 만한 부분이 많다. 한당(漢唐) 시기의 융성함은 당연히 혁혁하게 빛나는 시기로, 17세기 이전까지는 줄곧 중국은 서양인들이 부러워하는 휘황찬란한 문명을 갖고 있었고 적어도 유럽국가보다 뒤떨어졌다고 비교할 수는 없었다. 17세기 이후 중국은 유럽의 일부 자본주의 국가보다 점점 뒤쳐지기 시작했으나 중국인들은 오랜 문화장벽으로 자신들의 시선을 덮어버렸기에 내심 만족하면서 문을 닫아건 채로 자아도취에 빠져 있었다. 아편전쟁의 포성이 울리고 서양 국가들이 잠근 문을 부수고 들어와 거리낌 없이 집안으로 들어왔다. 이에 중국인들은 부득불 눈을 떠서 곤혹스럽고 괴롭게 바깥세상을 바라보게 되었고, 뒤이어 세계 속에 놓인 중국을 재평가하게 되었다. 뒤떨어진 것을 인정하면 발전하기 시작할 수 있지만, 이 오랫동안 자부심이 강했던 낡은 제국인 중국에 대해서 말하자면 이러한 변화는 결국 어렵고도 긴 과정에 있었다. 형평성을 잃은 사회심리는 어느 정도의 조절이 필요했다. 서양의 저울이 물질에 더 무게를 두었다고 한다면 중국인들은 저울의 심성 쪽에 황급히 저울추를 더 달았다. "형이상자는 중국으로, 도로써 이긴다. 형이하자는 서양인으로, 기물로써 이긴다. 공연히 서양인을 칭송하는 일은 자신이 지키고자 하는 바를 깎아내리는 것으로, 다스리는 근본으로 삼을 수 없다."[89] 축구 경기로 비유하자면 너희가 전반전을 이겼고 우리가 후반전을 이겼으니 1:1 동점이라는 말이다. 이렇게 실패 후의 공허함을 메꿔야만 회복돼서 계속 발전할 수 있다는 믿음을 이어갈 수 있다. "다스리는 근본"이라는 것은 일종의 마음을 평정하게 만드는 방법으로 어쩌면 정치인들에게 필요했던 일종의 예술일지도 모른다.

89) 王韬：《弢园尺牍》, 31页.

풍계분이라는 사람과 《교빈려항의》라는 책의 가치는 전통적 마음가짐의 균형을 잃었을 때 어떤 조절을 하는 데에 있을 뿐만 아니라 긍정적인 의미의 조절을 갖고 있는 데에 있다. "중국의 윤리와 명교를 근본으로 삼고 여러 나라가 부강해진 방법을 보충한다." 이는 시대의 최강자라고 생각하기는 어렵지만, 기품 있는 말투와 소박한 풍모로 점점 더 많은 중국인들을 근대화의 역정을 향해 나아가도록 이끌고 있다.

결별과 회귀

제 6 장

나라 밖으로 나가 세계를 보다

제 6 장

나라 밖으로 나가 세계를 보다

늙은 대제국은 위태로운 행보를 이어나갔음에도 불구하고, 사람들은 외부 세계에 대한 자신들의 인식을 결국 조금씩 발전시켰다. 가령 1850년 이전의 임칙서(林則徐), 위원(魏源), 풍계분(馮桂芬) 등은 주로 지도, 신문, 서적 등의 제한적인 것들을 통해 외국을 이해하였다. 그러나 이후 일부 식견이 있는 사람들은 조계(租界) 항구와 홍콩을 통해 출국하여 서양의 근대문명을 직접 관찰하고 중국과 서양문화를 비교하였으며 아울러 역사와 현실에 대해 반성하였다. 여기서 우리는 1828년 같은 해에 태어난 두 사람을 제시할 수 있으니, 곧 왕도(王韜)와 용굉(容閎)이다.

왕도는 먼저 오랜 전통문화 교육을 받은 뒤에 외국으로 건너가 서양문화를 관찰하였고, 용굉은 미국의 고등교육을 체계적으로 받은 후에 다시 조국으로 돌아와 전통문화를 이해하였다. 미국의 코헨(Paul A.Cohen) 교수는 1974년에 출간한 《전통과 근대의 사이 - 왕도와 만청시기의 혁신[Between Tradition and Modernity — Wang T'ao and Reform in Late Ch'ing China]》을 통해, 중국 전통문화에서 심층적인 변화는, 처음에는 선구자나 개혁가들이 추진하면 뒤이어서 법 집행자나 실행자들이 규제하는 두 가지 측면으로 발생하였다고 여겼다. 중국 근대사는 두 개의 특수하고 독립적인 문화 환경이 서로 감응한 산물로 곧, 연해지구(littoral, 홍콩이나 상해 등)와 내륙지구(hinterland)였다. 19세기와 20세기 초, 초기 개혁가들은 연해지구 담당을 책임졌고, 내륙 지역은 주로 구체적인 행위나 합법화를 중개하는 작업을 하였다. 코헨 교수가 비교적 연해지구의 역할을 중시한 것은, 책에 열거된 12명의 개혁 선구자의 명단 중에 왕도, 용굉, 정관응(鄭觀應), 하계(何啟), 오정방(伍廷芳), 당정구(唐廷樞), 마상백(馬相伯), 마건충(馬建忠)의 8명이 연해지구에서 생활했기 때문이다. 나는 결코 코헨 교수의 중국 근대화 구조가 실제 역사와 완전히 일치한다고 생각하지 않으나, 연해지구 진보 지식인들의 선구적인 역할에 대해서는 의심의 여지가 없다. 그들은 가장 먼저 전통과 근대(between tradition and modernity)에서 자신의 선택을 결정했다.

왕도(1828-1897)의 자는 자전(紫銓)이고, 호는 중도(仲弢), 별호로는 도원노민(弢園老民), 천남둔수(天南遯叟)이며, 강소성 장주(長洲) 사람이다. 어려서부터 시골에서 전통교육을 받아 18세에 수재에 뽑혔고 후에 여러 번 시험을 치렀으나 합격하지는 못했다. 1849년 영국 선교사 매드허스트(Dr.W.H.Medhurst)의 초청으로 상해에 도착해 런던 선교회(The London Missionary Society)에서 창립한 묵해서관(墨海書館)에서 편집 업무를 맡았다. 실질적으로는 선교사를 위해 출판물(성경을 포함한)을 편집하고 번역하여 "문맥을 소통"하는 일이었으나 가이보진(遐邇貫珍)》[90]과 같은 출판물을 통해 세계와 서양문화에 대해 이해하기 시작했다. 1862년 초 모친이 위독하여 고향으로 돌아갈 때 태평군 장교에게 가명으로 편지를 쓴 일이 있었다. 이 일을 관부가 추적해 체포하려 했으나 교회의 비호 아래 홍콩으로 도피했다. 홍콩에서 5년간 머물면서 영화서원(英華書院) 원장인 제임스 레게(James Legge)의 중국 경전번역을 여러 차례 도왔다. 1867년 제임스 레게가 영국으로 돌아갈 때 동행을 요청하자 왕도는 영국과 프랑스 등을 두루 돌아다니며 서양 인사들과 학문적 교류를 하였다. 1870년 홍콩으로 돌아와 레게의 번역작업을 돕는 동시에 《보법전기(普法戰紀)》를 함께 편찬하였는데, 이 책으로 이름이 조금씩 알려지기 시작했다. 1873년 레게가 귀국하여 옥스퍼드 대학에서 한학 강좌를 주관하게 되자 왕도는 영화서원의 인쇄 설비를 구입하여 중화인무총국(中華印務總局)을 조직하였다. 1874년 정식 설립된 《순환일보(循環日報)》는 근대

---

90) 《가이보진(遐邇貫珍)》은 영국 런던 선교사가 상해에서 중국어로 출판한 월간지로, 주임 편집자는 메드허스트(Medhurst)이다. 대략 1855년 제임스 레게도 주편을 맡은 적이 있었기에 이 책은 왕도의 신문사업 지식을 전수한 것이라고 말할 수 있다.

중국 신문 사업의 선구자이며 변법 혁신의 주역이기도 하다. 1884년 이홍장(李鴻章)의 허가를 얻어 상해로 돌아가 '격치서원(格致書院)'을 주관하며 양무사업의 다양한 해법을 제시했다.

왕도는 위원보다 34년 늦게 태어나 위원이 죽고 나서 40년을 더 살았으니 위원 이후 2세대 지식인에 속한다고 할 수 있다. 2세대의 선진 지식인들의 인생역정은 이전 1세대의 선진 지식인들의 정통성과는 상당히 달랐다. 서양인의 서적 번역을 돕기도 하고, 외국으로 유학을 떠나거나 장사를 하거나 신문을 발행하는 등 각각 다른 수준으로 이단적인 정신을 드러냈다. 이것은 시대와 사회 환경의 변화, 중서문화의 충돌과 융합으로 이 시대의 사람들에게 남아 있는 흔적이 꽤 뚜렷하다. 1879년 왕도가 일본을 방문했을 때, 유명한 학자인 시게노 야스츠구(重野安繹)가 왕도와 위원을 비교한 적이 있었다. 그는 왕도에 대해 "누군가가 선생의 글에 서문을 쓴다면 오늘날의 위묵심(魏默深)이라고 할 것입니다. 위묵심이 지은《해국도지(海國圖志)》등의 서적은 나 또한 다시 읽어보았는데, 나라를 걱정하는 마음은 깊으나 해외 사정에는 어두웠으니 선생의 말과는 큰 차이가 있을 수밖에 없습니다. 삼가 말씀드리자면 선생보다 위묵심이 부족합니다."라고 말했다. 왕도는 "위 선생의 시대는 서양인과의 교류가 깊지 않아 그들의 속내를 볼 수 없었습니다. 그러나 '장점을 배우자.'라는 말을 선구자로서 실제로 이끄신 분입니다. 애석하게도 지난날은 말만 하고 행동으로 옮기지 못했지만 지금은 행동으로 옮기고 어느 정도 답습합니다."라고 대답했다. 다시 야스츠구가 "위묵심은 매우 기개 있는 사람일 따름일 뿐이니, 선생께서 이를 잇고 일으키셨으니 이후 이 설은 외롭지 않을 것입니다."[91]라고 말하였다. 이 대화는 왕도가 위원의 사상과 사업을 계승하였음을 설명하고 왕도가 새로운 역사적 기회 속에서 위원보다 깊이 "서양 사람들과 교제"하여 사상과 이념이 위원보다 새롭다는 것을 설명한다.

위원 세대의 사람들과는 달리 왕도는 행운아였다. 그는 앞 시대 사람들이 눈을 틔워 바라봤던 세계를 배웠을 뿐만 아니라 직접 성큼성큼 걸어 나가 세계를 보았다. 오죽했으면 그가 자랑스럽게 말하지 않았겠는가! "아! 나의 오늘날 동서양의 행적은 불을 피운 로터가 아닌 전기로 움직이는 빠른 차이다. 우편은 막힘이 없고 바다와 육지도 놀랍지 않고 빠르다고도 말할 수 있다. 수십 국을 지나 칠만 리를 왕래하며 저 파도가 큰 뜻을 돕고, 비바람이 심정을 흔드니 또한 호기롭다 할 만하다. 더욱 만족스러운 것은 내가 유럽에 도착한 것이 앞서서 이끄는 것처럼 지름길로 먼저 도착했다는 점이다. 학사와 대부를 막론하고 이르지 못한 자는 문인과 저명인사일지라도 다시 자취를 감출 것이다. 나는 처음 영국에 도착해서 옥스퍼드 대학원에서 강의했는데 대학원의 지식인들은 예복을 입고 모두 온화하며 점잖은 기풍이 있었다. 나는 도가 가진 같고 다름의 구별을 진술하기 위한 지극한 도는 끝내 대동으로 돌아간다고 말했다."[92] 앞장서서 이끄는 것에 그치지 않고 영국 최고 학부인 옥스퍼드의 강단에서 강의하며 중국문화를 소개하고 중국과 서양의 같고 다름을 비교하였다. 아울러 앞으로

91) 王韬：《扶桑游记》, 413页, 长沙, 岳麓书社, 1985.
92) 王韬：《漫游随录·自序》, 42~43页, 长沙, 岳麓书社, 1985.

전 세계의 문화가 "대동으로 돌아간다."라고 예언하였으니 이러한 기개와 식견은 자연스레 중국과 외국의 인사들에게 존중을 받게 되었다.

그러나, 왕도의 대외 인식 역시 일종의 생경함에서 시작하여 이해하는 과정이고, 이해란 낮은 곳에서 깊은 곳으로, 가까움에서 먼 곳으로, 작은 것에서 큰 것으로 발전하는 과정이다.

처음 왕도가 장주(長洲) 시골에서 상해에 도착했을 때, 개항된 지 얼마 안 된 항구는 그에게 "처음으로 춘신군이 포강에 들어오니 정경이 문득 달라진" 것 같은 신선한 감정을 갖게 하였다. 왕도는 당시의 정경을 회상하며 "상해와 유럽의 통상이 열리며 시국이 바뀌었다. 정미년(1847) 음력 5월, 돌아가신 부친께선 장사를 생업으로 삼으시면서 잠시 상해 북쪽에 머무르셨다. 무신년(1848) 정월, 부모님을 뵈러 다녀올 때 마치 처음 춘신군이 포강에 들어올 때처럼 정경이 달라졌다. 배에 탄 채 멀리 바라보니 자욱한 물안개 속에 돛대들은 어지럽게 널려 있었고 강가에는 서양인들의 집, 구름 위로 솟구친 높은 누대, 높게 펼쳐진 용마루와 화려한 건물, 주렴이 달린 푸른 난간 등이 죽 늘어서 있었다. 그 안에 사람이 있다면 부르면 뛰쳐나올 것 같았으나 저 바다 밖에 있다는 삼신산처럼 바라만 볼 뿐 다가갈 수는 없다."[93]라고 말했다. 왕도의 시선 속에 아편전쟁 때와는 다른 서양인의 모습이 등장한 것이다. 그 시기 서양인은 모두 하나같이 흉악한 해적의 모습으로 늘 신식 전함과 총포를 갖고 있었다. 그러나 지금은 도리어 다른

---

93) 王韬 : 《漫游随录·黄埔帆樯》, 58页.

모습으로 나타났으니 비록 그들이 식민주의라는 나쁜 사업에 얽매여 있다 하더라도 자신들의 일상생활이 있을 뿐만 아니라 건축과 환경방면에서 높은 수준의 미적 감각과 문화적 교양을 드러냈다.

왕도가 처음 홍콩에 도착했을 때 세태가 다시 한 번 바뀌었다. "홍콩은 원래 척박한 섬으로 바다에서 겨우 몇 장 떨어진 평지가 산 아래 있을 뿐이다. 서양인들이 힘을 아끼지 않고 땅을 경영하니 마치 정위조(精衛鳥)가 바다 메우는 법을 배운 듯하고 우공(愚公)이 산을 옮기는 법을 본받은 것 같다. 금싸라기 땅이 되어 가치가 비교할 수 없이 치솟았다."94)라고 말했다. 중국 치하의 척박한 섬이 서양인들이 다스리면서 "금싸라기 땅"으로 빠르게 바뀌었으니 이는 왕도의 깊은 생각을 이끌어 내지 않을 수 없었다.

왕도는 바로 알아차렸다. "홍콩은 바다 밖 후미진 곳으로 호경(濠鏡, 지금의 마카오(澳門))처럼 내륙과 연결된 땅이 아니다. 옛날에는 짐승들과 도적의 소굴이었고 민둥산에 척박한 돌만 있었으며 바람은 세고 토질은 나빴다. 인적이 매우 드물어 조정에서도 내버려 두며 중요하게 여기지 않았다."95) 영국인이 점령한 뒤의 홍콩은 "엄중한 법 집행", "치밀한 관리", "주도면밀한 국방체계", "늘어난 세수", "둘러본 땅을 모두 정비하는" 등 서양의 시정관리방법을 겪으면서 해외시장과 연결되는 국제 무역항으로 빠르게 변하였다. 이것은 그들의 "여력을 아끼지 않고 땅을 경영하는" 방법이 확실히 취할 만한 조치

94) 王韬 : 《漫游随录·香海羁踪》, 65页.

95) 王韬 : 《弢园文录外编·香港略论》, 180页.

임을 설명했다.

그렇지만, 왕도가 더욱 부러워한 것은 홍콩 교육의 발전이었다. 그가 홍콩에 도착해서 기록한 것이 있다. "영국인들이 세운 서원은 세 곳이다. 송미(宋美)가 주관하는 바울서원(保羅書院), 제임스 레게가 주관하는 영화서원, 사안(史安)이 주관하는 대영서원(大英書院)이 있다. 모두 준수한 자제들이 입학하여 교과과정을 이수하고 학문을 이뤄 나라의 쓰임에 준비하거나 다른 곳의 초석이 된다."[96] 뒤에서 다시 소개하기를, 홍콩에 있는 "바울, 영화 두 서원에는 '대사숙'이라 부르는 곳이 있다. 자제들에게 영어를 가르치는데, 매년 2~300명밖에 되지 않는다. 이 밖에도 의숙을 여러 곳에 세워 중국어를 가르치는데, 교사 선임비 및 수업료는 모두 나라에서 지급한다. 영화서원에서는 중국을 가르치는 책만을 인쇄하여 널리 전파하였다. 이 밖에도 여자 사숙 두세 곳을 세워 영어를 주로 가르쳤는데 수시로 흥하고 쇠하였다. …… 백성을 가르치는 노력이 이와 같다."[97] 도적에게도 그 이유가 있는 것처럼 서양 식민주의도 그 부강함에 의지해 천하를 횡행할 수 있는 것은 일정한 경제, 문화적 배경이 있기 때문이다. 이는 또 왕도가 한 걸음 더 나아간 사고를 하지 않을 수 없게 만들었다.

홍콩에서의 5년은 내륙에 있을 때보다 해외를 이해하는 더 편리한 조건이다. 세계에 관해 더 많이 알게 되고 중국의 낙후를 더 심각하게 인지하였다. 왕도는 《아시아의 절반은 유럽인[亞洲半屬歐人]》이라는 글에서 세계의 모든 구조에 관해 간

96) 王韬：《漫游随录·物外清游》, 69页.
97) 王韬：《弢园文录外编·香港略论》, 179页.

략한 스케치를 한 적이 있었다. 그는 "오늘날 세계의 상황을 살펴보면 동남이 서북에 미치지 못함을 알 수 있다. 서북인들은 오래 전 동남에 도착했지만 동남인들은 서북에 간 적이 없다. 한 번 지구 전체를 보면 모두가 유럽인들이다. …… 다만 애석한 것은 근래 중국이 자기 땅에서 만족하며 그럭저럭 대충 겉만 번지르르하고 우물 안 개구리마냥 고집불통에 오만하니 유럽의 형세에 까마득히 모르게 된 것이다."[98] 이른바 "동남"은 경제가 발달한 유럽과 북미를 가리키고, "서북"은 낙후된 아시아, 아프리카와 라틴 아메리카를 가리킨다. 이것은 오늘날 세계를 "남"과 "북"으로 나누어 말하는 것과 의미가 비슷하다. 당시 일본도 막부 시대 말기로 메이지유신이 본격적으로 시작되지 않아서 "동남"에 포함되었다. 세계 전체를 두고 말하자면 중국은 이미 빈곤하고 낙후된 "동남"의 큰 축임에도 여전히 세상 물정을 모른 채 "그럭저럭 대충 겉만 번지르르하게" 그저 조상의 위패를 보듬고 있었다. 이것은 왕도의 우국우민의 정신을 더욱 더 고취시켰다.

그러나 왕도는 비관적으로 생각지 않고 냉정하게 당시 세계 발전의 추세를 관찰하고 분석하였다. 아울러 합당한 해석을 힘써 모색하여 이를 국민들의 향후 행동의 가이드라인으로 삼고자 했다. 그는 더 나아가 세계 구조 가운데 "동남"과 "서북" 간의 관계에 대해 논증하고 그 미래 발전에 대해 "오늘날 유럽 열강들이 날로 강성해지고 있다. 지혜로운 자들이 발명한 증기로 움직이는 배와 자동차는 여러 나라를 왕래하

98) 王韬 : 《弢园文录外编》, 卷五, 137页.

며 동서양뿐만 아니라 외진 섬, 다른 민족에까지 모두 이른다. 세계가 하나로 될 징조가 여기에 있다. 백성들은 나뉘었다가도 합쳐지고 도(道) 역시 달라졌다가도 같아진다. 형체가 없는 추상적인 것을 도(道)라 하고 형체가 있는 구체적인 것을 기(器)라 한다. 도는 바로 통할 수 없기에 먼저 기를 빌려 통한다. 기차나 배, 차량은 모두 도를 담아서 다니는 것들이다. 동양에 성인(聖人)이 있으니 이 마음은 같고 이 이치도 같다. 서양에 성인이 있으니 이 마음은 같고 이 이치도 같다. 대개 인심이 향하는 것은 천리(天理)가 보여주는 것이니, 반드시 융합하고 관통하여 같게 만드는 사람이 있다. 그러므로 서양의 각 나라들이 오늘날 우리 중국을 멸시하는 바는 모두 후세 성인들이 만든 것으로 온 세상의 법물에서 혼동하여 취한 것이다."[99]라는 예측도 제시했다. 왕도는 십 년이 넘은 상해에서의 생활과 서양인과 함께 번역을 해 온 경험, 그리고 서양이 직접 관리하여 전통문화의 압력이 비교적 적은 홍콩에 도착하여 통치계급과 상호간의 연결고리라 할 수 있는 것이 얼마 없었기 때문에 그의 사상은 비교적 쉽고 자연스럽게 개방적으로 바뀌어갔다. 코헨 교수는 《전통과 현대》를 통해 "아편전쟁 이전의 중국인들은 중국을 국가로 보기보다는 세계로 보던 경향이 많았다. (Chinese tended to view China more as a world than a nation)"[100]라고 지적하였다. "하늘 아래 왕의 땅이 아닌 곳이 없다."라는 말처럼 중국은 자신들이 세계에 속한 것을

---

99) 王韬：《弢园文录外编·原道》, 2页.

100) Paul A. Cohen, *Between Tradition and Modernity — Wang T′ ao and Reform in Late Ch′ ing China,* Harvard University Press, 1974, p.62.

인정하지 않고 반대로 세계가 자신들에게 속한다고 여겼다. 그들이 영원히 확고부동한 세계의 중심이자 상부라는 것이 바로 중국 전통관념 속의 세계 구조와 세계 질서이다. 현재, 왕도는 먼저 이런 진부하고 완전히 주관적인 상상에 빠져 있는 구조와 질서를 버렸다. 그는 중국은 세계의 일부라는 것을 인정했을 뿐만 아니라 세계의 중앙도 아니고 더군다나 상부도 아닌 빈곤하고 낙후된 "동남"이라는 점을 받아들였다. 이는 결코 비굴함이 아닌 용기였다. 19세기 중엽의 중국인은 오랫동안 전통교육을 받아온 중국인이었기 때문에 커다란 용기 없이 이토록 중대한 관념의 변화를 공개적으로 표출하는 일을 매우 어려운 일이었다.

문제는 이뿐만이 아니었다. 왕도는 공평한 시각으로 세계 각국과 그들의 문화를 대하기 시작했다. 그는 성인은 중국에만 있지 않고 동서양 모두 존재한다고 여겼다. 성인은 천리와 인심과 떨어질 수 없으니 천리와 인심은 공통점이 있다. 성인은 천리에 통달할 뿐만 아니라 인심에도 순응하니, 중국이 성인을 낼 수 있다면 어째서 서양이라고 성인을 낼 수 없겠는가. 과거 성리학자들은 성인의 도에 대해 매우 신비하고 보거나 만질 수 없어 높은 수준의 자아 성찰과 탁월한 자질이 있어야 겨우 깨달을 수 있다고 말했다. 그러나 왕도는 도리어 도를 결코 공허한 것이 아닌 통속적으로 쉽게 이해할 수 있는 것으로 그릇[器]에 그 실체를 담으면 그릇을 통해 도를 볼 수 있고 또한 동양의 도와 서양의 도가 기차나 배, 차량이라는 그릇을 빌려 서로 통할 수 있다고 해석하였다. "기차나 배, 차량은 모두 도를 싣고 가는 것이다." 기차나 배, 차량은 서양에서부터 동양에 이르는 것으로 상품을 갖고 올 뿐만 아니라 "도"를 싣고 오니, 이는 당연히 서양의 "도"이다. 우수하고 능동적이라는 서양의 일면에는 서양은 발달하였고 동양은 뒤처졌다고 여기기 때문이다. 왕도는 물론 "세계는 하나로 연결되어있다."와 같은 현대적인 말을 알지 못했지만 이미 이러한 도리에 접근하기 시작했다. 그는 나뉘었다 모이고 다르다가 같아지는 것이 미래 세계발전의 큰 추세이며 인심이 향하고 천리가 보여주는 것이기 때문에 뒤집을 수 없는 흐름이라고 생각하였다. 서양의 튼튼한 배와 날카로운 포는 침략자들에 의해 중국을 능욕하는 데에 쓰였기에 당연히 매우 나쁘다. 그러나 이 물건들도 "도를 싣고 가는" 것으로 더 높은 문화 수준으로부터 온 것으로 살펴보아야 한다. 이것들도 기차나 배, 차량처럼 "모든 법물의 혼란"이라고 여길 만하다.

식민주의 침략 행위와 서양문명을 이미 단계별로 구분함에 따라 증기선과 자동차를 현대의 운송도구로 볼 뿐만 아니라 "도를 싣고 가는" 법물로도 보게 되었다. 이것이 왕도가 위원의 "오랑캐의 장점을 배우자."라는 사상보다 뛰어난 점이며, 아울러 풍계분의 "중국의 윤리와 명교를 근본으로 삼되 여러 나라의 부강한 기술로 보완하자."라는 사상보다 뛰어난 점이다. 왕도의 학설에서 기로써 도를 담는다거나 모든 나라와 섞여 있다는 학설은 사실상 이미 "중체서용"의 속박에서 벗어났으며 더 많은 근대적인 의식을 갖추고 있다.

전종서(錢鍾書) 선생은 이 현상에 대해 "중국이 세계를 향해 나아가는 것은 세계가 중국을 향해 나아간다고도 말할 수 있다. 우리가 문을 열고 밖으로 나아간 것은 바로 바깥에서 사람들이 문을 밀거나 두드리고 심지어는 문을 부수고 창문을 넘어 들어왔기 때문이다."[101]라고 말했다. 해외 진출이 비록 피동적일지라도 결국엔 진보의 일종이다. 왕도에게 있어서 홍콩은 해외 진출의 첫 걸음이고, 홍콩에서 5년 동안 살다가 먼 유럽까지 다녀온 것이 바로 진정한 해외 진출이다. 왜냐하면 홍콩은 서구화가 오래되지 않은 동양의 작은 섬으로 홍콩의 절대 다수의 거주민들은 검은 머리, 검은 눈의 황인종으로 여전히 아주 많은 전통 문화와 풍속을 지키고 있는 중국인이기 때문이다. 서양에 도착해서, 이미 진정한 근대화를 이룬 순수한 서양에 도착해서, 수년간 직접 보고 자주 들어 익숙해진 것을 통해, 왕도는 중국과 서구 문화의 같고 다름을 한 걸음 더 이해하고 아울러 전반적인 비교를 더해 선택하였다.

왕도가 항해한 지 40여 일 만에 처음 도착한 서양 도시는 이탈리아 남단의 "메시나"(지금의 마르살라)였다. 겨우 한 시간 남짓 정박했을 뿐이라 "겹겹이 솟은 산맥"만을 멀리서 볼 수밖에 없었다. 이틀 후 상륙한 프랑스의 마르세이유가 첫 번째로 방문한 서유럽의 도시였다. 상해나 홍콩과 같은 식민지, 반식민지 도시와 비교해 보면 마르세이유야 말로 서양 근대 도시 문명의 원형이었기에 왕도의 시야는 한 번에 트이게 되었다. "이곳에 도착해서야 비로소 서양 거리의 번성함과 가옥의 화려함을 알게 되었다. 구조가 웅장하고 알록달록한 테라스들이 대부분 7, 8층이다. 난간의 그림이나 조각이 하늘에 있는 것과 같아 구름과 별똥별들도 이에 자랑할 바가 못 된다. 거리

101) 종숙하의 《세계를 향해(走向世界)》 서문에 전종서가 쓴 글을 보라.

가 매우 넓어 차들은 물 흐르듯이, 말들은 꿈틀대는 용처럼 빼곡히 왕래하였다. 등불도 별보다 촘촘해서 불빛이 하늘에 닿을 것 같았다. 집안의 사치품이나 장식품들도 대부분 본 적이 없는 것이었다."[102] 마르세이유는 자신의 번화한 매력으로 이 동양인을 사로잡았고 왕도는 "거의 다른 세상 같다."라며 찬탄하였다.

뒤이어 "진짜 폭풍처럼 날아가고 번개처럼 달리는" 기차를 타고 파리로 갔다. 파리와 마르세이유를 비교해보니 또 하나의 풍경이었다. 이 도시들은 유럽에서 손꼽히는 "대도시"였기에 더욱 웅장하고 화려하게 보였다. "수많은 사람들, 장엄하고 아름다운 궁실, 번화한 거주지, 아름다운 경치의 정원은 한 시대의 으뜸으로 아마도 견줄 곳이 없을 것이다."[103] 그러나 왕도는 파리라는 번화한 도시의 면모를 부러워만 한 것이 아니라 더 나아가 "거의 본 적도 없는 것들로 풍부하게 수장된" 도서관, "다채롭고 폭넓게 수집하여 모든 것을 갖추려 애쓴" 박물관과 같은 도시 구조의 합리적인 규칙을 이해하였다. 박물관은 각종 문명들의 소형 모델로서 파리 박물관은 그 전시물의 다양함으로 세계에서 명성이 높다. 이 때문에 왕도는 더욱 쉬운 견학을 통해서 세계를 알게 되었다. 그는 박물관 견학 후의 감상을 "모든 물건을 부문별로 나누고 각기 종류에 따라 한 방에 모아서 서로 섞이지 않게 하였다. 다채롭고 폭넓게 수집하여 모든 것을 갖추려고 노력하여 정교한 것과 거친 것, 거대한 것과 세밀한 것 어느 하나 빠뜨리지 않고 모

102) 王韬 : 《漫游随录·道经法境》, 82页.
103) 王韬 : 《漫游随录·巴黎胜概》, 83页.

두 엮었다. 일일이 말하자면 눈과 귀가 닿는 것마다 모두 비범한 것이니 진정 천하의 장관이라 할 만하다."[104]라고 하였다. 백문이 불여일견이라고 파리와 차후의 런던 각지의 박물관은 왕도가 서양에 대해 창문 하나를 더 열어젖힌 것처럼 넓게 인식하게 해 주었다.

그가 머무른 파리는 평생 처음 본 "그림자극"이며 왕도로 하여금 서양 근대문명에 대해 더욱 더 감복하게 했다. 극 중에서는 "모든 자연과 사람, 높은 집들이 순식간에 나타났고 빠르게 재생산되고 있어 불가사의하다." 마치 오늘날 TV 채널의 "세계견문록"과 비슷한 것으로, 왕도는 "내가 본 것들은 그저 한 바퀴 빙 둘러본 것 같다."[105]라고 감상평을 발표했다.

바다 건너 런던에 도착해서 "깔끔한 거리, 높고 큰 저택, 수많은 교통량이 빼곡히 이어져 오가는 이들과 수레들로 하루 종일 붐빈다. 저녁이 되면 대낮같이 휘황찬란한 등불로 진정한 불야성을 이루었다."라는 것을 보았다. 왕도는 새로운 지식을 탐구하기를 갈망했는데 런던은 그에게 깊은 인상을 남겼고 그 역시 런던에 깊은 인상을 남겨주었다. 그는 중국에 세계를 이해시키려는 뜻을 세웠을 뿐만 아니라 세계가 중국을 이해하기를 바랐다. 그는 "매일 밖을 나가 각지를 둘러보았다. 대학에선 옛 전적을, 이름난 곳에선 기상천외한 물건을 보았고 화기의 효용을 관찰하여 과학의 심오함을 짐작할 수 있었다. 각지의 관리자들이 모두 지시하고 가르쳐 주었으니 종종 의문이 있을 때면 안내인이 바로 내 뜻에 맞게 통역해

---

104) 王韬：《漫游随录·博物大观》, 89~90页.

105) 王韬：《漫游随录·巴黎胜概》, 85页.

주었고 메아리처럼 대답이 돌아왔다. 토론거리가 있을 때는 관리자가 해박한 지식이라며 감탄하였다."라고 하였다. 런던 여행 중 가장 찬란했던 것은 옥스퍼드 대학 학위 수여식에서 발표연설을 한 일이다. 영국 학생들이 "중국 공자(孔子)의 도와 서양에 전해 내려오는 천도(天道)와는 어떠합니까?"라고 물었다. 이것은 유학과 기독교 교리를 서로 비교해 보길 바란 것이며 왕도 또한 오랫동안 생각했던 문제이다. 그는 즉석에서 "공자의 도는 인도(人道)로서 사람이 곧 도입니다. 인류가 하루아침에 사라지지 않는다면 도 역시 하루아침에 변하지 않을 것입니다. 서양 사람들은 도를 논하면 반드시 하늘에서 근본을 찾습니다만 전해지는 것들은 반드시 사람에 대한 근본으로 돌아갑니다. 사람의 일을 먼저 다하지 않으면 하늘의 복이 내리길 바랄 수 없으니 여전히 사람에게 달렸을 뿐입니다. 천도라는 것은 사사로움이 없어 결국 하나로 귀결됩니다. 오늘 나뉜 부분을 본다면 곧 같으나 다른 것이고 다른 날 그 합한 부분을 본다면 곧 다르나 같은 것입니다. 옛날 성인들은 '동양에 성인이 있으니, 이 마음이 같고 이 이치가 같다. 서양에 성인이 있으니 이 마음이 같고 이 이치가 같다.'라고 말한 적이 없습니다. 결론지어 말하건대 그 도는 대동이라고 할 수 있습니다."[106]라고 대답했다. 이것은 《원도(原道)》의 문장을 한 단계 더 표명한 것이 확실하다. 그는 공자와 예수에 대해 깊이 비교하지 않았으나 인류 문명에는 공통점과 차이점이 있음을 이미 인식하고 있었다. 각종 문명들이 똑같다가 달라지

106) 王韜 :《漫游随录·伦敦小憩》, 97~98页.

고 다시 달랐다가 같아지며 끝내 대동으로 귀결된다는 것은 역사발전의 총체적인 흐름을 파악하여 진보적인 문화관을 드러낸 것이다. 그러므로 그의 연설은 청중들에게 "한자리에서 듣는 이들 모두 박수치고 발을 구르며 한목소리로 찬양하니 벽이 흔들리는 것 같았다."라는 찬사를 얻었다. 그의 대답 또한 질문자를 감탄하게 해서 "모두가 수긍하였다." 영국인들의 마음속에 신비한 동방에서 온 저 중국인은 풍부한 전통문화 소양을 갖췄으며 서학에도 어느 정도 통달한 중국인이며 옛 사대부의 기질을 품고 있으면서도 비교적 깨어 있고 교화된 중국인이었다.

왕도는 영국에서 꽤 오래 지냈기에 영국의 풍습과 특색, 전장 제도와 과학 기술에 관해 비교적 깊이 이해했다. 그는 과학기술면에서 전면적으로 최고의 평가를 한 적이 있다. "영국은 천문, 지리, 전기공학, 열학, 공기역학, 광학, 화학, 물리학 등을 핵심 학문으로 삼되 시부(詩賦)나 사장(詞章) 등은 숭상하지 않았다. 그 효용은 작은 것에서 큰 것까지 이른다. 예컨대 천문에서는 해와 달, 오성 간의 거리, 움직이는 속도, 일월합벽(日月合璧), 일월식, 혜성과 행성이 언제 나타나고 아울러 풍운뇌우가 언제 올 지를 알게 되었다. 지리에서는 만물이 어디에서 나는지, 산과 물의 높낮이, 나라의 크기를 알게 되었다. 전기공학에서는 천지간에 어떤 것이 전기를 만들고 막아내는지를 알게 되었다. 열학(즉, 열역학)에서는 금속과 나무가 어떻게 불을 만들고, 제거하고, 막아내는지를 알게 되었다. 공기역학에서는 여러 대기의 무게를 통해 기구와 기종(즉, 잠수구)을 만들었다. 위로는 하늘로 솟아오르고 아래로는 바다 속으로 들어가 사물을 관찰하고 사람을 구하며 산과 바다를 탐구한다. 광학에서는 해와 달, 별이 본래 가진 빛과 그 미광(迷光)을 알아냈다. 따라서 등불놀이(즉, 슬라이드와 영화)를 만들고 광채를 바꾸며 어떤 빛이 가장 밝은지를 판별한다. 화학과 중학(즉, 역학, 물리학)에서는 금속의 습성을 분별하고 보석 광맥의 노두(露頭)를 알아내며 여러 물질을 분석한다. 또 수력과 화력을 알아서 화기(즉, 증기기관)을 창조해서 증기선과 기차를 만들어 인력을 절약해서 하루에 천 리를 가며 작업량은 만 명에 견준다. 산 뚫기, 항해, 굴착, 운하준설, 도예와 야장, 제조 및 경작과 직조에 이르기까지 증기기관이 없는 곳이 없으니 정말로 훌륭한 도구이다."107) 이처럼 왕도는 서학의 토대는 비록 얕았으나 당시 한정된 인식 수준 위에서 전반적인 윤곽을 그려냈다. 1860년대의 중국인의 입장에서 본다면 이는 매우 대단한 일을 해 낸 것이다.

왕도의 서양 과학기술에 대한 이와 같은 열렬한 찬양은 가치관의 뚜렷한 변화로 드러났다. 미국의 과학사회학자 머튼(Robert King Merton)은 "과학은 모든 대규모 활동을 한 번에 드러내며 수많은 사람들의 지속적인 상호 작용과 관련이 있다. 만약 누군가가 어떤 시스템을 발전시키고자 한다면 반드시 먼저 사회적인 지원을 얻어야 한다. 바꿔 말하면 과학과 과학자는 그들 사회의 가치 척도에서 점유하고 있는 어떤 일정한 등급을 미리 가정해 두고 명망 있는 최종 중재인으로서 이 가치 척도를 각종 과학탐구에 부여해야 한다는 말이다."108)라

107) 王韬：《漫游随录·制造精奇》, 116页.
108) [美] 默顿著, 范岱年等译 ：《十七世纪英国的科学, 技术与社会》, 340页, 成都, 四

고 하였다. 왕도는 과학과 과학자들의 가치에 공감하였을 뿐만 아니라 과학 기술 발전에 있어서 사회의 지원이 필요하다는 것도 이해했다. 그는 영국 과학기술의 빠른 발전을 "이는 본래 심혈을 기울여 드러난 것이며 국가에서 붐을 일으켜 초석을 다듬고 관료들이 뒷받침해야 한다."라고 인식했다. 가령 과학이 많은 이들의 "지속적인 상호작용"과 연관되었다면 과학 계통의 발전은 반드시 사회적 지원을 얻어야 한다. 그렇다면 왜 "섬나라 오랑캐"인 잉글랜드조차 버젓이 할 수 있는 일을 당당한 화하(華夏)에서는 아직 하지 못했으며 하기 어려워하는 것인가? 이는 반드시 양국의 사회 관념과 사회 제도의 차이에서 오는 풍조와도 관련이 있을 것이다. 왕도는 직접적인 관찰을 통해 과거에 자신들의 가졌던 영국에 대한 수많은 오해와 편견들을 바로잡았다. 그는 "이 나라는 예의를 종교로 삼아 무력을 맹신하지 않았다. 인의와 신의를 근본으로 삼고 사기와 폭력을 숭상하지 않는다. 교화와 은혜를 바탕으로 하되 그저 부강만을 논하지 않는다. 유럽 국가들이 모두 이와 같았기에 진실로 오랫동안 쇠락하지 않았다. 영국과 같은 경우 북쪽 구석에 치우쳐 있지만 적국과 외환이 없어진 지 천여 년이나 되었다는 것이 그 효과의 단면을 드러낸 것이 아니겠는가! 나 역시 사실을 말한 것이니 공연히 서양인의 관점을 찬미한다고 하지 말라."[109]라고 단언했다. 왕도가 이해한 영국 역사와 당시 상황은 여전히 제한적인 것으로 그가 단정한 "적국과 외환이 없어진 지 천여 년", "인의와 신의를 토대

川人民出版社, 1986.

109) 王韬 : 《漫游随录·游博物院》, 127页.

로"와 같은 것들은 사실과 다르다. 또 영국인들이 1066년에 외국의 정복자인 윌리엄 1세(William the Conqueror)를 황제로 받아들인 일, 1337년부터 1453년까지의 영국과 프랑스 간의 두 세기를 뛰어넘은 "백년 전쟁", 1756년부터 1763년까지의 프랑스와 벌인 "7년 전쟁" 및 1839년부터 1842년까지 아프가니스탄을 두 차례나 침략한 전쟁 등을 언급하지 않았다. 또 이 여러 전쟁에서 영국이 늘 승리자였던 것은 아니었다. 그러나 전반적으로 말해 왕도는 대담하게도 직접 자신이 겪으면서 서양 국가도 그들의 예절과 교화가 있기에 물질문명을 중시하였을 뿐만 아니라 정신문명도 중시하였고, 아울러 예절과 교화가 과학기술의 발전과 부국강병을 더욱 유리하게 하였음을 지적하였다. 이것을 설마 중국인들이 깊이 생각할 가치가 없다고 할 수 있겠는가.

1860년대의 다른 중국인들과 비교했을 때 왕도의 관념상에 첫 번째 혁명이 발생했다고도 말할 수 있다. 그는 대담하게도 "사실만을 말했고", "서양인을 찬양한다."라는 혐의에 대해 전혀 주저하지 않았다. 동시에 그는 서양에 중국 전통문화의 우수한 부분을 소개하려 노력했고 중국과 서양의 문화에 "융회관통(融會貫通)"이라는 뜻을 세워 이를 대동으로 발전시키는 당대의 성인이 되고자 하였다. 이러한 담력과 식견, 그리고 견해는 당대뿐만 아니라 훗날에도 보기 드물었다. 그러한 까닭에 왕도가 세상을 떠난 30여 년 후에야 호적(胡適)이 북평도서관(北平圖書館)에 소장하고 있던 왕도의 친필 원고 발문을 쓰며 유감을 표한 일도 당연하다. 만약 왕도가 일본에서 태어난 통치계급의 일원이었다면 손쉽게 이토 히로부미(伊藤博文)와 같은 인물이 되었을 것이다. 그러나 왕도가 절대로 이토 히로부미와 같은 인물이 되지 못한 것은 이토 히로부미는 자국에서 충분히 뛰어난 재지를 발휘할 수 있었기 때문이며 "유신3걸(維新三傑)"의 제2대 인물로서 정치 무대에서 활약했기 때문이다. 이야말로 천시(天時)이며 운명이다!

오랜 기간 뜻을 펼치지 못한 왕도의 사상은 점점 쇠퇴해 갔다. 1879년 일본 여행에서 그는 중일문화교류에 공헌하고 일본 학술계의 높은 평가와 열렬한 환영을 받았음에도 불구하고 사상 면에서는 어떠한 새로운 발전도 이룩하지 못했다. 게다가 주색에 빠져 몸이 빨리 쇠약해져서 1884년 상해로 돌아온 이후 어떠한 성과도 거두지 못했다. 60세가 되기도 전에 그는 기억력이 감퇴하여 손님을 만나 이름을 묻고도 별안간 잊어버렸다. 글을 쓸 때도 서너 줄을 넘기지 못했고 생각이 이어지지 않았다. 그는 이미 선구자의 지위를 잃었으며 다른 사상가들이 그의 자리를 대신했다. 그러나 그는 끝내 만년에 좋은 일을 이루어냈다. 그가 병사하기 3년 전인 1894년, 젊은 손중산이 정관응(鄭觀應)으로부터 소개를 받아 왕도를 방문하여 《상이홍장서(上李鴻章書)》를 윤색해 줄 것을 청하였다. 아울러 나풍록(羅豐祿) 등에게 편지를 보냈고 이홍장과 친분을 이어주기 위한 만남을 주선하였다.[110] 오래 전 홍콩에서 마카오 경호병원(鏡湖醫院)을 세울 때 왕도가 서문을 써 주었던 적이 있었는데, 손중산은 1892년 홍콩 서의병원(西醫書院)을 졸업한

110) 풍자유의 《중국혁명운동 26년 조직사(中国革命运动二十六年组织史)》, 14쪽, 商务印书馆, 1948.을 참고하라. 갑오년 봄, 손중산이 홍콩의 친구 函介를 통해 왕도, 정관응 등을 방문하면서 《상이홍장서》의 초고를 보여주었다.

뒤 경호병원에서 일을 하고 있었다. 남들에게는 잊기 쉬운 하나의 소소한 인연이지만 이 일은 왕도와 손중산의 마음속에는 깊은 인상으로 남았던 것이다.

왕도가 영국을 방문했을 때, 런던의 화실에서 그에게 기념 촬영을 하고 "화실에 걸어놓기를" 청한 적이 있었다. 그는 그림 위에 시를 써서 "이국 산천 해와 달은 같건만, 중원 천지는 어지럽구나.", "나라에 보답코자 하는 마음 머릿속 가득하건만, 내 간담은 다른 이에게 가네."[111] 등의 명구를 남겼다. 왕도는 죽을 때까지 나라에 보답하려는 마음을 잊지 않았으나 이런 감동스러운 시구를 이국에 남겨둘 수밖에 없었고 끝내는 의욕을 잃고 고향에서 늙어 죽었다.

용굉(容閎, 1828-1912)은 다른 유형의 유신사상 선구자이다. 그의 출신과 경력은 왕도와 차이가 크다.

그는 광동성 향산현(香山縣) 남병진(南屛鎮, 지금의 주하이(珠海)) 사람으로 자는 달맹(達萌), 호는 순보(純甫)로, 가난한 농가에서 태어났다. 그의 집안 역시 학자 가문이 아니었기 때문에 어렸을 때부터 서당 교육을 받지 못하였다. 남병과 마카오의 거리는 4마일밖에 떨어져 있지 않아서 그는 7살에야 겨우 독일 선교사 구츨라프의 부인(Mrs. Gützlaff)이 세운 소학에 다녔다.[112] 13살에는 이 학교를 토대로 세운 모리슨 학교(Morrison School)로 진학하였다.

이곳은 중국으로 가장 먼저 선교사를 파견한 영국 선교회

111) 王韬 :《漫游随录·扶桑游记》, 100页, 长沙, 湖南人民出版社, 1982.

112) 원래 이름은 칼 프리드리히 오거스트 구츨라프(Karl Friedrich August Gützlaff, 1803-1851)로 독일 신교 선교사이다. 1830년에 네덜란드 기독교회에서 파견되어 중국으로 왔다.

를 기념하기 위해 세운 학교로 "중국의 서양식 교육을 촉진" 시키려는 목적이 있다. 모리슨(Dr. Robert Morrison, 1782-1834)은 1807년 초에 런던에서 출발하여 대서양을 거쳐 뉴욕에 도착한 뒤에 태평양을 건너 중국으로 파견되었다. 마카오에 대중국 선교기지를 만들기 시작했는데, 훗날 이곳 천주교 선교사들의 배척과 중국과 외국의 잦은 충돌로 인해 대륙에서는 공개적인 활동이나 거점 설립을 할 방법이 없어 다시 말라카(Malacca) 거점으로 가서 "잠시 머무르는 것에 족했다." 그는 여기에 인쇄소를 세워 총 4595쪽의 대형 《화영자전(華英字典)》을 편찬하고 《성경》을 중국어로 번역 출판하였다. 이후 홍수전(洪秀全)이 만든 '배상제회(拜上帝會)'에 큰 영향력을 끼친 《권세양언(勸世良言)》은 중국의 기독교 신자인 양발(梁發)이 저술하고 모리슨이 보정하여 1832년에 출판한 책이다. 모리슨 평생의 숙원 사업인 선교는 서양 식민주의와 불가분의 관계였으나 그의 학술 사업은 중국과 외국의 문화교류에 공헌하였고 어린 시기의 용굉에게 깊은 인상을 남겼다.

모리슨 학교는 1839년 11월에 마카오에서 정식으로 개교하였다. 학사 업무를 주관하는 이는 미국 예일대를 졸업한 뒤 명예박사를 수여받은 브라운(Dr. Samuel Robbins Brown, 1810-1880)이다. 첫 번째 학생은 겨우 6명으로 용굉보다 먼저 입학한 황승(黃勝), 이강(李剛), 주문(周文), 당걸(唐傑), 황관(黃寬)이 있었다. 학교에서는 오전에는 중국 언어와 문자를 가르쳤고 오후에는 영어를 가르치는 동시에 지리, 수학 등의 과정도 개설했다. 교육활동은 아침 6시부터 시작하여 저녁 9시에 끝났는데, 그 중 8시간동안 책을 읽고 나머지 서너 시간은 야외 운동과 오락 시간이었다. 학생들과 브라운은 가족처럼 사이가 좋았으나 그 가족에서 이루어지는 아침저녁 기도의 참여는 자유롭게 선택할 수 있었다. 아편전쟁 이후 홍콩으로 학교를 옮겼는데 학생이 20여 명까지 늘어나서 교과과정 역시 원래 있던 중문과 영문, 지리와 수학 과정을 제외하고도 역사, 기계, 생리, 화학, 음악 등이 늘어났다. 1843년에 학생 수가 42명까지 늘어나 4개 반으로 나누고 《성경》을 필수과정으로 포함시켰으나 학생들에게 세례를 강요하지는 않았다.

이것은 중국의 구식 서당과는 판이하게 다른 서양식 학교였다. 학생들은 비록 정식으로 세례를 받지 않더라도, 조금 간단히 기독교 분위기의 생활을 통해 자기도 모르게 습관적으로 감화되어 자연스럽게 중국전통문화로부터 조금씩 멀어졌다. 1845년 모리슨학교에서 첫 번째 학생들의 성적 전람회를 개최하였는데 그 중 고학년 학생이 영어로 쓴 두 편의 글이 특히 다른 사람들의 주목을 끌었다. 한 편은 《지식이 바로 힘이다》이고, 다른 한 편은 《중국 정부의 불공정》이다. 전자에서는 지식을 "행복과 쾌락의 근원"이며 국가의 부강과 민족 번영의 "영원한 기초"이며 "국가의 무지몽매함을 제거하는 한 줄기의 빛"이라고 여겼다. 이는 "중국의 윤리와 명교를 근본으로 삼는다."라는 정서와는 큰 차이가 있으며, 과학과 이성을 추구하는 현대적인 인식의 초보적인 싹이 드러난 것이다. 후자에서는 중국이 서양만 못하다는 점을 분명히 제시했다. "중국은 좋은 정부가 있다고 말할 수 없다. 중국과 영국, 미국 또는 여타의 기독교 국가와의 차이는 크다. 중국의 권력자는 많았지만 들리는 말에 따르면 최고위부터 최하위 계층 중에 아주 적은 인원만이 성실하고 충성을 다해 관직 생활을 하며 백성의 이익을 생각하며 공정하게 백성을 대했다고 한다."[113] 이 글에서는 군신간의 기강을 강조하지 않은 채 백성들의 이익을 부각시키고 민주의식을 희미하게나마 드러냈다. 이 학생들은 아직도 순응력이 강한 아이들로 모리슨 학교라는 특수한 교육환경을 통해 그들은 조금씩 기독교문명으로 다가갔다.

1846년은 18살 용굉에게는 결정적인 의미를 가진 한 해였다. 그해 겨울 브라운은 미국으로 휴가를 떠나기로 결정하면서 "새로운 대륙으로 가서 완전한 교육을 받게 하고 싶다."라며 3~5명의 고학년 학생에게 함께 가고자 하는 뜻을 수업시간에 알렸다. 그러나 응답자들은 시큰둥했고 겨우 용굉, 황승, 황관 이 3명만 일어나서 가고자 했다. 당시 광동 향산 일대에서 출국하는 사람의 수는 비록 많다고는 하나 대부분은 생계에 쫓겨 부득이하게 먼 타국으로 떠나는 노동자들이었다. 유학하려고 출국하는 젊은이들은 정말 좀 "역사에 유례가 없는" 듯한 느낌이었기 때문에 자연히 집안의 반대를 맞게 되었다. 그러나 용굉은 이미 떠나기로 마음먹었기 때문에 애걸복걸해서 결국 어머니의 허락을 얻었다. 용굉 등 세 사람의 가정은 매우 가난했으나 다행히 브라운과 학교의 이사가 재정지원을 받아 본인들의 여비 및 재미기간 중 필요한 모든 비용뿐만 아니라 "부모님들 역시도 최소 2년간의 양육기간"을 보증 받을 수 있었다. 이것은 당연히 첫 유학을 격려하기 위한 특수

113) 转引自顾长声：《从马礼逊到司徒雷登—来华新教传教士评传》, 96~98页, 上海,上海人民出版社, 1985.

한 우대조건이었는데, 용굉은 "모두 기독교가 자선을 베푼 덕분이며 다른 목적은 없다."라고 여겼다.

1847년 1월 4일 용굉은 브라운을 따라 헌트리스(Huntress)호를 타고 황포(黃埔)에서 출발하였다. 이는 그의 서양 여행의 시작이며 그가 서양 근대문명을 받아들인 시초였다. 그들은 모두 젊고 사상이 단순하며 활발해서 왕도처럼 서양으로 가는 도중에 가졌던 어떤 복잡하고 깊은 느낌을 갖지 않았다. 그들이 관심을 가졌던 것은 장막처럼 짙은 구름이나 거친 파도와 같은 바다 위의 변화무쌍하고 웅장한 풍경으로, 젊은이들의 눈에는 "모두 세상에 보기 드문 장관이 되었다." 98일이라는 오랜 항로를 거쳐 용굉 일행은 1847년 4월 12일 드디어 뉴욕에 도착하였다. 앞선 1845년에 용굉은 《꿈에 가 본 뉴욕》라는 제목의 글을 쓴 적이 있었는데 지금 바로 상상이 현실로 이루어진 것이다. 그러나 뉴욕은 당시에 겨우 25~30만의 인구밖에 없었고 이후에도 어떤 번화함이 생겨나지 않았기에 당연히 파리나 런던에 비할 바가 아니었다. 그러므로 용굉에게 그다지 큰 놀라움을 주지 못했다. 이는 중국에서 이미 몇 년 동안 서양근대교육을 받아온 그에게 있어 당연한 반응이었고 그러한 까닭에 비교적 쉽게 이 새로운 세계에 적응하였다.

용굉은 뉴욕에 잠시 머무르기 직전 매사추세츠주로 가서 몬슨 아카데미(Monson Academy)에 재학했다. 이곳은 대학 입학 전의 예비 학교이다. 교장인 헤이먼드(Rev. Charles Hammond)는 예일대학을 졸업하였고 높은 인품과 덕망, 뛰어난 학문을 갖췄으며 뉴잉글랜드 청교도의 색채를 강하게 갖고 있는 사람이었다. 헤이먼드는 "오래전부터 옛 문헌을 좋아하며 영국의 문에도 즐겼기 때문에 사상이 속되지 않았고 도량이 컸다. 당시 뉴잉글랜드주에서 그가 대교육자임을 모르는 사람이 거의 없었다."[114] 그의 영향과 지도 아래서 용굉은 여러 영국 문집 외에도 문법, 수학, 생리학, 심리철학 등의 과정을 배웠다.

2년은 빠르게 흘러갔고 용굉은 유명한 예일대학에 입학해서 학문을 더 연구할 생각이었으나 학비가 없어 고생하였다. 다행히 헤이먼드와 브라운의 추천과 몬슨 아카데미 이사가 재정지원에 동의하였으나 학업을 마치고 고국으로 돌아가 전도를 해야 한다는 조건을 내걸었다. 용굉은 엄격한 청년이라 이 조건에 동의하지 않았다. 몇 해 지나 그는 자신에 대해 해석하며 "나는 비록 가난하지만 자유만은 굳건히 지니고 있을 것이다. 훗날 학문을 마치고 무슨 일이던 간에 중국에 가장 유익한 일을 골라서 할 것이다. 설령 정부가 쓰지 않고 꼭 장래성 크지 않더라도 새로운 국면을 어렵지 않게 만들 것이다."[115]라고 말했다. 이것은 용굉이 이미 독립적 인격을 옹호하는 근대적인 의식을 갖추기 시작했고 동시에 조국에 개혁의 풍조를 열고자 하는 위대한 포부를 지니고 있음을 드러낸다. 그는 선교를 완전히 반대하지 않았으나 하느님의 복음으로는 중국을 구할 수 없을 것이라 생각했다. 그리고 자신도 몇 년간의 학비 때문에 직업 선택의 자유를 팔아먹고 싶지 않았다. 그는 "전도는 비록 훌륭한 일이지만 중국을 행복하게 해 줄 유일무이한 사업은 아니다. 우리나라처럼 넓은 땅에서는 사람들이 자기 마음대로 종교적 정신을 갖추고 있어서 어

114) 容闳 : 《西学东渐记》, 15页, 长沙, 湖南人民出版社, 1981.
115) 容闳 : 《西学东渐记》, 19页.

디를 가도 불리하다. 이러한 중국국민의 신앙은 과연 어떠한가? 믿음이 박약한 사람에게 그 약속은 봄날 살얼음이 태양을 만난 것처럼 곧 사라질 것이니 누가 그것을 지키겠는가? 하물며 지원서에 일단 서명을 하면 곧 행동에 구속을 받으니 장래 중국의 이익을 도모할 만한 좋은 기회가 있더라도 형세에 따른 제약 때문에 앉아서 기회를 잃지 않겠는가."[116]라고 말하였다. 종교와 같은 정신을 갖고 있기만 하면 "어딜 가도 불리"하다는 것은 학문을 마치고 귀국한 뒤 조국의 근대화를 도모하려고 분투했던 용굉의 기본적인 자세이다.

"인생에서 기회는 종종 예상치 못하게 찾아온다." 용굉이 몬슨 아카데미의 이사가 제시한 재정지원의 조건을 사양하고 얼마 후 브라운은 여동생을 만나러 남부에 도착했다. 여동생을 만나는 길에 조지아주 사바나 부녀회(The Ladies Association in Savannah,Ga)를 만났는데 용굉의 진학경비문제에 대한 말이 나왔다. 뜻밖에도 이 회원들의 동정을 얻어 흔쾌하게 자금지원을 허락해 주었다. 이렇게 되어서야 용굉은 뉴헤이븐(New Haven)에 도착해서 예일대학에 응시하였다. 미국의 수험생과 비교하면 용굉의 학문의 기초는 부족했다. 몬슨 아카데미에서 2년간 있었으나 실제로는 라틴어를 15개월, 희랍어를 12개월, 수학을 10개월 배웠을 뿐인 데다가 근처의 철도 부설공사 때문에 공부할 시간도 짧았다. 그는 다행히 예일대학에 합격하였으나 1학년 때는 상당히 힘겨워서 늘 밤늦게까지 공부하느라 "정신과 육체가 매일 허약"해졌다. 2학년 때는 또 미적분

116) 容闳 : 《西学东渐记》, 20页.

이라는 난관을 만나 "항상 공부해도 조금도 나아지지 않으니 매 시험마다 늘 낙제"를 했고 이 때문에 항상 유급과 퇴학을 걱정했다. 다행히 영문논설의 성적이 뛰어나서 연속으로 두 번이나 1등 장학금을 받았다. 학내 교사와 학생들에게 "신임"을 얻었을 뿐만 아니라 용굉 스스로도 학업을 마칠 수 있다는 자신감이 높아졌다. 2학년 말과 3학년이 지나자 용굉의 상황은 나날이 좋아져서 학문의 부단한 발전이외에도 학비 역시 점점 여유로워져서 뒷걱정이 없어졌다. 사바나 부녀회는 일 년간의 비용을 계속 지원하였고 올리펀트 회사(The Olyphant Brothers, 즉 용굉의 도미 항해 비용을 면제해 준 해운회사)도 특별기부로 도움을 주었다. 이 밖에도 그는 사교클럽에서 서적을 관리하면서 매년 30달러의 보수를 받았으니 당시 물가에서도 약간의 도움이 되었다고 말할 수 있었다.

사교클럽은 용굉이 일개 동양인으로서 서양 사회로 받아들여지는 데에 브라운 어머니의 집에서 기숙했던 것보다 더 큰 작용을 끼쳤다. 사교클럽은 미국 대학의 전통으로 학생들이 자유롭게 모인 단체이다. 용굉 본인의 회상에 따르면 "학교의 2, 3학년 학생들 20명이 하나의 모임을 만들어서 같은 집에서 살되 음식을 담당하는 사람을 따로 초빙했다. 나는 그 일을 담당함에 전심전력을 다했다. 새벽에 야채와 고기를 구입해 밥을 해서 주위 사람들에게 제공하였다. 이후 2년 동안 내 식비는 모두 여기에서 받았다."[117] 이 밖에도 용굉은 2년 연속으로 클럽의 도서를 관리하였기에 약간의 임금 또한 받았다.

---

117) 容闳 :《西学东渐记》, 21页.

사교클럽에 가입하여 얻은 소득은 그저 한 가지 수입이 늘었다는 것만이 아니라 미국 사회를 깊이 이해하는 데에 유리하다는 점에 있다. 용굉은 이미 미국 학생에게 인정받고 서양 문화에게 인정을 받았다. 이는 비교적 완전한 "서구화"가 되었음을 뜻한다. 수년이 지나 용굉은 이때를 회고하면서 "내가 사교클럽 도서관에서 사서 일을 2년 동안 맡은 까닭에 안면을 익힌 사람들이 더욱 많아졌다. 동창과 선후배 학생들 가운데 낯이 익은 사람이 반이 넘었다. 그런 이유로 나는 미국 상황에 익숙해졌고 학계에서의 교유관계가 더욱 넓어졌다. 나의 학교생활은 명예롭고 꽤 아름다웠다."[118]라고 하였다.

나는 예일대학을 방문했을 때 사교클럽의 정황에 관한 소문을 들은 적이 있다. 몇몇 교수들의 말에 따르면 사교클럽의 전통이 여전히 남아 있으나 그 실상과 들리는 말은 사뭇 다르다고 한다. 젊은 학생들에게도 물었는데 나이 차이가 너무 커서 대답을 피하거나 그저 웃으며 말하지 않았다. 지금과는 100여 년 전이기에 상황도 변하고 나날이 새로워져서 현재 예일대학의 사교클럽은 용굉이 생활하던 시기의 사교클럽과 크게 다르다는 것은 알 수 있다. 그러나 호적은 20세기 초 자신이 처음 미국에 도착하여 "국제학사(International House)"의 응대상황을 회상하며 "(중국 유학생이) 미국 교육을 받아들이는 부분은 교실과 실험실, 그리고 도서관 같은 곳에만 국한된 것은 아니다. 더 중요한 것과 더 기본적인 것은 미국 생활방식과 문화의 차이를 깊이 이해하는 것이다."[119]라고 특히 강조한

118) 容闳 :《西学东渐记》, 22页.

119) 당덕강 편집교정 및 역주《호적의 자서전》 제3장 참고.

적이 있었다. 우리는 용굉이 사교클럽에 참여한 의의를 그로 하여금 더 쉽게 미국의 문화와 생활방식을 깊이 이해하려는 하나의 방법으로 볼 수 있다.

당덕강(唐德剛) 선생은 호적의 회고에 대해 꽤 흥미롭고 깊은 깨달음을 주는 주석을 쓴 적이 있다. "근대 서양 관광객은 독재국가의 여객사업(통칭 '관광사업')을 평가하며 줄곧 '제한된 여행'(Guided Tours)이라는 말을 즐겨 쓰는데, 이는 상대방이 좋은 것만 보여주고 나쁜 것은 안 보여준다는 말로 풀이된다. 근 100년 동안 미국 각 분야의 외국 유학생 접대는 사실상 매한가지였다. 달라진 점은 미국의 제한된 여행은 많은 관광객들이 스스로 지원해서 생겨났다는 점이고 또 다른 면에서는 어느 정도 강압적인 성격이 사라졌다는 점이다. 사실 '제한'이라는 말은 같은 뜻이지만 표현이 다른 두 가지 의미로 단지 피동보다 주동이 더욱 효과적인 말일 뿐이다. 호적 선생의 세대는 비교적 생각이 있는 유학생들이 있어서 이런 주동적인 '제한된 여행'에 참가하였기 때문에 미국 문명에 대해 죽을 때까지 찬양하였다." "그러나 이른바 '문화교류'라는 것은 원래 장점을 취해 단점을 보충하는 운동이다. 호적 선생 세대의 미국유학생들은 그저 서양 사람들의 장점만 보았을 뿐 단점은 보지 못하거나 말하려 하지 않지만 사실 크게 문제 삼을 수는 없다. 그들이 원하는 '서양문명'이라는 것이 원래 우리 동방의 단점을 보완하기 위한 서양의 장점이었기 때문이다. 만약 우리가 서양 역시 '길이가 모자란 자'임을 알았다면 우리는 그 단점을 감쌌을 것이고 이는 곧 고루하고 진부한 구습밖에 안 되었을 것이다." 당덕강 선생은 활달하고 말이 시원시원한 사람으로, 그는 호적과 미국 사회에 대해 매우 깊이 이해하고 있었다. 호적의 세대에 미국 유학은 용굉이 미국으로 떠난 지 반세기 이후지만 앞뒤로 서로 대조해 보면 확실히 서로 통하는 바가 있었다.

"서구화"를 통해 서양의 장점을 가지고 중국의 단점을 보완하는 것을 모색한 만큼 전통문화분리의 마지막 목적은 조국을 진흥시켜 근대화의 길로 나아가게 하는 것이다. 그러나 동서양의 차이가 너무 크기 때문에 자주 그리고 쉽게 젊은 유학생들이 신념을 잃고 깊은 내적 갈등에 빠졌다. 용굉도 격렬한 사상적 모순을 겪은 적이 있었다. "학기 중에 나는 중국의 낙후된 상황에 대해 회한을 느끼곤 했는데 말년에는 더욱 심해졌다. 매번 생각날 때면 바로 불만이 가득하고 우울해져서 차라리 이러한 훌륭한 교육을 받지 않아 괜찮아지기를 바랐다. 아마도 교육을 받았기 때문에 내 마음의 이상이 높아졌고 도덕의 범위 또한 넓어져서 결국 내 몸에 극심한 부담을 느낀 것이니, 무지한 시대에 있었더라면 오히려 느끼지 못했을 것이다. 더욱이 중국 국민들을 떠올릴 때면 몸에 무한한 고통과 압박을 받았다. 이러한 고통과 압박은 저 교육받지 못한 사람들은 조금도 느끼지 못한 것으로 처음부터 고통과 압박을 모를 것이다. 그래서 나는 지식이 더 높아진다는 것은 고통이 많아지고 쾌락이 줄어드는 것이라고 말했었다. 반대로 무지하면 고통은 더욱 적고 쾌락이 더욱 많으니 쾌락과 지식은 하늘이 만든 반비례가 아닐까?" 당연히 이 말은 한순간의 극단적인 말로 용굉의 사상적 주류가 될 수는 없었다. 대체로 사명감과 책임의식을 갖춘 시대의 선구자들은 이상과 현실,

그리고 포부와 역량의 큰 괴리감 때문에 종종 상술했던 것처럼 고뇌와 번민의 고통을 겪기도 했다. 용굉의 미국 유학에서 전통과 근대 사이의 충돌은 사상적인 면에서 더욱 격렬하게 반영되었으나 사명감과 책임감을 끝내 거대한 정신력으로 승화시켜 그에게 심적 고통을 겪게 함과 동시에 발전할 것이라는 신념을 꾸준히 지키도록 하였다. 이러한 반복된 사색을 거치며 마침내 이치를 깨닫게 되었는데, 만약 그저 부정적으로 개인의 고락만을 생각하는 매우 낮은 품격의 인생관이었다면 결코 큰일을 이뤄낼 수 없을 것이며 자신의 사상만을 높이려 하였을 것이다. "내 뜻은 내 한 몸이 이러한 문명의 교육을 받았으니 내 후인들에게도 또한 동등한 이익을 누리도록 해야 한다. 서양의 학술을 중국에 보급함으로써 중국을 날로 문명화되고 부강한 곳으로 향하게 해야 한다."[120] 용굉은 비록 서구화되고 있으나 여전히 조국의 뿌리는 간직하고 있었다. 그는 어떤 주재와 보조, 도(道)와 기(器), 체(體)와 용(用)의 구분 따위를 중시하지 않고 "서양의 학문을 중국에 보급함으로써 중국을 더더욱 문명화되고 부강하게" 하는 데에 모든 초점을 맞췄다. 그는 기독교 문명의 박애와 헌신의 정신을 갖고 있었지만 또 천하의 일을 책임지는 중국 사대부들의 전통적인 기개 또한 어느 정도 품고 있었다. 용굉이 유학 문화권에서 18년 동안 살면서 그가 공부한 곳이 이미 급속히 서구화 된 마카오와 홍콩임에도 불구하고 전통적인 영향에서 완전히 벗어나기란 불가능했다.

120) 容闳 :《西学东渐记》, 23页.

태평군이 남경(南京)을 점령한 지 1년 후인 1854년, 용굉은 동기생 98명과 함께 예일대학을 졸업하였다. "중국인으로서 미국 제1의 대학교를 졸업한 것은 내가 처음이다." 용굉은 자못 자부심을 느꼈으나 또 아쉬움도 없지 않았다. 왜냐하면 그는 본래 유학 연한을 늘려서 공학에 관한 공부를 더 이어나가 중국에 더 많이 적용할 수 있기를 바랐기 때문이다. 그러나 전부터 용굉의 학비를 지원하던 친구들이 다시 경비를 제공하지 않았을 뿐만 아니라 용굉의 귀국을 종용했다. 선량하고 평범한 미국인이었던 이들은, 용굉을 "중국에 유용한 인재"라고 여기며 그가 오랫동안 귀국하지 않아 고향을 잊은 것은 아닐까 걱정했다. 그러나 그들도 역시 독실한 기독교 신자로서 그 설득의 목적은 주로 용굉이 "귀국한 뒤에 전도를 열심히 해서 중국이 하느님을 믿게 하고 모든 사람들이 예수의 신도가 되기를"[121] 바란 것이었다. 당덕강 선생이 《호적자서전》에서 쓴 주석의 견해에 따르면, 이 미국인들은 뉴잉글랜드 지역과 뉴욕시 근교에 사는 "백인 신교도의 중산계급"으

121) 《서학동점기》 24쪽에 예일대학 도서관에서 소장중인 용굉에 관한 문건 중에서 "54반 남기는 말"이 있다. 54반의 졸업생 98명 중에 용굉에게 글을 남긴 사람이 92명인 것으로 보아 그의 교우관계가 원활하였음을 볼 수 있다. 글에는 석별의 정이 많았으며 용굉이 귀국하여 조국의 진보와 번영을 위해 탁월한 공헌을 하기 바라는 축사도 있었다. 톰(Tom)이라는 사람의 글에서 "나는 네가 나를 잘 알아주는 좋은 친구라고 생각해. 너는 전에 나에게 너의 조국의 상황과 관한 이야기를 했었고 너의 어머니의 바람과 그리움을 이야기했었지. 이런 일들이 내 마음속에 남아 있어서 나는 너의 정력과 활동을 이해해. 나는 네가 미래의 중국 역사에서 위대한 사업을 하고 있다는 소식을 듣기 바라. 나는 너의 위대한 계획이 실현되어 너의 동포들 사이에서 위대한 시간을 보내며 선량하고 의미있는 일생을 보내길 바라. 내 사랑하는 친구야. 하느님의 가호와 축복이 너에게 있기를 기원할게." (졸저 《예일대학 도서관의 용굉 문헌 평론[耶鲁馆藏容闳文献述评]》에 실은 《홍과집(鴻瓜集)》 3, 10편 참고.)

로 이들은 타인을 돕는 것을 즐거움의 근본이라 믿고 자선 사업에서 마음의 정화와 조화를 얻고 "좋은 사람은 기독교 신자가 되지 않을 이유가 없다."라고 진심으로 믿는 사람들이다. 포교 사업에 있어서는 동양과 식민주의 사이에 갖고 있는 여러 관계에 대해 그들은 일반적으로 고려하지 않았다.[122)]

1854년 11월 13일 용굉과 예일대 학생 마이크 선교사(Rev. William Macy)는 함께 울리가호 범선을 타고 중국으로 돌아왔다. 이 배는 화물선으로 그 상태와 항로가 매우 나빠서 용굉은 풍랑의 고난을 겪으며 154일간의 지루한 항해 생활 끝에 고국을 떠난 지 8년 만에 다시 고향 땅을 밟았다.

용굉이 마카오에 돌아와서 어머니를 찾아뵐 때, 옷도 갈아입지 못했기 때문에 양복과 구두를 입고 수염도 깎지 못했다. 당시 중국인들의 눈에 비친 그 모습은 황색 피부의 "양키놈"이었고 용굉에게 있어 그가 돌아온 조국은 마치 알고 있지만 굉장히 낯선 세계 같았다. 용굉은 이에 대해 분명히 인식하고 막 조국에 돌아왔을 때의 정경에 대해 "줄곧 서양문명의 특징으로 여겨지는 서양교육을 받은 어떤 동양인이 그 내재된

122) 1982년 봄 미중 우호관계의 전국위원회의 세심한 배려를 받아 나도 뉴욕 교외 지역에서 WASP계급(당덕강의 말에 따르면 "백인 신교도 중산층계급") 가정의 열렬한 접대를 받은 적이 있다. 따라서 용굉과 호적, 그리고 당덕강이라는 3대 유학생이 겪은 체험에 대해 적지 않게 이해하였다. 이것이 미국식 "제한된 관광"인지는 모르겠지만 적어도 나는 독실한 기독교 여대생의 "감화"대상이 되어 버렸다. 매년 성탄절마다 그녀는 비슷한 독실한 기독교 신자들과 함께 반드시 깊은 산속에서 "수도"를 하였다. 그리고 매번 하느님께서 저와 함께 있음을 기도하며 아득히 먼 곳에서 나에게 아름다운 수공예품을 보내주었다. 나는 그녀를 단순하고 천진난만한 여자아이라고 생각해서 추호도 다른 생각이 없었고 나 역시도 단지 "좋은 사람"일 뿐이고 "좋은 사람"은 하느님을 만날 이유가 없다고 생각할 뿐이다.

기질을 변하지 않았는데도 그로 하여금 생각과 행동이 명백히 다른 사람을 만나게 했을 때 자신이 오히려 다른 세상에서 온 것처럼 느껴진다면 이상하지 않겠습니까?"[123]라고 말했다. 그의 몸은 이미 조국으로 돌아왔지만 문화적으로도 다시 돌아와야만 비로소 부모와 동포들의 인정과 동의를 얻을 수 있었다. 그는 고향의 풍속과 모친의 명을 존중하여 바로 수염을 깎고 중국어와 광둥어 과외를 하며 중국인의 형상 회복에 노력했다.

그러나 용굉의 세계관과 가치관은 여전히 서양의 것이었다. 모친이 대학 졸업증과 학사 학위에 대해 "그 상금이 얼마나 되냐"고 물었을 때, 그는 대학교육의 목적은 금전적 가치가 아니라 "일종의 고상한 품격의 인재를 길러, 그로 하여금 장래에 세력을 얻어 다른 이들의 지도자가 되는 것"[124]임을 끈기 있게 설명했다. 이는 전형적인 예일의 언어로, 지식이 곧 역량("세력")이니 예일인(Yale man)이 각 분야에서 지도자의 토대를 다져야 한다는 말이다. 가령 베이컨의 "지식은 곧 힘이다."와 같은 명언을 용굉은 일찍이 모리슨 학교에 있던 시기부터 받아들여서 예일의 정규 대학교육을 통해 그의 머릿속에 확고하게 자리 잡았다.

용굉은 열정을 가득 품고 돌아와 조국의 부강을 꿈꾸었지만 그의 사업행보는 무수한 가시밭길과 곡절을 겪었다. 그는 홍콩에서 변호사 업무를 공부했으나 그곳의 영국 변호사들에게 배척받았다. 용굉은 이 식민지에서는 설 곳이 없다고 느껴

123) 容闳：《西学东渐记》, 自序, 1页.
124) 容闳：《西学东渐记》, 28页.

분노하며 상해로 떠났다.

1856년 8월 상해에 도착하여 세관 번역소의 일을 시작하였는데 영국과 중국 직원들의 차별대우에 불만을 느껴 자진해서 그만두었다. 세관을 떠난 뒤에 중국 비단과 차를 수입하는 영국 회사의 서기로 취직하였는데 반년 만에 회사가 문을 닫아서 다시 실직하였다.

상해에서 용굉이 만난 서양인들은 몬슨과 예일대학의 스승이나 벗들과는 전혀 다른 형태의 서양인들이었다. 그는 밤에 사천로에서 술에 취해 소란을 피우는 미국인 술주정뱅이를 만나기도 하고 두 달 뒤에는 스코틀랜드 왈짜들에게 구타당하기도 하였다. 이러한 충격들로 인해 그는 결국엔 자신도 중국인이고, 중국인은 자신들의 영토에서 외국인에게 굴욕을 당해서는 안 된다고 느꼈다. 용굉은 이 문제를 다시 한 번 지식과 교육으로 귀결시켰다. “내 생각에 중국에 교육이 보급되면 모든 사람들이 공권력과 이권의 의미를 이해할 것이다. 이때는 누구를 막론하고 감히 권리를 침해한다면 반드시 용감하게 일어나 자신을 보호할 것이다.”[125]

그러나 용굉이 근대 교육의 효과를 발전시킬 기회는 여전히 먼 미래였다. 한동안 그는 번역 일을 하면서 중국어와 영어를 두루 통달하였고 번역문의 수준도 꽤 높아졌기에 점점 상해 출신 명사와 상인들의 이목을 끌었다. 보순공사(寶順公司, Dent & Co.)가 그를 나가사키 지사의 매판으로 임명하려 하였으나, 용굉 자신은 “미국 최고 학교의 졸업생”이라 자임하며

125) 容闳 :《西学东渐记》, 39页.

낮은 직업으로 옮겨서 모교의 명예를 더럽히지 않길 원했다. 이것은 "예일인"의 당연한 의식으로 전통적인 사대부들의 상업을 천시하는 관념이 발동한 것은 아니었기에, 오히려 그는 회사 대표의 신분으로 내륙으로 들어가 비단과 차를 수입하겠다고 대답하였다.

1859년 3월 용굉은 보트를 타고 상해에서 출발하여 소주(苏州)와 항주(杭州)의 차 재배지를 살펴본 뒤 강서, 호남, 호북 등의 차 재배지의 찻잎 수매량을 조사하고 9월 말에 상해로 돌아왔다. 이 7개월의 여행은 용굉으로 하여금 내륙의 상황에 대해 어느 정도 이해하게 해 주었는데, 특히 전란 뒤에 인가가 드문 황량한 풍경에 대해 꽤 깊은 생각을 하게 되었다. 당시에는 태평천국과 청나라 조정이라는 두 개의 정권이 여전히 대치하고 있었기에 용굉은 현지의 판단을 통해 자신의 선택을 해야만 했다. 용굉은 이미 청조의 정통관념에 대한 충성심 따위는 없지만 태평천국에 관해서도 자세히 알지 못했기에 그의 태도는 비교적 객관적이고 공정하며 그 뜻은 오로지 근대적인 교육의 발전을 추구하여 조국을 부강하게 만들 기회를 모색하는 데에 있었다.

1860년 겨울, 용굉은 두 명의 미국인 선교사와 함께 태평천국의 수도인 천경(남경)을 방문하였다. 방문 목적은 "태평군의 인물은 어떠한가? 그 움직임의 지향점은 무엇인가? 과연 새로운 정부를 세워 만주족을 대신할 수 있겠는가?"[126]라는 것을 이해하려는 것이었다. 길을 걸으면서 본 백성을 평화롭

126) 容闳：《西学东渐记》, 50页.

게 대하는 모습이나 단양(丹陽)의 "상인은 장사를 그만둘 수 없고, 농민은 농사를 그만둘 수 없다."라는 말, 그리고 하느님과 예수를 존숭하는 모습, 엄정한 충왕군(忠王軍)의 군기 등등에서 태평군에 대해 꽤 호감이 생긴 동시에 그들의 군세에도 어느 정도 이해를 하였다. 같은 해 11월 18일 남경에 도착하여 다음 날 바로 태평천국의 주요 인물인 홍인간(洪仁玕)을 만났다. 원래 용굉과 홍인간은 1856년에 홍콩에서 이미 교분이 있었는데, 그때 홍인간은 런던선교회의 직원이었고 용굉은 변호사 공부를 하고 있었다.

홍인간은 용굉과 합작하여 일하기를 반겼으나 용굉은 태평군에 의탁할 뜻이 없음을 밝히고 (1) "정당한 군사제도에 따른 훌륭한 군대를 조직할 것" (2) "무관학교를 세워 많은 학식 있는 장교를 양성할 것" (3) "해군학교를 건설할 것" (4) "선량한 정부를 건설하고 경험이 풍부한 인재를 초빙하여 각 행정부의 고문으로 임용할 것" (5) "은행 제도를 창립하고 표준 도량형 제도를 정리할 것" (6) "각 급 학교의 교육제도를 반포하되 예수교의 성경을 주요 과목으로 채택할 것" (7) "각종 실업학교를 설립할 것"과 같은 7가지의 건의사항을 제시했다. 홍인간은 세계의 발전을 비교적 이해하고 있는 정치가로 그가 홍수전에게 제안한 《자정신편(資政新篇)》과 용굉이 그에게 제안한 "7가지 건의"는 일맥상통하는 부분이 꽤 많다. 이 때문에 용굉은 그에게 희망을 걸었고 이러한 건의를 "누구보다 앞장서서" 추진하기를 바랐다. 그러나 그가 미처 생각하지 못했던 것은 태평천국이 남경에 도읍을 정한 뒤에 이미 정해져 버린 정치 구조에 대해 언급하기엔 홍인간 또한 늦게 합류한 "외부인"이라는 것이다. 비록 천왕(天王)의 은총을 빌려 높은 직위를 얻었지만 정치사상과 문화심리 부분에서는 다른 사람(홍수전 포함)을 이해시키기엔 상당이 어려웠다. 수준 높은 양춘백설과도 같은 《자정신편》을 지었어도 까놓고 말해 하나의 휴지조각에 지나지 않았다. 홍인간은 "7가지 건의"를 이해할 수 있지만 그것을 실현시킬 방법이 없었다. 결국엔 웃음거리거나 되어 서글프게 되었다. 간왕은 용굉에게 사람을 보내 4등 작위에 봉하는 인장을 보내주었으나 용굉은 관인을 돌려주고 조용히 남경을 떠났다.[127]

용굉은 원래 태평천국이 진정으로 옛것을 제거하고 새로운 것을 세우는 신정부가 될 수 있기를 바랐는데, 지금은 도리어 그들이 "새로운 중국을 만들 능력이 거의 없다."라는 생각이 들었다. 그는 실망하고 상업에 뛰어들었으나 온갖 어려움만 겪었을 뿐 이렇다 할 성과를 거두지 못했다. 그러나 교육의 발전, 정치 개혁의 기회가 다시 한 번 그에게 손을 내밀었다. 1863년 양강총독(兩江總督) 증국번(曾國藩)이 수학자인 이선란(李善蘭)을 통해 용굉에게 초청장을 보낸 것이다. 증국번은 당시에 높은 업적과 명성을 세웠기 때문에 용굉은 이 실력자를 통해 자신의 개혁방안이 실행되기를 바랐다.

그러나 증국번의 본래 의도는 용굉이 군대를 이끌고 싸우길 바란 것이었기에 용굉 본인의 뜻을 이해한 뒤로는 그를 강남제조국 건축 현장으로 임시로 파견해 기계들을 구입하게 했다. 용굉은 기계를 구입하는 일을 교육 개혁으로 통하는 교

127) 容闳 : 《西学东渐记》, 56~58页. 참고.

량으로 생각하여 흔쾌히 그 일을 받아들임과 동시에 파리와 런던 등지를 다시 한 번 방문하였다. 1864년 초봄에 뉴욕에 도착하였는데 푸트난 회사(Putnane & Co.)에서 수주한 기계가 반 년만에야 겨우 출하된 까닭에 용굉은 이 기회를 빌려 10년 만에 예일대학에 들렸고 동창생들이 거행한 졸업 10주년 기념회에 참석하였다. 용굉은 이미 미국을 제2의 조국으로 생각하였기에 남북전쟁에 참가할 방법을 강구하기까지 했다. 중국의 전통적 관념의 시각에 따르면 이는 중국이 변하여 오랑캐를 따르는 것으로, 이미 너무 멀리 떠나온 것이다.

1865년 봄에야 비로소 기계를 가지고 뉴욕에서 귀국했다. 용굉은 세계 일주의 꿈을 실현하기 위해 홀로 샌프란시스코를 경유하여 배를 타고 태평양을 건너 귀국했다. 이 때, 중국 내부의 정치상황은 큰 변화가 일어났는데, 상군(湘軍)이 남경을 공격하여 태평천국운동이 실패로 끝나게 되었고 청조의 통치가 안정을 되찾았다. 양무사업이 점차 확산되며 이른바 "동치중흥(同治中興)"이라 불리는 풍조가 생겨나니 몇몇 뜻있는 지사들의 마음속에 다시 희망이 불타오르기 시작했다.

1867년 증국번이 다시 양강총독을 맡아 상해로 돌아와 강남제조국을 시찰한 적이 있었다. 용굉은 직접 그를 이끌고 참관하였는데, 증국번은 "보는 것마다 기뻐하였다." 용굉이 그 기회를 틈타 공장 옆에 병공학교를 설립하고 자신의 기술자들을 기를 것을 건의하자, 증국번은 이를 매우 기뻐하며 빨리 실시하도록 맡겼다. 이것은 용굉의 교육계획 실행의 첫 걸음으로 1855년 중국에 돌아왔을 때부터 계산하면 이미 꼬박 12년이라는 시간을 소비한 것이니 용굉이 중국에서 세계로 뻗어가는 발걸음이 매우 어려웠음을 알 수 있다.

병공학교가 "어느 정도 효과를 드러낸" 뒤에 용굉은 이듬해 강소순무(江蘇巡撫) 정일창(丁日昌)에게 조진사칙(條陳四則)을 건의하였다. 그 내용은 아래와 같다. (1) 순수한 중국 주식으로 합자한 선박회사를 조직할 것 (2) 우수한 청년을 선발하여 해외로 유학 보낼 것 (3) 모든 토지 조건에 따라 광산을 채굴할 것 (4) 민간 소송에 교회의 간섭을 금지할 것. 용굉 본인의 말에 따르면 "이 조진사칙의 제1, 3, 4조는 일부러 곁다리로 이용한 것이다. 눈에 띄게 주목하고 반드시 이뤄지길 바라는 것은 제2조이다."라고 말했다. 정일창은 비교적 생각이 깨어 있는 관원으로 대답 대신 혁흔(奕䜣)에 버금가는 군기대신(軍機大臣)인 문상(文祥)에게 전달하였다. 그러나 뜻밖에도 문상이 부모상을 당해 수제기간이었던 까닭에 조진사칙은 어느새 3년이나 흘러버렸다. 용굉은 탄식하며 "내가 목적을 세우고 10년 동안 한 번도 시도해 보지 못하다가 이제 겨우 싹을 틔웠는데 갑자기 된서리를 맞았으니 어찌 불만이지 않겠는가."라고 말했다. 그러나 그는 낙담하지 않고 계속 정일창에게 조진사칙을 언급하는 동시에 정일창에게도 계속 증국번에게 말을 전하여 "시일이 오래 지나서 잊히지 않기를" 청하였다.[128] 10년 동안 한 번도 시도해 보지 못하다가 겨우 한 번 청년들을 외국유학을 보냈으니 일처리의 어려움을 알 수 있었다. 이 하나의 일을 성사하는 데 엄청난 인내심과 강인함이 필요했으니, 예일맨(Yale man) 용굉이 제1조국인 중국의 정세에 대해 비

128) 容闳 :《西学东渐记》, 88页.

로소 어느 정도 이해하기 시작했다.

1870년 "천진교안(天津教案)" 사건이 일어난 뒤에 정일창은 천자의 명을 받들어 증국번과 함께 사후처리를 잘하고 나서 바로 전화로 용굉을 불러 통역관으로 삼았다. 용굉은 "구교(仇教) 운동"이라는 폭력행위에 반대했지만 당연히 외국 교회의 내정 간섭 역시 반대했다. 그는 이를 다시 한 번 직접 증국번에게 메시지를 전달할 수 있는 기회라 생각했다. 그는 교육이 나라를 구한다고 독실하게 믿고 있는 신도로서 중국과 외국 간의 격렬한 충돌 속에서도 항상 교육을 잊지 않았다. "나의 교육계획을 결단력 있게 실행하여 서양문명의 학술을 빌려 동양문화를 개선한다면 이 늙은 대제국은 반드시 소년 같은 새로운 중국으로 탈바꿈할 것이다. 구교의 나쁜 결과가 도리어 유신의 좋은 원인으로 바뀐다면 중국 국가에게는 새옹지마로, 화가 복으로 돌아온 것이다."[129] 중국과 프랑스의 회담이 막바지로 치닫고 있었음에도 불구하고 용굉은 매우 급히 천진으로 떠났다.

결국 기회가 찾아왔다. 어느 날 밤, 용굉은 벌써 잠자리에 들었지만 정일창이 갑자기 집으로 찾아와 그를 깨우고는, 증국번이 이미 조정에 연판장을 돌려 3년 전에 보류해 둔 조진사칙을 채택하기를 주청했다고 말해 주었다. 용굉은 매우 흥분하여 밤새 잠을 이루지 못하고는 "몸이 붕 떠서 구름을 걷는 것 같았다." 1870년 겨울, 증국번이 양강총독에 재임하자 청나라 조정에서는 즉시 유학생들의 출국을 승인하였다. 용굉

129) 容闳 :《西学东渐记》, 88~89页.

의 협조 하에, 증국번 등은 12가지 규정을 입안하였는데, 그 개요는 다음과 같다. 12세부터 15세까지의 소년들을 120명 선발하여 4년간 해마다 30명씩 보낸다. 시험에 합격한 뒤에는 먼저 보습학교에 입학해야 하고 중국어와 서양 문자를 최소 1년을 배워야 비로소 출국할 수 있다. 출국하기 전에 부모는 반드시 지원서에 서명을 해야 하며 중도에 학업을 포기해서는 안 되고 외국 국적을 취득해서도 안 되며 다른 직업을 구해서도 안 된다는 등등이다. 진란빈(陳蘭彬)과 용굉은 정감독과 부감독으로 나누어 유학생을 담당하는 동시에 번역과목과 중국어 교육을 분배하였다.

진란빈은 정일창이 추천한 인선으로 "겁이 많고 책임감이 부족한" 단점이 있었다. 정일창의 추천에는 깊은 뜻이 따로 있었으니, 그는 용굉에게 "그대가 주장을 맡으면 중국의 낡은 학설을 분명히 반대할 것이오. 지금 정부는 매우 낡아빠져서 개인의 힘으로 그 충격을 감당하다가는 아마도 반동력에 대항하기 부족하거나 성공을 앞두고 실패할 것이오. 그러므로 진란빈의 한림학사 자격을 이용하여 옛 학파들과 함께 일한다면 그 저항력을 조금씩 줄일 수 있을 것이오."[130] 하며 진심을 털어놓은 적이 있다. 학생들이 아직 출국하기 전이니 우선 "성공을 앞두고 일이 어그러질 것"을 두려워한 것이다. 진란빈은 사고방식이 고루하기에 오히려 옛 학파의 반대를 누그러뜨리는 방패막이로 삼을 만했다. 결론적으로 용굉은 청나라 조정에서 충분한 신임을 얻지 못했다는 말이다. 왜냐하면

130) 容闳：《西学东渐记》, 91页.

그는 어디까지나 서구화된 중국인이기 때문에 정통주의자들의 마음속에는 다소 이단의 느낌을 가지고 있기 때문이다.

그러나 용굉의 태도는 적극적이어서 1871년에 즉시 여러 곳에서 학생들을 모집했다. 당시에는 아직 사회적인 풍조가 바뀌지 않아 사람들은 아이들의 출국에 대해 걱정이 매우 많아서 그해 여름까지도 첫해 승인한 30명의 정원을 채우지 못했다. 용굉은 어쩔 수 없이 직접 홍콩으로 가서 영국인이 운영하는 학교에서 중국어와 영어를 기초나마 할 수 있는 학생들을 선발해서 그 수를 채워 넣었다. 1년 동안 보습학교에서 공부한 학생들이 1872년 8월에 미국으로 건너갔다. 용굉의 계획이 마침내 현실로 이루어진 것으로 그의 감격을 가히 짐작할 수 있다. 용굉의 회고에 따르면 예비학당에서 시험을 치를 때, 응시자 중에 북방 사람들은 매우 적고 대부분의 응시자는 광동 사람으로 그 중에도 과반수는 향산 사람이라고 하였다. 총4차례에 걸쳐 출국한 120명의 학생 중에 남방 사람이 8, 90%를 차지하고 있었다.[131] 이것은 대체로 당시 중국에서 서양학문이 들어와 퍼져 있는 총체적인 판도를 반영한 것이라고 할 수 있다.

하지만 역사는 반드시 발전하니 25년 전에 용굉이 출국했던 때와 비교하면 학생 수가 증가했을 뿐만 아니라 그 조건 또한 크게 변화했다. 당시 용굉은 몇몇 소수의 사람들과 미국 교사를 따라 출국하였는데, 소리 소문도 없었고 그 미래도 알 수 없었다. 지금이 30명의 학생들은 정부의 정식 파견에 따라

131) 그 중에는 광동 사람이 84명(향산 40명), 강소 사람이 21명, 절강 사람이 8명, 안휘 사람이 4명, 복건 사람이 2명, 산동 사람이 1명이다.

관원들이 직접 데리고 출국하였기 때문에 사회적으로도 상당한 반향을 이끌어 냈다. 1875년에 120명의 학생들이 원래 계획했던 대로 나누어서 모두 미국에 도착했다. 대부분의 학생들은 2인 1조로 미국인 가정에 분산되어 기숙하였고 유학 사무소에서 일괄적으로 관리하며 중국어를 가르쳤다. 이 유학생들은 어린 나이에 출국한 까닭에 적응력이 매우 뛰어나서 환경에 빠르게 적응하였을 뿐만 아니라 비교적 쉽게 서양문화의 영향을 받아들였다. 1876년 미국이 독립 100주년을 기념하기 위해 필라델피아에서 국제박람회를 개최하였는데 113명의 중국 소년 유학생이 단체로 관람하며 대통령도 직접 만나 각종 신문에서 뜨거운 뉴스로 떠올랐다. 당시 《신지구여행기》의 작자인 이규(李圭)도 필라델피아를 관람하면서 "전시회를 관람하는 많은 아이들은 천만 명 속에서도 언동이 태연하여 두려울 것이 없어 보였다. 옷차림은 서양인 같았지만 짧은 윗옷을 걸쳐 여전히 중국식이었다. 나를 보고 무척 반가워했는데 말투와 몸가짐은 서양인의 면모를 갖추었다. 어린아이와 여교사가 함께 다니면서 교사가 물건을 가리키며 보여주면 꽤나 대답을 잘 했다. 그 친애하는 정이 모자지간 같았다."라고 말했다. 이규는 그들과 이야기를 나눈 뒤 매우 인상적이어서 "말은 모두 간단명료하고 마음씀씀이도 매우 사랑스러워 서학에서 성취한 바는 바로 헤아릴 수 없을 정도이다."[132]라고 말했다.

이 학생들은 대부분 품성과 배움이 뛰어나며 열심히 노력했기에 미국 정부와 민간에서 좋은 평판을 얻었다. 사실상 조

---

132) 李圭 : 《环游地球新录·书幼童观会事》, 298~299页, 长沙, 岳麓书社, 1985.

기 중미 문화교류의 작은 사절단으로서 훌륭한 효과를 이끌어 낸 것이다. 그러나 시간이 지남에 따라 미국 문화의 영향이 점점 깊어짐에 따라 점차 기독교 신앙을 무시하거나 변발을 자르는 이들이 나타났다. 용굉은 이런 것들이 정상적이라 여기고 "이 많은 젊은 학생들이 뉴잉글랜드에 도착하여 날마다 뉴잉글랜드 교육에 녹아들고 또 여러 번 미국인들과 교제하였다. 그러므로 학식은 나이를 먹으면서 모두 자라난다. 그 모든 언행과 행동이 미국인과 동화되어 점점 그 옛 버릇이 바뀌어서 진실로 예기치 않게 된 것이니 이를 학생의 책임이라고 할 수는 없다. 하물며 저들은 이미 고향을 떠나 이곳에 와서 하루 종일 자유의 공기를 마시며 평소 정신적으로 받던 심한 스트레스를 하루아침에 날려 버렸다. 언론과 사상은 모두 예전의 교육과 달라 여러 건강한 운동을 좋아하며 여기저기 내달리느라 다시는 얌전하게 걷지 않는다. 이는 필연적인 일이니 어찌 매우 이상하다 하겠는가."[133]라고 말했다. 그러나 "구학파의 사람"으로 대표되는 진란빈은 이를 엄중한 문제로 보았기 때문에 학생들과 항상 충돌하였고 용굉과도 자주 의견이 맞지 않았다.

1876년 진란빈이 주미공사(駐美公使)(용굉은 부사가 되었다.)로 부임한 뒤에 유학생 파견 임무를 이어 받은 오자등(吳子登)은 더욱 구습에 얽매이는 인물이었다. 오자등 역시 한림학사 출신으로 "괴팍한 성정"이라고 일컬어졌다. 그는 출국 전까지도 증국번, 정일창의 양무사업을 반대하며 "외국 유학은 정도를

133) 容闳 : 《西学东渐记》, 102~103页.

배신하고 도를 저버리는 것"이라고 보았다. 그래서 용굉은 그를 "유학계의 대적"이라고 칭했다. 오자등은 취임하자마자 유학생들이 이미 "근본을 잊고 있다."라고 여겼다. 그리고 끊임없이 북경 정부와 이홍장에게 밀고하였다. "직무에 소홀하고", "유학생들을 방치하며", "학생들에게 종종 부당한 권리를 준다."라고 용굉을 공격하였고, "미국인을 따라하며", "스승을 공경하는 예의가 전혀 없으며(절하지 않는 것을 가리킴)", "대부분 예수교에 빠졌다."라고 학생들을 지적했다. 오자등은 "이러한 학생들이 미국에 오래 머물게 된다면 반드시 애국심을 잃게 될 것이고 나중에 학업을 마치고 귀국해도 국가에 무익할 뿐만 아니라 사회에 해만 끼칠 것이다."[134]라고 말했다. 그러므로 유학사무소를 조속히 해산하여 미국 유학생들을 철수시켜야 한다고 여겼다.

오자등의 중상모략에 의해 국내 수구 세력들 사이에 연쇄적인 반응이 일어났다. 이 때문에 소년들의 외국 유학에 반대한 모든 반대파들의 목소리가 나타났고 이어서 본래 외국파견에 동의했던 혁흔, 이홍장 등도 동요하였다. 용굉은 이치에 맞게 논쟁하며 여러 번 반박하고 미국에 우호적인 인사들도 청나라 총리아문에 연명장을 올려 유학생 철수를 만류하였으나, 이 모든 것으로도 사태의 악화를 막기 어려웠다. 더구나 미국은 1870, 80년대 경제위기가 반복되면서 시장이 위축되고 실업률이 증가하였다. 대자본가들이 노동자들의 분노한 정서를 바꾸기 위해 일부러 중국을 배척하는 풍조를 불러일으키

134) 容闳 :《西学东渐记》, 103~104页.

자 정부도 중국유학생에 대해 차별대우를 했다. 이러한 양상은 중국 내의 수구세력들에게 더욱더 반대할 구실을 제공하였다. 1881년 봄, 청나라 조정이 모든 미국 유학생을 철수시키기로 정식으로 결정한 것은 정일창이 당초 걱정했던 "성공을 앞두고 일이 어그러질 것"과 불행하게도 일치했다.

결말은 매우 처량했다. 어린 유학생들이 다시 고향땅을 밟았을 때, 친한 친구들의 환영도 없었고 꽃과 열정을 담은 포옹도 없었다. 오히려 한 무리의 수병들에게 압송되어 상해 관리들의 관아 뒤쪽에 있는 서원에 도착하니 늙은 관리의 접견과 유배절차가 기다리고 있었다. 그 서원은 이미 문 닫은 지 10년이 지나 허물어진 벽과 지저분한 마루에 이끼만 가득하고 창문도 썩은 곳이었다. 황개갑(黄开甲)이라는 유학생이 당시의 풍경을 "문지방을 넘자마자 곧바로 곰팡이 냄새에 질식할 것 같았는데, 이것은 마치 우리의 운명을 상징하는 것 같았다. 밤이 되자 꿉꿉한 기운이 우리를 감싸고 지면의 벽돌 틈에서 습기가 조금씩 올라와 우리 옷이 젖어가는 것을 분명히 느낄 수 있었다. 이러한 모욕감은 우리의 마음을 아프게 했다. 그리고 사람들로 하여금 가장 두렵게 한 것은 유학 감독관 머릿속의 황당하고 얼토당토않은 사상 때문에 우리로 하여금 학문을 마저 끝내지 못한 채 억지로 중국에 돌아오게 한 것이다."[135]라고 글로 기록한 적이 있다. 이런 실망을 한 무리 가운데 미국 대학에 입학한 사람이 60명이고 나머지 50명도 역시 중학교나 각종 전문대학을 졸업하였다. 훗날 유명

135) 高宗鲁 :《中国留美幼童书信集》, 台北, 传记文学出版社, 1986. 참고. 이 책은 고종노(高宗鲁) 선생의 동의 아래 2006년 주해출판사(珠海出版社)에서 재판하였다.

한 철도공학 전문가가 된 담천우(詹天佑), 황해대전(黃海大戰)에서 영웅적으로 희생한 진금규(陈金揆), 청화대학(清華大學) 학장 당국안(唐国安), 북양대학(北洋大學) 학장 채소기(蔡绍基) 등 당시의 역사적 조건을 견디며 영재라 불린 이들이 포함되어 있었다. 이 같은 일련의 눈부신 이름들은 세월이 흐른 뒤에야 빛이 났지만 당시에는 이와 같이 냉혹하고 불공평한 대우를 받았을 뿐이다.

용굉의 교육 사업이 마치 너무 일찍 피고 너무 일찍 져버린 꽃과 같지만 그것은 적절한 토양과 기후가 부족해서 그런 것이다. 꽃망울이 갓 필 적에 많은 관심도 없었던 사람은 꽃잎이 지고 난 뒤에도 그저 아쉽기만 할 뿐이다. 그러나 선구자의 노력은 헛되지 않아 청소년들의 머릿속에 심은 근대문명의 씨앗은 적절한 토양과 기후 아래에서 발아하고 자라나서 꽃피워서 대규모로 서양을 배우자는 운동의 길잡이가 되었다.[136]

136) 유미유동(留美幼童)의 역사적 의의에 대한 사람들의 인식은 나날이 깊어지고 있다. 오랜 친구인 고종노(高宗魯)가 이 과제연구의 주창자이며 추진자이다. 그는 2006년 홍콩 제1차 학술 연토회에서 《용굉과 미국으로 유학 간 중국 어린이[容闳与中国幼童留美](1872-1911)》라는 논문을 발표하였다. 이 논문은 《容闳与科教兴国—纪念容闳毕业于耶鲁大学150周年学术研讨会论文集》, 珠海, 珠海出版社, 2006에 실려 있다. 아래에 표를 붙인다.

표1 : 청불전쟁에 참여한 유미유동 명단

성명	직급	비고
담천우 (詹天佑)	기선(양무)호 총포장교	배가 침몰할 때 생환
광영종 (邝咏钟)	양무호 총포장교	전투 중 순직
용상렴 (容尚谦)	양무호 총포장교	배가 침몰할 때 생환
황계량 (黄季良)	양무호 총포장교	전투 중 순직
설유복 (薛有福)	양무호 총포장교	전투 중 순직
오기조 (吴其藻)	알 수 없음	생환

용굉 본인도 낙담하지 않고 늘 시대흐름의 전면에 서서 자신의 재능과 영향력으로 근대화의 견인차 역할을 했다. 1894년 손중산을 도와 이홍장에게 편지를 썼고, 1898년에 무술 유신운동에 참여했다. 1900년에는 상해장원(上海張園) "중국 국회"에서 회장으로 추대되었으며, 1910년에는 손중산을 미국으로 초청하여 혁명의 지지표명에 관해 상의했다. 그는 공화국 설립을 직접 목격한 지 겨우 3개월 만에 세상을 떠났다. 그의 시신은 유학사무소가 있는 하트퍼드에 안장되었다. 그의 업적과 영향력은 영원히 그의 조국에 남아 있으며, 저서인 《서학

표2 : 중일전쟁에 참여한 유미유동 명단

성명	직급	비고
오응과 (吴应科)	정원함 작전참모	1912년 해군 우사령
송문조 (宋文翽)	알 수 없음	1914년 경청함장
오량등 (王良登)	어뢰대장	외교계열 업무로 전환
채정간 (蔡廷干)	어뢰대장	위해위에서 일본군에 의해 포로가 되었다가 후에 해군 원수로 승진
서진붕 (徐振鹏)	정원함 총포장교	1915년 연습함대 대사령
오경영 (吴敬荣)	광갑함장	전투 중 순직
조가상 (曹嘉祥)	진원함 총포장교	배가 침몰할 때 생환
진금규 (陈金揆)	치원함 일등항해사	광서 14년 대만 난 평정 후 중일전쟁 중 순직
심수창 (沈寿昌)	제원함 일등항해사	중일해전 중 순직
황조련(黄祖莲)	광서함 일등항해사	해전 중 순직
오기조 (吴其藻)	알 수 없음	생환

표3 : 유미유동 직업 분배표

국무총리 1명	해군장관 4명	외교부장 1명	해군함장 4명	시랑 1명	해군군의 3명
공사 2명	해군군관 8명	외교관원 11명	상업전환 8명	대학총장 2명	광공업 7명
교사 1명	병기공장 2명	철도부장 6명	신문사업 1명	철도관원 14명	해관 1명
전보국장 4명	정부공직 7명	전보관원 6명	법조인 1명	미국에서 사망4명	미국에서 엔지니어 1명
알 수 없음 4명	미주공사관 2명	요절 13명	(총계 120명)	자비유학생 7명은 기록하지 않음.	

주: 표에서 열거한 119명은 원문과 같다.

동점기(西學東漸記)》는 중국 근대화의 오랜 여정에 하나의 이정표였다. 영국의 H.N.쇼어(H.N.Shore)는 1881년에 용굉과 그의 조국에 대해 "이러한 인물을 탄생시킨 나라는 위대한 사업을 이룩할 수 있다. 비록 겉으로 드러나기에는 이 나라가 약간의 곤란함과 퇴보의 양상을 갖고 있더라도 이 나라의 앞날은 비천할 리가 없다."[137]라고 하는 높은 평가를 내린 적이 있다. 그러나 이러한 인물을 탄생시킨 나라는 이러한 인물을 발굴하고 인정하는 데까지 긴 세월의 흐름과 온갖 풍파 속의 지루한 과정을 겪었다.

왕도와 용굉은 모두 중국 사회발전에서 전대의 사람들을 능가하는 선구자라고 말할 수 있다. 그들 당시에 해외 사회환경에서 형성된 진보적 이념과 주장은 국내 사회 환경에서는 도리어 이를 받아들이거나 실현시킬 토대가 부족했다. 그런 까닭에 아주 오랜 시간동안 그들은 무척 외로웠다.

137) 转引自钟叔河：《为使西学东渐而奋斗的一生—容闳和他的<西学东渐记>》,见容闳：《西学东渐记》, 12页.

결별과 회귀

제 7 장

잃어버린 기회

제 7 장

잃어버린 기회

1860년대 전후의 서양 세계에는 많은 사건들이 있었다. 경제 위기, 즉 주기적인 생산과잉 위기는 자본주의가 극복하기 어려운 고질병이다. 1825년에 영국에서 처음 폭발한 제1차 보편적인 위기 이후, 1836년, 1847년, 1857년, 1866년, 1873년 등 거의 10년마다 한 번씩 생산 과잉으로 인한 보편적 경제위기가 생겨났다. 자본주의의 자유 경쟁단계는 이미 번영의 절정에 이르러서 내부모순과 상호경쟁은 날로 치열해져서 점점 자신의 부정적 측면으로 달려가고 있었다. 그래서 1856년 초에 마르크스는 이미 "우리의 19세기의 특징으로 간주할 만한 사실이 한 가지 있는데, 이 사실은 어떠한 정당도 부인할 수 없는 사실이다. 한 가지는 과거 인류 역사상 어떤 시기에도 상상할 수 없었던 공업과 과학의 역량이 생겨났다. 반면에 쇠락의 조짐 역시 드러나니 이는 로마제국 말기의 역사책에 기재된 무서운 광경보다 훨씬 더 대단하다.”[138]라고 단언하였다.

국내 사회의 위기가 격화됨에 따라 식민지의 약탈이 더욱 심해졌고 이 때문에 서로간의 식민지 쟁탈전이 심해져서 전쟁이 끊임없이 이어졌다.

1853년부터 1856년까지 영국, 프랑스, 러시아가 흑해와 지중해의 제공권을 갖고 다투는 크림 전쟁이 발발했다.

1859년 프랑스는 이탈리아의 통일을 돕는다는 명분으로 오스트리아와 전쟁을 일으켰다.

1861년부터 1865년까지 미국의 남북전쟁으로 인해 곳곳마다 파괴되었고 견딜 수 없는 고통이 생겨났다.

1863년 러시아에 반대하는 폴란드 혁명을 프랑스가 지지하자, 프랑스와 러시아의 관계가 극도로 긴장되었다.

1864년 프로이센과 오스트리아가 덴마크를 공격하니 바로 덴마크 전쟁이다.

1866년 프로이센과 오스트리아가 독일의 지배권을 다투어서 프로이센 - 오스트리아 전쟁이 발발했다. 전쟁 결과 프로이센을 수장으로 하는 강대한 북독일연방이 탄생하였고 오스트리아와 프랑스의 관계가 나날이 긴장상태가 되었다.

1867년 가리발디가 의용병을 이끌고 로마를 침공하자 프랑

---

138) [德] 马克思 :《在<人民报>创刊纪念会上的演说》, 见《马克思恩格斯选集》, 第1卷, 774页.

스는 교황을 지지하며 이탈리아의 통일을 방해하였다. 프랑스와 이탈리아의 관계가 긴장상태가 되었다.

1870년부터 1871년까지 프로이센 - 프랑스 전쟁에서 프랑스가 참패하자 파리 공화국이 반란을 일으켰다.

1874년부터 1875년까지 독일과 프랑스의 관계가 다시 첨예해졌다.

1877년부터 1878년까지 러시아 - 투르크 전쟁 전후에 소위 "동양의 위기"[139)]라는 말이 등장했다.

서양 자본주의 국가 속의 무산계급과 기타 인민들의 저항도 점차 증가하고 식민지와 반식민지의 민족해방운동도 나날이 발전했다. 예를 들어 1838년부터 1858년까지의 영국 차티스트(Chartist) 운동, 60년대 아일랜드의 독립을 꾀하는 페니언(Fenian) 운동 등이 있으며, 1867년 멕시코의 인민봉기는 프랑스 괴뢰정부인 막시밀리안 왕조를 전복시켰고 프랑스 군대를 멕시코에서 쫓아냈다.

위에서 매우 간략히 서술한 것만으로도 서양 자본주의 세계의 분열과 다툼, 동요 및 불안을 볼 수 있다. 이것들은 이미 깨어나고 있던 동양 민족에게 일종의 자아조절, 혁신, 완벽한 역사적 기회를 제공하였다. 일본은 비교적 현명하게 이러한 역사적 기회를 충분히 이용하여 메이지유신이 담당한 역사적 임무를 성공적으로 완수하여 30년도 채 안 되어 근대화의 길에 들어섰을 뿐만 아니라 세계를 다투는 서양 열강의

139) "동양의 문제"(Eastern Question)이라고도 부른다. 오스만 제국의 붕괴로 인해 영토 공제권에 대한 격렬한 분쟁이 일어났다. 따라서 터키 영토 내에 모든 정치적 변동은 유럽 열강 사이에 긴장국면을 만들어냈다.

대열에 합류하였다.

중국도 어느 정도 이러한 역사적 기회를 이용해 보려 자강 운동과 신정부를 추진했으나 결국 일본이 이룩한 성공에는 미치지 못했다.

앞서 말했던 것처럼 중국처럼 고루하고 정체된 농업종법사회는 강대한 외부의 힘 또는 내부의 자극과 추진력이 없으면 비교적 큰 변화나 의미 있는 전진이 발생하기 어렵다. 예를 들어 공자진이 “산중지인(山中之人)”에서 “천지의 종과 북이 되다.”, “신인의 파도가 되다.”라고 썼던 것처럼, 여전히 모호하고 실질적이지 않은 동경에 불과하였다. 50년대 초반에 이르러 자형산(紫荊山)의 “산중지인”들은 태평천국의 기치를 높이 들고 광서(廣西)에서부터 양호(兩湖), 절강성에 이르렀다. 그 선봉은 천진과 북경 근처까지 돌진하여 10여 성을 종횡하며 10여 년간 싸웠다. 이것이 “천지의 종”, “신인의 물결”이라는 위력이 중국에 진정으로 드러난 것이다. 이런 강렬한 충격만이 오랫동안 무감각해진 사회의 중추신경에 감응을 주고 꿈틀거리게 할 수 있다. 등문빈(鄧文濱)이라는 문인은 《성수록(醒睡錄)》이라는 책을 통해 태평군 북벌부대가 보정(保定) 근처에 도착했을 때 북경 내부의 공황상태를 묘사하였다. “천둥 같은 화포소리가 경성에 진동하니 도시의 고관들과 관료, 토호들 중 뿔뿔이 흩어지지 않은 자가 없었다. 정양문(正陽門) 밖 큰 시장은 마치 쇠락한 시골마냥 사람의 흔적을 찾을 수 없었고 …… 왕공, 사보, 육부, 구경 등을 불러 회의를 하니 모두 두려움에 떨며 눈물을 흘려서 눈두덩이 앵두처럼 부어올랐다.”[140] 왕공대신이 울었는가? 눈두덩이 과연 앵두 같았는가?

당연히 이를 고증할 수는 없다. 그러나 이런 천지개벽과 같은 소용돌이에서 일어나지 않고 계속 잠이나 자고 있다면 이 또한 상상하기 어렵다. 더구나 태평군이 가져온 거대한 위력은 군사뿐만 아니라 경제와 문화 부분에도 타격을 주었으니, 봉건적 윤리관을 물론 모든 사회질서를 맹렬하게 휘저은 것을 포함한다.

동시에 외래의 거대한 충격이 다가왔으니, 바로 제2차 아편전쟁이다. 제1차 아편전쟁과는 다른 양상인 이 전쟁은 4년간 이어지면서 서양의 화포를 갖춘 서양 군대가 광동성을 휩쓸었을 뿐만 아니라 대고(大沽) 지역을 얻어내면서 결국 천진과 북경을 함락시키기에 이르렀다. 이어서 당당했던 대청왕조의 천자가 황급히 열하(熱河)로 도망가니 그 체면과 명분도 마침내 무너졌다. 만약 과거에 "오랑캐의 장점을 배워서 오랑캐를 제압하자."라고 허세를 부리지 않았다면 지금쯤 도리어 떳떳하게 "오랑캐의 장점을 배워서 도적(태평군)을 제압하였을" 것이다. 모스가 예전에 말했던 "그들의 국토는 반란군에 의해 산산조각이 났다. 외국의 군대가 수도에 다다르니 황제는 열하로 도망가니 아무도 막지 않았다."와 똑같다. 결국 중국의 통치자들은 "아울러 그들의 규칙으로 여기고 받아들였다. 이전의 중국은 명령을 내리는 지위에 있으면서 국제 관계를 결정할 여러 가지 조건이 있었는데, 지금은 서양 각국이 중국에 대해 그들의 의도를 억지로 강요할 때가 되었다."141)라는 점을 인식하게 되었다.

---

140) 《醒睡录》 初集, 卷3.

141) [美] 马士 : 《中华帝国对外关系史》(张汇文等译), 696页, 上海, 上海书店出版社, 2000.

그러나 더욱 강력하고 큰 충격을 끼친 것은 제2차 아편전쟁이 끝난 뒤였다. 이미 개방한 동남 5항 이외에 추가로 천진, 우장(牛莊, 잉커우), 등주(登州, 옌타이), 조주(潮州, 산터우), 충주(瓊州), 담수(淡水, 타이베이), 대만(台灣, 타이난), 강녕(江寧, 난징), 진장(鎮江), 구강(九江), 한구(漢口) 등 11개 항구를 개방해 통상 항구로 지정하여 외국 상품과 서양 문화가 한꺼번에 이 남북 항구들로 몰려들면서 점점 내륙으로까지 확산되었다. 이렇게 흘러들어오는 상품은 여전히 아편과 면사 그리고 면직물이 대부분이지만 기타 각종 상품들도 쏟아지니 정관응(鄭觀應) 조차도 경탄하였다. "서양식 물약, 알약, 가루약, 서양식 파이프 담배, 여송연, 하바나 담배, 러시아와 미국의 궐련, 코담배, 양주, 햄, 서양식 푸줏간 · 케이크 · 설탕과 소금 · 과일과 건과일, 커피뿐만 아니라 자질구레하게 일일이 이름 붙일 수 없는 것들도 더욱 많은데, 이런 음식물들은 대부분 우리에게 해롭다. 서양목 외에 서양식 비단 · 공단 · 나사 · 깃털 · 융 · 낙타 모직물 · 이불 · 담요 · 융단 · 수건 · 레이스 · 단추 · 바늘 · 실 · 우산 · 전등 · 그림 · 붓 · 잉크 · 안료 · 트렁크 상자 · 자석 · 칫솔 · 치약 · 비누 · 성냥 · 등유 등 일일이 이름 붙일 수 없는 것들도 많은데 이 물건들도 대부분 우리에게 해로운 것이다. 이 밖에도 전기등, 상수도, 사진과 유리, 크고 작은 렌즈, 철, 구리, 납, 주석, 석탄, 아연 도금, 서양식 목기와 시계, 해시계, 온도계 등은 모두 신기하고 음란한 물건들로 그 종류가 이루 말할 수 없다. 모두 자질구레한 것들로 우리에게 해가 된다. 이상의 여러 물건이 모두 각 항구를 통해 순조롭게 내륙으로 들어와 각 가정마다 구비되어 옛것을 버리고 새것으로 바꾸니 우리 재산이 낭비되는 것을 어찌 일일이 셀 수 있겠는가."[142] 상품은 문명의 메신저이며 정보의 매개체로 소리 없는 교사와 같았다. 외국 상품들은 중국인에게 서양의 장점("특기")은 강한 군사력뿐만 아니라 경제, 문화의 각 방면에도 있음을 알렸다. 서양 문물이 "각 가정에 구비"되었고, 의식주의 생활용품이 "옛것을 버리고 새로운 것으로 바뀌었다."라는 점은 생활방식과 사상이 "옛것을 버리고 새로운 것으로 바꾸는" 현상을 초래하였다. 비록 전자는 효과가 빨랐지만 후자는 효과가 느렸다. 이 때문에 1881년 미국으로 유학간 학생들이 모두 상해로 철수했을 때, 그들은 미국의 화교거리에서 제작한 의복이 상해에서 유행하는 스타일보다 뒤처졌음을 발견했다. 그들은 일륜차에 앉아 대로변을 천천히 지나면서 마치 전시품과 같은 군중들을 보았다. 한 학생이 "우리는 다시 우리를 이상하게 여기고 조롱하는 사람들 속에 노출되었고, 그들은 우리를 뒤따라오며 유행에 뒤떨어진 옷을 입은 우리를 비웃었다. 우리는 샌프란시스코의 중국 재봉사들의 걸작을 입고 있었지만 상해 사람들의 눈에 들기에는 매우 어려웠다."[143]라고 부끄러워하며 불평하였다. 즉, 여기서 상해 사회의 분위기가 이미 분명하게 달라졌음을 알 수 있었다.

안팎의 두 가지 역량, 특히 후자의 역량의 자극과 충돌 아래에서 국방 근대화를 시작으로 청나라 조정은 마침내 강요에 못 이겨 근대화의 길로 비틀거리며 나아가게 되었다.

---

142) 郑观应：《盛世危言》 卷三, 商战, 光绪二十四年春三月图书集成局铸铅代印, 页十一至十二.

143) 《中国留美幼童书信集》, 14页.

우선 1861년 총리가 각국의 사무처를 설립하였는데, 이는 모든 대외 사무를 총괄하는 최고의 지도기관이었다. 이번원(理藩院)과 예부(禮部)는 근대 외교 관계의 요구에 적응하지 못했는데, "이무(夷務)"를 "양무(洋務)"라 개칭한 것은 중국인의 세계관념에 커다란 변화가 생겼음을 반영한다. 이 기관을 "총리아문"이라 약칭하는데, 일명 "총서(總署)", 또는 "역서(譯署)"라고도 불린다. 이는 외국과의 교섭이 "말이 통하지 않으면 문자가 어려우니" 번역 작업량이 가장 많은 데서 기인했다. 그러므로 1862년에 총리아문 산하에 동문관(同文館)을 설립해 13, 4세 이하 만주족 어린이를 선발하여 외국어와 문학을 배우게 하였다. 1863년에는 상해광방언관(上海廣方言館)을 설립하였고 1864년에는 광주동문관(廣州同文館)을 세워 학생들도 외국어와 약간의 자연과학을 배웠고 졸업 후 통번역이나 대외 업무를 담당하거나 유학을 떠났다. 1872년에는 용굉의 건의를 채용하여 제1차 유학생을 파견하였다. 폐쇄된 교육의 큰 문에 마침내 작은 틈이 열리자 중외문화교류의 시작이라는 좁은 통로가 생겨났다.

1860년대에 국방근대화는 양무사업의 시작과 함께 중점사업이 되었다. 국방근대화는 대외방어와 대내진압의 실력을 증강할 뿐만 아니라 군주의 효과적인 통치에 대한 인민들의 신뢰를 회복할 수 있었다. 그래서 1865년부터 강남제조총국을 건설하기 시작하였고 이어서 금릉기기국(金陵機器局)(1865), 복주선정국(福州船政局)(1866), 천진기기국(天津機器局)(1867) 등의 군사공업을 잇따라 설립했다. 이들 공업은 서양의 화포와 선박을 모방함을 물론이고 외국의 과학 기술서적을 번역하거나 전문학교를 부설하여 과학 기술 인재를 양성하였기 때문에 서양 근대문명을 전파하는 통로가 되었다.

서구 국가의 공업화 방법과는 달리 중국의 공업화의 시작은 해외시장의 급격한 확대에서 동력을 얻는 것이 아니라, 주로 국방 현대화의 발단과 함께 일어난 연쇄반응에서 동력을 얻었다. 서양 근대화 연구자들은 여러 낙후된 전통군주국의 다양한 상황을 고찰한 후 대체로 일련의 공통적인 인상을 받았다. "군사와 행정의 개혁은 사회변화의 동력과 수단을 제공한다. 정부활동이 늘어나면서 재정제도의 재건을 촉진시켰고 세관과 무역의 새로운 간접세법을 만들었다. 기타 개혁 행동도 잇따르니, 법률체계를 바꿔서 경제발전과 공업화의 장려, 교통과 운송 시설 확충했고 공공위생사업의 촉진과 교육 사업을 발전시켰다. 전통사회의 관습(이 부분에 대한 여성들의 역할 같은 것)을 개혁하는 것처럼 세속적인 조치를 취하고 종교적 실체와 정부실무를 분리했다. 이러한 개혁을 효과적으로 진행하려면 인내심과 의지가 필요하다. 대다수의 사회에서 급진적인 개혁은 종종 느슨하고 나태한 개혁으로 바뀌거나 심지어 전통을 지키려는 반동 세력이 자주 나타나곤 한다."[144] 이러한 관찰의 결과는 1860, 70년대 이후 중국의 근대화과정을 이해하는 데도 참고할 만한 가치가 있다.

이홍장은 국방 근대화의 주요 원동력 중 하나로 군사공업만을 독자적으로 발전시키기 어려움을 비교적 일찍 깨닫고 반드시 관련 공업의 발전이 전제되어야 한다고 여겼다. 그는 "선

144) [美] 塞缪尔·亨廷顿 : 《变革社会中的政治秩序》, 154页.

박과 화포, 기계를 쓰려면 철이 없으면 쓸 수 없고 석탄이 없으면 소용이 없다. 영국이 서양에서 강자가 된 이유는 바로 이 두 가지 이유에서 기인한다. 복건성과 상해의 각 공장에는 매일 수많은 서양 석탄과 철이 필요한데, 중국에서 생산되는 것은 적합하지 않다. 즉, 각 항구에 도착한 원양선박들은 반드시 서양 석탄을 이용해야 한다. 쇄국 정책이 실행되면 각 제철소가 문을 닫을 뿐만 아니라 일자리도 사라진다. 즉, 선박을 다 만들었더라도 석탄이 없어서 한 발짝도 움직일 수 없게 되니 근심이 더욱 심해진다."[145]라고 말했다. 여기서 말하고자 하는 바는 원자재와 에너지, 그리고 교통운수, 전신 및 기타 공업의 발전을 위해서라도 군사 공업의 지속적인 발전을 확보해야 할 뿐 아니라 국가 경제 전반의 혁신과 진보를 추진해야 한다는 것이다. 이에 따라 윤선초상국(輪船招商局)(1872), 개평광무국(開平礦務局)(1877), 천진전보총국(天津電報總局)(1880), 난주기기직조국(蘭州機器織呢局)(1880), 당산 - 서각장 철도(唐山胥各莊鐵路)(1881), 상해기기직포국(上海機器織布局)(1882), 천진철도공사(天津鐵路公司)(1887), 호북제철소(湖北煉鐵廠)(1890), 호북직조국(湖北織布局)(1890), 화신방직신국(華新紡織新局)(1891), 화성기기방직총국(華盛機器紡織總廠)(1894) 등의 기업을 잇달아 세웠는데, 그 중에는 신형 함선을 갖춰서 편제될 북양해군(北洋海軍)의 건립(1888)도 포함되어 있었다.

중국 농업종법사회의 진부한 토양에서 어느 정도 근대화된 공업을 접목하기 시작했다. 그 전망은 그리 밝지 않았지만 마침내 《공산당선언(共產黨宣言)》을 통해 일단의 심각한 논평으로

145) 《筹议制造轮船未可裁撤折》, 见吴汝纶编 : 《李文忠公全集·奏稿》 卷十九, 49页.

증명되었다. “자산계급은 모든 생산도구의 빠른 개량과 극도로 편리해진 교통 덕분에 모든 민족, 심지어 야만족까지도 문명화 시켰다. 그들 상품의 저렴한 가격은 만리장성을 허물고 완강한 야만인들의 외국인 혐오를 정복하는 거포가 되었다. 그들은 모든 민족을 압박하여 -그들이 망하지 않았다면- 자산계급의 생산방식을 채용하였다. 그들 스스로 이른바 문명을 추진하면서 자산가로 변하기를 강요하는 것이다. 한마디로 그들은 자신의 모습을 본떠서 스스로 하나의 세계를 만들어 낸 것이다.” “자산계급이 농촌을 도시의 통치에 굴복시키는 것은 …… 마치 농촌을 도시에 종속시키고, 미개하거나 반 개화된 국가들을 문명국에 종속시키고, 농민을 자산계급에 종속시키고, 동양을 서양에 종속시키는 것과 같다.”146)

아마도 상품의 힘이 거포보다 더 크다고 말한 것은 정관응이 이름을 언급한 5, 60가지의 외국상품 및 이름을 언급하지 않은 더 많은 종류의 외국상품이 오랫동안 중국을 막고 있던 만리장성을 무너뜨리고 중국을 근대문명의 큰 흐름으로 밀어 넣었기 때문이다. 이는 공자진이 부르짖었던 “산중지민”보다 더 현실적이고 더 거대한 힘이지만 산에서 온 것이 아니라 바다에서 왔음을 인정해야만 한다.

공업의 발전은 강력한 군사공업을 추구하든지, 부유한 민간공업을 추구하든지 간에 과학 기술 갖춘 동시에 현대적 기업을 관리할 능력을 지닌 인재가 필요하다. 여기에는 교육과 모든 문화사업의 개혁과 발전도 반드시 필요하다. 가장 먼저

146) 《马克思恩格斯选集》, 第1卷, 276~277页.

동문관의 점진적인 확대가 이루어졌다. 1863년 이후 영문관(英文館)을 제외하고도 법문관(法文館), 아문관(俄文館), 덕문관(德文館), 동방관(東方館)이 연이어 증설되었다. 더욱 중요한 것은 1867년에 증설한 천문산학관(天文算學館)인데, 2년 뒤에 미국 선교사 정위량(丁韙良, William Alexander Parsons Martin)을 총괄 교사로 초빙하였다. 동문관은 한 가지 언어를 배우는 학생들이 전부인 여러 제약이 많은 외국어 학당에서 시작해서 다양한 학과와 외국어, 과학 기술을 가르치는 학교로 발전했다. (영국의 과학 기술 전문학교(Polytechnic)와 유사하다.)

이 밖에도 상해광방언관이 강남제조총국에 편입되면서 외국어학교가 비교적 완전한 신식 학당으로 발전하였다. 광주동문관(廣州同文館), 대만서학당(台灣西學堂), 훈춘아문서원(琿春俄文書院)도 모두 비슷하게 변했다. 이 당시에 강남제조국 부설 기계학교, 마미선정국(馬尾船政局) 부설 선정학당(船政學堂), 천진전보학당(天津電報學堂)(1879), 천진북양수사학당(天津北洋水師學堂)(1880), 천진무비학당(天津武備學堂)(1885), 광동육사학당(廣東陸師學堂)(1886), 광동수사학당(廣東水師學堂)(1887), 남경수사학당(南京水師學堂)(1890), 호북철정국(湖北鐵政局) 부설 화학당 및 광학당(1892), 천진군의학당(天津軍醫學堂)(1893), 호북자강학당(湖北自強學堂)(1894), 호북군비학당(湖北軍備學堂)(1895) 등의 다양한 전문 학당이 창설되었다. 이러한 학당들은 인재를 육성하는 동시에 외국의 과학기술 서적 및 자료를 번역하였다. 강남제조총국 번역관에서는 1871년부터 1879년까지 총 3만 1111부의 번역서가 팔렸고 모두 합치면 8만 3454권이다. 또 27가지의 지도와 해도를 번역해서 판매하였는데, 모두 합치면 4774장이다. 이러한 서적들은 산학, 측량, 증기기관, 화학, 지리, 지리학, 천문, 항해, 박물, 의학, 공예, 수륙병법, 조선, 국사 및 연표, 신문 등의 이미 상당히 넓어진 관련 학과의 범위를 포함하였다. 서수(徐壽), 화형방(華蘅芳), 이선란(李善蘭) 등의 번역가가 참여하였는데 모두 전문적인 학식을 지닌 과학기술인재이다. 그 밖에도 영국 선교사 프라이어(John Fryer, 1839-1928)도 서양 학문을 소개하는 데 지대한 공헌을 했다. 당시 사람들의 칭찬은 놀랄 일이 아니다. "프라이어와 정위량의 학생들이 번역한 책들은 대중에게 유익한 법률, 국제법, 역사, 지리, 수학, 공예학 등을 갖추고 있어 중국은 그 학문과 정무에 대해 알게 되었다. 또 신문을 읽어 여러 국가의 법령과 성쇠 등의 작은 움직임이라도 쉽게 알아서 이전처럼 무지하지 않아 풍성하다 할 만하다."[147]

적어도 상해 등의 통상항에서는 이미 분위기가 조금씩 개화되고 있었다. 1880년 프라이어는 그의 소감을 "지금 18개의 성에서 새로운 법과 문물이 유통되고 있는 것은 소나기가 오는 것과 같아서 막을 수 없다. 요컨대 서양에서 중국의 학문에 유익한 것이 있으면 중국은 반드시 그것을 얻어야만 하니, 모든 중국인들은 목이 말라 우물을 찾는 마음을 갖고 있다."라고 말한 적이 있다. 그리고 "(중국인들은) 학술이 한 나라, 한 지역에 있지 않고 함께 있다는 것을 잘 알고 있다. 그러므로 서양 국가를 오랑캐의 땅으로 보지만 중국에 유익한 점이 있다면 즐겁게 배운다. 오직 중국의 방식대로 배우되 그렇지 않은 것은 버린다. 서양 국가와 조약을 맺고 서양인의 선교를 허가

147) 邵作舟 : 《邵氏危言·译书》.

한 일들은 부득이한 사정으로 처리한 것과 같다. 그러나 서양의 학문을 연구하는 데에는 조금도 억지스럽지 않게 모두 서양인에게 배우기를 바란다. 서양 국가의 유익한 학문을 발견하면 전국에 전파하기 위해서 비용을 아끼지 않고 번역해서 책을 만든다. 중국은 배우기 원할 뿐만 아니라 기꺼이 투자도 한다는 것을 알 수 있다. 이와 같은 일을 찾아보면 셀 수 없이 많지만 서양을 특별히 칭송하는 사람은 없다."[148]라고 말했다. 프라이어는 선교사지만 과학을 공부한 학자이기 때문에 그 소감이 소박하고 당시 상황에 가깝다. 한마디로, 서학동점은 서양학문의 열정을 불러일으켰고 이미 조금씩 모여 세를 불려가면서 하나의 추세로 자리 잡았다는 것을 말한다.

용굉의 국비 유학생 계획이 무산되었음에도 불구하고 다른 방법을 통해 드문드문 출국하는 유학생들이 많이 있었다. 1877년 초, 이홍장은 이봉포(李鳳苞)와 일의격(日意格) 등을 보내 복주선정학당(福州船政學堂)의 학생 26명, 견습도제 9명을 데리고 영국과 프랑스의 항해술과 조선을 배우도록 했다. 엄종광(嚴宗光)(복), 방백렴(方伯謙), 살진빙(薩鎮冰), 유보섬(劉步蟾), 임태증(林泰曽) 등이 유학생들 중에서 가장 뛰어나다고 평가받았고, 마건충(馬建忠), 진계동(陳季同)은 감독관 수행원의 신분으로 법학과 형법을 배웠다. 1881년, 1883년, 1885년 복주선정학당은 다시 잇달아 3개 학생 총 53명을 영국, 프랑스, 독일 등지로 유학을 보냈다. 조선과 항해술의 인재를 길러내는 것 외에도 광물학, 항해도 측량술, 해군 공법, 국제법, 운하 및 철도건설,

148) 傅兰雅 :《江南制造总局翻译西书事略》(光绪六年), 见张静庐辑注 :《中国近代出版史料》初编, 20页, 上海, 上海杂志公司, 1953.

교량시공 및 영어, 불어, 라틴어 등의 인재를 양성했다.

1860, 70년대부터 시작된 민족과 사회의 위기 속에서 청나라 조정은 회복과 안정, 그리고 자신들의 통치 강화를 위해 부득불 시대 흐름에 어느 정도 순응하며 위에서부터 아래까지 근대화의 대책을 마련하였다. "위에서부터 아래"를 강조한 까닭은 이러한 혁신에 필요한 사회기반과 충분한 자본주의 성장조건이 부족하고 또 활발한 수요를 담당해야 할 역사적 임무를 맡을 중간계층이 부족하기 때문이다. 그래서 유신사상 선구자들의 함성은 대체로 고독하여 비교적 쉽게 옛것을 제거하고 새로운 것을 세우는 특단의 사회심리를 형성하지 못했다. 이러한 상황에서 정부의 정책 결정은 더욱 중요한 역할을 한다. 만약 증국번, 좌종당(左宗棠), 이홍장 등의 인물들이 서양 무기나 서양 범선, 심지어 서양인의 힘을 빌려 태평군을 공격하지 않았거나 그들이 "군대를 빌려 적을 소탕하는 데 도움을 받다. [借師助剿]" 정책을 통해 서양식 제조법을 따라하지 않았다면 여러 가지 양무사업의 창설을 상상하기란 매우 어려웠을 것이라고 말할 수 있다.

여기에 한 지방에서 무장집단이 봉기한다. 그들은 유교를 지지하고 공자의 학문을 수호한다는 기치를 내걸고 농민 봉기의 불길을 진압하면서 청나라 조정을 구하고 자신들도 세력이 더욱 커졌다. 그들의 뜻과 행동은 청말 정국에서 대단히 중요한 작용을 하였다. 조정은 그들의 지지가 필요했기에 긴 시간 동안 민간에서는 그들의 지위를 뒤엎을 어떤 힘도 없었다. 청나라 조정 최고의 권위자였던 서태후는 필요하다면 공친왕 혁흔을 해임하거나 억누를 수 있었다. 그는 양무파의 영수로 존경받는 자리에 있었으며, 증국번, 좌종당, 이홍장 등이 조정에 있을 때 유력한 지지자였다. 그러나 저 난폭하고 안하무인인 서태후도 저 지방의 무장집단에 대처하기엔 어려웠다. 그녀는 정치적 논평을 이용하여 그들을 견제했고 각종 음모로 그들을 욕보였다. 심지어 그들을 마치 장기알처럼 좌지우지하였으나 어떠한 방법으로도 날마다 팽창해가는 지방 무장집단의 실체를 제거할 수 없었다. 앞서 말했듯이 공자진은 《존은(尊隱)》에서 "쇠락한 세태"의 광경을 한 문장으로 "수도의 기운이 흩어져서 들판의 창고에 모인다. 이와 같으면 수도는 가난해지니, 수도가 가난해지면 지방이 부유해진다." "이와 같으면 호걸들이 수도를 경시하니, 수도를 가벼이 여기면 산중의 세력이 강해진다. 이와 같으면 수도가 공허해지니, 수도가 공허해지면 산속의 보루는 튼튼해진다. 수도의 하루는 짧아지고 산속의 하루는 길어진다."라고 묘사했다. 이 예언이 반세기만에 놀랍게도 이루어졌으나 예언자의 바람에 딱 맞는 것이 아닌 왜곡된 형태로 이루어졌다. 이러한 정국은 이후 장건(張謇)이 경자사변 기간을 말하면서 쓴 한마디 말로 표현된다. "서북쪽에 없으면 동남쪽에도 없으니 그 명분을 갖기 부족하다. 동남쪽에 없으면 서북쪽에도 없으니 실권을 갖기 부족하다." 서북의 명분과 동남의 실권이라는 것은 바로 역대 제왕들이 가장 우려했던 "강한 지방권력, 약한 중앙권력[外重內輕]"현상으로 만청 시기 역사적 흐름이었다.

이런 이유로 여러 조정에서 신뢰하는 "중흥명신(中興名臣)"은 구정(九鼎)처럼 무거운 말을 드러냈는데, 이들은 중요한 시점에 중앙의 중대한 결정에 큰 영향을 줄 수 있다. 예를 들어 혁흔은 1861년 7월에 서양 선박과 화포의 구매를 주청하였는데, 조정은 이 일을 중요하게 여겨 즉시 증국번 등에게 타당성을 논의하라 명했다. 증국번이 태도는 매우 분명했다. "공친왕 혁흔 등이 주청한 서양 선박 및 화포 구입은 현재의 상황을 벗어나기 위한 가장 중요한 임무입니다. 자기가 가진 바를 믿고 남이 없는 것을 자랑하는 것이 보통의 상식이며 익숙한 것을 경시하고 희귀한 것에 놀라는 것 또한 인지상정입니다. 증기선의 속도와 서양 화포의 거리는 영국과 프랑스가 독점한 자랑이며 중화에선 놀라운 신기함입니다. 만약 계속 구입할 수 있다면 우리의 물건이라 여겨 중화에서도 신기해 하지 않을 것이니 영국과 프랑스 역시 믿는 바가 점차 사라질 것입니다. …… 더구나 오늘날은 화의가 이루어져 유무상통한 중외무역을 통해 서양의 문물을 구매하니 더욱 사리에 맞습니다. 구매한 뒤에 지혜롭고 솜씨 좋은 지사와 장인들을 널리 모집하여 처음엔 연습하고 계속 시험제작을 한다면 한두 해도 지나지 않아 화륜선은 반드시 중국과 외국을 왕래하는 물건이 되어 역도를 토벌하고 외적을 무찌를 수 있을 것입니다."[149] 증국번은 당시 지방 무장집단의 영수로 "천하의 안위가 일신에 달린" 중요한 인물이다. 그의 진언은 당연히 일반적인 효과와는 달랐다. 4년 뒤인 1865년 이홍장은 더 나아가 제조공장을 직접 설립할 것을 주청했는데 그는 《외국제철기기 설치에 관한 상소[置辦外國鐵廠機器折]》에서 지적하기를 "기계 제조업은 오늘날 외침을 막는 자산이며 자강의

149) 《复陈购买外洋船炮折》, 见《曾文正公全集·奏稿》 卷十四, 10页.

근본입니다. …… 서양식 기계는 농업, 인쇄, 도예 등의 기구들을 모두 만들 수 있습니다. 군수품의 제조만이 아니라 민생에 도움이 되는 일용품도 만들 수 있으니 설치해야 합니다. 물과 불의 힘을 빌려 인건비를 아낄 수 있습니다. 여전히 기관의 견인은 톱니바퀴가 맞물리는 것에 불과하나 한 번 움직이면 전체가 다 움직입니다. 그 모양을 분명히 볼 수 있고 그 이치와 방법 또한 확연히 이해할 수 있습니다. 앞서 서양과 중국이 멀리 떨어져 있었기 때문에 중국의 영민한 학자일지라도 견강부회하지 않고 말하지 않음이 없었습니다. 오랫동안 정체되었지만 점점 개방하면 사람의 마음과 지혜가 비슷하기에 또 자연스럽게 회복될 것입니다. 신이 생각건대 십수 년 뒤에 중국의 부농과 대상 중에 서양의 기계를 모방 제작하여 자신의 이익을 구할 자가 틀림없이 있을 것입니다."[150]라고 말했다. 상소문에는 또 "대체로 남의 장점을 취하고 서로 비교해서 부족함이 드러나지 않으면 곧 유비무환이라 할 만합니다." 등의 말이 있어, 그들이 곧 위원의 "오랑캐의 장점을 배우자." 라는 뜻을 초기에 실천하는 사람임을 표명하였다. 1866년 좌종당(左宗棠)의 《기기 구매와 서양 기술자 고용 및 윤선 시험제조 입안 계획[擬購機器雇洋匠試造輪船先陳大概情形折]》에서 "매우 뛰어난 행동에는 비방이 생기기 쉽다. 처음엔 성과가 없을까 근심하고 이어서 많은 비용에 근심하거나 그 무례함을 조롱하니 모두 염두에 둬야 한다." 등의 말을 했다. 이것도 위원 등의 사람이 이전에 논의한 반향이다. 좌종당의 유일한 작은

150) 《李文忠公全集·奏稿》 卷九, 34页.

발견은 "실체(失體)" 이론을 반박할 때 "예를 잃어버리면 민간에서 찾아야 한다."라는 선대 철학자들의 말을 근거로 삼은 것이다. 그러나 위원 등의 사람들이 무슨 말을 먼저 하였던지 간에, 그들의 고견은 그저 입에만 오르내릴 뿐이거나 아니면 일부 깨어 있는 지식인들의 좁은 울타리에만 머물러 있을 뿐이었다. 현재, 증국번, 이홍장, 좌종당 등의 사람들은 그렇지 않다. 그들의 거대하고 솔직한 담론은 아마도 위원 등의 사람들의 견해를 주워 담은 것에 불과하나 이런 평범해 보이는 주장이 오히려 중앙정부의 결정에 직접적인 영향을 미칠 수 있었다. 여러 양무사업의 창립을 촉진하고 그리하여 사회에 비교적 큰 영향을 만들어냈다.

그러나 증국번, 좌종당, 이홍장 등의 인식수준을 지나치게 고평가할 수는 없다. 그들은 모두 전통 유학 진영에서 오랫동안 살아온 정통주의자로, 비록 경세치용에서 나와 어느 정도 현실조류에 순응하였지만 결국 군왕에게 충성하고 유학을 수호하자는 낡은 프레임을 벗어나긴 어렵다. 중국의 상황은 여타 서양의 왕권과 교권의 대립과는 다르고 일본의 "지존(至尊)"과 "지강(至強)"의 대립과도 다르다. 그들의 머리 위에는 오직 정치권위와 정신권위가 한 몸에 모인 황제(또는 황태후)만이 있을 뿐이었기에 충신과 역신 이외의 다른 선택은 없었다. 그들은 "존왕도막(尊王倒幕)"의 조슈나 사쓰마 등의 번주와 같은 인물이 될 수 없었다. 동시에 그들은 유학 경전에 익숙하고 서학의 기본(전후 일본의 "유신삼걸"처럼)과 서양에 대한 직접적인 견문은 결여되어 있었다. 이 점들은 모두 그들의 사상과 행동 두 방면에서 한계를 만들어 냈다. 하지만 이들 막부에는 계몽

사상 지식인들이 적지 않았기 때문에 이 엘리트들의 정확한 인식과 투철한 견해가 막부 주인의 지식적 결함을 항상 보완했고 나아가 실질적으로 그들의 정책결정 브레인이 되었다. 물론 이런 지식인들의 계획과 전략이 없었더라면 증국번, 좌종당, 이홍장 등이 이러한 다양한 "기발한 생각"을 가질 수 있을 것이라 상상하기는 어렵다.

용굉은 일찍이 이런 찬란한 인사들 배후의 막부의 역할에 주목하였는데 그는 1863년 증국번의 막부에 대해 상당한 인상을 받았다. "총독 막부 내부에도 백여 명이 있다. 막부 외부에도 후보 관원, 뜻을 품은 지사들이 있는데, 법률, 산학, 천문, 기계 등의 전문가들이 모두 모여 거의 전국 인재들의 정수가 여기에 모여 있었다. 모두 증문정(曾文正) 한 사람의 명성과 인덕 및 그가 이루고자 하는 일에 매료되어 모인 사람들이다. 증문정은 다재다능한 인사들에게 더욱 예를 다했고 즐겁게 교류하였다."[151] 당시 이선란, 화위방(華蘅芳), 서수(徐壽)가 모두 증국번의 막부에 있었는데 용굉은 그들을 증국번의 초빙을 거쳐 추천받은 "막부 외부"의 준막부객 부류로 여겼다. 용굉의 회고에 따르면 강남제조국의 창설은 최초로 이선란, 화위방 등이 증국번에게 건의한 것에서부터 시작되었다.

증국번, 좌종당, 이홍장 등 "중흥명신" 막부의 빈객에 대해서는 이 책의 편폭과 체계에선 한계가 있으므로 곽숭도(郭嵩燾), 서건인(徐建寅), 성선회(盛宣懷) 등 세 명만을 추가로 분석한다.

곽숭도(1818-1891)는 자는 백침(伯琛), 호는 균선(筠仙)으로 호

151) 容闳 :《西学东渐记》, 74页.

남 상음(湘陰) 사람이다. 18세에 악록서원(嶽麓書院)에서 공부하면서 증국번과 친교를 맺었다. 1847년 진사시에 합격하여 한림원 서길사(庶吉士)에 제수되었다. 1841년 봄, 그가 절강성의 학정(學政)에서 막객으로 있을 때 허술한 해안방비를 직접 목격하고는 "함께 전쟁을 막을 방책을 화를 내며 말했다." 1853년 고향에서 증국번이 상용(湘勇), 상군(湘軍)을 만드는 것을 도우니 4년 뒤에는 상군 내에서 가장 중요한 결정권을 가진 인사가 되었다. 1858년 다시 한림원으로 복직하여 명을 받고 남서방(南書房)으로 들어갔다. 1859년 승격림심(僧格林沁)을 따라 천진 해안방어를 해결하라는 명을 받았으나 북당구의 철수를 반대한 것 때문에 승왕(僧王)을 거슬러서 배척받았다. 1861년 병으로 고향에 돌아가 정양했다. 1862년 소송양저도(蘇松糧儲道), 이듬해에는 양회염운사(兩淮鹽運使)에 제수되었고 오래지 않아 광동순무에 임명되었다. 1868년 관료들 사이의 알력다툼으로 인해 해임되어 고향으로 돌아갔다. 그 후 장사성에 머무르며 성남서원(城南書院)과 사현강사(思賢講舍)에서 강연을 맡았다. 1875년 봄 복건관찰사에 제수되었고 그해 여름 시랑후보(侍郎候補)로서 영국 공사 임무를 맡아 출국하라는 명을 받았다. 이듬해 겨울, 곽숭도 일행은 상해에서 배를 타고 런던으로 떠났다. 1878년 프랑스 외무대신으로 겸직되었으나 얼마 지나지 않아 부사 유석홍(劉錫鴻)에게 "배신자"라는 이유로 탄핵받아 철회되었다. 1879년 초 임기가 채 끝나기도 전에 해임되어 귀국하니 울분에 차서 칭병하고 관직을 그만두었다. 이때부터 향리에 칩거하며 울적하게 지내다가 죽음을 맞았다.

곽숭도 역시 비교적 일찍 출국하여 직접 세계를 본 중국인들 중의 한 명이다. 그러나 그는 왕도, 용굉과는 달리 국내에 있을 때 이미 뛰어난 학자가 되었으며 오랜 기간 동안 관직에 있으면서 순무, 시랑 등의 고위관직을 두루 역임한 뒤에 출국한 사람이다. 따라서 그는 중국을 떠나기 전에 중서 문화에 대해 이미 어느 정도 비교를 하였고 서양기구의 모방, 서학의 유치 및 상공업 장려 등에 관해 분명히 주장하였다. 그리고 출국한 뒤에는 상당히 성숙한 정치가의 안목으로 서양세계를 관찰할 수 있었다.

곽숭도는 청나라 정부에서 정식 파견된 첫 번째 주외 공사였는데 시작부터 여러 가지 문제에 직면했다. 당시 청나라 조정의 부득이한 사신파견은 "마가리(馬嘉理) 사건"에 관한 영국에 대한 사죄표명이었기 때문에 곽숭도의 출국은 치욕적인 색채를 띠고 있었다. 더욱이 곽숭도는 출국 전 "마가리 사건"의 합당한 조치를 취하지 못한 운남순무 잠육영(岑毓英)의 엄중한 처벌을 요구했기 때문에 더욱 많은 비방과 비난을 일으켰다. 당시에 매우 신랄하며 또 완고하고 보수적인 대련 한 편이 떠돌았다. "무리 중에 뛰어나나 요순시대를 받아들이지 못하네. 사람을 섬기는 일도 다 못하는데 어찌 귀신을 섬겨서 부모가 사는 나라를 떠나는가?" 그러나 곽숭도는 "시국이 어려운 판에 차마 좌시할 수는 없다."라고 굳게 믿고 이런 터무니없는 공격을 "당나귀가 울고 개가 짖는 것 같은 무지함일 뿐이다." 라고 간주하며, "이러한 황당무계한 사람들의 말은 일찍부터 도외시하니, 내 마음을 어지럽힐 수 없다."라고 하였다.[152)]

---

152) 郭嵩焘：《巴黎与伦敦日记》, 7页, 长沙, 岳麓书社, 1984.

곽숭도는 조국을 사랑하지 않은 것이 아니고 또 서양 식민주의의 침략에 대해 무관심한 것도 아니었다. 그는 아편전쟁의 경험과 교훈을 정리하며, 그저 울분에 가득 찬 공허한 논의만으로는 국가 위기에 무익하다고 생각했다. 그는 "서양인이 중국에 들어와 그 병이 이미 위중한데, 어찌 교만한 의론과 방자한 감정으로 그들을 물리칠 수 있겠는가. 하지만 다행히도 진위가 알려지고 이해관계를 습득하니 다양한 임기응변의 방법들을 얻었다."[153]라고 하였다. 그는 이런 분별력을 갖춘 사람이 되고자 결심하고 서양으로 가서 그들의 "부국강병술"과 "상학흥예법(尚學興藝法)"을 공부했는데 특히 "민심을 통하고 국본을 세우는 것"을 연구했다. 이른바 "국본"에 대해 그는《해안방비 사무논의[條議海防事宜]》에서 "서양의 건국에는 본말이 있다. 뿌리는 조정과 정교에 두고 말단에는 상업을 둔다. 선박 건조와 기계 제작은 이익으로 국가의 강함을 보충하는 것으로 그 말단의 한 조목이다."라고 해석하였다. 기계에서 학문으로 그리고 정교에 이르기까지 서양의 장점을 취해 중국의 단점을 보완함에 이것은 곽숭도의 인식이 이미 한 단계 더 높은 수준에 들어섰음을 의미한다.

곽숭도는 영국과 프랑스 등지에 도착한 이후 두루 자문을 구하고 여러 서적을 폭 넓게 읽으면서 견식과 학문이 모두 비약적으로 발전했다. 그는 서양문화도 유구한 역사를 가진 발전 과정이 있음을 인식하는 데에 그치지 않고, 중서 철학과 윤리사상도 비교했다. 특히 서양 근대과학의 개념에 대해 소

---

153) 郭嵩焘：《罪言存略小引》, 见《养知书屋文集》卷三, 19页.

개했다. 그는 "파부자(巴夫子 플라톤)", "아부자(亞夫子 아리스토텔레스)", "쇄부자(瑣夫子 소크라테스)"에 대해 알고 있을 뿐만 아니라 "베이컨", "갈릴레이", "뉴턴" 그리고 더 나아가 "황실 학회"까지 알고 있었다. 그는 "플라톤", "소크라테스" 등의 서양 철학자와 "공자", "맹자" 등의 동양 철학자를 함께 논하였는데, 특히 서양의 근대 철학과 과학의 발전을 찬양했다. 그는 다른 사람에게 콩트 철학과 데카르트 철학 그리고 근대 과학발전 사이의 관계에 대해 가르침을 청했다. 그는 "영국인이 말하는 천문의 키워드는 뉴턴에서부터 시작되었는데, 이것이 영국 실학(과학)의 시초이다. 234년 동안 유럽의 각국은 나날이 부강해 왔는데 그 근원을 탐구해 보니 모두 학문탐구의 공적이었다."154)라고 말했다.

당연히 가장 중시하였던 것은 역시 곽숭도의 정부 체제(국본(國本)) 부문에 관한 진보한 인식이다. 그는 점차 군주의 권위지상주의의 속박에서 벗어나서 대담하게도 서양의 민주정부체제를 연구하는 동시에 그 우수성을 확신했다. 그는 일찍이 영국 하원의원의 변론에 참관하였고 영국의회정치 발전의 역사에 대해 진지하게 연구하여 아래와 같은 인식에 도달하였다. "입국(立國)의 본말의 근원을 연구하니 오랫동안 유지하고 국세를 더욱 넓혀가는 것이다. 즉, 팔리아멘트 의 정원(Parliament)에서는 국가의 기본정책을 유지하고 마이어(Mayor, 시장)을 두어 민원에 따라 국민들을 다스린다. 이 두 가지가 서로 지지하며 군주와 백성이 함께 지탱하니 성쇠를

154) 郭嵩焘：《巴黎与伦敦日记》, 385页.

번갈아 겪었어도 나라가 세워진 지 천여 년 동안 끝내 무너지지 않았다. 인재와 학문이 잇따라 나타나 모두 자신들의 정성을 다한다. 이것이 입국의 기본이다."155) 위에는 의회정치가 필요하고 아래에는 지방정치가 필요하다. 이것은 20세기 초 청말 입헌주의자들의 정치 강령인데, 곽숭도는 30여 년 전에 이미 이러한 초보적인 인식을 가졌다. 그 정치적 통찰력이 뛰어나다는 점을 알 수 있다.

종숙하(鍾叔河) 선생은 곽숭도의 《파리와 런던 일기》의 당시를 평가하면서 지적했다. "1870년대 서양의 관념은 이미 현대적 관념이다. 이러한 관념이 40여 년 이후에 중국에 대규모로 알려지면서 '덕선생(德先生)'과 '새선생(賽先生)' - 즉 Democracy(민주주의)와 Science(과학) - 이라 불리며 형상화되었다. 중세(봉건주의적) 인식 형태와 구별되는 현대(자본주의적) 인식 형태의 두 가지 표지이다. 곽숭도는 '팔리아멘트'와 '마이어'를 겪으면서 서양 민주주의의 관념을, 문화학술의 연구를 통해서는 서양 과학의 관념을 초보적으로 받아들였다." 이 평가는 역사적 사실에 부합할 뿐만 아니라 상당히 치밀했다.

일단의 해외생활을 통해 실질적 체험을 겪으면서 곽숭도의 세계와 중국에 대한 관념은 모두 큰 변화가 생겼다. 그는 점차 당시 세계 문명 속에서 중국의 위치를 인식하였다. 1878년 봄 영국 타임즈(《타임즈신문》)는 최근 정부가 페르시아 국왕에게 훈장을 내린 일을 비판하였는데 반문명 국가에게 훈장을 수여하는 일은 적절하지 못하다고 여겼기 때문이다. 곽숭도는 "서

155) 郭嵩焘 :《巴黎与伦敦日记》, 407页.

양에서는 정교가 바른 국가를 시빌라이즈드(Civilized 문명적)라 말하며 유럽 각국에 모두 이름을 붙였다. 그 나머지인 중국과 터키 그리고 페르시아에게는 하프 시빌라이즈드(Half Civilized 반문명적)라 한다. 하프란 번역하면 반쪽이니, 절반은 교화되었으나 나머지 절반은 그렇지 않다는 뜻이다. 아프리카의 여러 회국들을 바바리안(Barabrian 야만적)이라 부르는 것은 중국이 오랑캐를 칭하는 것처럼 서양에서 말하는 교화되지 않은 이들이다. 삼대(三代) 이전에는 오직 중국만이 교화되었기에 요복(要服)과 황복(荒服)이라는 명칭[156]이 있었으니 모두 중국과 멀어 오랑캐라 불렀다. 한(漢) 대 이래로 중국의 교화는 나날이 쇠미해졌다. 유럽 각국에서만 정교와 풍속을 독차지하니 중국을 바라보는 시각이 삼대가 흥할 무렵 오랑캐에 대한 시각과 같다. 중국의 사대부에는 그 의미를 아는 자가 아직 없으니 슬프도다!"[157]라고 탄식하였다. 세월이 흐르면서 상황도 변하여 모든 것이 다 뒤바뀌어 버렸다. 문명의 발전 정도에 따라 문명과 야만을 구분한다면 지금은 유럽인들이 중국을 오랑캐로 볼 때이다. 평생 동안 유학 경전을 읽으며 일 년 뒤에 환갑이 되는 사람은 "오랑캐에게 군주가 있다 해도 중원에 군주가 없는 것만 못하다.", "나는 중화의 가르침으로 오랑캐를 변화시켰다는 말을 들었으나 오랑캐에게 변화를 당했다는 말은 듣지 못하였다."와 같은 어리석은 관념이 머리에 가득했다. 지금은 오히려 서양의 선진화와 중국의 후진성을 인정해야 하고 그렇게 확실

156) 고대 천자의 위엄과 덕을 입는 땅을 복(服)이라 하였다. 《상서(尚書)》에서는 5복이라 했고 《주례(周禮)》에서는 6복, 9복이라 하였다.

157) 郭嵩焘 : 《巴黎与伦敦日记》, 491页.

하고 철저히 인정하려면 어떠한 과학적 태도와 용기가 더욱 필요하다.

이 때문에 그는 여전히 "화이지변"이 떠돌고 있는 망령된 "반문명화(하프 시빌라이즈드)" 사회를 용납할 수 없었다. 당시의 조건에서 그가 속한 사회집단을 고려해서 말하자면 그는 이미 멀리 떨어져 있었다. 나는 그가 출판한 지 얼마 되지 않은 후쿠자와 유키치(福澤諭吉)의 《문명론개략》을 읽었는지 안 읽었는지 모르지만 그의 인식과 "탈아시아"를 고취하는 자들이 세계를 문명, 반문명, 야만이라는 세 가지 계층으로 나누려는 것은 어느 정도 비슷하다. 그렇기 때문에 그는 그 자리에서 평탄하기 어려웠고 끊임없이 공격을 받았는데 가장 악독한 공격은 그의 보좌관 유석홍(劉錫鴻)에게서 나왔다.

이전에 곽숭도가 영국으로 파견가면서 보고 들은 것을 날마다 기록하여 《영초기정(英軺紀程)》(또는 《사서기정(使西紀程)》)이라는 이름의 책으로 편집했다. 그 책에는 서양 정교의 공명정대함이나 중국은 반드시 그 치국의 도를 채택해야 한다는 등의 말이 수록되어 있었다. 곽숭도는 아무런 거리낌 없이 총리아문에 판각을 보냈는데, 이것이 보수 세력의 거대한 분노를 불러왔다. 한림원 편수인 하금수(何金壽)는 곽숭도를 탄핵하며 "영국에서 다른 마음을 품고 있으니 중국을 신하로 만들어 섬기게 하려한다."라고 하였고, 결과적으로 이 판각은 불살라졌고 유통을 엄금했다. 이 일이 일어난 뒤 유석홍은 기회가 왔다고 여겨 즉시 곽숭도에게 "세 가지 대죄"가 있다고 비난하였다. "하나, 갑돈포대(甲敦炮台)를 거닐며 서양인의 옷을 입었는데 얼어 죽더라도 벗지 않았다. 하나, 브라질 국왕을 보고 제멋대로 일어나니 당당한 천조국으로 어찌 소국의 왕에게 경의를 다하는가. 하나, 버킹검 궁전에서 음악을 들으며 여러 번이나 청해 듣는 것은 서양인의 것을 모방하려는 것이다."[158] 유석홍은 공공연히 대사관에서 "이는 수도에서 지목한 배신자와 같으니 나는 도저히 용납할 수 없다."라고 말했다. 그리고 몰래 곽숭도를 "10가지 조목"으로 탄핵하면서 온갖 중상모략을 일삼았다. 유석홍이 비난한 곽숭도의 죄명은 사소한 일일 뿐만 아니라 실상 모두 국제관례에 부합하는 것은 물론이고 곽숭도는 확실히 능수능란하고 노련한 사신임을 설명했다. 그러나 보수 세력이 막강한 권력을 장악하고 있어서 조정에서부터 북경 사대부에 이르기까지 모두 욕하고 질책하는 소리로 가득 찼다. 곽숭도는 부득이하게 임기를 마치지 못한 채(겨우 1년 7개월) 병을 칭하며 물러나니 청나라 조정은 즉시 허락하고 증기택(曾紀澤)에게 직무를 넘겨주었다.

곽숭도는 욕설을 들으며 출국해서 욕설을 들으며 귀국했다. 출국하는 날 그는 원대한 뜻을 가득 품었는데 서양식 치국의 도를 들여와 중국을 진흥시키고 부강하게 만들기를 기대했다. 귀국 후의 그는 이미 계속 분투를 이어갈 자신감을 잃었으며 이 때문에 병을 구실로 물러나 고향으로 돌아갔다. 곽숭도는 1879년 5월 5일 배를 타고 장사(長沙)로 떠났다. 당시 상음현(湘陰縣)에는 마침 수구배외(守舊排外) 풍조가 생겨나 "현의 백성들이 떠들썩"했는데 그 형세가 꽤 긴박했다. 작은 물레바퀴가 이끄는 목선을 타고 성도에 도착했는데 장사, 선

158) 《驻美使馆档案·陈兰彬任》, 光绪四年十一月初六日《郭嵩焘来咨附粘片》, 转引自钟叔河 : 《论郭嵩焘》, 见郭嵩焘 : 《巴黎与伦敦日记》, 43页.

화(善化) 두 현에서 저지당했다. 곽숭도를 크게 욕하며 "서양인과 결탁했다."라는 표어가 대로가 가득했다. 곽숭도는 흠차사신(欽差使臣)이라는 관직이 아직 해제되지 않았음에도 불구하고 순무관 이하 지방 관원들이 모두 "오만하며 예를 취하지 않았다." 곽숭도의 마음속 불만과 씁쓸함은 말하지 않아도 알 수 있다.

곽숭도가 중국으로 돌아오는 중에 공자진 문집을 훑어본 적이 있는데, 《물귀신을 잡다[捕蜮]》, 《곰을 잡고 올빼미가 이리를 쫓아내다[捕熊罴鸱鸮豺狼]》, 《개, 파리, 개미, 벼룩, 모기, 빈대, 등에를 잡다. [捕狗蝇蚂蚁蚤蜰蚊虻]》의 여러 편을 읽고 그 속에서 "소인을 처리하고 흉악하고 완고한 도를 다스리는" 깨달음을 얻었다고 여겼다. 유석홍의 무리들은 물귀신이나 올빼미, 시랑과 같지 않겠는가! 이 파리와 개미, 벼룩들이 횡행하는 사회에서 희망과 미래는 어디 있겠는가! 곽숭도는 홍콩에 도착해서 당시 홍콩의 《순환일보》 주편인 왕도를 만나 이야기를 나눴고 동화의원, 서양학관 및 박물관 등을 들렀다. 홍콩을 떠나기 전에 왕도는 자신의 저서인 《영연잡지(瀛壖雜志)》, 《도원편지(弢園尺牘)》 등의 책을 주었다. 배가 떠난 뒤 곽숭도는 1855년 상해 방문 때 영화서옥에서의 이선란, 왕도를 추억하며 왕도의 서재에 걸려 있던 한 부의 대련을 기억했다. "짧은 옷과 한 필의 말을 타고 이광(李廣)을 따르고, 종이를 바른 집과 갈대발을 놓고 맹광(孟光)을 마주하네." 그날의 일기에 곽숭도는 "방금 자잠(왕도)의 《영연잡지》를 읽으니 생각건대 어제 같은데 지금으로부터 25년이 되었다. 하루아침의 교분이나 한 배를 탄 의리라도 비바람이 세차면 마음속으로 낙심한다. 소동파의 '인생이 무엇과 같은가, 날아가던 기러기 눈 내린 진흙 위에 앉은 것 같네.'라는 구절을 읊으니 더욱 슬프구나!"159)라고 썼다.

사상계 선구자들은 그 초기 단계에서 언제나 소수의 자리에 있었기에 그들의 고독감 또한 늘 서로 통했다. 많은 보수세력의 배척과 공격 아래에서 그들은 결코 스스로 고결하다 여기며 도취되지 않았으며 서로를 의지하고 도왔다.

서건인(1845-1901)은 다른 이름으로는 인(寅), 자는 중호(仲虎)로 강소성 무석(無錫) 사람이다. 그는 증국번, 좌종당, 이홍장 등의 막부 사람과는 다른 유형의 인재로 과학기술 전문가였다.

그는 유명한 과학자 서수(徐壽, 1818-1884)의 둘째 아들이다. 서수의 조부와 부친은 무석(無錫) 북쪽 마을의 농사꾼이다. 그 자신은 어렸을 때부터 팔고문을 배웠으나 훗날 쓸모없음을 느껴 과거 제도와는 멀어진 채 평생토록 공명을 추구하지 않았다. 1850년대 초 서수와 그의 친구 화형방(華蘅芳)은 상해 묵해서관(墨海書館)에서 대수학, 기하학, 미적분, 역학, 박물학 등의 서적을 번역하면서 열심히 공부했다. 이후 그의 장점은 물리학, 화학에 편중되었고, 화형방은 이선란과 함께 유명한 수학자가 되었다. 서건인도 어렸을 때부터 부친을 따라 공부하면서 여러 과학지식과 화공, 기계실험기능을 조금씩 익혔다. 1861년 증국번이 안경(安慶)에 기계 연구소 설립을 기획할 때 특별히 서수와 화형방을 초빙하였다. 용굉을 기용한 일은 곧 그들의 추천에서 비롯된 것이다. 용굉은 《서학동점기》에서 증

---

159) 郭嵩焘 :《巴黎与伦敦日记》, 964, 966页.

국번 막부에서 그들과 함께한 생활을 회상한 적이 있다. 17세의 서건인 역시 부친을 따라 안경에 도착했다.

서건인은 부친과 화형방이 "황곡(黃鵠)"이라 불리는 윤선(輪船)의 제작을 도운 적이 있는데 비록 작은 배이지만 오롯이 중국인 스스로 착수하여 모방한 배였다. 서수는 이 배를 바치기 위해 상해 강남제조총국의 총리에게 파견되었고 서건인도 따라서 동행했다. 강남제조국은 연이어 "조강(操江)", "측해(測海)", "어원(馭遠)" 등의 군함을 건조하며 중국 근대공업 최초의 기지 중 하나로 꼽힌다.

서씨 부자는 기계 공정을 중시할 뿐만 아니라 기초이론의 중요성을 아주 잘 이해했다. 그들은 증국번에게 기초 이론 연구를 강화해야 "근본을 탐구하고 서양인에게 매점매석을 당하지 않는다."라는 의견을 건의했다. 증국번은 이에 대해 꽤 칭찬하며 "이 일로 제조국이 더욱 중요하게 여겨질 것이다."라는 등의 말을 하며 회답했으니 서씨 부자 및 이선란, 화형방의 지음이라 할 만하다. 서씨 부자 등은 먼저 강남제조총국에 번역관을 부설하였는데 1876년경에는 영국인 존 프라이어와 합작해서 상해에 치격서원을 창설하여 중국인과 외국인을 한데 모아 과학기술서적을 번역하는 동시에 실험연구를 진행하였다. 당시 중국에 도입한 화학이론 부문은 이미 일본을 앞서 간 것이다.

1870년 천진에서 기기제조국을 인수하여 경영한(원래는 숭후(崇厚)가 1867년에 창립) 이홍장은 서건인을 불러서 질산 연구제작의 책임을 맡겼는데 매우 빠르게 시험제작에 성공하였다. 대량 생산을 시작한 뒤에 수입 질산보다 가격이 저렴해졌고 근대 군사공업의 발전에 공헌하였다.(질산은 화약을 만드는 기본 원료이다.) 서건인은 이때부터 명성을 얻었고 동시에 도원 자격을 취득하였다. 총리아문에게 만언서(萬言書)를 올렸는데 사람들을 해외로 파견해 공예기술과 관리체제를 연구하게 하자는 건의였다. 총리아문은 긍정적인 답을 주고 아울러 "외교를 담당할 인재"라며 보증하였다. 1875년 서건인은 산동순무(山東巡撫) 정보정(丁寶楨)에 의해 산동 기기국 총판으로 전근하여 2년 동안 노력하는 동시에 "서양인의 것을 그대로 쓴 적이 없었다." 빠르게 무기와 탄약을 만드는 병기공장을 완성하니 이홍장 등 총독과 순무들의 신임이 더욱 두터워졌다.

1879년 이홍장은 서건인을 주독대사관의 참사관 자격으로 파견하여 독일, 영국, 프랑스 등으로 가서 함선 건조, 병기 공업을 시찰하고 신형 함선을 주문하게 하였다. 서건인의 이 행보의 주요 목적은 당시 제작된 주력 함선인 철갑군함의 구매였는데 독일이 함선 건조가 비교적 앞서 있다고 여겼기 때문이다. 이홍장과 심보정은 혁덕(Robert Hart)이 주장한 영국의 "스턴취 전함(師丹炮船, Staunch호)"을 구입하라는 건의에 반대했으나, 중국인이나 외국인을 출국시켜 자문을 구한 뒤 구입하는 문제에 대해서는 의견 차이를 드러냈다. 심보정은 중국인 관원을 보내 구입하는 문제에 대해 믿음이 부족했다. "아마 이러저러한 곡절이 많아서 비용을 절약하거나 반드시 낭비를 할 것이다." 혁덕과 금등간(金登幹, James Duncan) 등을 보내 구입하게 하는 것만 못하다. 이홍장은 서건인에게 희망을 걸고 주독공사 이봉포(李鳳苞)에게 편지를 보내 서건인이 방문 구입하는 일에 대해 관심을 갖고 지지해 주기를 주의하며 당부했다.

영국, 프랑스, 독일 삼국을 거치며 착실하게 조사한 뒤 결국 독일의 사단정(司旦丁, 지금 폴란드의 슈테틴)에 있는 복이갱(Vulcan) 조선소에서 두 척의 신식 철갑선을 구매했다. 이 배가 이후 북양해군의 기초를 안정시킨 양대 주력선인 "진원(鎮遠)"과 "정원(定遠)"이다. 정원은 7335톤, 6000마력, 시속 14.5해리, 포문 수는 22문으로 선원은 330명이다. 진원은 7355톤, 6000마력, 시속 14.5해리, 포문 수는 22문으로 선원은 300명이다. 이 당시 설령 비교적 앞선 대형군함이 있다고 해도 서건인은 "더 좋은 배는 운항할 수 없다."라고 말했으니, 이는 약간 말이 과장되어 사실과 다르다. 과학 기술 전문가의 신분으로 서건인은 유럽에서 구매할 군함을 찾는 기간 동안 90개에 가까운 공장, 학교, 박물관 및 기타 각종 근대설비를 참관하고 200여 종의 공예, 설비 및 관리방법을 연구했다. 그는 이러한 풍부한 수확을 《유유잡록(歐遊雜錄)》에 기록하고 매우 진지한 책임정신과 신중함으로 세밀한 과학적 기풍을 충분히 체현하여 국민들에게 수많은 최신 과학기술 정보를 제공하였다.

서건인의 최후는 불행하였으나 영광스러웠다.

그는 해외출국 이후 영국의 대형 철갑선을 만드는 공장이 설비 측면에서 강남제조총국과 별반 차이가 없지만 전자는 신식 함선을 만들고 후자는 만들기가 어렵다는 것을 발견했다. 또 독일에 있는 설비는 비교적 간단하고 낙후된 화약 공장에서 중국의 "천진, 남경, 제남, 상해"의 각 제조국보다 양질의 생산품을 만들어 낸다는 것도 발견했다. 그는 거듭 생각한 끝에 "팽창력, 속도, 무게를 실험하는 방법과 진심과 진력을 다하는 것, 잘못된 것에 대한 즉각적 수정, 시간에 구애받지 않는 정보와 같은 무형적 요인 외에는 다른 비법이 없다."[160]라는 점이 영국과 독일보다 중요하다고 판단했다. 이 때문에 그는 사람들의 소양, 기술관리 및 기업 관리를 매우 중시하였고 아울러 진귀한 공장관리에 관련된 자료들을 대량으로 가져왔다.

1884년 서수가 병으로 죽자 서건인은 관례에 따라 삼년상을 치렀다. 3년 뒤 증국번에게 남경으로 가서 제조국의 일을 주재해 달라는 요청을 받고, 신형 후장식 총포와 주강설비를 잇달아 조성했다. 1894년 광서황제는 서건인을 직접 불러 만난 뒤 위해(威海)로 시찰을 보냈다. 갑오전쟁의 실패는 그가 정성들여 구입한 양대 전함을 포함한 북양해군의 전멸을 초래하였지만, 과학기술전문가들에게는 생생한 현실 교육이 되었으며 유신변법을 더욱 부추기는 계기가 되었다. 무술변법이 시작된 이후 서건인은 삼품어함(三品卿銜)이 되어 신설된 농공상총국의 총리로 전임되었다. 그는 본래 계획한 일이 많았으나 보수 세력이 정변을 일으켰기 때문에 설립한 지 두 달 만에 농공상국은 폐지되었다. 서건인은 비록 신구 정쟁에 휘말리지는 않았지만 청나라 조정에 대한 믿음을 잃었기에 묘소를 돌본다는 핑계로 고향으로 돌아갔다. 그 뒤 장지동(張之洞)이 그에게 호북으로 가서 호북병기공업의 설립을 도와달라는 요청을 했고, 서건인은 즉시 원래 "한양강약창(漢陽鋼藥廠)"로 가서 무연 화약을 시험 제작했다. "매일 손수 절굿공이와 절구통을 들고 직접 정련하여" 빠르게 성과를 만들어 냈다. 그

160) 徐建寅：《欧游杂录》, 54页, 长沙, 湖南人民出版社, 1980.

러나 마침 공장이 본격 가동될 때 실험실이 갑자기 폭발했고 서건인은 중국 근대과학기술발전을 위해 자신의 생명을 바쳤다. 1901년 3월 31일이었다.

곽숭도에 비하면 서건인은 비교적 행운이 따랐다고 할 수 있다. 그는 증국번, 이홍장, 장지동 등의 권위 있는 인사들의 신임과 중용을 잇달아 얻었으며 장기간 동안 보수 세력의 터무니없는 배척과 심한 공격을 받지 않았다. 그래서 대체적으로 자신의 총명한 재지를 발휘하여 조국의 근대화를 위해 다수의 확실한 업적을 남겼다. 그러나 그도 결국엔 불행한 이였다. 참사로 인한 요절이 아니라 당시 중국의 낙후된 사회환경은 그의 총명한 재지를 더 크게 발휘하기엔 여전히 부족했고 더욱이 그가 진정으로 실권과 책임감을 갖고 중국 공업화를 추진할 수 있는 정부 지도자가 되는 것도 허락하지 않았다. 이는 개인적인 불행일 뿐만 아니라 민족 전체의 불행이기도 하다.

다음으로 우리는 증국번, 좌종당, 이홍장 막부와는 다른 유형의 인물이면서 활동량이 더욱 크고 이룩한 사업도 더욱 많은 인물을 재조명한다. 그 중 가장 손꼽히는 인물이 바로 성선회(盛宣懷)이다.

성선회(1844-1916)는 자는 행손(杏蓀), 별호는 우재(愚齋)로 강소성 무진(武進) 사람이다. 관료집안 출신으로, 부친 성강(盛康)은 지부(知府), 도원(道員) 등을 역임하였으며 《황조경세문속편(皇朝經世文續編)》을 편집하였다. 이 책은 위원이 편찬한 《황조경세문편(皇朝經世文編)》의 후속으로 출판된 또 하나의 큰 책이다.[161] 편집자는 경세치용의 학풍을 신봉하였기에 자기 아들인 성선회도 당연히 그 영향력을 받아들였다. 성선회는 1867년 생원시에 급제하였으니 그때가 23살이었다. 이후 여러 번 시험에서 낙방하여 과거의 길에 대해 자신감을 잃었다. 결국 재물을 바치고 주사가 되었다.

1870년 봄 이홍장이 황제의 명을 받아 군대를 이끌고 섬서성으로 들어가 회족 봉기군을 공격할 때 성선회는 양종렴(楊宗濂)의 추천을 받아 이홍장의 막부로 들어가 군영 내 문건 처리 및 영무처(營務處)의 일을 맡았다. 성선회는 과거장에서는 여러 번 실패를 겪었지만 실무에 있어서는 월등한 노련함과 재주를 드러내 이홍장으로부터 높은 평가를 받았다. 지부, 도원으로 승진을 보장받으며 섬서와 감숙성 후방의 군량고를 관리했고 회군(淮軍) 후방에서 영무처의 일을 맡으며 청운을 뜻을 밟아나갔다고 할 만 했다. 같은 해 8월, 직례총독 증국번이 양강도독으로 전임되면서 이홍장이 직례총독(直隸總督)이 되었다. 성선회도 이홍장을 따라 직례로 갔다.

1872년 3월 증국번이 병사하자 이홍장은 가장 권세 높은 지방고관이 되었다. 1872년 이후 이홍장은 대학사(大學士)를 협조한다는 이유로 무영전 대학사(武英殿大學士), 문화전 대학사(文華殿大學士)를 맡았고 아울러 직례총독 겸 북양통상대신을 25년 이상 연임했다. 즉, 각종 양무사업의 가장 유력한 추진자인 셈이다. 성선회는 이런 큰 인물과 결합해 자신의 정치, 실무 생활에서 사람들의 주목을 끄는 새로운 단계로 진입하였다.

---

161) 성강(盛康)이 편찬한 《황조경세문속편》은 모두 120권으로 1897년 사보루(思補樓)에서 간행하였다. 체계는 《황제경세문편》과 동일하고 도광, 함풍, 동치, 광서 4대조의 상소문과 논문을 포함하고 있다.

성선회는 이홍장의 중용을 받았는데 청나라 정부는 근대공업 설립의 역점을 점차 강해지는 것에서 부유해지는 것으로 바꾸어 나갔다. 1872년 윤선초상국의 창업과정에서 성선회는 이를 기획하고 법령 제정에도 참여했다. 이홍장은 운송업과 해운업에서 10여 년의 경력을 쌓은 3품어도원(三品銜道員)과 절강후보지부(浙江候補知府) 주기앙(朱其昂)을 기용해 총판으로 삼고 다음 해에 성선회를 책임관으로 정식 위임했다. 성선회는 또 서양인 및 무역에 능숙한 광동의 부상(富商) 서윤(徐潤), 당정추(唐廷樞)를 추천하여 공동 책임관으로 임명했다. 초상국은 남북 조운에 관한 일 외에도 상해에서 일본, 말레이시아, 필리핀, 싱가폴 등의 외국 항로도 개척했다. 업무가 발전함에 따라 초상국은 19개의 비교적 중요한 상업 항구에 분국을 설립하였는데 국내항으로 천진(天津), 우장(牛莊), 연태(煙台), 복주(福州), 하문(廈門), 광주(廣州), 홍콩, 선두(汕頭), 영파(寧波), 진강(鎮江), 구강(九江), 한구(漢口)이며 국외항으로 나가사키, 요코하마, 고베, 싱가폴, 피낭, 안남, 루손 등지로 상당히 방대한 규모의 해운체계를 갖췄다. 이 때문에 초상국은 미국의 기창, 영국의 태고 등 선박회사들의 질시와 격렬한 경쟁을 불러 일으켰다. 초상국은 가장 복잡한 업무와 정치 분쟁과도 맞서면서 생존과 발전을 도모했다. 한 세기 이상의 장대한 역사를 가진 유명한 기업이 일어난 초기에 당정추, 서윤, 성선회는 자신의 경영능력과 관리능력을 모두 처음부터 보여주었다.

공업과 해운업의 발전으로 자원과 원료의 수요가 나날이 증가했다. 1875년 성선회는 호북성의 석탄과 철광 매장량을 사전 탐사하는 일에 파견되었고, 이듬해 호북성에서 석탄과 철을 채굴하는 총국을 정식으로 개설하여 성선회를 이 총국의 감독으로 임명했다. 성선회는 영국의 광산 전문가를 초청해 신식 기법을 이용하여 호북성과 강서성의 석탄과 철의 매장량을 탐사하였고 잇달아 대야(大冶), 당양(當陽), 흥국(興國), 광제(廣濟) 등에서 석탄과 철광산을 발견했다. 그 중 대야 철광산의 발견은 한양 철광산의 창립에 유리한 조건을 제공하였으니 중국 근대 철강산업 탄생의 전조라고 할 수 있다.

광공업 기업과 교통운수사업 및 금융무역의 발전은 우편통신사업에 대해서도 절박한 수요를 생기게 했다. 1880년 이홍장은, 주청하였던 전보사업 처리가 승인되자 즉시 성선회를 보내 그 일을 주재하게 했다. 성선회는 덴마크 대북공사(大北公司)와 회동을 갖고 덴마크 기술자가 중국으로 와서 건축하도록 고용했다. 1881년 천진과 상해에 전선이 개통되고 나서 천진에 정식으로 전보국이 설립되었고 성선회가 감독관을 맡았다. 뒤이어 상해에서 전보사업이 확대되면서 전국의 전보계획을 입안했다. 1897년까지 전국 22개 성에 모두 전보 전용선을 부설하겠다는 계획이었다.

19세기 말 성선회의 경영활동은 직방공업과 철도, 금융업까지 확장했다. 1893년 상해 기기직포국은 문을 연 지 3년 만에 화재로 전소되었다. 성선회는 재난의 시기에 임명을 받아 겨우 1년 만에 회복시켰고, 이 직포국이 있던 원래 주소에 따로 화성방직총국(華盛紡織總局)을 건설하였다. 방추 6만 5천 개, 직조기 750대를 보유한 당시로서는 규모가 꽤 큰 국내 방직공장이었고 이 방직국 역시 성선회가 감독관을 맡았다. 1896년 장지동 등이 연명으로 철도공사의 개설을 주청하는 동시에 성선회를 추천해 그 일을 주재하게 했다. 성선회는 광서황제의 부름에 응해 북경으로 들어와 건청궁(乾淸宮)에서 황제를 친견하고 철도공사는 "자강의 일단"이라 할 법하다고 주청했다. 황제의 칭찬과 허락, 그리고 혁흔, 옹동화(翁同龢) 등 왕공대신들의 지지를 얻어 즉시 4품 경당후보(京堂候補)로 봉해지고 철도공사사업을 관리하게 되었다. 1897년 초 철도총공사가 상해에 설립되고 성선회는 먼저 노한(盧漢) 철도를 만들 것을 주청하였다. 그 뒤에 다시 소호(蘇滬), 오한(粵漢) 철도를 건설하였는데 다른 회사를 세울 필요는 없었다. 성선회는 황제의 부름을 받아 북경에 있는 기간 동안 은행의 개설을 주청하였고, 광서황제의 허락을 받은 동시에 관리 감독을 선택해 개설하라는 명을 받았다. 1897년 5월 중국통상은행이 상해에 세워졌으며 성선회가 이 은행의 감독관을 맡았다. 이는 최초로 중국인이 직접 만든 은행이었다.

무술변법 2년 전 성선회는 유곤일(劉坤一)이 진술한 《자강대계(自強大計)》를 도와주었는데 연병, 재무관리, 인재육성 등 여러 항목이 담긴 의견이었다. 무술변법 기간에 다시 북경으로 입궁했다. 광서황제를 두 차례 소대하며 《연병설첩(練兵說帖)》을 아뢰었다. 그러나 국정이 변동하자 즉시 남쪽으로 내려갔다.

의화단운동 시기에 성선회는 가장 중요한 활동을 하였는데, 바로 유곤일, 장지동(張之洞) 등을 도와 각국의 상해 주재 영사와 함께 "동남호보(東南互保)" 협약을 완성한 일이다. 상해 조계지(租界地)는 각국이 함께 보호하고 장강과 소주, 항주 내륙지방은 각 성의 총독과 순무가 보호하되 서로 방해하지 않기로 약정했다. 이는 동남지역에 인구를 밀집시키고 경제문화를 발전시켜서 전화를 피하게 하였다. 과거론자들은 이것을 근거로 성선회가 매국과 배신하였다고 비난했지만 실질적으로 약소국 외교의 어쩔 수 없는 행동이었다. "동남호보"는 반식민지의 현실을 인정한다는 전제 아래에서 동남지역의 안정을 지키려고 노력한 것에 불과했다. 이 조약으로 인해 중국이 더 많은 손해나 굴욕을 당하지도 않았고 오히려 중국의 손실이나 굴욕이 어느 정도 감소하였다. "동남호보"를 주선하는 과정에서 성선회는 근대 외교지식과 매우 세련된 노련미를 갖췄다는 것을 보여주었다.

성선회는 여러 경제 사업을 발전시키면서 인재와 교육의 중요성을 더욱 깊이 이해했다. 갑오전쟁 후 오래지 않아 천진에 중서학당(中西學堂)(훗날 북양대학당)을 설립하였다. 1896년에는 또 상해 서가휘(徐家彙)에 남양공학(南洋公學)(상해교통대학의 전신)을 설립하고 그 안에 사범대, 외원(부속 초등학교), 중원(중학교), 상원(대학교)을 설립했다. 이 학교에서는 중국을 위해 최초의 과학기술인재들을 육성했다.

성선회는 이룩한 일도 매우 많고 공헌도 매우 크지만, 업무상 실수와 개인적 인품의 문제도 적지 않아서 초기와 후기, 생전과 사후 모두 논쟁거리가 많았던 인물이었다. 일찍이 1877년 기창윤선공사(旗昌輪船公司)의 모든 산업을 인수한 초상국의 적재량은 영국 상사인 이화(怡和), 태고(太古) 두 회사의 총 적재량을 뛰어넘었다. 그때 한 어사(禦史)가 성선회가 초상국 내부에 심복을 심어 두어 "차명으로 이름만 걸어 둔" 사람이 많다고 탄핵했다. 1880년 국자감좨주(國子監祭酒) 왕선겸(王先謙)의 탄핵 발언은 더욱 격렬했으니 직접 성선회를 가리켜

"교통을 조작하여 어부지리를 취했다."라고 말했다. 청나라 조정은 이홍장에게 유곤일(劉坤一)과 함께 착실히 조사하라는 명을 내렸다. 유곤일은 1881년의 첫 조사에서 왕선겸이 탄핵한 각 항목은 "무혐의라고 할 수 없다."라고 여기며 아울러 성선회는 "국고를 좀먹고 공사를 병들게 한 혐의", "제 멋대로 일처리를 한 혐의", "무능한 이에게 벼슬을 준 혐의", "모리배와 같은 자"로서 마땅히 파직해야 한다며 탄핵했다. 이홍장은 두 번째 조사에서 성선회를 적극적으로 변호하는 동시에 유곤일은 사람을 쓰는 방법과 권리를 지키는 방법을 하나도 모른다고 비아냥거렸다. 쌍방의 논쟁이 1년이나 지속되자 청나라 조정도 어찌할 도리가 없어 결국 흐지부지되었다. 경자년(1900) 이후 비난은 더욱 쏟아져서 심지어 이권회수운동과 철도보호 풍조가 일어나 성선회는 뭇 사람들의 공격대상이 되었다. 거의 전국에서 그를 욕하며 규탄했으며 심지어 어떤 사람은 성선회의 손에 청나라가 망한다고 생각하였다. 그러나 냉정하게 따져보면 당시 수많은 사대부들이 양무사업을 하찮고 장사치와 함께하여 부끄럽다 말하며 "각자의 안일함만 생각하며 존귀함이나 명예만 좇으며 어려움 없이 공적만 바라는" 상황 아래에서 그는 오히려 시대의 흐름과 국가의 필요에 따라 짧은 시간 내에 어려움을 무릅쓰고 용감히 사업을 추진했다. 아울러 의지할 만한 국내 경험이 전무한 상태에서 항만, 철도, 광공업, 방직, 전신, 금융 등의 방대한 사업체계를 설립하여 중국으로 하여금 근대화의 길로 크게 한 발자국 내딛게 하였으니 그 필로남루(篳路藍縷)의 노고가 없다고 할 수 없다. 당연히 이런 역사적 조건 아래에서 기술과 자본을 들여오려면 어느 정도의 손해 또는 민족의 권익에 심각하게 훼손하는 경우를 피할 수 없다. 하지만 대부분 중국이 반식민지의 지위였기 때문에 이루어진 결정이라 성선회 개인에게 전부 책임 지울 수는 없다. 그의 탐욕과 이익추구, 모리배 같은 성격에 대해 말하자면 오히려 그렇다고 말할 수 있다. 그러나 역시 한 가지 평가 기준의 문제가 있다. 탐욕스러움은 자본계급의 천성이고 이익추구는 자본계급의 삶의 목적이다. 이 부분에 있어서 성선회는 확실히 일반적으로 정도를 걸은 구식 관료와는 다르다. 그러나 그가 사익만을 쫓느라 공리를 추구하지 않았다고 볼 수 없으니 그는 민족의 공업발전을 도모하는 동시에 자신의 산업을 경영했고 그의 모든 기업과 사업경영은 전반적으로 국민 경제발전에 여전히 유익했다. 유신사상 선구자들이 생각하고, 쓰고, 말한 것들을 그는 행동으로 옮겨 모두 실현한 것이다. 형상이 다소 왜곡되고, 외형구조가 조잡하거나 불결해도 그것들은 더 이상 머리나 책, 그리고 말로만 있는 관념의 형태가 아니라 보고 만지고 쓸 수 있는 실체로 변화한 것이었다. 이는 스스로 고상하다 여기고 앉아서 도를 논하거나 말과 행동을 조심하느라 모든 새로운 사물을 거부하는 정인군자(正人君子)들보다 훨씬 더 고명했다. "철도국유화" 문제 역시 그때 당시와 사후, 그리고 지금에 이르기까지 모든 사람들이 격렬하게 비난하는 부분이었다. 그러나 천한(川漢), 오한(粵漢) 철도 건설과 같은 대형 공사를 당시 중국의 경제발전수준에서 단독으로 국내 민간투자에 맡겨서 완성하기란 어려운 일이었다. 그러므로 국가가 철도를 건설하며 주권을 가졌고 그 자체로는 비난할 여지가 없었다. 문제는 국가재정이 매우 가난했기 때문에 대량의 외자를 유치해야 하고 외자유치는 반드시 외국자본가에게 혜택을 주어야 한다는 점이었다. 또 《신축조약(辛醜條約)》이 체결된 뒤 민족주의 정서가 팽배해진 시기인지라 전국의 강렬한 항의를 불러 일으켰고 청나라의 멸망을 초래한 보로풍조(保路風潮)가 다시 생겨난 것도 필연적인 결과였다. 청나라 정부가 일찍이 당당하게 "양인조정(洋人朝廷)"이라는 감투를 썼으니 철도국유화 정책을 견지해 온 성선회가 욕을 먹고 배신자가 된 것 역시 당연했다. 이 역시 시류이며 운명이었다!

그러나 역사란 객관적이고 관대해서 시간이 흐름에 따라 사람들의 감정적인 색채는 점점 줄어드는 반면 이성적인 부분은 늘어난다. 그리고 옛사람이 남겨 놓은 사업의 사회적 효과가 점점 전면에 충분히 드러난다. 진정 국민경제에 유익하고 민족의 발전에 도움이 되는 사업이라면 후세 사람들은 반드시 그 창립자가 무수한 난관을 극복한 공을 추념할 것이다. 당시의 업무상 과실로 인한 품격의 약점은 점점 흐릿해지는 동시에 냉정하고 분석적인 태도로 여러 가지 분노로 가득 찼던 비난과 비판자들을 대할 것이다. 물론 당시 성선회를 비난했던 언론에 대해 모두 청산할 필요는 없는 것이 그 중에는 역사의 거울로 삼을 만한 것들도 적지 않았다. 여러 비판자들 중에는 일부는 애국심에서 나온 애매한 배외풍조이고 일부는 "배만(排滿)"을 위해 혁명의 흐름을 조장한 것이며 일부는 정치적 결정에 따라 자기만의 독특한 견해를 확실히 갖고 있기도 했다. 이들에 대해 우리는 모두 이해와 적절한 평가를 해야 한다. 왕선겸처럼 저렇게 극단적으로 스스로를 "정인군자"

라 자신하면 사람들은 장건(張謇)의 "지금 세상이 어떤 세상인가? 한창려(韓昌黎, 한유)가 말한 소인이 남을 의론하기 좋아하고 남의 미덕을 좋아하지 않는 세상이다. 이는 세상에 군자는 없다는 말이 아니라 군자가 되려는 사람은 적고 가짜 군자가 많다는 말이다. 다른 사람에 대해 토론하는 사람은 항상 좋지 않은 마음으로 사람을 헤아린다."162)와 같은 이러한 탄식을 불러일으킬 수밖에 없다. 장건은 당시에 성선회를 호되게 비난한 적이 있으면서도 비난 속에 정의와 사리사욕이 뒤섞여 있었다. 그러나 이것은 한편으로는 정정당당한 비판이고 다른 한편으로는 나라와 국민을 이롭게 한 수많은 사업을 설립한 선구자에 대한 비판이다. 우리는 중국근대화를 위해 심혈을 기울인 사람들을 존중해야 한다. 그 안에는 선동자, 설계자, 조직자, 실천자들이 포함된다. 노신(魯迅)은 일찍이 가장 먼저 게를 먹은 사람을 용사라 부른 적이 있는데, 우리는 이 사람이 게를 먹기 전, 먹을 때, 먹은 후 모두 어떤 숭고한 뜻을 세웠거나 품지는 않았으리라고 생각한다. 왜냐하면 그는 결코 후세에 본보기가 될 사례로 알려질 것이라 생각하지 않았기 때문이다. 또한 우리는 이 사람이 먹는 모습도 우아하지 않을 것이라 생각한다. 대개 맹목적인 답습은 어느 정도 탐욕스럽기 마련이니 후세 군자들처럼 게를 먹으며 국화를 감상하거나 술 마시며 시를 읊지는 않을 것이다. 성선회는 이렇게 중국에서 대담했던 "첫 번째로 ……" 한 사람들에 대해 어쩌면 같은 생각을 갖고 있을지도 모른다.

162) 张謇 :《大生纱厂股东会宣言书》, 见张孝君 :《张季子九录》卷八, 34页, 上海, 中华书局, 1931.

종합하자면 다양한 양무사업 설립의 주요 추진자들이 1860년대부터 90년대까지 이미 개개인보다 더 많은 사회집단이 형성되어 이미 60년대 이전의 위원, 풍계분 등이 그저 고독한 외침을 할 수밖에 없었던 것과는 크게 달라졌음을 알 수 있다. 이러한 사회집단을 비교적 큰 영향력에 따라 4개의 그룹으로 구분할 수 있다. 첫 번째는 증국번, 이홍장, 좌종당, 장지동 등의 총독과 순무그룹으로, 그들은 권세와 자금 및 병권을 가졌고 청나라 조정의 정책결정에 영향을 미칠 수 있으며 자신들의 관할 내에서 과감하게 각종 신식 기업 및 사업을 할 수 있었다. 두 번째는 곽숭도, 풍계분, 설복성(薛福成), 마건충(馬建忠) 등 사상적 선구자 그룹으로, 그들은 막부 안팎에서 막주(幕主)에게 영향을 주면서 정책결정에 참여하고 여론을 이끌었다. 세 번째는 서수, 화형방, 이선란, 서건인 등의 과학전문가(혹은 기술관료) 그룹으로, 그들은 이미 서재와 실험실을 벗어나 공장의 건설과 운영 등의 중책을 맡은 기술관료 집단으로 볼 수 있다. 네 번째는 성선회, 정관응, 서윤, 당정추 등의 경제 관리자 그룹으로, 그들은 출신과 경력은 물론 주어진 기회나 결과가 모두 달랐지만 경영 관리에 능숙하다는 점이 공통점이다. 그들은 동시에 관직에 있으며 상업에 종사하기도 했지만(상인이면서 관리이기도, 관리이면서 상인이기도) 그들은 상인의 기질이 관료기질보다 더 뛰어났다. 유곤일이 성선회에게 욕한 "무능한 이에게 벼슬을 준 혐의", "모리배와 같은 자"라는 말은 낡은 관료계가 이런 개척성이나 경제형 기질을 가진 신흥 경제 관료를 인정하고 받아들이지 못했음을 보여준다. 그러나 이들의 영향은 매우 중요하다. 총독과 순무 그룹의 정책결정,

사상 선구자 그룹의 관념, 과학기술 전문가 그룹의 재지가 모두 그들의 조직운영을 거쳐야 비로소 현실이 되고 전국 각지에 산재한 근대 기업 및 사업의 실체가 될 수 있다. 예를 들어 여러 양무사업의 개최는 중국이 농업종법사회와 분리하여 점차 근대화의 길로 접어들었다는 점을 반영한다. 이런 집단들의 출현은 일부 지식인들이 비록 그 수도 적고 변화과정도 깊지 않지만 옛 관료와 문사계층을 벗어나 점차 자산계급이나 자산계급의 대표, 그리고 자산계급과 소자산계급의 지식인으로 바뀌고 있음을 반영한다.

그러나 중국발전의 저항도 여전히 컸다. 1860, 70년대에는 내재적 저항의 위험이 외재적 저항보다 더 심했다. 근대문화, 경제사업의 개최는 시작부터 수구세력의 고집스런 방해를 받았다. 동문관이 설립된 지 얼마 되지 않아 대학사 왜인(倭仁)이 1867년 3월에 한 통의 상소문을 올렸다. "건국의 도리는 예의를 숭상해야지 권모술수를 높여서는 안 됩니다. 근본을 도모하는 것도 사람의 마음을 바로잡는 데 있지 기예에 있지 않습니다."라는 그의 기본이론은 유신사상 선구자들의 "오랑캐의 장점을 배우자."라는 주장과 첨예하게 대립했다. 그는 "지금 기술의 꽁무니를 얻으려고 오랑캐를 받들어 스승으로 모신다 한들 교활한 오랑캐들은 반드시 그 정수를 전하지 않을 것입니다. 즉 정성으로 가르쳐도 이뤄내는 것이 술수지사에 불과할 것입니다. 고금을 막론하고 술수에 기대어 쇠약한 자를 일으켰다는 말을 들은 바가 없습니다. 천하가 크니 인재가 없음을 근심하지 않습니다. 천문과 수학을 반드시 배워야 한다면 그 정수를 알고 있는 이를 널리 구하면 될 것을 어찌 오랑캐가 필요하며 어찌 오랑캐를 스승으로 삼겠습니까. …… 책 읽는 선비를 믿고 의리를 분명히 말한다면 아마 인심도 유지할 수 있을 것입니다. 지금 나라에서 기르고 쓸 곳에 대비해서 모은 총명한 수재들을 뽑아 오랑캐를 따르게 하면 정기를 펼치지 못하고 사기만 오히려 가득할 것입니다. 몇 년이 지나면 중국 사람들 모두가 오랑캐가 되는 일이 끊이지 않을 것입니다."[163] 이 상소문은 전통적 "이하지변(夷夏之辨)" 개념의 대표작이라 할 만하다.

당시 공친왕 혁흔이 군기처의 업무를 주재하고 있었다. 그는 각종 양무사업을 지지하며 이학대사 왜인으로 대표되는 보수 세력은 줄곧 탁상공론뿐이며 "평화와 전쟁을 따지는 것은 모두 도움 되지 않는 빈말"이라고 비난하는 상소문을 올렸다. 지금 또 "충의를 갑주로 삼고 예의를 방패로 삼는 등의 말은 적을 제압하는 명령으로 충분히 담판을 지을 수 있다 말하는 것이니 신들은 믿을 만한 것이 못 된다."라고 말했다. 왜인이 계속 무리한 분쟁을 일으키며 반대하는 상소를 올리자, 혁흔 등은 조칙을 통과시킬 방법을 생각하여 왜인에게 "따로 지역을 골라 관청을 설치하여 왜인이 중시하는 일을 감독하되 동문관에서 초빙한 각 인원들과 서로 격려하여 실질적 효과를 함께 거두게" 함으로써 "이 대학사가 아는 바"를 증명하게 했다. "상호 격려"는 사실 서로 우열을 겨뤄보라는 말이다. 이 방법은 꽤 효과적이었다. 공담(空談)이나 도기(道器), 심성(心性)의 학문을 배운 대가들의 내면에는 진정한 재능과

163) 《筹办夷务始末》(同治朝), 第47卷, 24页.

실질적 학문이 별로 없었다. 더욱이 천문, 수학을 이해하지 못하여 어쩔 수 없이 "저희가 앞서 올린 상소는 논할 만한 것이 못 됩니다."라고 인정하며 논조가 금세 물러졌기 때문이다. 그러나 이 완고파들은 자신들의 패배에 불복할 뿐 아니라 같은 해 여름 직례지주(直隸知州) 후보자인 양정희(楊廷熙)가 동문관(同文館)에 10가지 대죄가 있다며 비난하며 올린 상소를 지지하였다. 심지어 당시에 가뭄이 이어지는 것도 "터무니없는 억지를 부려 동문관을 설립하고 적을 스승으로 모시고 원한을 잊는 오랑캐 다스리는 법의 실책에서 비롯된 것"이라고 하였다. 다행히 당시 혁흔이 자희태후(慈禧太后)의 신임을 받고 있었기에 양무사업 창설을 지지하는 청나라 조정의 태도 역시 꽤 명확해졌고 동문관도 겨우 무사하였다.

그러나 철도문제의 오랜 논쟁에서는 수구세력의 여론이 큰 영향을 미쳤다.

1872년 상해의 외국교민 중 일부가 오송도로공사(吳淞道路公司)를 조직하여 상해와 오송 간의 9.25마일, 폭 15㎡의 부지를 구입했다. 표면적으로는 도로공사였지만 실질적으로는 철도공사였다. 뒤이어 1874년 오송철도공사가 정식으로 설립하였는데 총 사무처는 런던에 있었으며 자본금이 10만 파운드나 되었다. 도로공사용 토지와 권익을 철도공사가 받아서 1876년 6월이 이미 전체 철도 공정의 절반을 완성하여, 즉 상해—강만지역까지 동시에 영업을 개통했다. 상해 외국교민의 이런 행동은 일본 도쿄 — 요코하마 철도공사에서 영감을 받아 취한 것이다. 일본정부는 1868년에 이 라인의 권리를 미국상인에게 양도하였고 1872년에 정식으로 개통되었다. "상해 항구의 운수문제는 도쿄와 매우 비슷하다. 외국 선박은 외국 조계지에서 하류로 12마일 떨어진 오송강에 정박하는 것을 비교적 편리하게 생각한다. 이 기항지에 철도를 건설하여 이 도시로 연결하면 요코하마 — 도쿄선과 비슷한 역할을 할 수 있을 것이다."[164] 외국상인이 자신들의 사업상 편의를 위하는 것은 당연하나 한편으로는 이 철도의 편리함이 시범 효과의 기점이 되어 청나라 조정 관리들의 철도건설 의욕을 북돋아 그들의 통상과 투자환경을 개선하고자 했다.

그러나 일본에선 순조롭게 이루어졌던 사정이 중국에선 도리어 큰 골칫거리를 만났다. 길(Gill)이 《금사강(金沙江)》에서 쓴 글에 따르면 "이것의(오송철도를 가리킴) 건설 기간과 통행 초기에 상해 사인계급의 선동을 받은 것으로 보이는 인근 마을 주민들 사이에서 심각한 반감이 있었는데 심지어 작정하고 자살 방식까지 계획하여 반대활동을 진행했다. …… 각종 철도를 공격하는 방식이 모두 사용되었다."라고 하였다. 철도가 절반 정도 건설되어 개통되자 중국과 영국 사이에 진지한 교섭이 일어났다. 중국정부의 비준과 권한을 부여받지 못했기 때문에 당연히 중국 주권 손상의 문제가 언급되었다. 반복된 격렬한 논의와 상호타결을 거쳐 결국 1876년 10월에 《오송철도 회수조항[收回吳淞鐵路條款]》이 체결되었고 중국은 285만 1천 냥의 은을 주고 경영권을 되찾았다. 이른바 "경영권"이라는 것은 체면치레에 불과하고 결과적으로는 업무를 철회한 것이다. 당시 중국 대륙의 사회심리 상태에서는 화차와 철로를 "풍수

164) [美] 泰勒·丹涅特：《美国人在东亚》(中译本), 503页.

의 용맥(龍脈)”을 훼손시키는 신문물이라 여겼으므로 이를 받아들이기에 부족했다.

비록 이 기차를 타본 사람들이 신식 교통의 우수성을 꽤 느껴서 “(발차 후) 천천히 출발하여 점점 빨라지더니 갈수록 빨라진다. 번개와 천둥이 치는 것처럼 바퀴가 철로에서 움직인다. 철로는 결을 곱게 단련한 화살 같은 모양으로 철봉을 양쪽에 설치하여 기계부품으로 치수를 똑같이 맞춘다. 차량을 조금의 틈도 없이 딱 맞게 나아가게 해서 앉아서도 꽤 편안하다. 마을과 구름, 숲을 지날 때는 날개 없이 나는 것 같아 매우 한가롭게 느껴지지만 그 운행은 쏜살같다. 15분도 지나지 않아 12리 떨어진 강만에 도착했다.”라고 하더라도 이들은 철도가 어떤 결과를 초래할지에 대해서는 여전히 앞길을 예측할 수 없어 수심에 잠겨 있었다. 그들은 “서양에서 처음 철도를 개통할 때에 대해 들으니 반드시 평평하고 곧아야 해서 농가와 묘지들을 무수히 훼손하였다고 한다. 또 점점 내지로 들어오니 대신들이 보고해서 조칙이 내려와 그만두었으니 지금 철거해야 한다.”165)라고 말했다.

오송철도가 철거된 지 3년 뒤에 철도논쟁이 다시 불붙었다. 그 시작은 1880년 말 전 직례총독인 유명전(劉銘傳)의 “조운사업, 구제사업, 상업, 광공업, 교통세, 관광업 같은 것들에 대한 철도 사업의 이점은 셀 수 없을 만큼 많아서 군대를 지휘하는 것처럼 급하게 처리해야지 늦추어서는 안 된다.”라는 생각이었다. 그러면서 외채를 빌려 철도 두 개 노선을 건설할

165) 潘钟瑞 :《香禅精舍集》卷十二, 3页.

것을 주청했다. 하나는 한구(漢口)에서 하남(河南)을 거쳐 북경에 도착하는 노선이고, 다른 하나는 청강(清江)에서 산동을 지나 북경에 도착하는 노선이다. 상소가 올라간 뒤 바로 한바탕 격렬한 논쟁이 일어났다. 시독학사 장가량(張家驤)이 가장 먼저 반대하며 철도에는 "세 가지 큰 폐단이 있다."라고 아뢰었다. 이홍장은 유명전의 건의를 적극 지지하며 철도의 다양한 이점과 피할 수 없는 추세임을 역설했다. 유명전과 이홍장의 주장은 곧바로 철도는 "5가지 해로움"이 있다거나 철도에 "9가지 불리함"이 있다고 주장하는 수구세력 무리와 무지한 관료들의 반대에 부딪혔다. 뒤이어 외국 사절을 다녀온 적이 있는 유석홍(劉錫鴻) 역시 철도는 "하지 말아야 할 것이 여덟이고, 손해 보는 것이 여덟이고, 해로운 것이 아홉이다."라는 견해를 내며 백해무익하니 진행해서는 안 된다고 하였다. 수구파가 철도를 반대하는 여러 이유를 현대의 관점에서 보면 당연히 반박할 가치도 없다. 그러나 당시에는 사람들의 머리와 손발이 겹겹이 쇠사슬을 두른 것처럼 묶여 있었다.

그 뒤 청불전쟁을 겪으며 병력 운용의 어려움을 교훈삼아 청나라 조정의 정권을 쥔 사람들은 각종 저항을 배제하기로 결심하고 1887년 가장 먼저 진고(津沽)철도를 건설하기로 결정했다. 이해에 진고철도가 완공되자 원래 계획대로 통주(通州)까지 연결하려 하였으나 "상하 조정이 모두 놀라" 건설계획은 당분간 보류되었다.

일본의 사네토 게이슈(實藤惠秀) 교수는 중일 초기에 창립한 신식 경제, 정치법률, 문화 교육 등의 항목의 상황을 아래의 표[166]를 이용해 대조하였다.

유사항목	일 본		중 국		연도 차이
	사 항	년	사 항	년	
외국어 학교	서양 학교	1855	동문관	1862	7
윤선 구매	咸海丸	1857	상선 아정호 구입	1872	15
유학	네덜란드 유학	1862	미국 유학	1872	10
공장	요코스카 조선소	1864	안경 군기소	1861	-3
문자혁명운동	《한자어폐지의 의의》	1866	《일목요연초개》	1892	26
잡지	《서양잡지》	1867	《시무보》	1896	29
조령	오조서문	1868	과거폐지조서	1905	37
전신	도쿄—요코하마	1868	상해—홍콩	1871	2
화폐제도	신화폐제도	1871	법폐 실행	1935	64
헤어스타일	두발 자유화	1871	두발 자유화	1911	40
기차	도쿄—요코하마	1872	상해—오송	1876	4
신역법	태양력	1873	태양력	1912	39
민중정치운동	민선의원 설립건의	1874	공차상서	1895	21
국립신식대학	동경대학	1877	경사대학당	1902	25
입헌예고	국회설립조서	1881	예비입헌상유	1906	25
반포헌법	대일본제국헌법	1889	중화민국헌법	1947	58

위의 비교가 비록 모두 정확하지는 않지만 대체적으로 일본 근대화의 수레바퀴가 이미 어느 정도의 기세를 가지고 돌아가고 있다는 점을 반영하고 있다. 이에 반해 중국의 발전 속도는 꽤 완만한 편이다.

물론 모든 것을 보수 세력의 훼방 탓으로 돌릴 수는 없지만 이 책에서 논의한 사회구조 등 국정 전반의 원인 이외에

166) 引自[日] 实藤惠秀：《中国人留学日本史》, 8页, 北京, 三联书店, 1983.

도 양무집단 자체의 약점 역시 부정적인 측면으로 드러났다. 이러한 약점에 대해 곽숭도가 가장 잘 알고 있었고 가장 확실하게 분석했다. 그는 양무집단의 주요 구성원이면서도 이 테두리를 벗어나 세계 각지에서 자신의 집단과 상업을 엄중하게 살펴볼 수 있었다. 곽숭도는, 각 성의 순무와 총독 중에서 진정으로 "양무를 꿰뚫고 있다."라고 칭할 만한 사람으로 이홍장, 심보정, 정일창 세 명 밖에 없다고 생각했다. 그는 "합비(合肥, 이홍장)는 큰 그림을 볼 수 있고, 심상서(沈尚書, 심보정)은 실행할 수 있으며, 정중승(丁中丞, 정일창)은 그 정수를 얻을 수 있다."라고 인정했다. 그러면서 또 그들이 아직 "중체서용"의 프레임을 뛰어넘지 못하고 "단지 서양인의 부차적인 일만을 연구하는 것으로는 그 근본을 잊게 된다."라고 비평했다. 그는 서양 국가의 문명발전이 사회제도, 정치체제, 과학기술, 문화학술, 풍속습관 등 여러 방면의 혁신과 진보에 끼친 영향을 비교적 잘 이해하고 있다. 만약 이 모든 변화의 환경을 떠나 그저 서양의 무기와 탄약만을 연구하여 외국 군대의 구령, 진법, 조례를 도입하고 나아가 몇몇 공장을 설립하고 몇 개 노선의 항로를 개발하는 것으로는 성공을 거두기 어렵다는 것도 잘 알고 있었다. 그러나 양무사업 주관자와 각 계층 실무자들의 관료적 태도, 부패와 우매함은 그를 더욱 낙담하게 했다. 그는 외국인의 말을 빌려 자신의 실망감을 토로한 적이 있다. "프라이어가 상해에서 두 가지 사건을 목격하고 말하기를, 동치 13년(1874)에 일본이 대만으로 군대를 일으켜 연안에 계엄령을 내렸다. 이 때문에 한 척의 선박을 오송강 입구에 주둔시켜 뜻밖의 일에 대비하게 했다. 공관지역으로 병사 300

여 명을 데리고 와서 내리게 하니 병든 자가 6~70명이었다. 오래 머물다 출발하자 사직하는 자가 절반이고 도망가는 자 역시 절반이었다. 오송과 비교하면 20여 명만이 남아 있었다. …… 하루는 대포 만드는 공장에 가서 내부를 뚫는 기기를 사용하는 것을 보았는데, 한 소년이 담당하며 2촌 길이의 차구기(車口機)를 쓰면서 쉬지 않고 기계를 돌리고 있었다. 이에 소년에게 '이것은 내부를 뚫어야 하는데 긴 것을 버리고 짧은 것을 쓰니 뚫을 수가 없다.'라고 힐난하였다. 소년이 '시간이 더 걸릴 뿐이에요. 어쨌든 총판님은 알지 못하니 나를 욕하지 말세요.'라고 말했다."[167] 곽숭도는 이러한 부패상황을 듣고 몹시 마음 아파하였다.

"귤이 회수를 넘어 북쪽에 이르면 탱자가 되니 이는 땅의 기운 때문이다."[168], "귤이 회수 남쪽에서 나면 귤이 되고, 회수 북쪽에서 나면 탱자가 된다. 나뭇잎은 비슷하나 그 열매는 다르다. 이는 무엇 때문인가? 물과 토양이 다르기 때문이다."[169] 선진의 서양과학기술과 설비 및 기업조직이, 늙고 쇠락한 대청제국에 도입된 이후에는 도리어 왜곡되어 그저 씁쓸하고 떫은 열매가 맺혔다. 곽숭도가 중서문화를 전면적으로 비교하여 깊이 파고들며 비교연구를 한 까닭에 그 속의 비밀을 체득할 수 있었다. 그는 "유럽에서 만든 기계 중에 효과를 얻을 만한 것이 어찌 무기와 총포뿐이겠는가. 도둑질하고 부패한 인심과 풍속이 이 지경에 이르고 총포까지 있으니 도적

---

167) 郭嵩焘 : 《伦敦与巴黎日记》, 光绪五年二月十四日日记, 931页.

168) 《周礼·考工记》

169) 《晏子春秋·内篇》

을 병사로 기르고 도적에게 양식을 내려주는 것이다. 그렇지만 서로 속임수가 난무해도 태연하게 대처한다. 프라이어의 말을 들으니 탄식과 슬픔만 난다."[170]라고 말했다.

"속임수가 난무해도 태연하게 대처한다." 이것은 비단 남북양수사(南北洋水師)와 강남제조국(江南制造局)과 같은 곳뿐이 아니라 모든 양무사업의 부정적인 면을 서술한 말이라 할 수 있다. "동광신정(同光新政)"의 약점을 집중적으로 폭로한 것은 물론 갑오중일전쟁 기간이지만 그 패배할 모습은 2, 30년 전에 이미 드러났다.

"귤이 탱자가 되다."에는 하나의 예가 있으니 태평천국운동이 기독교를 도입시킨 것이다.

홍수전(洪秀全, 1814-1864)은 본래 유년시절부터 전통문화교육을 받아 과거를 치른 사인이었으나, 여러 번 과거시험에 좌절하면서 점차 "학업이 뛰어나면 벼슬을 한다."라는 낡은 제도를 싫어하게 되었다. 1843년 마지막으로 치른 시험에서 낙방한 뒤 그는 7년 전에 광주에서 우연히 접했던 《권세양언(勸世良言)》을 읽으며 많은 깨달음을 얻었다. 《권세양언》은 기독교의 교리를 선전하는 전도서적으로 9종의 소책자를 포함하고 있다. 작자는 양발(梁發, 1789-1855)로 원래 인쇄 직공이었는데 영국인 선교사 모리슨에게 고용되어 《성경》 번역본의 인쇄를 담당하다가 나중에 중국인 최초의 목사로 길러졌다. 그는 문화적 수준이 낮고 중서문화의 소양도 부족하여 《성경》 역시 체계적인 깊은 연구를 하기에는 어려웠다. 이 때문에 《권세양언》은 200

170) 郭嵩焘：《伦敦与巴黎日记》, 931页.

년 전 마테오 리치((Matteo Ricci S.J.)가 쓴 《천주실의(天主實義)》보다 체계적이지 않으며 통속적이며 그저 《신약》, 《구약》 성경 중 일부분을 발췌한 책이다. 게다가 중국식으로 견강부회하여 상제 숭배, 예수 공경, 악신과 우상숭배의 반대, 그리고 천당은 영원히 즐겁고 지옥은 영원히 고통 받는다는 등의 교리를 반복적으로 선전하고 있다. 하지만 현실에서 실의한 사람이나 고통과 고난을 겪은 사람들은 진정한 깨달음을 얻기 전에도 종종 종교로부터 위안을 찾아 마음의 공허함을 채우기도 한다. 홍수전은 바로 이러한 상태에서 《권세양언》에서 선전하는 원죄, 유일신 숭배, 하늘의 계율을 따르고 삿된 일을 하지 않는 등의 졸렬한 교리들을 받아들였다.

사회적 갈등이 격화되면서 홍수전은 청조에 반항할 결심이 생겼다. 《권세양언》에서 선전하는 조잡한 교리는 날로 큰 효과를 내고 있었는데 당연히 모두가 홍수전이 조작한 것이다. 홍수전은 기독교 교리에서 사명감과 헌신에 대해 자각했고 각종 박애와 평등사상의 요소들을 받아들였다. 이로 인해 "사악한 간음, 교활한 속임수, 잔혹한 학대"에 반대하는 열정이 폭발했다. 그는 죽을 때까지 믿음을 수행하고 하느님의 복음을 전파하기로 결심하는 동시에 하느님의 의지에 따라 이 더럽고 혼탁한 세상을 씻어내기를 갈망했다. 사실 그는 중국 억만 농민의 의지를 대변했지만 그들은 미래에 누릴 천당 영락을 기다리기에는 인내심이 부족했고 현실생활에서 자신들의 지위와 대우가 개선되기를 더 바랐다. 홍수전은 종교적 언어로 이러한 소망을 표현했는데 그는 하늘 위에 있는 대천당과 인간 세상에 있는 소천당으로 천당을 둘로 나누었다. 오랜 친구인 왕경성(王慶成)의 역작인 《태평천국의 역사와 사상》에는 이 점에 대해 심도 깊고 날카로운 분석을 했는데, 그는 "천당과 지옥은 영혼이 가는 곳으로 본래 피안의 세계이다. 그러나 태평천국종교에서는 오히려 천당을 일정 부분 속세화하였다. 이것은 천당이 농민봉기에 요구된 중요한 표현으로 적응한 것이다." 홍수전은 중국화 된 기독교를 전파하였고 이는 다양한 이단적인 색채를 띠고 있었다.

태평군은 봉기한 이후 파죽지세로 남쪽에서 북쪽으로 움직여 금릉(金陵)을 수도로 삼아 천조(天朝)를 세웠다. 그리고 북쪽과 서쪽으로 진격하여 두 곳의 큰 전장에서 모두 빛나는 승리를 거두었다. 태평군의 기독교적인 색채는 여러 외국인을 비롯하여 중국의 유신사상 선구자들의 상상력을 일으킨 적이 있었다. 아마도 이것이 비교적 서양근대문명을 받아들이기 쉬울뿐더러 부패한 청나라 조정을 대체하는 새로운 국가의 자격을 갖고 있었기 때문일 것이다. 그러나 사실 그들의 판단이 잘못되었다는 것이 빠르게 드러났다. 광대한 농민의 저항 심리에 기대어 건립된 천조가 여전히 농업종법방식의 수구왕조를 벗어나지 못했기 때문이다. 앞서 언급한 왕경성 동학의 저서 《태평천국 하느님의 대가정과 소가정》에 수록된 기록에는 흥미로운 발견이 상당히 많다. "태평천국의 종교 관념에는 한 명의 하느님이 가장이 되고 천하 만민이 형제자매가 되는 대가족 이외에도 하느님, 예수, 홍수전, 홍천귀복(洪天貴福) '부자공손(父子公孫)'이 중심이 되는 소가정이 또 있다. 이 소가정에는 하느님이 가장이고 예수가 장자, 홍수전이 차남이며 홍수전의 아들인 홍천귀복이 백부인 예수를 계승하니 곧 하느님의 손자가 된다. 하느님과 예수는 각기 모두 본처를 두었으니 이들이 홍수전의 천모와 천수이다. 이 밖에도 양수청(楊秀清), 풍운산(馮雲山), 석달개(石達開) 역시 한동안 이 가정의 불명확한 구성원이었다가 훗날 양수청만 하느님의 셋째 아들로 남게 되었다." 이것은 하느님의 세속화뿐만 아니라 서양의 하느님을 중국의 종법제도로 끌어들인 것이다. 문제는 여기에 국한되지 않았는데 이 종법제도가 현실에서 권력분배의 최후의 근거라는 점이다. 하느님의 가장이라는 지위와 예수의 장자라는 지위로 얻은 엄청난 권력은 모두 추상적이고 그들의 본처인 천모와 천수 역시 마찬가지로 추상적이다. 도리어 차남인 홍수전과 이 계보를 근거로 삼은 여러 왕들이 있었는데 그들이 등급에 따라 쥐고 있는 많은 권리들은 확실한 것들이었다. 태평천국의 지도자 그룹은 한편으로는 "남영(男營)", "여영(女營)"을 조직하여 다른 사람의 가정을 갈라놓고 다른 한편으로는 엄격한 종법 네트워크를 구축해 자신들의 가족과 종족체계를 세웠다. 아울러 계급에 따른 권력 분배와 더불어 생활, 복지 물자의 최상층을 점거하고 있었다. 종법제도와 계급제도가 결합하고 각종 전제군주제의 폐단이 되살아나서 발전하였으니, 이것이 태평천국운동이 실패한 중요한 원인이다.

증국번은 《토월비격(討粵匪檄)》에서 "당우삼대(唐虞三代) 이래로 역대 성인들은 유교를 지지하며 인륜을 존중하였다. 군신부자, 상하존비의 질서는 관모와 신발을 서로 뒤집어 쓸 수 없는 것과 같은 이치이다. 월비(粵匪)는 오랑캐의 것을 베껴서 기독교를 숭상하고 가짜 임금, 가짜 재상부터 아래로는 병사들과 하찮은 사람들까지 모두 형제라 칭한다. 오직 하늘만 아버지라 부를 수 있고 그 밖에 백성들의 아버지와 어머니는 모두 형제이고 자매이다. 논밭은 모두 하느님의 것이기 때문에 농민들이 자경하여 세금을 낼 수 없다. 재물은 모두 하느님의 것이기 때문에 상인들이 자기 장사를 하여 돈을 벌 수 없다. 선비들은 공자의 경전을 읽을 수 없고 예수의 말이나 《신약》을 소지하고 있다. 중국을 수천 년 동안 떠받치고 있던 예의와 인륜, 시서와 법칙들을 하루아침에 모두 쓸어버렸다. 이것이 어찌 우리 청나라만의 변고이겠는가. 개벽 이래 유교의 변고이다. 한 번도 생각해 보지 못한 일이기에 우리 공맹(孔孟)이 구천에서 통곡하고 글을 읽는 식자들도 팔짱을 낀 채 앉아서 운다."라고 비난했다. 증국번은 사람들에게 지나치게 높게 평가받았던 낡은 사회제도와 의식 형태를 개조하는 태평천국의 혁명성에 대해 가슴 아파하며 격앙된 어조로 자신의 의견을 피력하였으며 《토월비격》의 전략적 의의는 생략하였다. 증국번이 태평천국의 유교적 윤리 반대와 전통경전의 소탕 등을 일부러 과장한 이유는 태평군을 서양종교를 믿는 불순분자 일당으로 만들려는 목적에 불과하다. 그렇게 함으로써 모든 전통을 수호하는 동시에 전통적 질서를 누려야 이익을 얻는 사람들을 부추겨서 함께 이 농민봉기를 진압하려는 것이다. 실제로 태평천국의 전통에 대한 반대는 그리 심하지 않았다. 천경으로 도읍을 정한 뒤 위계질서는 더욱 엄격해지고 부패도 나날이 심해졌다. 유교강상과 공맹의 도는 여전히 홍씨 왕조체제의 주요한 정신적 지주로 남아 있으면서 여러 조잡한 기독교 교리는 견강부회하여 중국의 것도, 서양의 것도 아닌 어설픈 잡동사니로 변해갔다.

막스 베버(Max Weber)는 초기 프로테스탄트 혹은 칼뱅교의 신앙과 이성적 자본주의정신 사이의 연관성을 조사하며, 칼뱅교의 교리가 자본주의 정신의 창립 과정에서 활약한 결정적인 힘이었으며 합리적인 경제활동사상과 실천의 배후에서 일어난 힘이었음을 인정했다. 베버는 합리적 경제행위가 "천직(天職)"이나 "사명(使命)"(call)의 관념에서 세워졌고 이 관념은 기독교의 금욕주의 정신에서 탄생하였으며 동시에 자본주의 정신의 근간이 되는 주요 요소 중에 하나라고 보았다. 베버 이론의 편파성과 불확실성은 잠시 차치하고 이성자본주의에 정신적 신앙이 필요하다는 편협한 범위에서 말하자면, 태평천국과 같이 온갖 허망한 개념이 뒤섞인 종교사상 역시 사람들을 중세의 밖으로 끄집어내기는 어려웠다.

태평천국의 후기 지도자 그룹에서 진정으로 기독교 교리와 서양 근대문명에 대해 비교적 이해하고 있던 인물은 홍인간(洪仁玕) 한 명이었다. 그는 천국의 조정에서 그저 뒤늦게 끼어든 손님이었고 우매하고 낙후된 분위기 속에 있으면서도 홀로 깨어 있던 사람이었다. 그는 《자정신편(資政新篇)》을 지어 서양 모델을 개조하여 자신의 국가를 설계하겠다고 계획했다. 그러나 그는 정치적으로나 사상적으로나 태평천국의 기성구도를 개혁하기에는 어려웠다. 그의 발언과 행동을 제약하는 것은 천왕의 절대권위에서 생겨났을 뿐만 아니라 죽은 동왕(東王)의 막강한 영향력에서 비롯되었다. 그는 그저 자신이 일으킨 "신천지 신세계"의 계획을 내팽개친 채, 천국의 사상, 행위, 그리고 언어의 규범에 따라 천왕에게 절대 충성하는 보좌역할에만 노력했다. 홍인간의 마음속에 초기 유신사상 선구자와 같은 고독감이 있었는지에 관해 후대 사람들이 판단하기는 어렵지만, 적어도 그의 결말이 곽숭도 등의 사람들보다 더욱 비참했다는 점은 확실하다. 왜냐하면 곽숭도는 최소한 이홍장 같은 사람들의 정책 결정에 영향을 주어 몇몇 신 공장 건립을 직접 목격한 반면에 홍인간은 그저 속수무책으로 홍수전이 헛된 꿈에 빠져 있는 것을 보며 천경(天京)의 함락과 천국이 사라지는 것을 볼 수밖에 없었기 때문이다.

태평천국은 한 줄기의 비길 수 없는 사회적 충격력을 갖고 있었다. 이 충격력이 만약 분명한 혁신을 요구한 사회집단과 결합하였다면 아마도 중국은 비교적 일찍 그리고 빠르게 근대화의 길로 접어들었을 것이다. 그러나 이 방면에서도 중국은 일본과 다른 결말을 얻었다. 일본 학자의 연구에 따르면 일본 막부의 말기에는 사회적 갈등이 격화되면서 농민투쟁이 끊이지 않고 일어나 사회 전반이 동요하였다. 1590년부터 1867년까지의 (대체로 에도 시대에 해당하는) 278년 동안 농민봉기는 총 2809회, 연평균 약 10번 정도 일어났다. 그 중 1192번이 메이지유신 전 6, 70년 사이에 일어났으니 연평균 18번 일어난 것이다. 이러한 봉기들은 덴포(天保, 1830-1844) 연간과 게이오(慶應, 1865-1868) 연간의 두 시기 동안 절정에 달했다.[171] 이때 상황은 아편전쟁 후 중국의 상황과 자못 비슷하지만 봉기의 규모와 조직수준에 있어 태평천국보다는 부족했다. 그러나 게이오봉기의 정점은 존왕양이파가 탁상공론인 "양이(攘夷)"에서 "개항토막(開港討幕)"으로 전략을 변경하면서 촉발하였는데,

171) 参见[日]井上清：《日本现代史—明治维新》, 49页, 东京, 东京大学出版会, 1954.

이들은 막부에 반대하는 각 세력들과 연합하여 함께 막부를 전복시키자는 반동통치를 결심했다. 1862년 초 조슈번(長州藩)의 존양파(尊攘派) 수장인 구사카 겐즈이(久阪玄瑞)가 도사번(土佐藩)의 존양파 수장 다케치 즈이잔(武市瑞山)에게 보낸 편지에서 “제후와 공경들을 믿을 수 없으니 재야의 지사들과 연합하여 봉기하는 것 이외에는 다른 방법이 없다는 것이 우리들의 공통된 인식입니다. 말이 경솔하더라도 대의가 있으니 용서해 주신다면 귀 번과 저희 번이 망하더라도 아까워하지 않을 것입니다!”172)라고 말했다. 이는 결사의 각오로 배수진을 친 기개의 “재야조직결정론”이다. 비록 유신지사들과 농민봉기가 직접적으로 결합하지는 못하였지만 적어도 두 가지 방면에서 긍정적인 영향을 끼쳤다. 첫째는 투쟁의 창끝을 막부로 집중시키고 차라리 국가체제는 유지하는 전제 아래에서 시모노세키항의 개방을 통해 외적의 간섭을 피할지언정 메이지유신 이전에 분산된 힘으로 농민봉기를 진압하지 않았다는 점이다. 둘째는 막부를 토벌하는 과정에서 “재야지사”들을 주의 깊게 다루었는데 그 중에는 종종 상공업을 겸업하는 “부농”이나 토지를 경영하는 “거상”들이 있었다. 이러한 “재야지사”들은 뚜렷한 자본주의 성향을 띠고 있으며 막부 토벌의 무장투쟁에서도 중요한 역할을 하였다. 메이지유신 이전의 정치지형과는 달리, 중국의 초기 유신사상 선구자들은 대체로 농민봉기에 대해 반대하며 괄시하는 태도를 보였고 심지어 농민봉기 진압에 직접 참여하기도 했다. 그들이 양무집단으로 투신하기

172) 转引自吕万和：《简明日本近代史》, 28页, 天津, 天津人民出版社, 1984.

전에 했던 주요 임무 역시 태평천국, 염군(捻軍)의 난, 그리고 각지의 소수민족 봉기를 진압하는 일로, 시간과 규모가 큰 이례적인 일이었다. 1880년대 이후 그들은 주요 정력을 외세의 침략에 대응하는 일에 쏟았다. 1861년 초 양무집단의 대표적 인물인 혁흔 등은 "지금의 동향에 대해 논하면 태평천국과 염군이 번갈아 일어나니, 심장과 내장의 병입니다. 러시아가 땅을 맞대고서 상국(上國)의 뜻을 갉아먹으니, 팔꿈치와 겨드랑이의 근심입니다. 영국이 통상에 뜻을 갖고 있으나 도리를 지키지 않고 포학해도 제약을 하지 않아 자립할 수 없으니, 사지의 환난입니다. 그러므로 태평천국과 염군을 멸하는 것이 우선이고 러시아를 징벌하는 것은 다음이며 영국을 처벌하는 것은 그다음입니다."[173]라고 주청했다. 양무집단은 통치계급이 비교적 진보적이고 유능한 편이지만 그들 역시 농민봉기를 가장 강경한 적으로 인식하여 농민과 각 소수민족의 봉기군과 싸우는 데에 20여 년 동안 전심전력을 다했다. 물론 농민봉기가 강대해짐에 따라 서양식 무기 및 선박을 자신들의 군대에 무장시켰고 몇몇 근대 군사공업과 민간공업을 창립하여 결국 막강한 영향력을 가진 지방의 실력파가 되었다. 그러나 그들은 일본의 조슈, 사쓰마(薩摩) 등의 여러 번이 왕을 높이고 막부를 토벌하여 메이지 천황의 유신사업을 이룩한 것과는 다르다. 모든 것을 황제가 결정하는 대일통의 정치 지형을 가진 중국에서 그들이 최후의 부패한 왕조의 사냥개 노릇을 계속 도맡은 것은 숙명적인 일이다.

173) 《筹办夷务始末》(咸丰朝), 第71卷, 2675页, 北京, 中华书局, 1979.

태평천국의 역사적 공헌은 주로 파괴하는 쪽에 있지 건설하는 쪽에 있지는 않았다. 그것은 중국 최후의 왕조에 거역할 수 없는 위력으로 돌격하여 그 뿌리부터 뒤흔들어서 더 쉽게 무너지게 하였다. 그러나 태평천국의 대청소도 농업종법사회에 의지한 채 장기간 존재했던 낡은 토양을 청산하지는 못했다. 1100년 이래 이러한 토양의 두터움 때문에 겨우 하나의 왕조만이 바뀌었을 뿐 진정한 사회개혁은 출현하기 어려웠다. 역사가 태평천국의 요구에 대해 허락한 것 역시 맹렬한 광풍이 중국의 생기를 자극하여 사람들을 깊은 잠에서 깨어나게 한 것이다. 양무집단은 태평천국의 봉기를 계기로 근대공업을 불러일으켰고 무술유신은 태평천국의 잔존세력을 이용하여 황제에게 변법을 재촉한 것이다. 그러므로 손중산은 공공연하게 홍수전과 양수청의 계승자라는 태도로 신해혁명(辛亥革命)의 시동을 걸었다. 옛사람의 공적을 지울 수 없고 옛사람의 공적을 전부 탓할 수 없다. 과장과 축소는 모두 역사가의 큰 금기이다.

하지만 가장 안타까운 것은 중국이 1860~70년대에 국내전쟁을 하느라 개혁, 진흥, 굴기의 가장 좋은 역사적 기회를 놓친 것이다. 이후에 사람들이 더욱 각성하고 힘내서 새로운 것을 추구했지만 보다 더 심각한 국제환경에 직면하여 어느 하나의 중대한 혁신을 이루려 하더라도 더 어려워졌다.

결별과 회귀

제 8 장

결별의 지난한 과정

제 8 장

결별의 지난한 과정

아편전쟁 이후 중국의 백여 년간의 역사는 갑오 청일전쟁 이후 시작된 전통문화에 대한 전면적인 결별이라고 말할 수 있는데, 이전 반세기는 본격적인 결별 과정을 위해 아마도 필요했겠지만 너무 많은 멍석을 깔아놓은 것에 불과했다.

두 차례의 아편전쟁, 청불전쟁과 비교하면 갑오전쟁은 보다 전면적이고 철저한 실패였고, 영토할양과 배상금액의 거대함도 전에 없던 일이었다. 더욱이 내륙에 외국 상인의 공장 설치를 허가하면서 농업종법사회의 경제구조에 강렬한 충격을 안겨 주었다. 전쟁의 실패는 사람들에게 사상적 타격을 주었고 더욱 우울하게 했다. 과거 몇 차례의 대외전쟁의 실패는 백인에게 패한 것이며 서양 국가에게 패한 것이었다. 수십 년간의 관찰과 사고를 거치며 결국 몇몇 사람은 영국과 미국과 같은 나라들은 결코 중국에서 생각하는 야만이 아닌 문명적이며 부강한 경제가 고도로 발달한 국가이기 때문에 이들 나라에게 패배하는 것도 당연한 이치라고 인식했다. 그러나 지금 줄곧 중화를 스승으로 섬겼던 인근 섬나라 국가인 일본에게 패배를 당했다는 점과 유신이 겨우 20여 년 뒤쳐졌을 뿐인 일본에게 패배했다는 점에서 사람들은 더욱 경악하였다. 일본의 굴기와 도전에 대한 반응은 두 가지로 나뉜다. 하나는 당당한 대청제국이 작디작은 일본에게 패한 것은 국력의 쇠퇴와 사태의 긴급함으로 볼 수 있다. 이 때문에 위기감이 더욱 증폭되었다. 다른 하나는 일본이 서양을 배워서 뚜렷한 효과를 본 것에 대해 느끼는 바가 있기 때문에 서양을 배우고 더 나아가 일본을 배우자는 자각을 높였다. 형세가 빠르게 발전함에 따라 사람들은 더 이상 "중체서용"이라는 협소한 활동 공간을 받아들일 수 없었다. 그들은 자신들의 사상을 해방시키고 자신들의 손발을 펼치길 원했으며 더 넓은 세상에서 서양을 배우고 법제를 개혁하여 강성해지기를 꾀했다.

갑오 청일전쟁 이후 진보지식 계열의 사상은 나날이 빠르게 발전했다. 1903년에 어떤 사람은 이 짧은 몇 년간의 사상적 변천과정을 회고하며 "갑오전쟁과 경자국난 때부터 장강 이남의 6, 7개 성의 선비들은 뒤틀린 구시대의 정치, 학술, 사상을 비판했다. 사람마다 새로운 지식과 학술에 다투어 참여하여 지금까지 참정권의 자유에 관한 논의가 국내에 들끓어서 막을 수 없었다. 물론 지식의 성장 없이 진보하다고는 말할 수 없다."[174]라고 말하였다. 여기서는 주로 동남지역의 지식계층을 말하지만 대체로 사회사상발전의 전반적인 추세를 반영했다.

곽숭도가 일찍이 갑오전쟁이 일어나기 십여 년 전에 이미 양무집단의 서양 학습에 대해 "말단을 다스리느라 근본을 잊었으니 끝내는 포기하여 결국 근원을 이해하지 못했다."라고 비평하였다면, 1884년 10월에 양광총독 장수성(張樹聲)은 유서의 형식으로 한 편의 정론을 드러냈다. 즉, 서양 국가의 근본에 대해 꽤 구체적으로 탐구하는 동시에 서양을 부강하게 만든 근본을 배우는 것에 보다 확실히 중점을 두어야 한다는 의견이었다. 그는 유서에 "근래 사대부들은 점차 외교에 밝아지고 양무를 말하며 바다의 방어를 계획하는 것에 대해 중외 모두 한목소리를 낸다. 서양인의 건국은 본말이 있기 마련이니 예악 교화가 중화에 훨씬 못 미치지만 부강함을 이뤘으니 체용을 갖추고 있다. 학교에서 인재를 기르고 의회에서 정치를 논하며 군민이 한 몸이 되고 위아래가 한마음이 된다. 실무적이며 허황된 것을 경계하고 계획을 세운 뒤에 움직이니 이것이 그들의 본체이다. 선박, 서양식 무기, 수뢰(水雷), 철도, 전선이 그것의 작용이다. 중국은 이 본체를 잃어버리고 그 작용을 찾으니 전력을 다해 쫓아간들 이를 수가 없다. 그저 철선을 완성하고 철도를 사방에 부설하는 것이 과연 믿을 만한 것인가."라고 말했다. 동시에 "성인은 만물을 스승으로 삼았으

174) 杜士珍 :《论德育与中国前途之关系》, 载《新世界学报》, 第14号.

니 서인의 본체를 취해서 그 작용을 행한다."와 같은 말도 있다.[175] 유서는 장수성이 구술한 것을 다른 사람이 기록했다고 알려져 있으나 구체적인 정황은 알려지지 않았다. 사람들은 대부분 이 유서에 근거해서 평소 가슴속에 억눌려 있던 장수성의 선진 사상이 임종을 맞아 유언으로 드러났다고 생각했다. 나는 유서에 담긴 몇몇 자세한 의견이 모두 장수성만이 갖고 있던 것은 아니며 나아가 장수성 본인의 의견도 아니라고 생각한다. 더 크게는 측근 집단과 가족들의 의견을 모은 것일 수도 있고 어쩌면 놀랍게도 다른 사람의 글을 빌려 의견을 낸 것일 수도 있다. 유서에는 서로 다른 상황이 있다. 하나는 죽기 전에 정신이 비교적 맑을 때 직접 초고를 쓴 것으로 이런 종류의 유서는 본인의 사상을 대표하는 편이다. 다른 하나는 임종할 때 직접 쓸 힘이 없어 다른 사람에게 맡겨서 대신 초고를 쓰게 한다. 본인이 훑어볼 수도 있지만 이미 죽은 뒤라 훑어볼 수 없기도 하다. 이런 유서는 본인의 실제 사상을 대표할 수 없다. 옹동화(翁同龢) 같은 경우에는 임종할 때 장건(張謇)에게 "초유소(草遺疏)"를 부탁했다. 옹동화는 1904년 7월 4일에 죽었는데 장건은 7월 9일이 되어서야 옹동화의 부고를 듣고는 어쩔 수 없이 옹동화 사후에 초고를 작성해서 상주했다. 이밖에도 유서는 대부분 상투적이고 무리 없는 글로 군왕의 은덕을 그리워하거나 감격을 이기지 못해 눈물 흘리는 종류이다. 그러나 장수성의 유서는 실질적인 내용이 당시 유신사상의 발전과 호응하였기에 중시해야 할 필요가 있

175) 张树声 :《遗折》와《张靖达公奏议》卷八 참고.

었고 사람들의 중시를 받았다.

내 기억에 따르면 같은 시기인 1884년에 정관응(鄭觀應)의 《남유일기(南遊日記)》에도 매우 비슷한 말이 있다. “나는 평소에 서양인의 건국의 근본과 체용을 두루 갖춘 것들을 찾아보았다. 학교에서 인재를 기르고 의회에서 정치를 논하며 군민이 한 몸이 되고 위아래가 한마음이 되니 이것이 본체이다. 병사를 훈련시키고 기계를 만들며 철로와 전선 등의 일이 그 작용이다. 중국은 이 본체를 잃어버리고 그 작용을 모방하니 일이 양립하지 않는 경우가 많아 부강해지기 어렵다.”[176] 이 일기에서 알 수 있듯이 정관응은 이 해 연초에 천자의 명을 받아 광동성에 도착해 병부상서 겸 광동해안방위도독인 팽옥린(彭玉麟)으로부터 상군 영무처의 일을 처리하라는 임명장을 받았고 양광총독 장수성도 정관응에게 “홍콩으로 가서 영국군 총리와 화포에 관한 일을 논의하라.”라고 하고 파견했다. 팽옥린과 장수성 둘 다 정관응을 양무전문가로 여겼다. 1884년 겨울 팽옥린은 《성세위언(盛世危言)》의 서문에 자신을 “나는 천성이 고지식하고 말재주가 부족하여 양무를 잘 알지 못한다. 이 책을 읽어보니 중서의 이해관계를 훤히 들여다보는 듯하다. 충의로운 기개가 행간에 흘러넘쳐서 진실로 내 마음을 사로잡았다. 그런 까닭에 몇 마디 말을 적어 이 책이 출판되어 나라의 여러 사람들이 선택하고 힘써 행하기를 간절히 바란다.”라고 말했다. 장수성도 《성세위언》의 원고를 보았는지는 알 수 없지만 그는 정관응을 통해 수많은 “중서의 이해관

176) 夏东元编：《郑观应集》 上册, 967页, 上海, 上海人民出版社, 1982.

계"를 이해하였고 틀림없이 팽옥린과 같은 영향을 받았을 것이다. 따라서 우리는 장수성의 유서에 담긴 뛰어난 말이 정관응의 의견에서 유래한 것일 뿐 그에게 유서를 촉탁하지 않았다고 믿을 만한 이유가 있다. 장수성은 공교롭게도 그해 5월 22일 병으로 관직을 그만두고 10월에 광동군 군영에서 사망하였다. 정관응은 그해 6월에 팽옥린으로부터 파견명령을 받아 남해안 각지에서 적의 동향을 살폈다. 8월 광주로 돌아와 팽옥린과 이제 막 양광총독으로 임명된 장지동에게 관련 상황을 보고하였다. 따라서 팽옥린과 장지동이 장수성의 후사와 유서 검토 등의 문제를 처리할 때 정관응도 참여하여 의견을 제시하였을 것이다.

그러나 1892년 정관응은 《성세위언》의 자서를 쓰면서 유독 상술한 장수성의 유서에 실린 내용을 한 글자도 빠뜨리지 않고 인용한 동시에 "훌륭한 사람", "정말 옳은 논리다."[177]라고 칭찬했다. 이는 단지 장수성의 지위와 명예를 빌려 자신의 주장을 선전한 것일 뿐이다. 사람이 죽을 때 하는 말은 선하다는 속담처럼 임종을 앞둔 유언은 종종 사람의 마음을 쉽게 움직이게 한다. 정관응은 이러한 전통적 사회심리를 잘 알고 있었다.

갑오전쟁에서 중국의 실패를 거치면서 양무운동의 내재적 약점은 충분히 드러났고 "중체서용"을 통한 실천검증은 한계가 분명했다. 그로 인해 양무운동에 대한 비평 역시 나날이 격렬해지고 심각하게 치달았다. 1895년 7, 8월 사이에 담

177) 《郑观应集》 上册, 234页. "정말로 옳은 논리다."라는 말은 《성세위언》 8권의 증보판과 이어져 있다.

사동(譚嗣同)은 《보패원징(報貝元徵)》에서 "성인의 도는 말뿐 만인 것은 아니어서 의지할 바가 있어 나중에 돌아본다.", "그러므로 도(道)는 용이며 기(器)는 체이다. 체가 서야 용을 행하고 기가 있어야 도가 사라지지 않는다. 학자들이 깊이 살피지 않고 도를 체로 착각하면서부터 도가 모호해지고 분간하기 어렵게 되었다. 마치 환상적인 것이 공허하고 경계 없는 곳에 공연히 매달린 것처럼 되었으니 과연 무엇이겠는가. …… 이른바 혹세무민하는 이단이 아니겠는가. 도가 기와 떨어져 있지 않음을 진실로 구별한다면 천하가 기(器)로 된 것 역시 클 것이다. 기가 변하였는데 도만 어찌 변하지 않을 수 있겠는가. 변해도 여전히 기이며 여전히 도와 떨어져 있지 않다. 사람이 스스로 기를 버릴 수 없는데 또 어떻게 도를 버리겠는가! 더욱이 도는 성인만 갖고 있는 것이 아니며 중국만 갖고 있는 것은 더욱 아니다. 오직 성인만이 기로부터 도를 극진히 할 수 있기에 성인에게 도를 귀결시키는 것이다. 도를 성인에 귀결시키는 것이 오히려 옳다. 저 서양인들도 성인이 있기 때문에 중국만 사유하고 있다는 것은 크게 옳지 않다."[178]라고 지적하였다. 담사동은 철학에서 뒤바뀌어 버린 도와 기, 체와 용의 관계를 다시 뒤집은 동시에 도와 기는 불가분의 관계라는 점, 기가 변하면 도 역시 변하지 않을 수 없다는 점, 중국과 외국 모두 도가 있다는 점을 논증했다. 이는 양무운동에서 지배적인 위치를 차지하고 있던 "중체서용"설을 더욱 깊은 이론차원에서 비판한 것이다. 담

---

178) 蔡尚思, 方行编 : 《谭嗣同全集》 上册, 197页, 北京, 中华书局, 1981.

사동은 약간 "난폭한" 성격을 띤 호남의 열혈남자로 그의 의론은 대단히 통쾌하다. 저 도를 체라고 잘못 알고 있으며 도를 허황되게 말하는 정통 유학자들을 "혹세무민하는 이단"이라 지칭하며 대단한 이론적 용기를 드러냈다.

"중체서용"론을 굳게 지지하는 사람들이 가장 우려하는 점은 이른바 "변이(變夷)"라고 하는 서양 문명으로의 동화이다. 담사동은 한 편지에서 "'지피지기(知己知彼)'라는 말은 우선 자신에게서 중요함을 얻은 뒤에야 타인을 가벼이 여길 수 있다는 말이다. 지금 중국의 인심, 풍속, 정치제도는 오랑캐에 비해 낫다고 할 것이 하나도 없으니 언제 '하(夏)'라고 말할 겨를이나 있겠는가! 즉, 오랑캐와 나란히 서기를 바랐으나 그러지 못했는데 오랑캐로 변한다고 말할 여지가 있는가."[179]라며 절절하게 일깨워 주었다. 낙후되어 세계의 숲속에서 자립할 수 없고 오랑캐(서양 국가들을 가리킴)와 나란히 할 자격도 갖추지 못했으면서 시끄럽게 무슨 "변이"한다고 떠드는 것은 매우 우스운 일이 아니겠는가. 담사동은 이런 우려를 불식시키려면 "잃는 것에 대해 떠들 것"이 아니라 "직접 경험하는 것", 특히 해외로 나아가 현장을 관찰하는 것이 가장 좋은 방법이라 여겼다. 그는 "근대의 명망가들을 두루 살펴보면 초반에는 모두 잘 모르다가 경험이 쌓여가면서 지식이 우수해졌다. 증문정(曾文正), 증혜민(曾惠敏) 부자(증국번, 증기택 부자)나 중승(中丞) 정우생(丁雨生, 정일창)과 같은 사람들은 양무에 대한 이해를 모두 직접 몸으로 겪으면서 얻었다. 좌문양(左文襄, 좌종당)은 만년에

---

179) 《谭嗣同全集》 上册, 225页.

관직을 얻었기에 선양을 가장 오랫동안 살펴왔다. 그는 선박의 건조를 청하는 상소에서 '저들은 정교하고 우리는 서툴러서 평안할 수 없다. 저들은 갖고 있고 우리는 가진 게 없어 굽히지 않을 수 없다.'라고 말하며 즉시 기기 제작을 시작하는 것이 가장 먼저 추구할 바임을 확실히 알고 있었다. 심문소(沈文肅, 심보당)은 배 만드는 일에 관해 논의하면서 스스로 '신은 하나도 아는 것이 없으니 그 한이 어떠하겠습니까!'라고 말하였다. 팽강직(彭剛直, 팽옥린)은 양무를 기꺼워하지 않았으나 서양의 방법을 쓰지 않고는 장강 기슭에 포대를 설치할 수 없고 또 전함을 건조하지 않을 수 없다고 호소하였다. 정도재(鄭陶齋, 정관응)는 《성세위언》 서문에서 '공자가 다시 태어나도 변법을 하지 않고는 다스릴 수 없다.'라고 했는데 이는 양무에 유독 깊이 빠져 있다는 뜻이다. 병비(兵備) 여순재(黎蓴齋, 여서창)가 유생이었을 때 올린 상소에는 양무사업이 매우 위태로운 것처럼 썼으나 황제에게 상주하는 내용은 다른 사람에게서 나온 것 마냥 판이하게 달랐다. 시랑 곽균선(郭筠仙, 곽숭도)은 유럽에서 돌아와서 서양을 당우삼대의 번영기와 비교하면서 몇몇 선비들의 평론을 받아들이지 않았다. 부도(副都) 설숙운(薛叔耘, 설복성) 역시 처음에는 지나치게 띄운다고 의심하였으나 나중에 직접 네 나라의 사신이 되면서 비로소 이 말이 거짓이 아니라고 감탄하였다. 직접 경험한 사람들은 모두 같은 반응이었다. 그러나 스스로 앞의 것을 보호하지 못하고 스스로 과거를 숨기지 못하니, 다시 무슨 깨닫기 어려운 것이 있겠는가."[180]라고 말하였다. 이 말은 서양의 기, 용에 대한 관점의 변화이지만 실제로는 서양의 도, 체에 대한 평가의 변화와 관련이 있다. 서양 국가를 "당우삼대의 번영"과 비교한 것은 담사동의 "오랑캐와 나란하기를 바랐으나 그러지 못했다."라는 말과 어찌 같은 뜻이 아니겠는가. 상단의 짧은 문장은 양무집단의 몇몇 주요 구성원들이 어떻게 서양 근대문명을 받아들였고 점점 전통 진영을 이탈하며 생긴 변화과정을 형상화하여 묘사한 것이다. 그런 뒤에 담사동은 깊은 자괴감에 빠져 자신이 점점 전통 문화에서 이탈하는 과정을 회고했다. 그는 "내가 어렸을 적에 어찌 부화뇌동하여 서학을 헐뜯지 않았겠는가. 친구들과 논쟁하면 늘 호감을 잃어왔다. 오랜 시간 뒤에 점차 원망이 깊어짐을 알고 사과문을 들고 여러 번 그 사람과 만나고자 하였으나 누구는 만날 수 없었고 누구는 이미 무덤에 묻혀 있었다. 슬프게도 나의 무지함이 저 훌륭한 벗들을 저버렸구나!"[181]라고 말하였다. 얼마나 진지한 반성이며 얼마나 담담한 심정인가! 저 유신지사가 주저하지 않고 변법에 헌신할 수 있게 하는 심후한 사상적 토대를 충분히 반영했다.

"중체서용"에 대한 비판은 무술유신 시기로만 한정지을 수 없는 복잡하고 늘 반복된 지루한 과정임을 간과해선 안 된다. "중체서용"은 배타적인 수구세력에게는 물론이며 진보세력에게도, 사회발전과 인간사상이 급격히 변하는 새로운 시기에 앞길을 막는 거대한 장애물이었다. 왜냐하면 배타적 수구세력은 서양 근대 문명 학습에 대해 노골적으로 반대하지만, "중체서용"은 일부 공정한 태도를 드러내어 겉으로는 유신과 같

180) 《谭嗣同全集》 上册, 228页.
181) 《谭嗣同全集》 上册, 228页.

지만 속마음은 농업종법사회를 지켜 몸 편히 의탁하겠다는 것이 그 본심이기 때문이다. 갑오전쟁에서 실패하고 7년이 지나 엄복(嚴復)은 이러한 반성의 글을 썼다. "중국의 학문을 위주로 하고 서양의 학문으로 부족한 바를 채우자고 말하면 듣는 순간에는 대중지정(大中至正)의 설과 같이 여길 것이다. 그러나 일을 계획해 보면 또한 그렇지 않다. 과거 중국은 무장을 갖추어도 화기가 없어 화기를 구해 부족한 부분을 채운 적이 있다. 도시는 있어도 경찰이 없어서 경찰을 구해 부족한 부분을 채웠다. 오늘날의 도를 사용하면서 오늘날의 풍속이 바뀌지 않는다면 그 부족함을 채웠다고 하는 것이 정말로 채운 것이겠는가. 화기를 가진다면 뜻대로 전쟁을 할 수 있는가? 경찰이 있다면 뜻대로 다스릴 수 있는가? 이러한 일들의 실제 효과는 사람이 직접 헤아려 보기만 해도 깊이 토론할 필요 없이 알 수 있다. 우리나라가 지금 큰 환난이라 말하는 것은 사람들의 심리에 틀린 것은 얕게 존재하고 옳은 것은 깊게 존재하기 때문이다. 부족한 것을 도모하기는 쉽지만 충분한 것을 찾기는 어렵다."[182] 엄복은 지엽적인 현상만을 해결하려는 양무집단의 자강법에 대해 그 착오와 실패가 이미 분명히 드러났고 사람들도 모두 알고 있다고 생각했다. 그러나 더욱 중요한 문제는 이러한 방법에 있는 것이 아니라 이러한 방법이 이끌어 낸 사상과 심리 상태("사람들의 생각")에 있다. 중국을 가장 위험하게 하는 것은 사회심리의 표층의 부정("그름[非]")에 있지 않고 심층의 긍정("옳음[是]")에 있다. "부족한

182) 严复 : 《论教育书》, 载《外交报》, 第11期.

것을 도모하자."는 어떤 기술 같은 종류인 "용"의 범주에 속한 것이니 시행하기 쉽다.(정말 쉽지는 않다.) "스스로 충분하다고 여기는 것"은 "체"의 범주에 속한 것으로 형이상의 것이며 "심리"에 깊이 숨겨진 것이기 때문에 바꾸거나 복구하기 매우 어렵다.

당시 금궤(金匱)라는 곳에 구가부(裘可桴)라는 거인(擧人)이 있었는데 그도 "중체서용"에 대해 통렬하게 비판하였다. 그의 견해의 기반은 다음과 같다. "체와 용이라는 것은 하나의 사물을 두고 하는 말이다. 소의 체는 무거운 것을 짊어지는 용이 있고 말의 체는 멀리 가는 용을 가지고 있다. 소가 체이고 말이 용이라는 것은 들어본 적이 없다. 중국과 서양의 학문이 다른 것도 각 사람마다 얼굴이 다른 것과 같으니 억지로 닮았다고 말할 수 없다. 그래서 중국 학문에는 중국 학문의 체와 용이 있고 서양 학문에는 서양 학문의 체와 용이 있다. 이것을 나누면 각각 쓸모가 있지만 합치면 둘 다 못 쓴다. 논자들은 이것들을 합쳐서 하나로 만들려고 하는데 하나의 체와 하나의 용이 있을 뿐이니 이 문장의 의미는 어그러져서 이름도 말할 수 없게 되니 어찌 그런 말이 퍼지기를 바라는가."라고 하였다. 그가 말한 "나누면 각각 쓸모가 있지만 합치면 둘 다 못 쓴다."는 오로지 "중체서용"을 두고 한 말이니 각자의 체와 용에 내재한 관계를 고려하지 않고 중국과 서양 쌍방의 체와 용을 마구잡이로 그러모아 합치면 안 된다는 말이다. 이 거인은 "중체서용"을 "소는 체이고 말은 용이다"로 비유했는데 꽤 재미있고 설득력 있다. 그리하여 엄복은 여기에 대해 찬사를 표한 동시에 "한 나라의 정교와 학술은 기관을 갖춘 물체와 같도다. 머리와 척추가 있은 뒤에 육부와 사지가 있고, 뿌리가 있은 후에 가지와 잎에 꽃과 열매가 열린다. 취하여 보충할 것과 주관할 것은 완전히 다른 물건으로, 준마의 발굽을 떼어 소의 가장 큰 기능에 붙이려는 일과 다르지 않다. 그리하면 천리마를 비난할 수도 없고 쓰임에 따라 나눈 공로도 사라질 것이다. 요즘 변법을 말하는 자들은 대부분 근본을 고려하지 않은 채 단지 지엽적인 것만 하려 해서 효과를 거두지 못하고 항상 의아해한다. 도모할 방법도 모르고 완성할 이치도 없으면서 이미 갖추었으나, 여전히 기다린 뒤에도 앎이 없구나!"[183] 라는 의견을 드러냈다.

구가부의 "소의 몸에 말의 쓰임"라는 비유와 엄복의 평론은 중서문화에 대한 비교인식이 이미 매우 깊다는 점을 설명한다. 중국과 외국의 교류 증가와 사회 환경의 변화 외에도 엄복은 본인의 학문적 소양에 대해 자부심을 갖고 있었다. 중국학에는 깊이가 있지만 서양학이 얄팍했던 왕도와 다르고 서양학에는 깊이가 있으나 중국학이 얄팍했던 용굉과도 다르게 엄복은 중국 제일의 중서학문에 통달한 대학자였다. 중국학으로 말하자면 그는 어렸을 때부터 유학경전을 공부하여 죽을 때까지 중국 문화를 깊이 연구했다. 서양 학문으로 말하자면 그는 서양계통의 정규 교육을 이수하였으며 아담 스미스, 몽테스키외, 루소, 벤담, 다윈, 뮐러, 헉슬리, 스펜서의 저서를 모두 상세히 읽고 연구하여 속속들이 다 알고 있었다. 특히, 다윈의 진화론은 그에게 지대한 영향을 미쳤다. 그와 구가부는 실제 사회

183) 严复 : 《论教育书》, 载《外交报》, 第11期.

유기체설의 관점에서 중서 사회와 문화를 관찰하고 그것을 두 가지의 완전한 구조, 메카니즘, 기능, 효과라는 큰 계통을 갖추었다고 보았다. 이는 관념의 중대한 변화를 가져왔을 뿐만 아니라 사상방법의 근본적인 변화를 드러냄으로써 도와 기, 체와 용, 주와 보라는 전통적 범주의 기존 구조를 타파하고 새로운 지평과 새로운 사고를 개척했다.

물론, 엄복도 중국의 전반적인 서구화를 주장하지 않고 서양학문의 체와 용 사이에 내재한 관계를 강조하며 간단하고 부분적인 도입 또는 이식은 효과를 거두기 어렵다고 여겼다. 자신의 전통과 민족적 특색에 대해 그도 "잘 보존된 옛것을 선별하여 남긴다"는 것에는 동의했다. 하지만 그는 이러한 "선별하는 일"은 매우 어렵고 보수 사상가가 감당할 수 없다고 생각했다. "멀리 보고 크게 생각하지 말고 신구를 통합하여 그것을 관통해서 보아야 하며 중국과 서양을 아우르며 전체를 계획한 뒤에야 이룰 수 있으니 이 일이 이처럼 어렵다." 동시에 그는 "선별"의 가치표준을 중국문명의 진화에 유리한가로 따지지 않았다. 중국의 큰 우환은 무지, 가난, 허약인데 어떤 일이든 세 가지 근심을 제거하는 데 유리하다면 모두 가능하다. 세 가지 중에서 "무지를 깨치는" 것이 가장 급선무라고 여긴 것은 무지는 가난과 허약의 근원이며 가난하고 허약하면서 왜 가난하고 허약한지 모르는 것이 무지이기 때문이다. 엄복은 "지금에 이르러 무지를 깨우치려면 전심전력으로 구해야 한다. 구해야만 얻을 것이다. 그것이 중국이냐 서양이냐를 따질 겨를이 없고 새것이냐 옛것이냐를 계산할 필요도 없다. 이 중에 하나가 있다면 우리는 무지하게 된다. 또 무지하여 빈약하게 된 이유가 조상의 친애와 군주와 스승의 엄격함에서 비롯됐을지라도 버려야 하니 그 밖의 것들은 말할 가치도 없다. 이 중에 하나가 있다면 충분히 무지함을 깨칠 만하다. 또 가난과 허약함을 구제하는 바가 금수와 오랑캐에서 나온다 할지라도 배워야 하니 그 밖은 말할 것도 없다. 어째서인가? 중국 대륙의 침체와 4억 동포의 실망은 정말 슬프고 가슴 아픈 일이기 때문이다."[184]라고 말했다. 무지와 빈곤, 허약하게 만든 것들이라면 곧 조종의 전통 아래에서 황제의 총애를 받은 "보패(寶貝)"라도 거리낌 없이 버려야 한다. "무지를 깨우치고, 가난을 구제하고, 건강해지는" 방법이라면 설령 "오랑캐와 금수"로부터 나오는 것일지라도 마땅히 배우기를 노력해야 한다. 왜냐하면 어디에 근본을 두었든 모두 민족의 생존과 국가의 부강을 책임진다는 것을 전제로 하기 때문이다. 만약 중국의 침체와 동포의 실망을 경시하고 반대로 낡고 무너진 사상을 감싸 안은 채 도통을 지키며 낡고 불합리한 제도를 고집하면 이것이야말로 진정 서글픈 일이다.

엄복은 세계 각국의 "흥망성쇠의 이유"를 거울삼아 유신변법이 필요하다는 큰 결심과 패기를 설명하였다. "가장 가까이에 있는 일본만 못하지만 조금 멀리 있는 프로이센의 프리드리히와 러시아의 표트르대제는 바야흐로 발분하여 자강을 도모하려고 수천 년 간의 옛 제도와 풍속을 초개처럼 버렸다. 다른 나라인 18세기 프랑스와 16세기 영국는 실제로 전 세계에 나쁜 짓을 저질렀다. 지금 세상을 논해 보면 백성이 하려

---

184) 严复 : 《论教育书》, 载《外交报》, 第11期.

는 일에 대해 이해하는 자는 나라를 보존하는 것에 가장 높은 의의를 두니, 문명을 부강하게 만드는 행복은 얻기 어렵기 때문이다. 남과 나 사이에서 쓸데없이 우열을 가리며 옛 전고를 숭상하여 마치 어겨서 안 될 것처럼 여기는 이들도 있으니, 돌궐, 이집트, 페르시아, 인도이다. 이 나라들이 어찌 외세 배척을 주장하지 않겠는가. 외세 배척의 도를 어찌 스스로 문명이라 말하지 않겠는가. 교육에 대해서는 어찌 자신이 군대를 늘리는 것이 아니고 다른 사람이 나와 같지 않아서라고 여기겠는가. 하지만 그 효과는 공평하게 함께 보고 듣는 것이다. 나는 그래서 문명에 목적을 두는 것은 옳지만 외세 배척에 목적을 두는 것을 바람직하지 않다고 말했다. 문명에 목적을 두면 외세를 배척하지 않고 자신을 배척한다. 외세 배척에 목적을 두면 외부에서 배척할 수 없으니 거꾸로 문명의 길을 스스로 막는다."[185] 긍정적이든 부정적이든 역사의 경험을 정리하여 명확하게 내린 결론은 막연한 외세 배척은 금물이니 "문명의 길을 스스로 막는" 나쁜 결과를 초래한다는 것이다.

19세기 말과 20세기 초에 이르자 "중체서용"은 원래부터 한계를 가졌던 진보적인 역할을 빠르게 잃어버리면서 자기 역할의 반대편으로 나아갔다. 진보한 중국인들은 그저 서양의 과학기술을 배우는 것에만 만족하지 않았다. 그들은 서양의 경제, 정치체제를 배우길 원했으며 더 나아가 서양의 문화학술 및 치국의 근본을 배우길 바랐다. 요컨대 전면적인 개방과 전반적인 학습을 요구한 것이니 전통문화와의 완전한 결별인 셈

185) 严复:《论教育书》, 载《外交报》, 第11期.

이다. 본래 물질문명을 말하여 중국은 서양만 못하다고 했으나 정신문명에 대해서는 중국이 여전히 서양보다 우월하다고 말해 왔다. 하지만 지금 이러한 우월감도 근본적으로 흔들리고 있다. 왜냐하면 사람들이 갑오전쟁에서 중국의 패배와 양무운동의 실패를 겪으면서 점차 이치를 깨달았기 때문이다. 물질문명과 정신문명은 나눌 수 없으며 우월한 정신문명이 있어야만 우월한 물질문명을 창조할 수 있고 우월한 물질문명이 있어야만 우월한 정신문명을 기를 수 있다. 자신들의 뒤떨어짐을 솔직하게 인정해서 서양의 선진문명을 본보기로 삼아야 자신의 물질문명을 바꿀 수 있다. 또 자신의 정신문명을 바꿔야 중국은 자신의 운명을 결정할 수 있고 빛나는 미래가 있다.

담사동은 《인학(仁學) · 자서(自敍)》에서 "굴레는 겹겹이라 허공만큼 무한하다. 먼저 관리의 재산과 녹봉의 굴레를 타파해야 하고 다음에는 고증학이나 사장학 같은 세속의 학문에 얽매인 굴레를 타파해야 한다. 다음에는 전 세계의 여러 학문의 굴레를 타파해야 하며 다음에는 군주의 굴레, 삼강오륜과 하늘의 굴레, 그리고 전 세계의 여러 종교의 굴레를 타파해야 한다. 마지막으로 불교의 굴레도 벗어던져야 할 것이다. 그러나 벗어나려 해도 불교에는 굴레가 없으니 굴레를 타파한다고 말해도 괜찮다."라고 말했다. 담사동의 사상은 공자와 묵자(墨子)가 모여 있고 기독교와 불교를 받아들인 뒤 거기에 공상까지 더해져 있어 꽤나 복잡하다. 그러나 관리의 재산, 세속적인 학문, 군주, 삼강오륜 등의 거듭된 굴레를 타파하기를 바란 것은 전적으로 이 세상의 사상과 행동에 속하며 거침없이 나아가는 용감한 기개를 갖고 있다. 이러한 결별의 역량 역시 전례가 없던 것이었다.

이러한 문화의 결별이 정치적으로 드러난 것이 무술변법 — 백일유신의 등장이다. 무술변법은 일본의 메이지유신의 실패를 모방하였으나 그 중에는 선견지명을 가진 정신적 지주와 전략을 수립하는 중신과 모사, 여론을 선동하는 문장 전문가, 조직을 경영하는 행정 인재들이 많았다. 육군자(六君子)들이 채시구(菜市口)에서 피를 뿌리며 죽고 광서황제가 영태(瀛台)에 구금된 일은 매우 슬프고 비참한 일로, 우여곡절이 예사롭지 않아 모두 천고에 사라지지 않을 매력을 갖고 있다. 그러나 이 모든 일이 수구세력의 저항과 파괴를 멈추지 못했으니 마치 경량급 권투선수가 용기를 내서 중량급 선수에게 도전하였지만 후자가 조금만 주먹을 휘둘러도 전자는 땅에 나가떨어져서 다시는 일어나지 못하는 것과 같았다. 이는 결코 내가 지금 비유한 것이 아니라 어떤 당사자가 당시에 가졌던 비슷한 느낌이다. 강유위(康有爲)의 동생이자 육군자 중의 한 명인 강유박(康有溥, 강광인(康廣仁))은 백일유신 기간 동안 북경에서 변법의 초고를 작성하는 형을 도우며 신구 양당의 역량에 현격한 차이가 있음을 알아차렸다. 그는 몹시 침울해하며 친구에게 "큰형(강유위)은 포부와 기개가 너무 넓고 용맹하며 혼자 도맡는 일이 너무 많으며 동지들은 무척 특출 나고 일을 처리하는 폭이 너무 크다. 당연히 이런 것을 배척하고 꺼리고 비방하는 자들이 사방에 가득한데 황제마저 권력이 없으니 어찌 일을 이룰 수 있겠는가. 나는 이러한 걱정에 쌓여 있다. …… 큰형도 모르는 바는 아니나 상숙(常熟, 옹동화)이 간곡히 요청해도 절대 듣지 않았다. 큰형이 재능을 알아준 것에는 감사하였으나 차마 떠난다는 말을 꺼내지는 않았다. 다만 큰 변법은 한편으로는 새로운 나라의 기틀이기도 하며 한편으로는 백성들에게 성군을 떠올리게 하니 나중에 도모한다고 생각한 것이다. 나는 항상 주장하기를 '신구가 상극이라 대권(大權)이 뒤에 있어도 결국 성공하지 못할 것인데 어째서 재앙을 무릅쓰는가.'라고 하였다. 큰형도 잘 알고 있으나 생사의 명운이 달린 일이기에 피할 수 없었다."[186]라고 편지를 썼다. 이 편지는 당시의 정국과 유신파의 지도자들의 심리 상태를 비교적 객관적이며 생동감 있게 묘사하였다. 유신지사들은 결코 공과 이익에 눈이 어두워 덤벙대는 사람들도 아니고 구체적인 계획 없이 변법을 진행해서 실패한 것도 아니다. 단지 그들은 설령 변법이 실패할지라도 나라를 위해 새로운 길을 열고 동시에 광서황제의 위신을 높여 그가 "자희태후(慈禧太后)의 후사"를 이어 재능과 포부를 크게 펼쳐서 중국의 표트르대제나 일본의 메이지 천황처럼 되기를 바란 것에 인식의 기점을 두었다.

"자희태후의 후사"라는 바람이 강유위와 양계초(梁启超)에서 시작된 것은 아니다. 일찍이 1878년 9월(광서 4년 8월) 곽숭도(郭嵩燾)는 파리에서 독일 주영공사 브란트(M.A.Brandt)를 만나 이홍장, 좌종당의 신정 세력에 대한 북경의 수구 "청의(清議)"세력의 견제에 관해 이야기한 적이 있었다. 브란트는 이러한 비정상적인 상황이 만들어진 원인에 대해 물었고 곽숭도는 "중국은 면적이 워낙 넓어서 땅이 크고 백성도 많다. 모두가 실정법에 따른 지가 이미 3천 여 년이라 근본적으로 변통에 대

186) 康有溥 : 《致易一书》, 见《戊戌六君子集》.

해 말하기가 쉽지 않습니다. 천진조약을 맺은 지 20년인데 황제께서도 유약하시고 대신들도 감히 일을 맡아 하는 자가 없습니다. 10여 년이 흘러 황제께서 친정을 하시고 난 뒤에야 변통할 방법을 찾을 수 있었기에 비로소 앞으로 나아갈 기회를 바랄 수 있게 되었습니다."[187]라고 대답했다. 브란트가 무엇을 변통할 것인지를 묻자 곽숭도는 "중국의 법령을 위반할 수는 없으니 군기대신(軍機大臣)이 조정을 주재하며 모든 실정법에 구애받지 않고 변통에 전력을 다합니다. 그러나 어쩔 수 없이 독무가 책임지고 감독할 수밖에 없습니다. 조정이 독무에게 책임을 지우면 독무는 지방관에게 책임을 지워서 백성의 뜻을 통하게 하는 것을 우선시하게 됩니다. 모든 신정은 전부 다 백성들을 고무시키는 것을 목적으로 합니다."라고 대답했다. 그는 브란트에게 "브란트 영사께서 이러한 상황을 깊이 이해하셔서 조금만 기다려 주시기를 바랍니다. 황제께서 친정을 하신 뒤에 느긋하게 이끄시며 급하거나 재촉하지 않아 오히려 손해만 있게 되었습니다."라고 완곡히 권하였다. 곽숭도는 출국하기 전에 총리아문의 업무를 맡은 적이 있고 자희태후를 친견하고 대면한 적이 있기 때문에 그는 궁궐 내외의 정치상황에 대해 비교적 상세하게 알고 있었다. 그의 변통법은 황제의 친정 이후 군기처가 국정을 주관하며 낡은 것을 없애고 새로운 것을 펼치고 점차 권력을 하급자에게 나누어 주고 백성의 주권을 높이고 백성의 뜻을 고취하는 것이다. 독자들은 20년 뒤의 무술변법이 곽숭도의 생각과 비슷하다는

---

187) 郭嵩焘 :《伦敦与巴黎日记》, 739~740页.

것을 어렵지 않게 알 수 있다. 역사는 가설을 허락하지 않지만 우리는 여전히 생각해 볼 수 있다. 만약 옹동화가 아니라 곽숭도가 군기처에서 전체적인 상황을 총괄하였다면 무술변법이 어떤 식으로 변하였을까? 애석하게도 그는 무술변법 실행 7년 전에 죽었고 그의 정치 생애로 말하자면 무술변법 20년 전에 끝났다.

물론 옹동화도 황제의 스승이 되어 "자희태후의 후사"를 잇기를 바랐다. 옹동화는 본래 구파의 대신이나 청불전쟁 이후 사상이 조금씩 개방되기 시작했다. 1889년(광서 15년)에 황제가 이른바 "친정"을 시작하자 옹동화는 《교빈려항의(校邠廬抗議)》를 바친 적이 있었고 아울러 일기를 통해 자신의 학생을 과장하며 "황제가 《항의》를 읽고 나서 어제 이 책이 가장 시의적절하다고 말했다. …… 오늘은 여섯 편을 골라 한 책으로 묶고 제첨을 번갈아 달았다. 주의를 기울이며 중시한다는 증거이니 매우 기쁘다."[188]라고 말하였다. 갑오전쟁의 패배 이후 옹동화는 "대만의 할양은 유감이지만 변법을 하려는 마음이 생겼다."라고 말했다. 그리고 계속 진치(陳熾)의 《용서(庸書)》, 탕수잠(湯壽潛)의 《위언(危言)》 등의 책을 바쳤다. 이후 강유위도 《일본변정고(日本變政考)》, 《태서신사람요(泰西新史攬要)》, 《각국진흥기(各國振興記)》, 《러시아 표트르대제 변정기(俄羅斯大彼得變政記)》 등의 책을 바쳤는데 그 목적 역시 유신 황제로 가르치고 "자희태후의 후사"를 고려한 것이다. 심지어 무술변법의 실패 후 황제가 영태에 구금된 뒤에도 강유위와 양계초 등은

188) 《翁文恭公日记》, 28册, 91页, 涵芬楼 1925年影印本.

여전히 황제를 잊지 못하고 남양과 북미 각지에서 보황당(保皇黨)을 조직하였으니 그 속셈 역시 "자희태후의 후사"가 되기를 바란 것이다. "자희태후의 후사"는 악몽처럼 저 유신지사들에게 10~20년 동안 맴돌았다. 1908년 자희태후의 앞에서 광서황제가 죽자 그들 스스로가 만든 꿈이 끝내 부서져 버렸고 그들은 대청왕조의 혈통을 바꿀 생각도 하였으나 이때는 이미 기사회생할 방법조차 없었다.

황제당과 유신파의 가장 큰 실책은 황제에 대한 평가와 기대치가 너무 높고 컸다는 점이다. 그들은 아직도 "예부터 예사롭지 않은 일에는 훌륭한 일을 할 수 있는 군주를 기다려야 한다."라는 전통 관념에서 빠져나오지 못했다. 그들은 광서황제가 표트르대제의 "무재(才武)", "깊은 심지", "강력한 힘", "용맹한 기개"를 닮기를 바랐다. 그들은 황제에게 "아! 번개가 쳐서 초목을 틔우니 변화시키는 힘이 크다는 것은 공을 이루는 것이 큽니다. 수억의 푸른 싹들은 모두 초목인데 번개가 치기를 기다렸다가 틔워서 꽃을 피우고 우뚝 솟습니다. 표트르대제의 변화시키는 힘은 번개의 힘이라서 싹을 틔워 꽃을 피우고 우뚝 솟게 하였습니다. 아! 수백 년간의 한 성의 나라가 이미 위험하고 허약해졌으니 이를 귀감으로 삼아야 합니다."[189]라고 진언했다. 어떠한 정치투쟁이라도 모두 다른 방식으로 힘겨루기를 한다. 유신파가 "변화시키는 힘"을 강조하고 "강력한 힘"과 "용맹한 기개"를 강조하였다는 것은 그들이 이미 이 도리를 이해하고 있다는 점을 설명한다. 그러

189) 康有为：《进呈俄罗斯大彼得变政记序》, 见汤志钧编：《康有为政论集》 上册, 226页.

나 그들도 통치계급의 권력은 쉽게 바뀌거나 이동할 수 없다는 점을 이해하지 못했으니 내부의 부자, 모자, 형제 관계라도 권력은 이익과 상관관계에 있기 때문이다. 권력이 이동하면 이익도 따라서 이동한다. 통치자가 단단히 권력을 움켜쥐고 놓지 않으려는 원인도 바로 여기에 있다. 이 때문에 "자희태후의 후사"라는 정치구조는 자희태후가 죽어야만 비로소 나타날 수 있다. 그녀가 숨이 붙어 있는 한 어떤 권력이라도 이동하기 위해서는, 그녀가 직접 길러 성인이 된 양자에게 옮겨준다 할지라도 모두 격렬한 힘겨루기를 거쳐야만 한다.

황제의 친정 전후를 물론하고, 또 수렴청정을 하던 발을 걷고 권력을 이양하든 어떤 형식이 되었든 간에, 당시 청나라 조정의 최고 통치 권력은 모두 자희태후의 손아귀에 집중되어 있었다. 이것이 황제당과 유신파가 반드시 마주쳐야만 하는 혹독한 현실이었다.

청말의 정치구조에 관한 나의 《개척자의 흔적 — 장건전고(張謇傳稿)》라는 책에서 다음과 같은 분석을 하였다.

> 자희태후는 매우 총명하고 권모술수에 능한 궁정여인이다. 그녀는 공친왕 혁흔과 동맹을 맺고 열강의 지지에 힘입어 신유정변(辛酉政變)을 거치며 소순(肅順) 등의 정적을 제거하고 수렴청정을 통해 최고의 통치 권력을 손에 넣었다. 아울러 한족 지방 실력파인 상군(湘軍), 회군(淮軍) 계열의 군벌을 이용하여 태평천국운동과 염군(撚軍) 그리고 기타 소수 민족의 봉기를 진압하여 중앙황실의 권위를 새롭게 세웠고 정치세력간의 균형을 회복하였다. 그녀는 오랫동안 궁궐에서

살아서 도량이 좁고 심계가 능했다. 그녀는 근대정치의 안목이 부족해서 어떠한 치국안민의 웅대한 계획에 대해 말하지 못했다. 그녀는 오로지 직접 위험을 겪으며 얻어낸 절대 권력을 어떻게든 지켜내서 애신각라(愛新覺羅)의 황실 계보를 지속시키는 것만 생각했다. 그녀는 혁흔을 이용하면서도 저 "공이 높고 위엄 있는 군주" 인 친왕을 두려워하여 끊임없이 공격하고 욕보이고 배척해서 혁흔이 정치적으로 어떤 중대한 영향을 다시는 갖지 못하게 했다. 그녀는 직접 낳아 기른 아들인 동치 소황제를 포함한 어느 누구라도 자신의 위를 넘어서는 것을 용납하지 않았다. 동치제가 불행히도 요절하자 그녀는 다른 소황제인 광서를 선택하였다. 이 젖비린내도 가시지 않은 아이를 고분고분하게 교육시켜 용상에 앉히고 그녀의 의지에 따라 천하는 다스렸다. 이것은 그녀에게 일종의 매우 큰 없어서는 안 될 만족감을 느끼게 하였다. 그녀는 이 어린 황제에게 그저 효성스럽고 공손하기만을 바랐지 뛰어난 계책과 영명한 결단력을 바라지는 않았다. 그렇기 때문에 광서황제가 갑오전쟁과 무술유신 기간 동안 무언가 일을 도모하려는 것이 드러났을 때 그녀는 조금도 주저하지 않고 광서황제를 영태에 구금했고 심지어는 이 청년을 산송장으로 만들어 고통을 주었다. 그녀가 부준(溥儁)을 고른 목적도 단지 마음대로 주무를 어린 황제로 변경한 것에 불과하다. 다만 사회 여론의 거센 반발과 열강의 개입까지 겹쳐서 어쩔 수 없이 받아들인 것이다.

자희태후가 지방 실력파들을 다루는 것이, 황실 내부의 이권쟁탈보다 더 어려움이 많았다는 것을 지적해야 한다. 왜냐하면 그녀가 직면한 것은 약간의 병력, 재력, 물리력과 기

> 반을 가진 실체였으며, 이러한 실체는 어느 정도 사회적 토대를 갖고 있었기 때문이다. 중앙과 지방 사이에 매번 이해충돌이 일어나고 정견이 엇갈릴 때마다 그녀가 어떤 중대한 대책을 마련해야 한다면 가장 먼저 각종 정치 역량의 비율을 전반적으로 따져보아야 한다. 가장 우선시해야 할 것은 중앙과 지방의 정치역량의 비율이다. 그녀는 상군, 회군 계열 등을 활용하여 농민 봉기를 연이어 진압했고 양무운동을 시행했다. 중앙집권적 전제정치 체제가 회복되고 상대적으로 안정기에 접어들자 상군, 회군 계열의 실력도 점점 팽창하기 시작했다. 그녀는 다시 상군, 회군 계열 사이의 갈등을 이용해서 권모술수를 부렸고 "청의"를 이용해서 양무파를 견제했다. 일부 청류들이 광서황제 주위에서 황제당을 만들고 유신파와 연합하여 변법자강운동을 추진했을 때, 그녀는 대권이 떨어져나갈까 두려워하며 회군 계열에 의지하여 황제당과 유신파에게 위해를 가했다. 그녀는 각 파의 정치 역량 사이에서 균형을 잘 잡았으나 애석하게도 그 균형은 결국 세상 물정에 어두운 뒤떨어진 머리에 내맡긴 꼴이었다.
>
> 고관대작의 화려한 남성들은 군주의 권력을 장악한 여인에게 비굴하게 순종하며 농락당하고 이 여인은 또 일찍이 남자들에 의해 만들어진 강상과 명교를 어설프게 복원하였다. 이러한 무리들이 최고 통치의 지위를 차지하고 있었던 것이 근대 중국 역사의 불행이다.[190]

무술변법이 실패한 원인은 이러한 기존의 정치구조를 변화시

190) 章开沅：《开拓者的足迹—张謇传稿》, 179~180页, 北京, 中华书局, 1986.

키기엔 역량이 부족했기 때문이다. 광서황제는 적극적으로 무언가를 할 생각에 황제당을 통해 궁궐 바깥의 유신파에게서 뒷배경을 모색했다. 그러나 유신파는 여론선동을 제외하고는 다른 실질적 힘이 없었다. 수도 바깥에서 가장 역량을 갖춘 이들은 지방 실력파이지만 그 중 중요한 위치에 있던 회군 계열은 태후의 실력을 뒷배로 두고 있었다. 나머지의 많은 독무들은 변법에 대해 회의나 관망, 나아가 거부 반응까지 보였다. 진정 호응하는 곳은 호남성 한 곳 밖에 없었기 때문에 무술변법은 메이지유신처럼 많은 막부 주인들의 지지를 얻지 못했다. 진보적 성향을 갖춘 신상(紳商)들과 깨어 있는 지주들은 유신변법의 진성지지자들이었으나 중국 자본주의가 발전하기 시작하면서 그들의 경제, 정치역량의 모든 부분에서 한계를 드러냈다. 그런 까닭에 무술변법은 뒷받침할 만한 사회 중간계층의 역량이 부족했다. 갑오전쟁 이후 세상이 공분했고 민중의 의기가 높아지면서 하층민들의 반항투쟁이 다시금 늘어났다. 그러나 그들이 원망했던 주요 대상은 중국을 나누어 먹으려는 제국주의 열강이었고 그들의 자발적인 반항은 선진 역량을 지닌 지도자의 부재로 인해서 대부분 애매모호한 외세의 배척으로 흘러갔다. 그들은 서양의 근대문명과 식민주의 침탈을 같은 맥락으로 여겨 모두 다 배척해 이것들을 중국 땅에서 없애야 마음이 후련하였다. 이런 이유로 유신파들은 그들과의 연계를 맺을 수 없었고 그들 역시 양코배기들에게 배우는 양무사업에 관심도 없고 지지를 보내지도 않았다. 그들 사이에는 일본에서 막부투쟁을 벌였던 "호상(豪商)"이나 "호농(豪農)"같은 이들이 나타나지 않았다.

유신파는 변법기간 동안 투쟁전략에 많은 주의를 기울이지 않고 빨리 움직이는 데에만 급급해서 여러 방면에 걸쳐 충돌을 일으켰다. 이처럼 너무 많은 적을 만들었기에 스스로 더욱 고립되었다. 예를 들어, 3개월이라는 짧은 시간동안 첨사부(詹事府), 통정사(通政司), 광록사(光祿寺), 홍려사(鴻臚寺), 태복사(太仆寺), 대리사(大理寺) 등의 수도의 관청을 철폐하였고 호북, 광동, 운남 3성의 순무, 동하총독 및 운송 사무를 보지 않는 양도(糧道), 그리고 거의 사용하지 않거나 사라진 염도(鹽道) 및 보좌관이 없는 지방 책임자를 해임했다. 또한 과거를 개혁해서 각급 고시의 내용을 대폭 변경하는 동시에 각 지방의 서원을 중학과 서학을 겸하는 학교로 바꾸었다. 이러한 조령을 발표할 때 주관적인 욕구에 근거해서 필요성을 강조하였지만 실행 가능성을 입증할 세밀한 조사가 부족했다. 게다가 각각의 비교적 큰 개혁에 대해 사회 심리적으로 받아들일 능력이 있는지 고려하지 않았고 민중의 이해 역시 부족했기 때문에 아마도 반대가 늘어났을 것이다. 유신파들은 그들의 지도자인 강유위를 포함하여 대부분 정치투쟁의 경험이 없는 서생들로 그들은 도대체 어떤 힘에 의지해 어떤 세력과 연계해야 하며 어떤 세력을 고립시켜 어느 대상을 공격해야 하는지 전혀 모른 채 한 가지 열정에 근거해서 끊임없이 “제구포신(除舊布新)”의 조령만을 반포했다. 그들은 간절한 애국심 때문에 일을 성사하는 데에만 급급하여, 강유박은 강유위에게 이러한 폐해를 지적하며 비판했다. 담사동 역시 스스로를 반성하면서 “나의 혼란은 대체로 앉아서 새로워지기를 바라다 결국 새로워지지 못한 것인데 그 이유는 성급함과 작은 성공을 즐거워하지 않았기 때문이다. 작은 성공에 즐거워하지 않는 점은 좋지만 성급함은 좋지 않다. 성급하면 빨리 하려고 하고 빨리 하려고 등급을 거치지 않고 뛰어넘는다. 등급을 거치지 않고 뛰어넘게 되면 결국 얻는 바가 없다."[191]라고 말했다. 한때 무술변법에 공감했던 장건도 변법 이후 얻은 경험과 교훈을 정리하며 "100리를 가고서 50리 막혀 있는 것이 어떠한가. 이삼십 리를 가되 막히지 않은 것이 오히려 도착할 수 있다."[192]라고 말했는데 이 역시 유신파의 전략적 오류에 초점을 맞추어 말한 것이다.

변법의 시기 선택 역시 적절하지 않았다. 군사작전을 좀 아는 사람들은 이해하듯이 총공격을 개시할 가장 좋은 시간은 바로 적군의 진지가 아직 안정되지 못하거나 동요를 일으키는 순간이다. 물론 자신의 부대는 이미 준비를 끝내야 하며 지휘관은 작전 진행에 대해 전반적인 시각을 가지고 있어야 한다. 유신파의 주요 적수는 태후당后党과 그들의 지지자인 회(淮)계열 집단이다. 갑오전쟁에서 차례차례 패배하고 《시모노세키 조약》을 체결한 뒤 태후당과 회계열 집단의 입지는 가장 곤란해졌고 정치적으로도 가장 허약해졌다. 당시 그들은 전국에서 욕을 먹는 중이라 소극적이고 방어적인 입장을 취할 수밖에 없었다. 그러나 유신파는 이 시기에 주로 매국적인 조약과 대만 할양에 반대하느라 정신이 없어서 변법을 전면적으로 진흥하지 못하였고 자신들의 대오를 조직하지 못했다. 러시아, 프랑스, 독일의 "삼국간섭" 후에야 요동반도를 돌려받은 일은 태후당과 회계열 집단에게 약간의 체면치레가 되었

191) 谭嗣同 : 《报贝元徵书》, 见蔡尚思, 方行编 : 《谭嗣同全集》 上册, 2~3页.
192) 张謇 : 《变法平议》, 见 《张季子九录》 政闻录卷二, 2页.

고 일반인들의 심리상에서도 어느 정도 보상이 되었다. 태후당과 회계열 집단은 이를 계기로 삼은 동시에 음으로 양으로 행해지던 제정 러시아의 지지를 이용하여 자신들의 진영을 다시 안정시켰다. 정치적으로는 겉으로는 어느 정도 자제하고 있었으나 실질적으로는 만반의 준비를 갖춘 채 기회를 엿보고 있었다. 유신파는 정치상황의 미묘한 변화에 대한 날카로운 통찰력이 부족했고 훌륭한 능력을 갖추지 못했으며 실제로 실행할 수 있는 순서나 방법도 없는 상황에서 성급하게 구체제와 구세력에게 전면적인 공격을 시작했다. 이런 전형적인 "낭전(浪戰)"의 결과는 "육군자(六君子)"의 희생과 강유위, 양계초의 해외 망명에 그치지 않았고 국내 유신파의 원기가 손상되었으며 기반이 송두리째 날아갔다. 더욱이 가장 큰 자산 — 광서황제마저도 퇴출되었다. 이렇게 상상을 해 보자.(내가 다시 역사의 전통적 금기를 위반하는 것에 대해 넓은 아량을 부탁한다.) 만약 강유위, 양계초가 이처럼 뭔가 이루기에 급급해하지 않고 갑오전쟁 이후에 있었던 좋은 기회를 이용하여 한편으로는 여론을 선동하며 힘 있는 조직을 만들고 다른 한편으로는 비교적 반발이 적고 빠른 효과를 거둘 수 있는 몇 가지 개혁을 착수하여 조금씩 정치적 위치를 차지하며 영향력을 확장시킨 뒤 다시 상대가 곤경에 처했을 때를(예를 들면 1900년 자희태후가 서안으로 도망갔을 때나 《신축조약(辛醜條約)》을 체결한 뒤에) 이용하여 일거에 변법의 패권을 장악했다면 결과가 어떻게 되었을까?

헌팅턴은 미국인이지만 다른 여러 나라의 군주들이 선도했던 개혁과 무술변법을 비교해 왔기 때문에 자신만의 독창적인 견해를 갖게 되었다. 그는 "전통 사회에서 황족 개혁가는 극히 적다. 따라서 지나치게 급진적이고 과격한 행동은 늘 잠재적인 반대자들을 적극적인 반대자로 변하게 만든다. 1898년 광서황제의 '백일유신'이 바로 이러한 예이다."[193]라고 하였다. 아울러 그는 100년 전 유럽에서 출현한 "매우 비슷하고도 똑같이 참패한 제국 유토피아주의의 예"를 언급하였는데 바로 과격 군주인 요제프 2세(Joseph II)가 1780년부터 1790년 사이에 합스부르크 지역에서 진행한 개혁이었다. 이 개혁과 관련된 범위와 격렬했던 수준은 프랑스 대혁명 기간 동안 벌어진 각종 개혁에 거의 근접했다. "실제로 아래에서부터 위로 올라가는 프랑스의 혁명이 일어나기 전에 위에서부터 아래로 내려가는 혁명이 오스트리아-헝가리 제국에서 시험되고 있었다."[194] 그러나 후발 주자는 승리를 거둔 반면에 선행 주자는 실패로 끝맺었다.

요제프 2세의 개혁이 무술변법과 비교하기에 적합한지 또는 어떠한 진행이 더 타당한지에 대해서는 차치하더라도, 헌팅턴이 주목한 군왕이 이끈 개혁에 대해서 언급한 대목은 어느 정도 시사하는 바가 있다. 그는 "이러한 개혁을 효과적으로 진행하기 위해서는 인내심과 의지가 필요하다. 대부분의 사회에서 급진적인 개혁은 흔히 느슨하고 완만한 개혁과 번갈아 등장하고 심지어는 전통을 수호하려는 반발도 자주 나타난다. 현대의 개혁가들과 비교하자면 전통적 개혁가들이 성공을 이루려면 좀 더 천천히 움직여야 한다. 일단 한 사회의 구체제가 뒤집히려면 이 사회의 여론이 개혁의 관념에 대해

193) [美] 塞缪尔, 亨廷顿 :《变革社会中的政治秩序》, 154页.
194) [美] 塞缪尔, 亨廷顿 : 变革社会中的政治秩序》, 155页.

공감해야 한다."195)라고 말했다. 사람들은 일본의 메이지유신을 거론하면서 헌팅턴에게 반박할지도 모른다. 그러나 일본 전통사회의 천황은 "강하지 않은 존귀한 자"로 실질적으로 장악한 임금의 권력은 막부의 손에 있었으니 메이지유신도 막부에서부터 시작하여 아래로 내려간 것은 아니다. 메이지유신 역시 첫 시작은 평화적이고 점진적인 개혁은 아니었으니 치열한 경쟁을 통한 정권이양의 실현을 전제로 하였다. 천황 자신은 단지 이름뿐이었지만 그의 힘은 개혁에 찬성하는 각 번과 다수를 이루는 하층무사들, 그리고 진보적 성향을 지닌 "호상"과 "부농"으로부터 나왔다. 이와 같은 이유로 일본의 메이지유신은 무술변법이나 이전의 요제프 2세의 개혁과는 더욱 차별화 된다. 물론 결국 이것은 사회구조가 다른 데서 비롯한 것으로 헌팅턴도 이 점을 주목하고 있었다.

무술변법은 실패한 정치운동이지만 사상 면에서 그 중요한 역사적 가치가 있다. 오랜 친구인 대일(戴逸) 선생은 무술변법은 중국 근대사에 있어 최초의 사상해방운동이라는 상세한 분석을 한 적이 있다. 이 책에서는 무술변법과 이어서 다가올 신해혁명에 대해 중국이 근대화로 나아가는 과정으로 관찰할 것이나, 두 가지의 독립적인 사건으로 나누어 논의하지 않을 것이다.

19세기 말과 20세기 초라는 두 세기가 서로 맞닿은 시기에 대하여, 양계초는 1901년에 과도시대(過渡時代)라 칭하면서 이 때의 중국 사회에 대해 상당히 인상적인 서술을 하였다. "중

195) [美] 塞缪尔, 亨廷顿 : 《变革社会中的政治秩序》, 154页.

국은 수천 년에 걸쳐 불변의 영토에서 꿈쩍도 않은 채 한 발짝도 나아가지 않아서 과도기가 무엇인지 몰랐다. 그러나 세계에서 몰려온 거센 파도가 충격을 주고 19세기의 광풍이 불어 닥치면서 예부터 선조들이 남긴 깊고 튼튼한 근거지는 점차 몰락하였다. 전국의 민족 역시 어쩔 수 없이 암담한 고통을 겪었고 바로 뒤이어서 과도기에 들어섰다. 그러므로 지금 중국은 처음 해안선을 떠나 격류에 몸을 내맡긴 채 흘러가는 조각배의 모습이다. 즉, 속된 말로 이도저도 아닌 때이다. 큰 범위로 말하자면 민중은 이미 제왕적인 우민 전제정치에 분개해 있으나 아직 새로운 정치체제를 조직하여 이를 대체하지 못했으니 정치상의 과도시대이다. 학자들은 이미 고증과 사장 중심의 학문을 고루하게 여기지만 아직 신학문을 열어 대신하지 못했으니 학문상의 과도시대이다. 사회는 이미 삼강오륜과 허례허식에 염증내고 있으나 이를 대신할 새로운 도덕이 나타나지 않았으니 이는 풍속상의 과도시대이다. 작은 범위에서 말하자면 옛 법전이 사라지고 있으나 새로운 법전이 없고 과거제를 바꾸려고 하지만 새로운 교육제도가 없다. 원흉을 처형하고 있지만(완고파인 재훈(載勳), 육현(毓賢) 등이 사약을 받고 자진하거나 죽음을 당한 일을 가리킨다.) 새로운 인재가 없다. 북경이 파괴되었으나 새로운 도성이 없다. 몇 개월 동안 능동적인 것과 수동적인 것을 막론한 모든 조치들이 거의 없었던 과도시대이다."[196]

시대마다 자신이 필요로 하는 영웅의 굴기를 외치는데 과

196) 梁启超 :《过渡时代论》, 载《清议报》, 第83期.

도시대는 "신구 경계선의 중심에 우뚝 솟은" 영웅을 부르고 있다. 강유위, 양계초, 엄복, 담사동, 손중산, 황흥(黃興), 장태염(章太炎), 추용(鄒容) 등은 모두 이러한 영웅으로, "과도기의 영웅"이라고 부르기도 하지만 항상 그들은 서로 대립하는 두 개의 정치파벌로 나뉘어져 있었다.

양계초의 경험에 따르면 "신구 경계선의 중심에 우뚝 솟은 과도시대의 영웅"은 갖춰야 할 "덕성" 가운데 "모험성"(담략과 용기)이 가장 우선시 된다. 이때는 구세력이 매우 커서 보수적인 타성이 너무 강한 탓에 개혁가들은 여러 가지의 리스크를 감수해야만 했다. 양계초는 "과도라는 것은 개진한다는 뜻이다. 개혁가는 옛 모습을 유지할 수 없으며 앞으로 나아가려는 사람은 기필코 답보상태에서 벗어나야 한다. 높은 누각에 오르려면 먼저 평지에서 발을 떼야 하고 타국으로 떠나려면 우선 고향을 등져야 하는 것은 일의 흐름에서 가장 쉽게 알 수 있는 것이다."라고 말했다. 그러나 옛 전통으로부터 분리하는 일은 결코 평지에서 발을 떼거나 고향을 등지는 것처럼 쉬운 일이 아니다. 전통사회는 항상 과거가 현재를 속박하고 죽은 이가 산 사람을 속박하고 있기에 앞으로 나아갈 때마다 온갖 고초를 겪으며 대가를 내주고 희생을 치르기 때문이다. 무술변법의 실패라는 피의 교훈을 통해 양계초는 이 부분을 더욱 깊이 느꼈다. 그는 중국의 개혁을 "고치지 않고서는 다시 살 수 없는" 천년 고택에 비유해서 먼저 옛집을 헐어야 새 집을 지을 수 있다고 생각했다. 가장 난감한 것이 옛집은 이미 헐었는데 새 집이 아직 완성되지 않은 시기로, 기왓장이나 가재도구들이 어지러이 널려있어 옛집에 살던 때보다 더 황량하고 온전치 못하다. “보통 사람들은 눈앞의 작은 손해 때문에 뒤에 올 큰 이익을 보지 못하고 사력을 다해 그 진행을 막곤 한다. 식견이 조금 있는 사람이라 하더라도 담력이 부족하거나 좀 길게 생각하다 뒤를 돌아보고는 감히 쉽게 펼치지 못한다. 이것이 예전부터 여러 나라에서 진보는 적고 퇴보가 많았던 이유다. 그러므로 반드시 큰 칼이나 도끼를 휘두르는 과감한 힘이 있어야만 창업의 공을 이룰 수 있다. 막을 수 없는 천둥 같은 힘이 있어야만 큰 새가 천리를 날아가는 기세를 만들 수 있다.”[197]

유신운동의 정신적 지주 역할을 맡은 것이 강유위 최대의 역사적 공적인데 “천년 고택”을 보수하는 것으로는 성에 차지 않았다. 공개적으로 옛집을 허물고 새 집을 짓자고 말하지는 않았지만 전면적인 쇄신과 함께 낡은 대들보의 해체작업을 시작했다.

그는 1891년에 《신학위경고(新學僞經考)》, 1898년에 《공자개제고(孔子改制考)》를 출간했고 1901년부터 1902년 사이에 《대동서(大同書)》를 완성하였는데 훗날 양계초는 거대한 태풍, 화산분출 그리고 대지진으로 비유하였다. 이것은 청학의 공식적인 분열과 근대의 가치인 신구 당쟁의 발단을 보여주는 동시에 역사의 새로운 시기가 다가왔음을 보여준다.

양계초는 학술사상의 관점에서 위원(魏源)부터 강유위까지의 발전 맥락을 관찰하여 강유위의 역사적 지위를 비교적 명확하게 밝혔다. 그는 “아편전쟁 이후 지사들은 절치부심하며

197) 梁启超 : 《过渡时代论》, 载 《清议报》, 第83期.

크나큰 치욕으로 삼고 이를 스스로 씻어 낼 생각을 하고 있었다. 경세치용 관념의 부활이 꺾을 수 없을 만큼 활활 타올랐다. 또 해금이 풀린 이후 서학이라는 것이 유입되었는데 가장 먼저 들어온 것이 공예이며 그 다음이 정치제도였다. 어두운 방에서 자란 학자가 바깥에 무엇이 있는지도 모르다가 문득 작은 창으로 밖을 본다면 그 찬란함은 모두 본 적 없는 것들이다. 다시 방 안을 돌아보면 깊은 어둠과 더러움뿐이다. 그래서 외부를 탐구하려는 욕망은 나날이 뜨거워지고 내부를 싫어하고 버리려는 감정이 날로 격렬해진다. 스스로 이 어둠을 깨뜨리려면 어쩔 수 없이 먼저 옛 정치에 대해 분투해 보아야 한다. 이에 어설픈 서학지식을 가지고 청초 계몽기의 경세학자라는 사람들과 결합하여 새로운 학파를 세워 정통파에게 공연히 반기를 들었다."[198] 상술한 강유위 세 작품은 경학을 명분으로 변위학(辨僞學)을 방법으로 삼아 전진하는 용맹한 기개를 갖추어 통치지위에 있던 고문경학(古文經學)과 정주이학(程朱理學)에 도전하였다. "거짓말을 걷어내고 부패를 척결하자."라는 말은 정통파의 정신적 권위를 근본적으로 공격하였다. 동시에 그는 "옛것을 믿고 좋아하며", "옛것을 진술하되 새로 짓지 않는다."라는 공자를 "난세를 다스려 태평에 이른다."로 개조하였으니 공자를 개혁하는 데 뜻을 둔 것이다. 아울러 금문학파의 "삼세(三世)"설(난세(亂世), 승평세(升平世), 태평세(太平世))을 빌려와 진화한 역사관이라 선전하고 변법도강(變法圖強)의 이론적 근거로 삼았다. 이 밖에도 그는 "경서와 자서(子書)

---

198) 梁启超 : 《清代学术概论》, 见《梁启超论清学史二种》, 59页.

의 심오한 뜻을 합치고 유교와 불교의 깊고 미묘한 의미를 연구하였다. 중서의 새로운 이론을 참고하였으며 하늘과 사람의 오묘한 변화를 탐구하고 여러 종교를 수합해 분야에 따라 크게 나누고 고금으로 분할하여 미래에 대한 것까지 모두 다 조사한" "대동세계(大同世界)"라는 아름다운 도안을 엮어 사람들이 분투할 이상적인 목표를 만들었다. 이와 같이 그가 자신만 위한 것이 아닌 유신파를 위해서도 만든 방대하고 잡다한 사상이론체계는 정통 도학을 향한 "공공연한 반기"였다.

물론 강유위의 이 책의 학술가치에 대해서 당연히 너무 높이 평가하는 것은 옳지 않다. 경학의 변위(辨僞)는 종종 주관적인 판단으로 흘러갔고 서학에 대한 이해는 더 큰 한계가 있었다. 강유위 개인의 기질을 살펴보면 정치가라기보다는 학자이고 학자라기보다는 종교가이다. 그는 당의 수뇌부로 적합하지 않고 이상적인 경학자에도 적합하지 않으며 오히려 어느 정도 교주의 기질을 갖고 있었다. 20여 년이 지나 양계초는 자신의 스승에 대해 평가하며 "강유위의 사람됨은 모든 일을 순전히 주관에 맡기고 매우 강한 자신감과 의지를 갖고 있다. 이에 객관적 사실을 대면하면 반드시 멸시하거나 반드시 강제로라도 자신을 따르게 한다. 그는 사업에서도 이러했고 학문에 있어서도 이렇게 했다. 그가 직접 일가를 이루어 여러 번 우뚝 솟은 것도 마찬가지이며 그가 건실한 기초를 세우지 못한 것도 이 때문이다."[199]라고 하였다. 이 외에도 양계초는 《삼십자술(三十自述)》의 글을 통해 처음 강유위 문하에

199) 梁启超：《清代学术概论》, 见《梁启超论清学史二种》, 64页.

서 공부할 때의 상황을 그리며 “나는 어린 나이에 과거 급제를 한 데다 당시의 시류에 높이 평가받던 훈고사장학(訓詁詞章學)을 꽤 알고 있어서 늘 우쭐거렸다. 선생께서는 바다의 파도 소리나 사자의 외침소리를 내면서 수백 년 동안 끼고 앉았던 쓸데없는 옛 학문을 철저히 반박하여 일거에 다 쓸어버렸다. 진시(辰時)에 들어가서 술시(戌時)가 되어서야 물러나면 등에 냉수를 끼얹은 듯하고 머리를 몽둥이로 맞은 듯하여 하루아침에 옛 학문의 보루를 다 잃어버렸다. …… 저절로 옛 학문을 버리게 되었다.”[200]라고 말했다. 스승을 아는 것은 제자만 한 이가 없으니 양계초의 글을 통해 우리는 자신감이 넘치지만 주관적이고 의지가 굳세지만 독단적이며 열정적으로 감동시키지만 이론적으로 설득시키지 못하며 기세로 압도하지만 차근차근 알려주지 못하는 강유위를 볼 수 있다. 바로 이러한 사람이 풍운을 만나고 인연이 겹쳐 갑오전쟁 후 빠르게 변하는 역사무대의 전면에 서게 되었다.

강유위의 역사적 역할은 주로 “옛 보루를 해체할 새로운 군대를 확장”하고 솔선수범하여 “천년 묵은 고택”을 철거하여 새 집을 짓기 위한 일부 공간을 정리하는 데에 있었다. 그러나 그의 유별난 기질과 서학의 수준으로 인해 중국의 새로운 학문 부문에서는 더 큰 공적을 이루기 어려웠다. 가장 큰 영향을 미친 진화론과 서양근대 사회정치학설을 도입한 주요 공적은, 진정으로 중서학문에 모두 통달하고 체계적이며 과학적인 방식으로 훈련을 받은 엄복에게 돌려야만 한다. 갑오전

200) 《饮冰室合集》 文集之十一, 16~17页.

쟁 이후부터 신해혁명 전날까지, 엄복은 《국문보(國聞報)》를 창간할 때를 제외하고는 믿을 수 있고 정통하며 고아한 필체로 수많은 서양의 학술명저들을 번역하였다. 헉슬리의 《천연론(天演論)》(1898), 아담 스미스의 《국부론》(1902), 스펜서의 《사회학 연구》와 존 스튜어트 밀의 《자유론》(1903), 에드워드 젠크스의 《정치학사》(1904), 몽테스키외의 《법의 정신》(1904-1909), 존 스튜어트 밀의 《논리학 체계》(1905), 제본스의 《논리학 입문》(1909)이 여기에 포함된다. 이러한 저작 및 엄격한 번역과 주석이 만들어지면서 중국사회가 근대화를 향해 나아가는 데 체계적인 이론의 토대를 제공하였다.

엄복의 이론적 공헌은 거대했고 다방면에 걸쳐 있다. 기존의 진보세계관과 가치관, 그리고 과학적 방법을 도입하여 수많은 중서문화 비교 연구를 하였다. 더욱 중요한 것은 중국에서 처음으로 인간의 발견을 이끌었다는 점이다. 예를 들어 서구는 외부 세계의 발견을 거치고 방향을 바꾸어 내부세계에서 인간의 자아를 발견하였다면, 중국은 외부세계의 충격을 거치고 여러 차례 중서문화의 비교를 겪고 나서야 비로소 자신을 발견하기 시작했다.

엄복이 1895년 2월 천진 《직보(直報)》에서 발표한 《세상 변화의 빠름을 논함》에는 매우 날카로운 분석이 실려 있다. 그는 "오늘날 서양인을 칭찬하는 사람들은 그들이 계산에 밝고 기계에 뛰어날 뿐이라고 말한다. 그들은 우리가 지금 여기에서 보고 듣는 증기기관이나 무기와 같은 부류가 모두 형이하의 말단이며 가장 정교하다고 말하는 천문역산과 격치(格致)라 할지라도 그들이 잘하는 것의 일부이지 핵심이 존재하지 않는다는 점을 모르고 있다. 명맥(命脈)이라는 것이 무엇인가? 요점만 말하자면 학술에서는 거짓을 축출하고 진리를 숭상하며 형정(刑政)에서는 사(私)을 억제하고 공(公)을 실현하는 것일 뿐이다. 이 두 가지는 원래 중국의 도리와 다르지 않았다. 다만 저들은 실행하여 항상 성공했지만 우리는 실행해도 항상 실패했다. 이는 자유와 부자유의 차이일 뿐이다."라고 말하였다. 과학(거짓을 축출하고 진실을 숭상하는)과 민주(개인을 누르고 공을 위하는)를 서양 근대문명의 "핵심"으로 간주한 점은 당시 역사적 조건 아래에서 이미 세속을 초월했다고 여겨지는 깊고 명철한 견해이다. 그리고 서양에서 과학과 민주의 실행이 항상 통하지만 중국에서 과학과 민주의 실행이 항상 골칫거리인 것을 자유와 부자유가 초래한 차이로 귀결시킨 점은 일반적인 서양 학자가 말할 수 있는 것이 아니어서 지금까지도 사람들을 깊이 깨닫게 한다. 자유가 없다면 과학과 민주도 없고 서양 국가의 부강함도 얻을 수 없다. 이것이 바로 19세기 말에 이미 형성된 엄복의 기본 사상이다.

엄복은 한 단계 더 나아가 근대적 의미의 자유에 대해 간단히 논술했다. "중국 역대 성현들은 자유라는 말을 대단히 두려워하여 지금까지 가르침으로 세운 적이 없다. 저 서양인들은 '하늘이 사람을 만들며 여러 가지를 부여했지만 자유를 얻어야 완전히 얻은 것이다.'라고 말한다. 그러므로 사람마다 각자 자유를 얻고 나라마다 각각 자유를 얻어 서로 침해하지 않도록 노력할 뿐이다. 다른 사람의 자유를 침해하는 것이야말로 천도를 어기고 인간성을 해치는 일이다. 살인과 상해, 그리고 타인의 재물을 훔치거나 손상하는 일은 모두 타인의 자유를 침범하는 극단적인 행위이다. 그러므로 타인의 자유를 침범하는 일은 나라의 임금이라도 불가능하며 그 형법과 법률은 모두 이를 위해 만들어졌을 뿐이다. 중국의 도리와 서양식 자유 중에 가장 비슷한 것은 서(恕)와 혈구(絜矩)이다. 이들은 비슷하다고는 할 수 있지만 완전히 동일하다고는 할 수 없다. 어째서인가? 중국의 서와 혈구는 오직 다른 사람과의 관계를 말하고 있지만 서양의 자유는 다른 사람과의 관계 속에서 실제로는 자신을 보존하려는 의미가 포함되어 있기 때문이다." 그는 서양의 천부인권학설과 그 법제상의 표현을 소개하는 데에 그치지 않고 서양의 자유와 중국의 서, 혈구에 대해 깊이 있게 비교하여 두 개념의 유사성과 차이점을 알게 했다. "혈구"는 《대학(大學)》의 "그러므로 군자는 혈구의 도를 가져야 한다."라는 구절에서 나온 말로 《주자장구(朱子章句)》에서는 혈(絜)을 "헤아린다."라고 풀이하였다. 엄복이 지적한, 중국의 서와 혈구는 오직 다른 사람과의 관계를 말한다는 것은 군체(群體)와 객체(客體)를 가장 앞자리에 둔 것이다. 서양의 자유는 다른 사람과의 관계(객체) 속에 자신이 존재한다는 의미로 자아(개인)를 주체이자 출발점으로 여긴 것이다. 바로 이러한 근본적인 차이 때문에 중서문화 각각의 방면에서 차이를 드러낸다. "각자의 자유가 다르기 때문에 온갖 차이가 다양하게 드러난다. 대략 몇 가지를 말하자면 중국은 삼강(三綱)을 중시하나 서양은 평등을 먼저 중시한다. 중국은 친족을 가까이 여기나 서양은 현자를 숭상한다. 중국은 효(孝)로써 천하를 다스리지만 서양은 공정함으로 천하를 다스린다. 중국은 군주를 높이지만 서양은 백성을 떠받든다. 중국은 전체적 이치의 통일성을 중시하지만 서양은 지역적인 특색을 좋아한다. 중국은 기피하는 것이 많지만 서양은 풍자와 비난이 많다. 재물을 쓰는 것도 중국은 절제를 중시하나 서양은 자원의 개발을 중시한다. 중국은 순박함을 좇지만 서양은 즐거움을 추구한다. 다른 사람과 교제할 때 중국은 겸손함을 미덕으로 여기지만 서양은 자신을 드러내고자 힘쓴다. 중국은 예절과 법도를 숭상하나 서양은 간단하고 편리한 것을 좋아한다. 학문을 하는 방법도 중국은 박학다식을 자랑하지만 서양은 새로운 지식을 높이 평가한다. 재앙에 대해서도 중국은 천수에 맡기지만 서양은 사람의 힘을 믿는다. 이러한 규범은 모두 중국의 도리와 서로 대립하는 것이지만 함께 존재하고 있다. 나는 감히 함부로 우열을 가리지 않겠다." 여기서 서로 비교한 양측은 하나는 농업종법사회의 전통문화이고 다른 하나는 자본주의사회의 근대문명이다. 엄복은 차마 함부로 우열을 가리지 못한다고 말했으나 가치 저울에서의 기울기는 이미 분명하고 쉽게 드러났다.

갑오전쟁 이후, 민중의 의기가 높아지고 학회가 즐비하였으며 간행물들은 어지럽게 널려 있었다. 의회나 민권 따위로 새로운 인물들이 앞 다투어 논의하는 유행이 점차 생겨났다. 오직 엄복만이 중서문화 비교연구라는 토대 위에서 냉정히 생각하며 양자 간 자유문제의 근본적인 차이를 탐구했다. 아울러 이 점을 기타 "여러 다른 무리들이 생겨난" 출발점이라고 간주하였으니 그 견해의 깊이는 지금까지도 놀랍다!

자유는 인권과 서로 직결되는 것으로 자유 없는 인권은 없고 인권 없는 자유도 없다. 중국 역대 성현들이 자유를 "깊이 두려워" 하고, 지금까지 "가르침으로 세우지" 않은 이유가 바로 그들이 농업종업사회의 신분예속관계, 등급차별, 혈연간의 유대에 있기 때문이었다. 아울러 강상명교라는 이데올로기를 반영하여 모두 다 만고불변의 진리로 보았다. 이 모든 것들과 자유나 인권은 불과 물의 관계처럼 절대 용납할 수 없다. 나라를 구하려면 반드시 사람을 먼저 구해야 하는데 노예 신민이라는 천년의 멍에를 뒤집어쓰고 근대문명국가를 건설하는 것은 불가능하다. 만약 인간의 발견이 없거나 혹은 인간의 가치에 대한 긍정이 없고 인권을 바탕으로 하는 자유가 관념적, 법제상으로 확립되지 않는다면 서양의 의회, 헌법, 정당, 민주, 과학, 교육 등등의 새로운 사물의 이식은 모두 "회수를 넘으면 탱자가 되는" 비극적 결말로 흐를 것이다.

주목할 점은 인간의 발견과 개성의 해방 부분에서 엄복에게 가장 먼저 호응한 사람은 담사동이지 양계초가 아니라는 점이다. 비록 양계초가 상해에서 주관한 《시무보(時務報)》와 《국문보》가 남북에서 호응하여 무술변법 시기에 가장 큰 영향을 끼친 양쪽의 여론진지였었더라도 말이다. 양계초는 무술변법 이전에는 주로 변법의 긴급한 필요성을 주창하며 변법의 기본 내용을 선전하는 동시에 변법을 위해 여러 저항과 심리적 장애를 제거했다. 무술변법이 실패한 뒤에 양계초는 해외에서 서양문명에 대한 더 나은 이해를 갖추었고 《신민설(新民說)》 등의 저작을 통해 엄복이 이미 일으켰던 사업에 계속 종사하기 시작했다.

과거에 사람들은 담사동을 유신파의 좌익으로 보고 엄복을 우익이나 최소한 중도우파로 간주하였는데, 이는 그저 정치표현의 과격성과 완만함에 불과하다. 만약 유신운동의 전체를 살펴본다면, 특히 유신운동을 첫 번째 사상해방운동이라고 여기고 관찰한다면 아마도 상술한 것처럼 간단히 구분하기 어려울 것이다. 실제로 엄복이 사상과 이론상에서 이룬 공적과 수준은 무술 시기의 강유위, 양계초와 비교할 수 없다. 담사동과 엄복이 오히려 비슷한 부분이 상당히 많지만 두 사람의 언사에는 우아함과 격렬함의 차이가 있다. 담사동은 그의 저서 《인학(仁學)》을 통해 "인(仁)은 통(通)을 가장 중요한 의의로 삼는다." "통은 평등을 상징한다."[201]라고 말하면서 전통적인 "인"을 근대적 관념으로 해석했다. 이 때문에 그는 명교의 "난인(亂仁)"을 인의 대립물로 생각했다. "속되고 비루한 이들은 명교를 들먹이며 천명과도 같아 감히 바꿀 수 없고 국법과도 같아 왈가왈부해서도 안 된다고 한다. 아! 명분이 종교가 되었으니 그 종교는 이미 실제에 덧붙은 대상일 뿐 결코 실재는 아니다. 게다가 명분이라는 것은 위에서 아래를 제어하려고 사람이 만든 것으로 받들지 않을 수 없는 것이니 수천 년 동안 삼강오륜의 참화와 폐단은 여기서부터 잔혹해지기 시작했다. 군주는 명분으로 신하에게 족쇄를 채우고 관리는 명분으로 백성에게 멍에를 씌웠으며 아비는 명분으로 자식을 억압했고 남편은 명분으로 아내를 가두었으며 형제와 친구들은 각자 명분을 지니고 서로 대립했다. 이러하니 인이 조금이라도 남아 있겠는가. 그러므로 명분 때문에 인이 어지러워진 것도 자연스러운 추세이다. 중국은 오랫동안 형벌로

201) 《仁学界说》, 见《谭嗣同全集》 下册, 291页.

천하를 통제하면서 부득불 명분을 널리 세워 통제의 도구로 만들 수밖에 없었다. '인'과 같은 말은 공통의 명분이기에 임금과 아비가 신하와 자식을 꾸짖고 신하와 자식 역시 임금과 아비에게 반대할 수 있어서 통제의 기술로는 불편하다. 그러므로 충효, 청렴, 절개와 같은 등급을 구별하는 명분이 생기지 않을 수 없었다. 명분을 얻으면 신하와 자식에게 '너는 어찌 충성스럽지 않느냐! 너는 어찌 효성스럽지 않느냐! 쫓아내야 마땅하고 죽여야 마땅하다.'라고 하며 꾸짖었다. 충효는 신하와 자식의 전유물이 되니 결국 그들은 반발할 수 없게 되었다. 혹여 누군가가 적법한 근거를 갖고 따져 물어도 명교에서 나온 충효라는 명분에 대적하지 못하며 도리어 원망한다느니 불평불만을 품었다느니 앙심을 품었다느니 윗사람을 비방한다느니 대역무도하다는 등의 죄만 더해졌다. 그래서 추방해야 한다고 생각하면 추방할 뿐이고 죽여야 한다면 죽일 뿐이다. 새끼돼지를 묶어 도살하는 것만도 못하게 된 것이 발버둥 치며 고통에 비명을 질러도 사람은 책임을 느끼지 않는다. 벌을 내리는 쪽은 평소처럼 태연히 의심의 여지도 없고 세상 사람들도 '명교에 죄를 지었으니 법에 따라 처리해야 마땅하지.' 하며 동조한다."[202] 이것은 엄복이 상술한 인권의 자유와 개성 해방사상에 대한 구체적인 언급이라 말할 수 있고 19세기 말 중국의 인권선언이라고 할 수 있다. 어렸을 때부터 봉건예교의 가정에서 생활하고 모친 사후에 부친의 학대를 받았으니 그가 자신에 대해 "나는 어릴 적부터 장성할 때까지

202) 《仁学一》, 见《谭嗣同全集》 下册, 299~300页.

삼강오륜의 재앙을 두루 만나 고통 속에 허덕였다. 산 사람이라면 거의 견딜 수 없는 고통이었다."203)라고 말한 것과 똑같다. 그가 명교에 대해 더 심각하게 폭로하고 더 맹렬하게 증오하며 항의하는 감정 역시 더 격렬하고 호소력이 더 풍부했던 이유이다.

풍부한 정치 경륜을 갖춘 옹동화는 담사동과 처음 만나 그를 "세가자제(世家子弟) 중의 걸오자(桀驚者)"라고 생각했다. 걸오자라는 것은 바로 반역자이다. 그는 그가 태어난 가정을 배신하기를 바랄 뿐만 아니라 그가 몸담고 있던 계층과 사회를 배신하기를 바랐다. 그는 스스로 장비(壯飛)라 호를 짓고 겹겹의 그물을 타파하여 넓고 자유로운 우주 공간에서 날개를 떨치며 비상한다는 뜻을 품었다. 삼강 중에서 그가 가장 싫어한 군위신강(君爲臣綱)에 대해서도 "군신 간의 화는 급박해졌고 부자와 부부의 인륜은 각각 명분의 기세를 갖고 서로 제압하는 것을 당연히 여긴다."라고 생각했다. 그는 외국인의 입을 빌려 임금에게 욕을 퍼부었다. "프랑스 사람들은 민주주의로 바꾸면서 '세상 모든 임금들을 남김없이 죽이고 그들의 피로 지구를 물들여 세상 모든 사람들의 한을 풀어 주리라 맹세한다.'라고 말했다. 조선에도 '지구에 있는 어떤 나라든 송명의 썩은 유학자의 책만 읽으며 예의지국이라고 자부하는 나라가 있다면 인간세상의 지옥일 것이다.'라고 말한 사람이 있었다. 프랑스의 학문은 세계에서 가장 뛰어나기 때문에 민주주의를 부르짖는 것이 이상하지 않다. 조선은 세계에서 가장 우매한

---

203) 《仁学·自叙》, 见《谭嗣同全集》下册, 289页.

나라이기에 이런 말이 생긴 것이다. 군주의 재앙이 이보다 더할 수 없으니 산 사람이 아니고서는 어찌 견디겠는가. 그 재앙이 이전 왕조에 있었던 재앙이니 전대의 사람들은 받아들였으나 지금의 사람들은 비교할 수 없다. 유감스럽게도 외환이 깊어지고 해군이 전멸하고 요새가 무너지고 내륙까지 깊이 들어와 이권을 빼앗겨 자원이 마르고 나라가 갈라질 조짐이 보이며 백성의 삶이 뒤집어진 터라 나라와 종교가 모두 망할 지경이다. 오직 변법만이 이를 구할 수 있는데 끝까지 틀어쥐고 바꾸지 않는다! 어찌 백성을 우민화하는가! 변법을 하면 백성들이 지혜로워질 것이다. 가난한 백성들은 변법을 하면 부유해질 것이고 약한 백성들은 변법을 하면 강해질 것이며 죽으려는 백성들은 변법을 하면 살 것이다. 지식과 부강함을 자기만 갖고 우매하고 빈약하고 죽을 것들은 백성에게 돌려놓으려고 하는데 변법을 하면 자기들과 부강함을 다투고 살 길을 다투기 때문에 틀어쥐고 바꾸지 않는 것이다. 결국 백성들을 똑똑하게 하고 부강하게 하고 살 길을 열어주는 것들은 독부(獨夫)가 맡을 만한 일이 아니다."[204] 이것은 이론적으로 일반적인 군권을 반대하는 것이 아니라 실제적으로 대청제국의 군주를 반대하는 것이다. 또한 변법을 통해 군권을 제한하고 민권을 높이기보다는 군주와 민권을 반대편에 두거나 변법의 양극단에 두기를 바란 것이다. 아울러 자신의 동정을 민중의 편에 둔다는 점을 명확히 했다. 그는 분명 민중의 대표를 자처하며 민중의 지혜[民智], 민중의 부유함[民富], 민

204) 谭嗣同 :《仁学二》, 见《谭嗣同全集》下册, 342~343页.

중의 강함[民强], 민중의 삶[民生]을 요구하는 변법은 반드시 "독부"가 통치하기에 받아들일 수 없다고 단언했다. 이것은 현실 생활 속의 유신변법의 한계를 완전히 뛰어넘은 것이다.

그는 자유에 대해서도 "오륜 중에서 인생에 대해 가장 폐단이 없고 유익하며 추호의 고통도 없이 담백한 물같이 즐거운 것은 오직 친구뿐이다. 친구를 가려 사귀기만 하면 되니, 어째서인가? 첫째는 '평등'이고, 둘째는 '자유'이며, 셋째는 '절의에 유념함'이다. 그 뜻을 총괄하면 자주권을 잃지 않음을 말한다. 형제는 친구의 도보다 조금 가까우므로 그 다음이라 할 수 있다. 나머지는 모두 삼강에 의해 닫히고 막혀서 지옥과 같다. 위로는 천문을 살피고 아래로는 지리를 살피며 멀리 여러 사물을 보고 가까이 자신의 몸에서 취하여, 스스로 주재할 수 있으면 흥하지만 그렇지 못하면 어그러진다. 공리가 확연하니 여기에 따르지 않을 수 없다. 다섯 가지의 오륜 중에서 자주권을 온전히 갖춘 것은 하나이니 어찌 중시하지 않겠는가! …… 오직 친구의 윤리만이 존중받으면 다른 네 가지 윤리는 폐기되거나 스스로 사라진다. 사륜이 폐기되는 것이 분명해지면 친구의 권력이 커지기 시작한다. 지금 중국과 외국이 모두 변법을 무성하게 이야기하지만 오륜이 변하지 않으면 모든 지극한 이치와 중요한 도리가 하나도 일어날 수 없거늘 하물며 삼강에 있어서야!"[205] 하며 자신만의 독특한 견해를 말한 적이 있다. 자유란 누구나 갖고 있는 자주권인데 친구관계가 이런 평등한 인간관계를 가장 잘 드러낼 수 있다.

---

205) 谭嗣同 : 《仁学二》, 见《谭嗣同全集》下册, 349~350页.

만약 군신, 부자, 부부, 형제 관계도 친구처럼 서로 대응하는 관계가 된다면 사람들은 모두 자주권을 갖게 되고 그러면 전통적 삼강오륜도 "폐기되거나 스스로 사라진다." 독립인격과 자아의식을 중시하는 담사동의 자유관이 이미 높은 수준에 도달했음을 보여준다.

천백 년 동안 "독부민적(獨夫民賊)"의 포학한 통치 아래에서 중국은 노예만 있을 뿐 국민은 없었으며 인간성만이 아니라 외모마저도 모두 부정적으로 왜곡되었다. 담사동은 이에 대해 침통하게 진술하였다. "서양인은 마음 바깥에 있는 기계를 갖고 재물을 만들지만 중국은 마음 안에 있는 기계로 겁운(劫運)을 만든다. 지금 사람 중 기계의 마음을 우러르지 않는 사람은 없지만 근본적으로 모두 의심하고 꺼린다. …… 아, 두렵구나! 남의 단점을 이야기할 때는 즐거워하지만 남의 장점을 들을 때는 싫어하거나 화를 낸다. 남을 헐뜯고 욕하는 것을 고상한 절개라 여기고 보통 사람이 아니라고 여긴다. 처음엔 좋고 나쁨을 점차 잃겠지만 결국엔 천하에 옳고 그름이 없게 된다. 그러므로 지금 사람들이 다른 사람을 평가할 때 진실을 잃지 않는 경우가 드물다." "또 중국인의 몸가짐을 살펴봐도 겁상(劫象)이 있다. 서양인과 비교해 본다면 풀이 죽어 보이며 비루해 보이며 촌스러워 보일 것이며 거칠고 사나워 보일 것이다. 어떤 이는 비쩍 말라 누렇게 떠 있고 어떤 이는 뒤룩뒤룩 살이 쪘으며 어떤 이는 왜소하고 구부정하다. 밝게 빛나며 크고 위엄 있는 중국인은 천분의 일, 만분의 일도 안 될 것이다."[206] 이것은 선진문명을 직면한 부끄러운 자괴감이지만 절대 맹목적인 숭외비내(崇外卑內)라던가 지나친 비하가 아니라 이러한 우매하고 나약한 후진적 상황을 바꾸려는 절박한 요구이다. 실제로 민족소양의 문제에는 이미 접근하였으니 다시 말해서 차후 국민성의 개조 문제를 말하는 것이다. 그러나 담사동은 너무 빨리 변법을 위해 젊은 생명을 바쳤기에 이러한 진일보한 사고와 명백함을 생각할 겨를이 없었다. 따라서 이러한 임무에는 여전히 엄복, 양계초 등의 이어받을 사람이 필요하다.

1895년 3월 엄복은 《직보》에 《원강(原强)》을 발표하면서 30여 년간의 양무사업에 대해 "해금이 풀리고 나서 중국에는 서양을 모방한 것들이 적지 않다. 총서(總署)가 첫 번째이고, 선정(船政)이 두 번째, 초상국(招商局)이 세 번째, 제조국이 네 번째, 해군이 다섯 번째, 해군 관아가 여섯 번째, 광공업이 일곱 번째, 학당이 여덟 번째, 철도가 아홉 번째, 방직이 열 번째, 전보가 열한 번째, 외교 사절이 열두 번째이다. 이것들은 모두 서양의 훌륭한 제도로 부강하게 만드는 기능으로 좋지 않은 것을 가져왔는지는 헤아리기 어려우나 항상 회수의 귤이 탱자가 되는 안타까움이 있어 왔다. 회사라는 것은 서양의 큰 힘이지만 중국은 두 사람만 재물과 연관이 되어도 서로를 속일 뿐이다. 왜 그런가? 민중의 지혜가 충분히 주어지지 않았고 민중의 역량, 민중의 덕도 그 일을 일으키는 데에 부족하기 때문이다."라는 작은 결론을 내렸다. 그는 "민중의 지혜를 나날이 계몽하고 민중의 역량을 나날이 분발하며 민중의 덕을 나날이 화목하게" 하는 것을 자강의 근본으로 보았다.

---

206) 谭嗣同 :《仁学二》, 见《谭嗣同全集》下册, 356页.

세 가지 중에 민중의 지혜의 개발을 가장 우선시한 이유는 부강이 민중을 이롭게 하는 정치이기 때문이다. 민중을 이롭게 하는 정치는 "민중 스스로 자신을 이롭게 할 수 있는 것에서 시작해야 한다. 민중이 스스로 이롭게 할 수 있는 것은 스스로 자유로워지는 것에서 시작한다. 스스로 자유로워지면 스스로 다스릴 수 있으니 스스로 다스릴 수 있는 사람은 서(恕)와 혈구지도를 쓸 수 있는 사람이다." 여기에는 반드시 인민문화와 정치소양의 제고라는 전제가 필요하다. 이후 《후관엄씨총각(侯官嚴氏叢刻)》에 《원강》의 수정본이 간행되었는데 민중의 역량, 민중의 지혜, 민중의 덕에 대해 "혈기와 체력의 강함", "총명함과 지혜의 강함", "덕행과 인의의 강함"으로 풀이하고 현재의 정치는 민중의 역량을 고무시키고 민중의 지혜를 계몽하며 민중의 덕을 새롭게 한다는 세 가지의 기준으로 귀결해야 한다고 말했다.[207)]

엄복이 민중의 역량을 고무시키고 민중의 지혜를 계몽하며 민중의 덕을 새롭게 한다는 것을 막중한 임무로 여긴 까닭은 오랫동안 만들어진 민족 성격의 근본을 개조하기 때문이다. "지금 중국 민중들의 지, 덕, 체를 일반적으로 말하면 수천 년에 걸쳐 쌓인 산천풍토의 특별함에 바탕을 두며 형정교속(刑政教俗)의 변화를 이끌어 내며 제련하고 녹여 내어 완성하는 마지막 단계이다. 지금 아침저녁으로 단련해서 개혁할 능력을 갖겠다고 말하며 눈앞에 닥친 세상의 변화에 따르고 급박하고 혼란스러운 와중에서 자존하기를 도모한다. 이 승부가 통

---

207) 王栻主编 : 《严复集》, 第1册, 26~27页, 北京, 中华书局, 1986. 참고.

할지 통하지 않을지는 재차 따져보지 않아도 알 수 있다.” 그러나 엄복은 비관하지 않고 자기 조국의 미래에 대해 믿음을 가졌다. “지금 외세의 힘이 핍박하며 우리의 권세를 빌려 변화를 빠르게 이끈 것은 이때가 되어서야 비로소 생긴 것이다. 지혜로운 자는 신중히 지킬 것을 힘써 권하고 맡은 바를 느슨하게 지키지 않으면 천하의 일이 여기서부터 바르게 돼서 한번 해 볼 만할 것이다. 곧 저 서양이 오늘날 앞서 있는 것은 변동이 빨라서인데 멀게는 200년을 넘지 않고 가깝게는 50년 밖에 되지 않으니 우리가 어찌 분발하지 않겠는가!”

엄복이 제기한 “삼민(三民)”설은 실제로 낡은 전통에 속박된 사람들을 해방시켜 완전한 신체와 정신, 당대의 도덕관념 및 지식구조를 갖춘 새 사람을 만들기 바란 것이다. 이러한 주장은 담사동의 《인학계설(仁學界說)》에서 전혀 반영하지 않은 것은 아니지만 한층 더 추상적인 철학용어를 써서 서술하였다. 담사동은 영혼을 강조하며 영혼은 “정신에 속한 것”, 즉 고급 정신의 범주에 속한 것으로 보았다. 《인학》에는 심오한 명제 같이 보이는 말이 있다. “통(通)은 영혼을 존중해야만 한다.”라거나 “통은 평등을 상징한다.”208)라고 했는데, 사실 이 말은 중외통상 이후 상품경제관념에 철학과 윤리학을 반영한 것이다. 왜냐하면 상품은 자연적인 평등 관념의 교사가 되는데, 《인학》의 저자는 자신이 확실하게 상품으로부터 이러한 영감을 얻었다는 점을 솔직하게 인정한 것이다. 담사동은 상술한 명제에서 출발하여 “중외통(中外通)”, “상하통(上下通)”, “남녀

208) 《谭嗣同全集》 下册, 356页.

내외통(男女內外通)", "인아통(人我通)"이라는 사통(四通)의 의미로 확대하였다. 이것은 중국과 외국, 위와 아래, 남과 여, 안과 밖, 나와 너 사이의 평등한 교류를 가로막는 전통적인 굴레를 타파하여 인간의 개성을 해방하고 자유, 평등, 박애를 표방하는 자산계급의 국민정신을 세우기 바란 것이다.

그러나 유신파는 국민성 개조라는 중대한 과제에 대해 더욱 상세하고 영향력도 더 큰 저작물로 천명하였으니 양계초가 1902년 《신민총보(新民叢報)》에서 발표한 《신민설》(필명으로는 "중국의 신민")이 그것이다. 양계초는 엄복의 저 "삼민"설을 이어받은 동시에 공중도덕, 권리사상, 자유 및 진보적인 여러 방면에 역점을 두어 새로운 국민정신을 구체적으로 논증하였다. 그는 "한 나라가 세계에 존재하면 반드시 그 국민 고유의 특질이 있다. 위로는 도덕과 법률에서부터 밑으로는 풍속과 습관, 문학과 미술에 이르기까지 모두 일종의 독립된 정신을 가지고 있다. 조부가 전한 것을 자손이 이어받은 연후에야 그 무리가 뭉쳐서 나라가 성립한다. 이것이 실로 민족주의의 근원이며 원천이다."라고 생각하였다. 이러한 고유의 민족 "특질"을 보존하고 부단히 담금질하고 관리하며, 단련하고 북돋아줘서 매년 새싹이 돋아나고 새로운 샘물이 솟아나기를 추구해야 한다. 동시에 "우리에게 본래 없었던 것을 보충해 우리 백성을 새롭게 할 방법" 즉, "각 나라의 민족이 자립할 수 있었던 도를 널리 연구하여 그 중에 장점을 취해 우리가 미치지 못한 점을 보완해야 한다." "능력에 따라 적재적소에 배치"하고 "변화의 기질"을 결합해야만 겨우 20세기에 자립할 수 있는 새로운 국민을 길러 낼 수 있다.

양계초가 국민권리, 권리사상을 매우 강조한 이유는 세계에서 중국인의 권리사상만이 가장 박약하다고 여겼기 때문이며, 그 슬픔은 맹자가 "편안히 있으면서 아무 가르침이 없으면 짐승과 다를 바 없다."라고 말한 것과 비슷하다. 그는 "정치가는 권리사상을 압박하지 않는 것을 첫 번째 의의로 삼아야 한다. 교육가는 권리사상의 양성을 첫 번째 의의로 삼아야 한다. 한 개인은 사농공상과 남녀를 막론하고 각각 권리사상을 견지하는 것을 첫 번째 의의로 삼아야 한다. 국민은 정부에 대해 권리를 얻을 수 없으면 싸워야 하며 정부는 국민이 권리를 위해 싸우는 것을 보면 양보해야 한다. 우리나라의 국권과 타국의 국권이 평등하기를 바란다면 반드시 먼저 우리나라 안의 한 사람 한 사람이 본래 갖는 권리를 모두 평등하게 해야 한다. 반드시 우리 국민이 우리나라에서 향유하는 권리와 타 국민이 그 나라에서 향유하는 권리를 서로 평등하게 해야 한다. 이와 같으면 나라는 거의 고쳐질 것이다. 이와 같으면 나라는 거의 고쳐질 것이다!"라고 말했다.

양계초는 자유에 대한 문제 역시 꽤 중시하였는데, 그는 14, 15세기의 인류사를 자유를 쟁취하기 위한 투쟁의 역사로 귀결시켰다. 《신민설》에서 중세를 서양의 종교, 전제정치의 암흑기라고 지적하였다. "14~5세기 이래로 마틴 루터가 일어나 구교의 번잡함을 척결하고 사상자유의 문을 열어 새로운 세상이 비로소 등장했다. 이후 2, 3백 년 동안 열국은 내전이나 외국 정벌 때문에 들판에는 시체가 가득했고 계곡에는 피가 흘렀다. 하늘의 해는 어두웠고 귀신도 허둥지둥 거렸으니 모두 이 일 때문이었다. 이때는 종교의 자유를 위해 싸우던 시기였다. 17세기에는 크롬웰이 영국에서 일어났고 18세기에는 워싱턴이 미국에서 일어났다. 얼마 되지 않아 프랑스 대혁명이 일어나 광풍노도의 물결이 전 유럽을 진동시켰다. 열국들은 구름과 샘물처럼 이어지고 흘러서 지중해 서쪽, 태평양 동해안에는 입헌국이 아닌 나라가 없었으며 캐나다, 오스트레일리아의 여러 식민지도 자치정이 아닌 곳이 없었다. 오늘날까지 그 작용이 멈추지 않고 있었으니 정치의 자유를 위해 싸우는 시대였다. 16세기부터 네덜란드가 스페인의 굴레에서 벗어나려 40여 년을 분전하였으며 그 뒤 여러 나라가 뒤이어 일어나 19세기에는 민족주의가 대지에 가득 찼다. 이탈리아와 헝가리는 오스트리아를 향해서, 아일랜드는 잉글랜드를 향해서, 핀란드는 러시아, 프로이센, 오스트리아 삼국을 향해서, 발칸 반도의 여러 나라는 터키를 향해서, 그리고 오늘날에는 파아(지금의 보어, Boer)는 영국을 향해서, 필리핀은 미국을 향해서 일어났다. 줄지어 죽음을 당해도 후회하지 않으며 우리 민족이 아니면 우리의 주권을 얻을 수 없다고 말하였다. 그 지향하는 목적을 달성하기도 하고 그렇지 않기도 했지만, 그 정신은 하나였으니 민족의 자유를 위해 싸우는 시대였다. …… 19세기 이후로 미국이 노예금지법을 선포하고 러시아가 농노제도를 폐지하자 경제계는 큰 영향을 받았다. 2, 30년 동안 동맹파업이 왕성하게 일어난 곳에서는 공장의 조례가 계속하여 발표되었으며, 이후로도 이 문제는 전 세계에서 가장 큰 안건이 되었다. 이것이 경제의 자유를 위해 싸우는 시대였다. 이 여러 갈래들은 모두 서양의 4백 년 이래 개혁진보의 큰 대강이며, 없애고 싶었던 것도 열에 여덟아홉이었다. 아, 어느 길을 따를 것인가? 모두 '자유가 아니면 차라리 죽겠다.'라는 말뿐이다. 어깨를 들썩이게 하고 고무된다. 죽은 것을 살리고 뼈에 살을 붙인다. 아, 찬란하다 자유의 꽃이여! 아아, 장엄하다 자유의 신이여!"

사람들이 노예의 지위에서 벗어나려면 가장 먼저 자기 마음에 있는 노예사상에서 빠져나와야 한다. "진정 자유를 얻기 원한다면 반드시 마음속 노예를 제거하는 데서부터 시작해야 한다." 양계초는 "마음의 죽음보다 더 큰 슬픔은 없으니 몸이 죽는 것은 그다음이다."라는 장자의 말을 빌려서 "마음의 노예보다 더 큰 치욕은 없으니 몸이 노예인 것은 그저 말단일 뿐이다."라고 바꿔 말했다. 마음속 노예를 없애기 위해 그는 첫째 옛사람의 노예가 되지 말고, 둘째 세속의 노예가 되지 말고, 셋째 처지의 노예가 되지 말며, 넷째 욕정의 노예가 되지 말라고 지적하였다. 그의 이상 속에 "신민"은 아래와 같아야 한다. "나는 눈과 귀가 있으므로 직접 보고 들을 수 있다. 나는 사고 능력이 있으므로 직접 이치를 궁구할 수 있다. 높은 산꼭대기에 서고 깊은 바다에 갈 수 있다. 옛사람에 대해서는 때로는 스승을 삼을 수도 있고 때로는 친구로 삼을 수도 있고 때로는 적으로 대할 수도 있다. 마음에 정해 놓은 것 없이 공리를 기준으로 할 뿐이다. 자유가 어떠한가!"[209]

그러나 양계초의 자유에 대한 선전은 절제가 있어서 담사동 같은 선명성이나 단호함과는 거리가 멀었다. 그는 세계에서 자유정신 때문에 일어난 결과를 (1) 사민평등의 문제 (2)

---

209) 《新民说》, 载《新民丛报》, 第1, 3, 6, 7, 8, 10, 11期连载.

참정권의 문제 (3) 속국의 자치문제 (4) 신앙문제 (5) 민족 건국의 문제 (6) 직공 그룹(즉 노동자)의 문제라는 여섯 가지로 정리하였다. 그는 (1), (3), (4)번의 문제는 중국에 없고 (6)번 문제인 노동자 문제는 미래의 중국에는 생길 것이나 현재는 없다고 생각했다. 지금 중국이 급히 해결해야 할 것은 (2)번과 (5)번 문제인 참정권과 민족 건국의 문제이다. 양계초가 국민 참정권과 독립된 민족국가의 수립을 강조한 것은 당연히 진보적인 의미를 가지고 있다. 그러나 그는 전국 시대 이후로 세경(世卿) 제도가 사라져서 "계급이라는 낡은 풍습은 이미 사라졌다"고 생각하였다. 중국에는 사민평등이 없으니, 이는 오히려 역사적 사실에 맞지 않을 뿐만 아니라 계급의 대립, 혁명의 흐름에 대한 내면의 두려움을 반영한다. 그는 국민들이 미처 기본적인 권리와 자유를 획득하기도 전에 자유가 범람하여 벌어질 위험에 대해 잊지 못했을 뿐만 아니라 곳곳에 방비를 하고 한계를 두었다. 이는 그가 추구하는 바가 여전히 한계가 있는 민권이라는 점을 보여준다.

이 때문에 양계초는 유신파 중에서 가장 큰 영향력과 가장 많은 독자를 보유한 문장가로 여겨졌지만 1903년 이후 점점 예전의 찬란함이 사라졌다. 새로운 세대의 사상 선구자들이 빠른 속도로 그를 따라잡았으며 결국 그의 앞에서 달리기 시작했고 나아가 양계초는 뒤처지는 신세가 되었다. 시대가 발전하며 사회가 변하고 사람들의 사상도 끊임없이 신진대사가 이루어지고 있었다. "인간사는 묵은 것이 새것으로 바뀌니, 세월이 가고 옴에 옛날과 오늘이 이루어진다. [人事有代謝 往來成古今]"라는 말처럼 후세 사람들은 선인의 자취를 뛰어넘고 선인이 완수하지 못한 사업을 새로운 경지에 이르게 한다. 당시의 선진인사들은 아편전쟁 이래 60여 년의 고된 역정을 돌이켜보며 만청시기 정국과 사회사상 발전의 흔적을 비교적 또렷하게 풀어냈다. "안팎의 끝없는 자극을 받으며 우리나라의 정치 국면에도 여러 가지 변화의 풍운이 계속 생겨났다. 처음 통상은 불가하다고 주장했던 자들이 뒤이어 제조업에 대해 논의하였다. 제조업은 불가하다고 주장했던 자들이 뒤이어 유학에 대해 논의하였다. 유학은 불가하다고 주장했던 자들이 뒤이어 변법에 대해 논의하였다. 변법은 불가하다고 주장했던 자들이 뒤이어 보황(保皇)에 대해 논의하였다. 보황은 불가하다고 주장했던 자들이 뒤이어 입헌(立憲)에 대해 논의하였다. 입헌은 불가하다고 주장했던 자들이 뒤이어 혁명에 대해 논의하였다. 혁명에까지 이르는 현상을 살펴보면 결사적으로 불가하다고 주장하는 자들이다."[210] 새로 생기고 선진적이며 혁명적인 것들은 언제나 이처럼 구부러지거나 꺾이지 않은 채, 진부하고 낡고 반동적인 것들이 방해하고 얼버무리는 과정을 끊임없이 극복해 가며 강대한 발전을 일으켜 되돌릴 수 없는 역사의 흐름을 만들어 냈다. 이것이 바로 어디에나 존재하는 역사의 변증법이다.

양계초의 적지 않은 걱정과 경계에도 불구하고 "자유롭되 난폭하지 않고", "파괴하되 위험하지 않고", "독립적이되 다투지 않았다." 그럼에도 혁명사상은 멍에를 벗은 야생마처럼 갈기를 휘날리며 날듯이 달려갔다. 마침 《신민설》을 발표한 다

210) 《中国政界最近之现象》, 载《国民日日报汇编》, 第1集.

음 해에 횡강건학(橫江健鶴)이라는 유명한 작가가 《강소(江蘇)》라는 잡지에 《신중국전기(新中國傳奇)》라는 글을 발표했고, 나아가 담사동의 영혼이 "상해자유극장"에 와서 《신중국전기》를 관람하는 장면을 오프닝으로 연출했다. 극작가의 대본에서 담사동은 피투성이가 된 채 각성한 과거의 영혼으로 형상화되었다. 담사동의 영혼은 등장하면서 자신을 "백성을 위해 피를 흘린 첫 번째 인물"이라고 부르고 당재상(唐才常) 등의 한구(漢口)에 있던 자립군을 "두 번째로 피 흘린"이라 표현한다. 눈여겨 볼 대목은 그의 긴 독백이다. "하하, 혁명이여! 혁명이여! 자유! 자유! 눈앞에서 거센 바람이 다시 일어나니 장매숙(章枚叔, 태염(太炎)), 추위단(鄒慰丹, 용(容)) 두 동지들이 《혁명군(革命軍)》을 편찬하여(원문이 이와 같다 - 인용자), 대대로 복수할 뜻을 이끌었고 오랜 혈전에서 공을 세울 계획을 했다. 여기서 부르면 저기서 화답하니 상해에 널리 퍼진다. 문자가 공로 받아들이는 날, 전 세계 혁명의 물결, 두 사람의 염원은 진정 작다고 할 수 없으리라!", "저승과 이승은 길이 다르고 오늘은 옳고 어제는 틀렸다지만 자유혁명주의는 만겁토록 사라지지 않을 것이다. 노부는 지난날 미숙한 이상으로 모진 풍파를 만나 스러졌다. 살아서는 보황당의 수괴였고 죽어서는 혁명의 귀신이 되었다. …… 옛날 보황당을 빌려 말하자면 목숨이 붙어 있는 한 설마 우리가 이렇게 죽을 줄 알았겠는가." 변법을 위해 피 흘리며 희생한 담사동은 당시 혁명 인사들에게 시종일관 공감과 존중을 받았기 때문에 "전기"의 오프닝도 결코 경박한 비아냥거림이 아닌 진지한 충고였다. 세월이 흘러 처지가 변하고 사상이 변했어도 역사 무대에 "세 번째 희생자"가 등장해야만 했다.

"세 번째 희생자"의 걸출한 대표이자 가장 선두에 섰던 이는 추용(鄒容, 1885-1905)이었다. 그는 파현(巴縣)의 상인 집안의 자제로 어렸을 때 전통교육과 과거제도에 대해 매우 큰 반감을 갖고 있었다. "요순(堯舜)은 틀렸고 주공(周公)과 공자(孔子)는 보잘것없다.", "정주(程朱)와 청유(清儒)의 학설을 공격하여 더욱 만신창이가 되었다."라고 한 것 때문에 중경 경학서원(經學書院)에서 제명당했다. 1898년(13세)에 일본인에게 영어, 일어를 배우고 여러 신식 학문에 관한 책을 두루 읽었다. 그는 무술변법에 찬동하였으며 담사동의 유지를 계승하는 데에 힘썼다. 추용은 1901년 상해에 도착해서 강남제조국 부설의 "광방언관(廣方言館)"에 들어가 일본어 과외를 받았다. 이듬해 일본으로 자비유학을 떠나 동경의 동문서원(同文書院)에 입학하였고 재일 중국유학생의 애국혁명운동에 적극 참여하였다. 1903년 봄에 귀국하여 상해에서 "애국학사(愛國學社)"에 참여하여 "항러" 운동에 투신하였다. 유명한 저작인 《혁명군》을 바로 이때 썼다. 작품에 드러난 그의 나이, 경력, 지식 구조 및 개인적 기질은 모두 무술 시기와는 전혀 다른 시대적 풍모를 보인다.

《혁명군》은 책 전체를 통해 진취적이며 자유분방한 청춘의 모습을 뚜렷이 보여준다. 작가는 《서론》을 이처럼 시작한다. "나는 만리장성을 따라 곤륜산에 오르고 양자강 상, 하류에서 노닐다가 황하를 거슬러 오르기도 했다. 독립의 기치를 곧게 세우고 자유의 종을 울리며 이마가 찢어지고 목구멍이 터져라 하늘과 땅에 호소하고 우리 동포 앞에서 선언한다. 아! 우리 중국은 지금 혁명을 하지 않을 수 없다. 우리 중국이 지금

만주인의 굴레를 벗어던지고 싶다면 혁명을 하지 않을 수 없다. 우리 중국이 독립을 하고 싶다면 혁명을 하지 않을 수 없다. 우리 중국이 세계열강들과 자웅을 겨루고 싶다면 혁명을 하지 않을 수 없다. 우리 중국이 20세기 새로운 세상에 영원히 존재하고 싶다면 혁명을 하지 않을 수 없다. 혁명이여! 혁명이여! 우리 노년, 중년, 장년, 소년, 어린이, 그리고 수많은 남녀 동포 중에 혁명을 말하고 혁명을 실행하는 자가 있는가. 우리 동포는 혁명 속에서 함께 살고 함께 생활해야 한다. 나 지금 큰 소리로 외치니 천하에 혁명의 요지를 선포하노라."
붓끝에 항상 감정을 담고서 "신민체(新民體)"를 시작했던 양계초처럼, 추용도 "호방한 말을 울부짖고 부끄러움을 일으키는" 격정적인 글로 혁명의 문체를 시작하였다. 수많은 작가들은 이치를 따지기 전에 반드시 곤륜산에 오르고 장강을 노닐고 황하를 거슬러 독립의 기치를 꽂고 자유의 종을 울리고자 하고, 동시에 자신의 가장 큰 개인적 바람은 희생한 뒤 천지간에 존귀하게 우뚝 솟은 동장으로 남겨진다. 이것들은 오늘날에는 어느 정도 공식화된 표어이자 구호가 되었지만 당시에는 실제로 혁명가들의 피눈물과 격정을 가득 담은 마음의 소리였으며 수많은 독자들의 강렬한 공감을 이끌어 낼 수 있었다. 이 문체와 팔고문, 동성파(桐城派)의 고문(古文)은 사상 내용면에 있어서도 차이가 뚜렷했고 문체상에서도 크게 자유로워서 혁명의 세월을 적응하는 데 필요했던 명료하고 열정적이며 빠른 리듬감이 있었다.

추용과 당대의 사람들은 설령 전통문화와 더 큰 결별을 하더라도 모든 무기를 서양에서 들여와야 한다는 혁명의 이론을 부르짖었다. 《혁명군》에서 "나와 나의 동포들이 지금 세계의 열강들과 만날 수 있어 다행이다. 나와 나의 동포들이 문명의 정치체계와 문명의 혁명에 대해 들을 수 있어 다행이다. 나와 나의 동포들이 루소의 《사회 계약론》, 몽테스키외의 《법의 정신》, 존 스튜어트 밀의 《자유론》, 《프랑스 혁명사》, 《미국독립선언문》 등의 번역서를 읽을 수 있어 다행이다. 우리 동포의 큰 행운이 아니겠는가! 우리 동포의 큰 행운이 아니겠는가!" "루소의 미언대의(微言大義)는 기사회생을 위한 영약이고 죽은 이를 되살리는 비방이다. 영단은 뼈를 바꾸고 약재가 효과를 발휘하듯 프랑스, 미국 문명의 태생은 여기에 기초를 두고 있다. 우리 조국도 지금 병들고 죽어가거늘 어찌 영약을 먹고 비방을 써서 살아나려 하지 않는가. 만약 얻고자 한다면 내가 루소라는 대철학자의 기치를 청하여 우리 중국에 모셔올 것이다. 게다가 이뿐만이 아니라 크게는 워싱턴이 앞에 있고 작게는 나폴레옹이 뒤에 있으니 우리 동포의 혁명을 위한 표준이 된다. 아! 아! 혁명! 혁명! 얻으면 살 것이요, 얻지 못하면 죽을 것이다. 물러서서는 안 되고 중립이어도 안 되고 망설여도 안 된다. 지금이 적기이다. 지금이 적기이다."[211] 이전 곽숭도 등은 동서양의 철학을 아우르며 중국을 팔아먹는 매국노 취급을 받았다. 강유위는 공자개제의 주장을 빌려 변법을 추진하였으니 패역무도하다며 배척당했다. 지금 추용 같은 젊은 신식학교 학생이 거리낌 없이 서양철학을 가져와 동양철학을 대신하겠다, 하고 나아가 서양철학으로 동양철학을

211) 이상은 《혁명군》의 글을 인용했다. 均见周永林编 : 《邹容文集》, 重庆, 重庆出版社, 1983.

타도하겠다고 한다. 이는 사회사조의 변화가 무척 심각하고 변화의 실상이 전통문화를 배척하고 서양문화를 좇는 것임을 보여 준다. 같은 해 강소성 시인 김송잠(金松岑)은 일본에서 돌아온 진거병(陳去病)을 환영하는 자리에서 장시 한 편을 지었는데 그 중에 "장가를 간다면 위로벽(韋露碧) 같은 이에게 장가를 가고 아이를 낳는다면 마치니(Mazzini) 같은 아이를 낳는다. 수탉이 우는 소리를 들으니 나와 그대는 프랑스에 있구나."[212]와 같은 말을 했다. 그리고 장성재(蔣性才)는 일본에서 애국학사를 칭송하며 "이 학당은 수많은 나폴레옹, 워싱턴, 카우보르, 마치니, 가르발디, 사이고 다카모리와 같은 인재를 양성한 곳을 방불케 한다. 그들은 완고한 관료이며 이러한 학당은 매우 드물다고 말한다. 그들이 학당을 계속 운영하면 반드시 반란을 일으키는 놈들이 등장할 것이니, 마치 송강(宋江), 이자성(李自成), 장헌충(張獻忠), 홍수전(洪秀全), 손문, 강유위 같은 이들이다."[213]라는 연설을 했다. 유학생들은 서양의 현자나 철학자, 영웅들에 대해 속속들이 알고 있지만 완고한 관료들은 당연히 그렇지 못하다. 따라서 겨우 국내의 반역을 모아 예시로 든 것인데, 이는 마침 선명한 대조를 이루었다.

《소보(蘇報)》 사건이 드러나서 추용, 장태염이 연이어 체포된 뒤 혁명 승려이자 시인인 오목산승(烏目山僧, 황종앙(黃宗仰))이 《<혁명군>에 감탄하다》라는 시를 지어 청나라 조정에 대한 분노와 항의를 토로하였다. 그 속에는 "혁명, 혁명의 진정한

212) 金松岑 :《陈君去病归自日本, 同人欢迎于任氏退思园, 醉归不寐, 感事因作》, 载《江苏》, 第5期.

213)《教育会会员蒋君性才由日本寄来演说稿》, 载《苏报》, 1903-05-12.

영웅이 책 한 권에 영국과 프랑스의 진전을 옮겨와 유럽이 빛살처럼 빠르게 동쪽으로 왔네. 한인(漢人) 중에 호걸이 있음을 모두 안다네.” 등의 구절이 있다.[214] “책 한 권에 영국과 프랑스의 진전을 옮겨와”라는 것은 추용이 《혁명군》 서문에 쓴 “내게 대역무도하다는 책임이 있을지 내게 광명정대하다는 믿음이 있을지 나는 따지지 않는다. 나는 다만 루소, 워싱턴, 와이먼과 같은 지하에 있는 대철학자들이 반드시 웃으며 ‘어린 녀석이 아는 게 있구나. 내 도가 동쪽에 있다.’라고 말하리라 믿을 뿐이다.”라는 자기고백을 가리킨다. 신해혁명 세대의 혁명가들은 더 이상 반란이라는 말에 무릎 꿇고 참지 않았으며 서양의 근대 문명을 흠모하는 자신에 대해 이리저리 꼬고 애매모호한 말로 표현할 필요가 없다고 생각했다. 그들은 자신은 서양 철학의 학생이고 서양 근대문명의 전파자이며 정통문화의 광명정대함에 반역자라고 공개적으로 선언하였다.

장태염은 추용이 어째서 책 제목을 《혁명군》으로 지었는지 설명할 때 “계획적이었을 것이라 생각되는데 그저 이민족을 쫓아내려는 것만은 아니었을 것이다. 정교, 학술, 예속, 자질에 아직도 바꿔야 할 것이 있었기에 크게 혁명이라고 말한 것이다.”[215]라고 밝힌 적이 있다. 그러나 작가의 나이와 편폭의 한계로 인해 《혁명군》의 주요 공적은 반청선동과 민주공화사상의 선전에만 그쳤고 정치, 종교, 학술, 예의와 풍속, 자질 등의 부분에 대한 혁신은 논술상의 한계가 있었다. 따라서

214) 中央 : 《<革命军>击节》, 載 《江苏》, 第5期; 章开沅 : 《跋乌目山僧癸卯诗三首》 참고.
215) 《革命军·章序》, 见汤志钧 : 《章太炎年谱长编》 上册, 164页, 北京, 中华书局, 1979.

우리는 더 많은 선진인사들과 더 넓은 범위, 그리고 더 깊은 차원에서 혁명 여론이 이론적 작업으로 이르는 과정을 보아야 한다.

그 중 주요내용이 바로 국혼(國魂) 문제에 관한 탐색과 주장이다. 20세기 초 혁명파가 제기한 국혼 문제는 사실상 유신파가 19세기 말에 처음 제기한 국민성 개조의 연장이며 발전이다.

1903년 가을《강소》잡지에《국민의 새 영혼》이라는 제목의 글이 실렸다. 작가는 군주전제주의의 오랜 폭정 아래, 특히 부패한 청나라 정부의 잔혹한 노역 아래에서 건국정신을 만드는 데에 중요한 국혼이 이미 다 사라져 버렸고 중국 땅에는 여러 가지 우매하고 나약한 옛 망령만 가득하다고 했다. 한 폭의 참담한 장면이 사람들의 눈앞에 펼쳐져 있다. "관리에 대해 악몽을 꾸고 재물에 대해 잠꼬대를 하며 아편에 병들어 있다. 여색에 마귀가 들러붙었고 귀신에 대해 몸서리치고 박학함에 열광하고 눈물을 흘리며 떠돌며 전쟁에서 죽는다. 알 수 없는 여러 영혼들이 있다. 이 때문에 국력이 축소하고 백성의 기운은 가라앉았고 기회를 엿보던 외국인이 들어와 철편으로 때려도 감히 저항하는 자가 없다. 이에 혼이 노예가 되고 포로가 되고 광대가 되고 멈춰서 굶어 죽기만을 기다리게 되고 밥을 얻어먹기 위해 개나 말처럼 꼬리를 흔들게 된다. 그 부(府)를 읽고 도시를 배회한다. 상인의 안색은 어둡고 노동자의 표정은 지쳤으며 농민은 숨을 헐떡이고 선비들은 기운이 막혀 있다. 스산한 바람이 불어와 온 산에 잎이 떨어진다. 저녁이 엄습해도 불빛이 보이지 않아 무기력함과 깊은 어둠이 집에 가득한 것이 귀신의 집과 같다. 슬프도다!

중국의 혼이여! 중국의 혼이여!” 물론 이 글은 공자진의《존은》을 뛰어넘어 왕조의 “쇠락한 시기”에 대해 더욱 심각하게 묘사하였다. 그 중 각종 옛 망령에 대한 서술은 담사동이《인학》에서 그려낸 낙후된 중국인의 형상보다 더욱 초라하다. 작가의 의도 역시 분명하다. 이렇게 곤궁하고 낙후된 상황에서 만약 진심으로 전통문화를 제거하고 새로운 정신문명을 불어넣지 않는다면 조국이 다시 회복하고 일어서는 희망을 갖기란 어렵다는 것이다. 그래서 혁명파들은 새로운 국혼을 단련하는 것을 자신들의 임무라 생각하고 호기롭게 선언하였다. “그래서 위로는 구중천에서부터 아래로는 저 심연까지 동서 국민들의 정수를 널리 구해 이를 가지고 돌아와 우리의 옛 성질을 분해하여 다시 새로운 성질로 만들 것이다. 우리는 공자에게 용광로를, 묵자(墨子)에게 숯가마를, 그리고 노자(老子)에게 기계를 맡기고, 풍후(風后)와 역목(力牧)에게 대혁명을 주관하도록 하여, 운기를 북돋아 주면 황제가 이 성공을 보살핀다. 다채로운 연기가 위로 올라 하늘에 퍼지고 하늘에선 꽃이 떨어지고 백학이 날아든다. 국민들은 나라가 소생되었음을 확연히 알고 백 년을 뛰어넘은 것 마냥 어리둥절하며, 기세 좋게 일어나 황색 깃발을 따라 다른 종류의 전쟁을 벌인다. 국기가 휘날리고 황룡이 춤을 추니 경천동지할 기세로 세상에 거대한 변화가 일어나니 새로운 영혼이 출현하면 중국은 강해지리라.”216) 이는 상당히 개방적이고 자신감을 가진 태도로 과감하게 옛사람을 무시하며 서양 학문을 받아들이는 것이다.

216) 壮游 :《国民新魂》, 载《江苏》, 第5期. 이하는 졸저《论辛亥国魂之陶铸》참고.

두 가지를 함께 보존하여 한 용광로에 녹여 옛 성질을 분해하고 새로운 성질을 만들어 내니 민족의 소질과 문화심리구조를 바꾸는 데에 바탕을 둔다. 20세기 초의 중국 선진지식인들은 드넓고 순수한 매력을 분명히 갖고 있었다.

혁명파가 주창한 국혼은 내용이 꽤 복잡하고 해석도 일치하지 않아 대체로 아래와 같은 것들을 포함한다. (1) 산해혼(山海魂). 모험혼이라고도 한다. 좌절을 두려워 않는 과감한 탐구욕으로 앞으로 나아가는 진취적인 정신을 주장한다. (2) 군인혼(軍人魂). 무사혼이라고도 한다. 군대의 국민정신으로 기율을 엄수하고 굳세고 강인하게 함께 적을 향해 적개심을 불태울 것을 주장한다. (3) 유협혼(遊俠魂). 약속을 중시하고 생사를 가벼이 여기며 국난에 서두르고 국권을 지키기를 주장한다. 유학자들의 공담공언, 나약함, 구습, 이기적인 것 등의 고질적인 병폐에 반대한다. (4) 종교혼(宗教魂). 신앙에 충실하고 모든 사람을 위해 내 한 몸을 희생하며 온갖 어려움을 극복해 내기를 주장한다. (5) 마귀혼(魔鬼魂). 비밀운동, 기밀엄수를 통해 혁명세력이 중국에 두루 퍼지기를 주장한다. (6) 평민혼(平民魂). 사회혼이라고도 한다. 자유, 평등을 주장한다. 혁명은 반드시 평민을 중시해야 한다. "미국의 독립, 프랑스의 혁명, 영국의 개혁 등 19세기에 벌어진 활극은 모두 혼의 산물이다."

여러 혼들 가운데 그들이 가장 중시한 것은 평민혼으로, 진정한 국민의 유무가 20세기 중국의 "가장 큰 문제"였다. 그들은 "중국에 국민이 있다면 20세기 중국은 구미를 뛰어넘어 세계의 패자가 될 것이니, 충분히 기대할 수 있다. 중국에 국민이 없다면 20세기 중국은 소가 되고 말이 되고 노예가 되어 영원히 회복할 수 없을 것이다."[217]라고 말했다. 이러한 이유로 그들이 가장 증오했던 것은 포학한 정치에 굴복한 노예 상태이며 노예근성이었다. 그들은 분노하며 "게다가 지금의 중국은 신문사와 출판사에 금지령을 내렸으며 입회연설 역시 금지했다. 공리(公理)를 주장하면 그릇된 주장이라 여기고 민중의 지혜를 여는 것을 사람을 홀린다고 모함한다. 이런 여러 이유로 중국 국민의 근원이 끊기면 중국인은 국민이 절망할 것을 찾게 된다. 그러므로 아비가 자식을 계도하고 스승이 제자를 이끌며 형이 아우를 타이르고 부부와 친구가 서로 기대며, 모두 분수를 지키라 말하고 때를 기다리라 말하며 유순하라고 말하고 복종하라 말하며 관직에 오르라 말하고 큰돈을 벌라 말한다. 그러므로 하인을 한 나라 사람으로 만들면 노예가 아닌 이가 없으니 온 나라 사람이 국민이 될 수 없다."[218] 라고 말했다. 그들은 우매하고 낙후된 상황에서 기필코 조국을 "국민의 터전"으로 바꾸려면 몽테스키외, 볼테르, 루소와 같은 지식인들을 "국민의 농부"라 보고 자유평등의 학설을 "국민의 씨앗"이라 간주해서 저서를 편찬하고 이론을 세워 많은 사람들을 호응을 이끌어 내고 부지런히 밭은 매야 비로소 잘 여문 "국민의 열매"를 거둘 수 있다고 뼈저리게 생각했다.

20세기 초 혁명파와 개량파 사이에는 "배만(排滿)"과 정치체제 그리고 투쟁방식 등의 문제에서 원칙적인 이견과 격렬한 논쟁이 있었다. 그러나 옛 문화를 개조하고 새로운 문화를 건설하는 것에 대해 말하자면 그들 사이에는 오히려 공통된 인

217) 《说国民》, 载《国民报》, 第2期.
218) 《说国民》, 载《国民报》, 第2期.

식과 겹치는 사업이 많았다. 1907년 이후 혁명파의 주요 핵심(이론적인 핵심도 포함)이 잦은 무장봉기의 획책으로 돌아선 탓에 개량파는 문화혁신 부분까지도 더욱 다양하고 더욱 튼튼한 사업을 진행하였다. 어쩌면 그들은 정치 전선에서는 맞수이지만 문화 전선에서는 우군이라고 할 수 있다.

신해혁명 10년 전 중국의 강압적인 문호개방이 점점 넓어지고 중외 문화교류가 날로 증가하며 민족자본주의의 초기 발전과 과거제 폐지, 그리고 신식학당이 도처에 설립되고 유학열풍이 불며 신식 지식인들의 급속한 성장으로 인해 전통문화의 비판과 충격은 새로운 단계로 진입하였다.

신파 인사들은 더욱 전투적인 용기를 가지고 감히 모든 전통의 신성성을 향해 도전하였다. 왕권을 둘러싼 비판은 이미 막을 수 없는 흐름이었기에 장태염은 황제가 콩과 보리도 구분 못하는 철부지라고 강하게 비판했다. 진보여론은 진정으로 대역무도한 것은 민의를 위반하는 조정이며 이런 것들 사람들이 모두 다 알고 있는 사실이라고 공개적으로 밝혔다. 주목할 만한 것은 그들의 비판의 창끝이 향한 곳이 황제의 위와 그 배후에 있는 어떠한 절대 권력으로 여겨졌던 신성관념이라는 점이다.

예를 들어 하늘은 이미 오랫동안 지고무상의 신성으로 여겨져, 지존의 황제는 천자로 여겨졌으며 비길 데 없는 왕권은 하늘이 내려준 것이라 여겨졌다. 중국에는 통일된 유일종교는 없지만 모두 하늘을 섬기고 존숭하는 오랜 전통은 있다. 한나라 유학의 하늘은 경전과 합친 것이고 송나라 유학의 하늘은 도덕과 합친 것이니 둘 다 하나의 전통이 되어 버렸다. 그러나 《천연론》이 번역 출판되면서 천문학과 다른 자연, 인문과학이 전파되자 사람들은 "하늘을 따르는 자는 흥할 것이요, 거역하는 자는 망할 것이다. 뭐가 따르는 것이고 뭐가 거스르는 것인가? 흥망이 혼란스럽고 옛것에 얽매이지 않는다는 점에 관계없이 일정한 궤도가 있다면 궤도를 따라가기 때문에 적합한 것을 쫓는 것도 이치이다."[219]라고 하며 용감하게 문제를 제기하였다. 하늘의 도는 알 수 없으나 과학의 이치는 알 수 있다. 인류는 금수를 이겼고 문명은 야만을 이겼으니 자연의 진화는 사실 사람의 진화이다. 옛말에도 "사람이 하늘을 이긴다."라고 했으니 그들은 아직 근거가 분명치 않아도 "사람이 하늘을 대신한다."로 바꿔야 한다고 생각한다. 그리고 "하늘을 대신한다는 것은 자신의 권리로 자신의 뜻을 행함에 하늘은 개의치 않는다는 것이다." 그들은 알 수 없는 천도를 숭상하고 눈앞에 벌어진 인도를 훼손한 것이 중국을 수천 년 동안 낙후된 암흑기로 만든 원인이라 생각했다. 이 때문에 반드시 하늘을 바꿔야 하고 "하늘을 바꿔야 다른 것도 바꾼다고 말할 수 있다."라고 말했다.

도통(道统) 역시 황제의 위와 황제의 배후에 있는 신성한 것으로 누구나(황제도 포함) 반드시 존경하고 따라야 하는 절대적인 권위로 매우 오랫동안 의심할 수 없는 진리로 여겨왔다. 그러나 신파 인사들이 일어나 이 거대한 진리에 도전했다. 그들은 공개적으로 고대에는 원래 도통에 관한 설이 없다고 폭로했다. "당송 시기의 유학자들은 하늘은 변하지 않으므로 도

219) 《革天》, 載《国民日日报》, 第1集.

역시 변하지 않는다 생각했기 때문에 도를 전하는 사람들이 생겼다. 우리 유학의 도는 이단과는 다르다. 그래서 도통설이 있다. 이 말은 한 사람이 제창하자 뭇 사람들이 화답하듯 파도가 치자 물이 흐르는 것 마냥 지금까지도 끊이지 않고 있다."220) 대대로 유학자들이 표방해 온 도통은 전제군주의 우민화와 백성 통치를 돕고 "사특함을 몰아내고 정도를 숭상"한다는 명목으로 신민을 속박시키는 사상으로, 그 총명한 재능을 말살시켜 그들이 순순히 복종하게 만드는 것일 뿐이다. 당시 이미 몇몇 사람들은 도통과 종법제도 사이의 관계를 알아차렸는데 그들은 나라의 정통, 도의 종법, 가족의 계통이라는 세 가지가 삼위일체를 이룬다고 보았다. "정통설은 전제군주제의 위엄을 높이기에 좋고 계통설은 가족을 억압해 바로잡기에 좋다." 그리고 더 큰 해악은 사상, 언론, 신앙의 자유를 억제하고 중국학문이 정통이며 서양학문은 사특하다는 것으로 외래 선진문명을 받아들이는 데에 걸림돌이 된다. 그들은 도통은 부정하고 반대하며 "우리 중국 국민은 본래 보수적인 특징이 많아서 도통설로 부추기면 서양학문의 장점을 하나도 얻지 못할 것이다. 사대부가 기독교를 공격하는 것도 믿는 바가 있는 것이니 사상, 언론, 신앙의 자유의 도리에 크게 위배되는 것이 아니겠는가."라며 강조하였다.

신파 인물들은 또 온 세상의 비난을 무릅쓰고 공공연히 "조종혁명(祖宗革命)"을 제창했다. 전통 관념에서 조상은 자손을 보우하고 혈통을 영원히 보존하는 정신이다. 자손은 그 은

---

220)《道統辨》, 載《国民日日报》, 第3集.

덕에 감사하고 혈족들은 그 신령을 존경하며 제사를 지내 기도하고 살아 있는 것처럼 모신다. 하지만 신파 인물들은 "과학에 있어서 조상은 단지 종자를 남긴 옛 생물에 불과하다. 죽었으면 그 용도가 다했는데 신령스러울 것이 무에 있겠는가."라고 생각했다. 그들은 "과학과 도리에 반대하는 것들은 미신과 강권이다. 종교에서는 화와 복, 비난과 칭찬이라는 미신을 이용해 사상의 강권을 실행한다. 정치에서는 허위의 도덕이라는 미신을 이용해 윗사람의 강권을 집행한다. 가정에서는 위의 두 가지 미신을 함께 이용해 두 가지의 강권을 같이 행한다. 그러므로 가정에 전해진 폐해가 가장 심하고 인류에 크나큰 해를 입혔다. 가정에서 가장 우매하고 도리에 맞지 않는 것이 조상숭배보다 심한 것이 없으므로 조종혁명을 해야 한다."[221]라고 생각했다.

조상을 공경하지 않고 도통을 반대하며 하늘을 바꾸자는 혁명과 전통문화와의 결별은 이로써 최고조에 다다랐다. 혁명운동이 아주 빠른 속도로 발전해 나가는 동시에 진보지식계는 각 부분에서 구사상, 구도덕을 비판하며 신사상, 신도덕을 제창하였다. 전제군주제와 종법제도를 옹호하는 강상명교에 대해 더욱 맹렬히 공격하는 동시에 문학, 사학, 철학, 윤리, 경제, 법률 등 다양한 학술영역을 혁명으로 이끌었다. 아울러 그들은 풍속습관의 개혁도 중시하여 마약, 전족, 처첩, 도박 등등의 퇴폐한 악습에 반대하며 문명, 위생, 변발 자르기, 역복 등등의 새로운 풍습을 주장했다. "태평양의 조류가 거세게

---

221) 《祖宗革命》, 载《新世纪》, 第2, 3期.

다가오니 진부한 정신을 깨끗이 씻어 내자. 곤륜산 정상에 올라 깃발을 꽂고 보잘것없는 국혼을 불러오자. 언젠가 백성의 덕이 나날이 새로워지고 모든 일이 번성하면 안으로는 나라의 기틀을 튼튼히 할 수 있고 밖으로는 강적을 막을 수 있다."[222]라는 것이 그들의 포부이다. 수억 명의 국민이 하나가 되어 새로운 중국을 만들어서 웅장하고 힘찬 모습으로 세계 민족의 집단에서 자립하고자 하는 것이다.

만약 이렇듯 단호한 전통문화와의 결별이 없거나 상당한 규모, 성세 그리고 깊이 있는 사상해방운동이 없었더라면 신해혁명은 단번에 청나라 조정을 전복시킬 수 없었고 중국 땅에 제1의 공화국을 세울 수 없었을 것이라 말할 수 있다.

---

222) 《云南杂志》의 발간사.

결별과 회귀

제 9 장

회귀에 대한 다각적인 고찰

제 9 장

회귀에 대한 다각적인 고찰

“수많은 목숨을 앗아가고 수많은 피를 흘려 가엽게도 거짓 공화를 얻었다.” 신해혁명의 승리와 남경 임시정부의 수립은 중국 인민들에게 거대한 흥분, 기쁨 그리고 기대를 불러일으켰으며 중국의 독립, 민주, 부강이 머지않아 실현될 것이라고 생각했다. 그러나 얼마 지나지 않아 정권은 원세개(袁世凱)의 수중에 떨어져서 하늘과 공자의 사당에 제사를 지내고 독자적으로 황제를 칭하니 혁명의 성과와 함께 혁명 지사들은 모두 피바다 속에 쓰러졌다. 구세력의 권토중래(捲土重來)와 사회의 막막함은 청나라 말기와 비교해 더하면 더했지 모자라지 않았다. 손중산을 대표로 하는 민주세력은 반항투쟁을 거듭했지만 실패에 실패를 거듭하여 사람들은 비관적이고 실의에 빠질 수밖에 없었다. “늑대를 막으려다 호랑이를 들였으니 이 또한 황망하다. 십 년을 뛰어다닌 것이 이런 결과라니! 어찌 뽕밭만 바다로 변하겠는가! 헝클어진 귀밑머리에도 서리가 앉았네. 죽음만큼 싫어하는 것이 사특하게 되는 것인데 살아서 때를 만나지 못했으니 거리낌 없이 죽겠다. 우연히 밝은 창밖을 흘깃 바라보니 물빛과 산색이 무척이나 처량하다.”223) 이것은 혁명열사인 영조원(寧調元)이 체포된 뒤 비통하고 분한 마음으로 쓴 작품이다. 대체로 당시 혁명가들의 공통된 심리 상태를 반영한다.

신해혁명 실패의 원인에 관한 중외 학자들의 분석은 매우 많아서 열 가지, 백 가지도 열거할 수 있다. 그러나 문화사의 관점에 따라 고찰해 본다면 나는 옛 전통세력은 너무 거대한 반면 결별하려는 힘이 매우 미약하였기에 다시 돌아가려는 힘이 너무 강했던 것이 주요 원인이라고 생각한다.

전통은 일종의 보이지 않는 거대한 힘으로 때와 장소를 막론하고 모든 사람들이 그 존재를 느낀다고 할 수 있다. 오랜 기간 동안 해외를 떠돌면서 다른 문화권에서 생활하고 배우고 사고했던 혁명가들이 하루아침에 고국으로 돌아오면 바로 전통문화의 매력에 빠진다. 동시에 전통문화 관성의 무거운 하중을 감당하게 된다. 왜냐하면 매력은 언제나 관성과 함께 뒤섞여 있고 어떤 매력은 관성 가운데에 있기 때문이다. 황흥

223) 宁调元 :《武昌狱中书感》, 见柳亚子编 :《太一遗书·太一诗存》 卷四, 2页, 1915年铅印本.

(黃興)처럼 용맹하고 과감한 이는 200명을 이끌고 남방지역에서 싸우면서 수천만의 적을 초개처럼 여길 수 있었다. 그러나 귀국한 뒤에 "갑자기 입헌파를 만나 스스로 그들만 못하다 미안해하였다. 그리고 같은 당 사람을 보고는 성급한 사람은 그저 부수기만 할 뿐 뭔가를 세우기는 어렵다는 것을 깨달았다." 이 때문에 그는 비교적 깊은 전통문화의 소양을 갖춘 입헌파 인물들에게 친밀하고 겸손한 태도를 가질 수 있었고 "관리들의 신망을 받는 장건(張謇)과 탕수잠(湯壽潛)을 끌어들였을" 뿐만 아니라 양탁(楊度), 탕화룡(湯化龍), 임장민(林長民) 등을 초청해 더 많은 조력을 얻었다.[224] 호한민(胡漢民)은 이를 근거로 황흥의 정견이 "나날이 우경화"되고 있다고 비판하였다. 그러나 이는 절대 황흥 개인의 정치적인 전향으로 치부할 수 없는 것으로 강대한 문화전통의 역량이 수많은 혁명인재들에게 잠재적이고 심대한 영향을 미쳤음을 보여 준다. 1912년 10월 손중산은 연(燕)나라, 진(晉)나라, 제(齊)나라, 노(魯)나라 지역을 두루 유람하고 상해에 돌아온 뒤 이 여행의 감상을 발표하며 "혁명은 남쪽에서 일어났기에 북쪽의 영향은 아직 미약하다. 그러므로 모든 옛 사상이 아직 다 사라진 것은 아니다. 그래서 북방은 음력을 따르고 남방은 양력을 따르기에 반드시 음력과 양력을 함께 써야 한다. 완전히 양력을 쓰거나 완전히 음력을 쓰는 것은 모두 적합하지 않다."[225]라고 말했다. 그는 중국 남북의 경제, 문화 발전의 불평등을 확인한 것에 그치지 않고 전통세력이 강대함을 깊게 느꼈다. 음양력 병용

224) 《胡漢民自傳》, 239頁, 台北1978年影印版 참고.
225) 《在上海国民党欢迎会的演说》, 见《孙中山全集》, 第2卷, 485页.

의 비유는 모든 혁명은 반드시 사회심리의 포용력을 고려하고 반드시 신구 사이에서 어떤 균형과 타협점을 찾아야 한다고 설명한 것에 불과하다. 따라서 그가 원세개에게 정권을 내준 주요 원인 중 하나가 "그러므로 민국을 다스리려면 새로운 사상, 옛 경험, 옛 수단을 갖춘 자가 아니면 불가하니 원총통이 여기에 적합하다."226)라는 것이다. 일찍이 체계적인 서양교육을 받고 오랫동안 해외에서 유랑하던 손중산에 대해 말하자면 조국으로의 회귀는 큰 폭으로 전통문화의 회귀가 시작되었다는 것을 의미한다.

회귀는 이처럼 큰 역량을 갖추고 각양각색의 형태로 드러나기 때문에 더욱 진지하게 토론하고 연구할 필요가 있다.

세상 모든 일과 사물이 천차만별일지라도 비슷하거나 서로 통하는 부분이 매우 많거나 적어도 서로를 검증할 수 있는 도리를 종종 포함한다.

전해지는 바에 따르면 어떤 금속은 "기억"을 갖고 있어서 어떠한 압력이나 왜곡을 가해도 잠시 변형되었다가 이후 천천히 원래 모습으로 돌아간다고 한다.

생물유전학의 이른바 환원유전은, 예를 들어 들면 파리가 번식하는 과정에서 몇 대를 뛰어넘어 조상과 유사한 성질이 나타나는 유전현상으로 사람에게는 격세유전이라고 부른다.

개와 고양이 같은 몇몇 동물은 제자리로 돌아가는 능력이 매우 강한데 그들이 이용하는 운항정보는 아마 새들이 장거리로 이동할 때 태양의 각도나 별의 분포형태 등을 이용하는

---

226) 《在上海国民党欢迎会的演说》, 见《孙中山全集》, 第2卷, 485页.

것과 비슷하다. 사람들은 귀소성이라고 부른다. 물론 귀소성이 가장 강한 몇몇 새들이 있는데 비둘기, 제비, 제비갈매기, 알바트로스, 군함조 등이다.[227)]

인류에게도 "회귀심리"가 있다. 의사의 말에 따르면 이것은 과거에 지나치게 연연해하는 현상으로 정신적이고 심리적인 병에 속한다고 한다. 통계자료에서 볼 수 있듯이 "회귀심리" 현상은 노년 여성이 노년 남성보다 많고, 문화수준이 낮고 편협한 마음을 갖고 내성적인 사람이 문화수준이 높고 사상이 개방되어 있으며 외향적인 사람보다 많은 것으로 나타났다.

터놓고 말해서 늙고 꽉 막혀 있고 낙후한 문명이 젊고 개방적이고 선진적인 문명보다 "회귀심리"가 더 많이 나타난다는 말이다. 뒤처지고 경쟁에서 좌절과 실패를 겪은 문명일수록 낡은 기억 속에서 과거의 영광을 찾는 것에 습관이 들어 이를 심리적 보상으로 생각한다.

물론 상황이 이처럼 불완전하면 현재 선진국인 나라에서도 문화회귀 현상이 발생할 때가 있다. 사람들은 "현대의 추억"이라 부른다. 1988년 초 《파리 마치(Paris Match)》에 실린 《1987년 한 해를 회고하며》라는 글의 주요 의미는 다음과 같다. 옛날 물건이 다시 유행하고 사람들은 60년대의 라밤바 춤을 추며 뛰어다닌다. 극장에서 고전 영화를 상영할 때는 빈자리가 없었으며 여성들은 시대에 뒤떨어진 작은 모자를 쓴다. 낡은 소형차가 진귀한 소장품이 되고 낡은 가구를 창고 안에서 꺼내

227) 《브리태니커 백과사전(简明不列颠百科全书)》에 따르면 제비과 동물들은 회귀능력이 매우 뛰어나서 밀폐된 용기에 넣은 다음 둥지에서 5,500킬로미터 떨어진 곳에 옮겨놓아도 12.5일 이내에 원래 있던 곳으로 돌아온다고 한다.

다시 사용한다. 가장 눈에 띄는 것은 옛날 작가로, …… 문장에서 "이러한 추억은 이전과는 다르다. 현대의 추억은 후회, 상심, 의기소침했던 추억이 아니라 긍정, 도전, 약간의 자극, 따뜻한 감성이 가득한 추억이다. 이러한 추억은 일종의 복제와 같다. 사람들이 한 시대를 선택하는 것은 어떤 복제품을 선택한 것과 같다.", "현대의 추억은 일종의 새로운 청춘이다. 과거의 추억은 일종의 노쇠한 감정이나 지금의 추억은 부흥이나 부활로 — 청춘을 회복하는 방법이다."라고 하였다. 글을 쓴 작가는 매우 즐거운 필치로 오늘날 서양의 "현대의 추억"을 묘사하였다. 사실 여기에는 사람들이 현대문명에 대해 싫증을 느껴 과거로 돌아가고 자연으로 회귀해서 지나치게 긴장된 현실생활의 압박감도 포함하고 있다. 동양식 신유학으로 회귀하자는 외침 역시 중국 전통문화 중에서 활용할 수 있는 부분을 빌려 서양의 정신세계에 부족하고 공허한 부분을 메우려는 것이다.

문화회귀현상은 확실히 천차만별이지만 이 책에서는 탐구범위를 19세기 말과 20세기 초의 중국으로 확정 지을 수밖에 없다.

회귀는 언제나 결별한 이후에 발생하니 결별이 없이는 회귀도 없다. 누군가는 회귀가 부족한 것이 있다는 전제라고 말했다. 1860년대 이전 중국은 기본적으로 문화회귀 현상은 없었고 대량으로 등장한 서양의 근대문명에 대한 배척만이 있었다. 결별은 사실 아주 미미하여 많은 주의를 끌기에는 어려웠다. 60년대 이후 유신사상이 발전하고 양무사업이 창설됨에 따라 함께 전통문화를 비교하는 뚜렷한 결별 현상이 나타났다. 간신히 시작하긴 하였지만 이미 구세력이 비교적 강렬한 반응을 불러일으켰다. 동문관과 철도건설을 둘러싼 논쟁이 바로 결별이 회귀를 자아내고 회귀가 결별을 저지하는 구체적인 표현이다. 하지만 진정으로 상당한 규모를 갖추며 더욱 강렬한 회귀현상은 갑오전쟁 이후에 출현하는데 특히 무술변법이 전면적으로 전개된 이후이다. 주목할 만한 것은 유신변법에 가장 앞서 반대했던 예부(禮部)의 일부 책임자들이 공격적으로 주장한 논리 가운데 하나인 "서양에서 알려준 진술을 답습하면 중국 조정의 법제를 경시한다."라는 말이다. 지방에서 일어난 신구투쟁 중 가장 격렬했던 지역은 유신 선구자들이 가장 집중되어 있던 호남지역이다. 이것은 결별하려는 힘이 강할수록 회귀하려는 반작용도 강해진다는 것을 설명한다. 악록서원(嶽麓書院)이 바로 시무학당(時務學堂), 남학회(南學會), 《상학보(湘學報)》 등의 유신세력을 포위했던 수구세력의 거점이다. 서원장인 왕선겸(王先謙)과 엽덕휘(葉德輝) 등은 완고한 지방 권력가 계급 인물로 양계초 등을 공격하며 "서학에 통달하였다고 자처하는 사람들은 실상 모두가 강유위의 그릇된 학파이다."라고 말했다. 시무학당의 학생들은 "지난날 나이가 들어 학문을 마쳤음에도 충효와 절의(節義)를 어떻게 하는 것인지도 모르니 이는 상(湘) 지역 사람들의 불행이며 상 지역 이외의 사람들의 불행이다."[228]라고 말했다. 완고세력은 "이단의 종교를 주장하는 사람이 굳건할수록 성교(聖教)를 보호하는 사람은 힘이 난다."[229]라고 자칭했다. 남학회의 회장인 피석서(皮錫瑞)

228) 《湘绅公呈》, 见《翼教丛编》卷五, 364页, 中国近代史料丛刊第65辑, 台北, 文海出版社, 1996.

는 그 아들 가우(嘉佑)가 지은 《성세지가(醒世之歌)》에 담긴 “지구를 자세히 살펴보면 중국도 중앙에 있지 않다. 지구는 원래 둥근데 누가 중앙이고 누가 사방인가!”라는 등의 말로 인해 구세력의 집중 공격을 받고 어쩔 수 없이 강서로 도망가게 되었다. 위원(魏源)의 고향인 소양(邵陽)에서는 수구 지방 권력가 계급이 “백성을 어지럽힌다.”라는 명분으로 소양의 남학회(南學會) 회장 번추(樊錐)를 소양 밖으로 내쫓았다. 아울러 각지에 “죄를 적은 방”을 붙여 번추를 “사특한 말을 지어내서 성교를 배반하였다. 윤상을 어그러뜨려 혹세무민하니 마을 사람들을 모두 금수처럼 만든 뒤에야 후련해할 것이다.”[230] 하며 비난하였다. 자희태후가 직접 결정한 변법 정변의 마무리가 바로 수많은 수구세력들이 유신변법에 대한 전면적인 반동을 집중적으로 반영한 것이다.

정변 이후 모든 것이 되돌려지며 “육군자”를 죽였다. 그리고 강유위, 양계초를 체포하여 엄중히 취조하는 동시에 강유위의 모든 저작물은 폐기됐다. 청나라 조정은 “터무니없는 낭설과 폭력행위가 자주 일어나고 스스로 윤리와 강상을 자임하며 학술을 받들고 인심을 바로잡았다.”라는 조서를 전국에 반포했다. 이러한 반동적 흐름은 널리 퍼질수록 강렬해져서 곧바로 의화단이 이용하여 전면적으로 외세를 배척한 경자사변(庚子事變)으로 발전하였다. 예를 들어 변법을 가장 격렬히 반대했던 강의(剛毅)는 경자사변 시기 외세배척에 주력했던 주요인물이다. 그는 원래 녹영(綠營)의 축소와 군대훈련을 서양

229) 《叶焕彬吏部明教》, 见《翼教丛编》 卷三, 165页.

230) 《邵阳士民公逐乱民樊锥告白》, 见《翼教丛编》 卷五, 341页.

식으로 바꾸는 것에 대해 반대하며 여전히 "등패(藤牌)로 만든 진지가 있다면 총과 대포도 두렵지 않다. 맨손으로 박투를 벌인다면 서양인은 다리가 뻣뻣해 펴거나 접는 것이 날렵하지 못해 우리의 적수가 되지 못한다."[231]라고 생각했다. 변법에 반대하며 외세배척에 주력했던 또 다른 인물인 완고파 대신 서동(徐桐)은 양무사업을 벌인 왜인의 문하생을 일관되게 반대했다. 그는 "외국인은 아주 나쁘지만 외무사업을 말하는 자가 더 나쁘다."라며 문인 중에 새 정치를 말하는 자가 있으면 만나지 않았고 나아가 "제자 목록에서 삭제"하기까지 했다. 경자사변이 일어나자 그는 마침내 "서양인들이 사라졌다."라며 더욱 의기양양해졌다.[232] 그러나 결과적으로 8개국 연합군이 북경을 쳐들어오자 그는 분에 못 이겨 자살했고 낡은 도통의 부장품이 되어 버렸다.

의화단은 원래 제국주의의 노역과 중국을 분할하려는 것에 반대하는 정의로운 투쟁이었다. 그러나 통치계급 중 완고세력에게 이용당해 전면적인 수구배외라는 잘못된 길로 이끌어졌고 소생산자의 우매함과 뒤처짐 또한 이 때문에 남김없이 드러나면서 운동 전체가 매우 괴이하게 왜곡된 형태를 띠게 되었다. 당시 혁명가들은 이미 이러한 문제를 알고 있었고 "저들의 잠재의식 속에 배외 감정이 매우 극렬하다고는 하나 그 시작은 세간의 이목에 따른 증오심의 발로에 가까울 뿐이지 애국심에서 비롯된 것은 아니다. 그러므로 선조를 존숭하는

231) 费行简：《慈禧传信录》, 转引自汤志钧：《戊戌变法人物传稿》 下编, 530页, 北京, 中华书局, 1982.

232) 唐文治：《记徐桐崇绮事》, 见《茹经堂文集》 卷六 참고.

학문이 깊은 서동(徐桐)일지라도 여전히 대만을 할양하고, 교도(膠島)와 여순(旅順)을 조차하고 광주만에서 무슨 일이 있었는지를 알지 못한 채 그저 시가지의 영사관이 관부의 손바닥만 한 땅을 침략한 것에만 화를 내며 평정을 유지하지 못한다. 마침 의화단도 선교사들의 세력 확장을 질시하였기에 두 장님이 뜻을 같이하고 두 귀머거리가 연맹을 맺고 동교민항(東交民巷)에 있는 영사관들을 모두 제거하고 사패루(四牌樓)의 교회를 불태우고자 하였다. 이러한 외국인들이 자신들에게 독이 된다고 생각했기 때문이다. 아! 이것이 민족주의를 믿는 국민들의 행동인가? 청나라를 지탱하는 것이 고작 동교민항과 사패루인가. 서양을 없앤다는 것이 겨우 영사관과 교회를 없애는 것이라면 저들이 알고 있는 국가와 국민을 어떻게 해석해야 하는가."[233]라고 말했다. "두 장님이 뜻을 같이하고 두 귀머거리가 연맹을 맺은"이라는 말은 계급차별과 노동자를 경시하는 편견이 섞여 있다 하더라도 애매모호한 말이다. 그러나 완고파들이 농민의 뒤처진 사상을 어떻게 활용하여 의화단운동을 실패의 잘못된 길로 이끌어 결국 역사적 비극을 초래하게 되었는지 여실히 보여 준다.

가령 자희태후의 정변과 이로 인한 경자사변의 발생이 무술변법에 대한 전면적인 반동이라면 민국 초기의 군주제 복위라는 역류는 신해혁명에 대한 전면적인 반동이다.

민국(民國)이 건립된 이후 전국 각지에서는 새로운 사물과 기상이 우후죽순처럼 등장하면서 민족의 생기가 활기를 되찾

233) 《箴国民》, 載《苏报》, 1903-05-08.

았다. 그러나 완고한 수구세력의 입장에서는 이것은 오히려 한 번도 본 적이 없는 기이한 변화이자 재난이었다. 그들은 "사설(邪說)의 유행이 모든 제방을 터뜨렸다.", "삼강이 무너지고 구법(九法)이 훼손되었다. 여러 성인과 왕들이 대대로 남긴 가르침이 모두 사라져서 돌이킬 몇 몇 희망조차도 완전히 없어졌다."234)라며 슬퍼했다. 그들은 변발을 자르는 것에 동의하지 않고 유교를 높이며 경전을 읽으면서 조금씩 복고 풍조를 부추겼다. 그들은 정치적으로 공화제의 반대를 드러내며 민주체제는 중국과 맞지 않으니 모든 재난과 혼란이 군주제를 뒤엎은 데에서 발생한 것이라고 생각했다. 그들은 "중국에서 군주제를 실행한 것이 이미 수천 년이니 갑자기 변할 수는 없다. 그리고 대청제국이 가장 올바르고 역대 왕조들의 은덕과 혜택이 백성들에게 두루 미쳤다. 군주제로 오족을 통일하고 전쟁을 종식시켰으니 이보다 조화로운 것은 없다."라고 공개적으로 주장했다. 그들은 군주제와 유교를 높이는 것을 하나로 묶어서 "오늘날 공화정 체제로 크게 변하였지만 정부는 국교를 정하지 못했고 교사들은 경전을 바로세우지 못했으며 관리들이 종묘사직을 섬기지 못한다. …… 백성들이 차마 섬기지 못하게 되었는데 나라에서도 폐지하니 경전의 도가 사라지고 제사 지내는 예법이 없어졌다. 배궤(拜跪)를 실행하지 않고 금영(衿纓)도 하지 않으니 즉 공자의 큰 도가 하루아침에 없어진 것이다. 슬프고 애달프도다!"235)라고 공언하였다. 이렇게 진부한 논조를 낸 사람은 다름 아닌 무술유신의 대표자인

234) 劳乃宣 :《续共和正解》, 见《桐乡劳先生遗稿》卷一.
235) 康有为 :《孔教会序一》, 载《孔教会杂志》, 第2号.

강유위였다. 다른 유신 선구자인 엄복도 1913년 공개적으로 경전을 읽으며 "경전과 옛것을 훼손하는 것"에 반대했다. 그는 "도덕과 교화만이 아니라 중국인이 중국인 까닭은 경전을 근본으로 삼기 때문이다. 나아가 세상이 크게 변하는 개혁의 시대는 옛것을 전부 다 반대해도 될 것 같다. 그러나 대의의 취지를 반드시 경전에 부합하는 것을 찾는다면 이후 인심에 반하더라도 편안하니 비로소 천하에 호소할 수 있다. 어찌 신임(辛壬)년 동안의 일이 《역전(易傳)》의 탕왕(湯王)과 무왕(武王)이 천명을 따르고 인심에 응한 것과 《예기(禮記) 예운(禮運)》의 대동(大同), 《맹자(孟子)》의 임금은 중요하고 백성은 가볍다는 여러 대의를 근거로 삼고 나서 민국에 발현된 것이 아니겠는가! 오히려 이보다 더 큰 것인 민생 풍속과 일상생활에 대해 말하자면 그 안의 훈계나 격언이 더욱 중요하다. 무릇 오주(五洲)의 종교를 들자면, 하늘을 칭하여 행하는 바는 철학을 가르쳐 경계하며 역사에서 검증하니, 이해를 절충하여 깊이 헤아린다. 나도 육경을 읽었으니 무릇 모든 성인들이 일찍부터 일으킨 것이다. …… 오늘날의 과학은 저절로 정성으로써 사물을 이루는 일이니, 우리나라가 진보하기를 바란다면 절대로 그냥 방치해서는 안 된다. 사람이 사람다워지고 나라가 나라다워지고 천하가 천하다워지는 것은 여러 경전 속에서 부합되지 않은 것을 버리기 때문이다. 저 서양인의 풍속과 나라는 굳이 우리의 옛것이나 우리의 조상이라 부를 필요가 없다. 그러나 그 뜻과 일이 기어이 우리의 경전과 법도에 일치하면 그 이후에 이롭게 여겨 행하니 오래하고 크게 할 것이다. 경전의 도가 크고 정밀함이 여기에 있는 것이다."[236]라고 말했다.

1921년 10월 이 유야노인(瘉壄老人)은 유언장에서 간곡히 자녀들에게 훈계하기를 "중국은 사라지지 않음을 반드시 알아야 한다. 구법은 손익을 따져야 할 것이니 절대 배반해서는 안 된다.", "나는 선대 현인들의 경전에 담긴 아름다운 언행을 직접 고를 뿐 자세히 진술할 수 없었을 따름이다."라고 가르쳤다. 서양 철학자의 말을 흠모한 것부터 옛것으로 돌아가 경전을 높이는 것까지 늘 매사에 그리고 어디에서든 중국 성현의 경전을 근거로 삼아 경전의 뜻과 일치하면 행하고 그렇지 않으면 행하지 않았다. 여기에서 우리는 전통문화의 회귀가 가진 강한 역량을 확인할 수 있다.

이러한 사상적 퇴행이 맞물리면서 민국 초기에 점차 정치상에서 복벽주의가 역류하였고 결국 원세개의 홍헌군주제와 장훈(張勳) 등이 일으킨 정사복벽(丁巳復辟)을 야기했고 신해혁명의 제한된 승리와 성과 역시 점차 사라져갔다.

상술한 종류의 회귀는 역사적 반동에 속한 것으로 사회 진보의 거대한 장애물이었다. 그러나 인간사회의 현상은 언제나 매우 복잡해서 전통문화에 대한 회귀는 이뿐만이 아니라 진보적인 내용의 회귀, 나아가 사회적 진보로 여겨지는 표현형식의 회귀도 포함하고 있다. 뒤이을 회귀는 앞의 회귀와는 상당한 차이가 있다.

1868년 마르크스는 엥겔스에게 보내는 편지에서 아래와 같이 밝힌 바 있다. "인류역사상 존재하는 고생물학과 같은 상황이다. 어떤 맹목적인 판단 때문에 걸출한 인물마저도 처음

236) 严复：《读经当积极提倡》, 见《严复集》, 第2册, 331页.

부터 눈앞의 사물을 보지 못하곤 한다. 그 후 어느 정도 시간이 흐르면 사람들은, 종전에 보이지 않았던 것들이 지금 도처에 자신의 흔적을 드러내는 것을 놀라워하며 발견한다. 프랑스 혁명과 연계한 계몽운동에 대한 첫 번째 반응은 당연하게도 중세의 것, 낭만주의적 관점으로 모든 것을 바라보았고 더욱이 그린 같은 사람은 이러한 관점에서 벗어나지 못했다. 두 번째 반응은 중세기를 뛰어넘어 각 민족의 원시시대로 보는 것인데 이러한 반응은 사회주의의 성향에 적응한 것으로 비록 여러 학자들이라도 그들이 이러한 성향에 관련되어 있다고 생각하지 못했다. 그리하여 그들은 가장 오래된 것 속에 가장 새로운 것이 있다는 놀라운 발견을 하였는데 심지어 프루동조차도 모두가 두려워할 만한 평등파를 발견하였다."237)

보편적인 상황에서 마르크스가 한 말을 우리는 회귀라 부를 수 있다. 물론 앞에서 말한 전면적인 반동과는 다른 회귀 즉, 진보적인 성격을 가진 회귀이다. 역사적 상상을 좋아하는 토인비도 이러한 현상의 이중성에 어느 정도 주의를 기울였다. 그는 전자는 "과거로 회귀하는 반동"이라 불렀고 후자의(그는 농담으로 "차를 거꾸로 운전한다."라고 불렀다.) 노력 동기를 "스스로 쟁취한 것에 대한 특수한 표현이며 문화적으로 독립한 민족주의의 요구"에 속한다고 생각했다. 그는 특히 "일본인이 이른바 신도(神道)라고 불리는 고유의 원시우상숭배를 전력으로 부활한 것도 일종의 종교적 복고주의"라고 언급하며 그 동기가 "반쯤 서구화 된 '커다란 사회'에서 신도의 지위를 유지해 서양민족주의

237) 《马克思恩格斯选集》, 第4卷, 579页, 北京, 人民出版社, 1995.

노선을 따라 힘써 혁신할 필요"에 있다고 보았다.[238] 일본은 신도를 국교로 삼았을 뿐 아니라 유신변법을 왕정복고라 불렀다. 메이지유신 초기 "탈아입구론"이 성행했을 때 당시 정치가들은 "아시아에 유럽 문명과 친형제 같은 지역을 만들자."라고 마음먹었다. 외무경(外務卿) 이노우에 가오루(井上馨) 등은 심지어 거액의 돈을 들여 "로쿠메이칸(鹿鳴館)"을 짓고 항상 서양식 파티를 열어 많은 외국인들의 환심을 샀다. 이로 인해 "로쿠메이칸" 외교라고 불리기도 한다. "동양의 루소"라는 영예를 갖고 있던 나카에 초민(中江兆民)은 이러한 "숭외비내주의(崇外卑內主義)"에 대해 우려[239]를 표하고 서양의 모든 것을 모방해서는 안 된다고 생각했다. 서양근대문명의 거센 충격에 직면해서 고유한 민족정신의 상실을 두려워한 위기의식이 끊임없이 커진 까닭은 "화혼양재론(和魂洋才論)"이 여전히 영향을 미치고 있었기 때문이다. 국학파의 미야케 세쓰레이(三宅雄次郎)와 시가 시게타카(志賀重昂) 등은 "일본주의"와 국수주의를 온 힘을 다해 제창했다. 1890년까지도 메이지 천황은 《교육에 관한 칙어》를 직접 반포하여 "국가와 천황 그리고 도덕의 근본은 이미 하나이니 천황에 대한 충성과 부모에 대한 효도를 도덕의 근본으로 삼아야 한다."라고 규정하였다. 서양 학습의 많은 효과를 거두고 있는 일본이라도 전통문화에 대한 회귀현상도 흔히 일어났다는 것을 볼 수 있다.

---

238) [英] 汤因比 : 《历史研究》, 中册, 334, 336, 344页 참고.

239) 후쿠자와 유키치도 비슷한 고민이 있었다. 그는 서양인이 일본에서 자존망대하고 패도를 횡행하는 것들을 제외하고도 거류지, 일본여행, 관세 등의 문제에서 모두 불평등한 문제가 있어서 이러한 상황을 바꾸지 않으면 "일본 국민의 품격은 나날이 비굴해질 것"이라고 생각했다.

근대문명이 처음 발생한 유럽으로 눈을 돌려, 그곳의 민족들이 어떻게 천년 암흑이라는 중세의 야만에서 벗어났는지를 보고 그들이 어떻게 "가장 오랜 것들 속에서 놀랍게도 새로운 것을 발견하였는지"를 살펴보는 것도 괜찮다. 르네상스의 발원지인 이탈리아는 새로운 사회적 역량을 지닌 지식계의 대표로 중세의 낡은 제도, 낡은 관념을 타파하기 위해 어쩔 수 없이 낡은 그리스, 로마 문화의 정신적인 힘을 받아들였다. 그들은 세계의 발견을 통해 인간을 발견하는 데까지 이른 동시에, 그들이 양피지에 쓴 고대 그리스어와 라틴어로 쓴 경전과 그들의 비교할 수 없을 정도로 예술적 가치가 있는 귀중품 그리고 고대 유적지의 허물어진 담벼락에서 새로운 사회를 건설할 사상과 열정적인 감정을 모색했다. 이러한 근대문명의 선구자들은 이미 고전문화를 모방하는 것을 당연한 시대적 흐름으로 생각했다. 그들은 키케로와 플라니우스를 본보기로 삼아서 부지런히 라틴어로 쓴 편지를 공부한 동시에 매회 강연마다 고대 로마 원로원 웅변가들의 그윽한 메아리를 방불케 하였다. 사람들이 그리스어와 라틴어의 이름을 따와 자녀들에게 이름을 지어 준 것은 고대세계에 대한 열정을 압도한 기독교신도에 대한 신성함을 빌려 표현한 것으로 고전의 목소리에 새로운 의미를 혼합하였다고 볼 수 있다. 바로 마르크스가 말한 "죽은 이를 다시 살려 새로운 투쟁을 찬양하되 졸렬하게 옛 투쟁을 따라하지 않는다."[240]라는 것과 같다. 새로운 사회의 구조변화 과정에서 나타는 고전문화로 회

240) [德] 马克思 :《路易·波拿巴的雾月十八日》, 见《马克思恩格斯选集》, 第1卷, 586页.

귀하려는 열기는 오히려 지중해 연안으로 하여금 자산계급문명을 기르는 요람이 되게끔 하였다.

다시 중국과 영토가 가까운 제정러시아로 시선을 돌려보자. 표트르대제는 단호하고 신속하게 서양을 배웠고 심지어 수염을 깎고 러시아의 구식 장포를 입는 것도 금지시켰다. (이러한 “복장혁명(服裝革命)”은 1851-1875년 사이에 일본에서 재연되었다.) 그 뒤 러시아 전통문화의 결별과 회귀라는 두 가지 흐름은 두 개의 파벌 사이에서 분기점으로 드러났다. 서양주의자는 표트르대제 이후의 혁신적 조류를 대표하며 그들은 야만적이고 낙후된 러시아를 벗어던지려면 전면적인 서구화가 필요하며 특히 입헌군주제를 실행하고 있는 영국을 모방해야 한다고 생각했다. 구전통과 결별하기 위해 그들은 매우 과격한 언어를 사용하였는데 러시아는 인류문명의 발전에 대해 항상 부끄러운 역할만 했고 어떠한 공헌도 한 적이 없다고까지 말했다. 당연히 수많은 러시아인들의 민족감정에 깊은 상처를 줄 수밖에 없었고, 나아가 서양주의자와 상대적 입장에 선 슬라브주의자들이 생겨났다. 슬라브주의자들은 자신들이 러시아의 역사유산의 수호자라고 자처하며 민족 고유의 미덕을 최대한 발굴하고 사람들의 애국사상을 격발시켜 서양의 영향을 받아 러시아 문화가 부패하는 것을 억제하자고 주장하였다. 그러나 슬라브주의자들은 위에서부터 아래로 내려오는 개혁에 반대하지 않았는데 이 문제에 있어서는 그들과 서양주의자들이 근본적으로 차이가 없었다.

다시 20세기 초의 중국으로 시선을 돌려보자. 1905년 이후 출현한 국수주의 사조는 러시아의 슬라브주의자, 일본의 국학파와 꽤 비슷하다. 그들은 서양근대문명을 배우는 것에 대해 완전히 반대하지는 않았지만 중국의 민족문화가 서양흐름의 충격 아래에서 독립적인 특징이 사라질까 두려워했다. 1906년 장태염이 출소하여 일본에 도착한 뒤 분명히 말하였다. “국수주의를 주장하는 데 있어서 사람들이 유교를 존경하고 믿게 하려는 것이 아니라, 사람들이 우리 한족의 역사를 소중히 여기게 하는 것이 가장 중요하다. 이 역사라는 것에 대해 넓은 의미에서 말하자면 세 가지로 나눌 수 있는데, 첫 번째는 문자와 언어, 두 번째는 전장과 제도, 세 번째는 인물과 사적이다. 요즘 서구화를 주장하는 사람은 중국인이 서양인에 비해 차이가 크기 때문에 자포자기한다 말하며 중국은 반드시 패망하고 황인종은 멸종한다고 말한다. 그는 중국의 장점을 모르기 때문에 사랑스럽지도 않고 나라나 인종을 사랑하는 마음도 나날이 줄어들고 메말라 간다. 만약 그가 중국의 장점을 알고 있다면 나는 그가 아무런 수치심이나 염치도 없는 사람이라고 생각한다. 나라나 인종을 사랑하는 마음은 분명 왕성하고 끊임없이 솟아올라서 억누를 수 없기 때문이다.”[241] 장태염은 직접 “국수주의로 고유의 특성을 북돋아 주고 나라를 사랑하는 열정을 증진시킨다.”라고 취지를 밝혔다. “고유의 특성”이라는 것은 바로 민족주의이며 당시 혁명파들은 전국의 인민들을 함께 뭉쳐 분투하도록 하는 정신적 유대감이라고 생각했다.

국수주의자들은 자신들의 국학진흥을 서양의 르네상스와

241) 章太炎：《演说录》，载《民报》，第6号.

비교하며 그들 역시 매우 열정적으로 "가장 오랜 것들 속에서 새로운 것을 경이롭게 발견하였다." 그들은 침식을 잊고 심혈을 기울여 수천 년 동안 응집, 단결, 고무, 진흥해 온 민족의 경제, 정치, 문화, 그리고 심리적 소양 방면의 다양한 요소들을 발굴하고 널리 알려 이를 통해 "우리 동포의 국민"이라는 민족 각성과 애국심을 자아내려 노력하였다.

그들은 고대 전설 속의 황제(黃帝) 이미지를 빌리고 화하(華夏)의 후예, 염제(炎帝)와 황제의 자손을 표방하여 민족감정을 격발시켜 내부의 응집력을 강화했다. 1903년 여름 유사배(劉師培)가 발표한 《황제기원설(黃帝紀元說)》이라는 글은 황제 기원을 내세워 청나라 조정의 정통성을 강력히 주장하였다. 그는 "어떤 민족이든 그 기원을 거슬러 올라가지 않을 수 없다. 우리 수많은 한족들의 시조는 과연 누구인가? 바로 황제 헌원씨(軒轅氏)이다. 황제는 최초로 문명을 만든 사람이며 4천 년의 풍속을 연 사람이다. 그러므로 황제의 유업을 계승하려면 당연히 황제가 태어난 해를 기년으로 써야한다."[242]라고 하였다. 그는 일본의 건국을 신무천황(神武天皇)의 기년으로 삼은 것을 배워 동포들의 민족각성을 이끌어 내야 한다고 조금의 거리낌 없이 말했다. 동시에 《강소(江蘇)》 잡지 제3기에 "중화민족의 시조인 황제상"을 게재하며 황제의 기년을 공개적으로 고쳐 썼다. 그리고 얼마 뒤 《황제혼(黃帝魂)》이라는 책을 수집 간행하고 《황제전(黃帝傳)》과 함께 《중국백화보(中國白話報)》에 연재하였다. 널리 유행한 진천화(陳天華)의 《맹회두(猛回頭)》, 《경

242) 无畏(刘师培) : 《黄帝纪年论》, 见《国民日日报汇编》, 第1集.

세종(警世鍾)》에서도 황제를 "시조 할아버지"라 소리 높여 부르면서 비교적 이른 시기에 황제의 초상을 실었다. 1905년 송교인(宋教仁)은 이 초상을 《20세기 차이나》라는 잡지에 실으면서 《기년의 의미》, 《중국의 새로운 기년》 등의 글과 서적을 함께 게재했다. 황절(黃節) 역시 《국수학보(國粹學報)》에 《황제의 역사》를 연재하며 "황제가 첫 번째 갑자의 기년"이라고 강력히 주장했다. 송교인은 황제 초상화에 "곤륜의 정상에서 일어나셔서 황제의 호수에서 발전하셨네. 큰 칼과 넓은 도끼를 빌려 구주를 안정시키셨네. 우리가 대대손손 밥을 먹을 수 있는 것은 모두 황제께서 거친 땅에서 고생하신 덕분이네. 이보게, 우리 4억 동포들이여, 어찌 아직도 우리의 역사와 시조를 잊고 있는가."[243]라는 제사를 지었다. 이것이 바로 당시 사람들이 공통의 선조에 대한 흠모와 회고를 토로한 것이다.

이 밖에도 당시 몇몇 진보지식인들은 심오한 도리를 찾아서 정리 선별하여 역사를 정리하거나 국학을 연구하거나 제도에 대해 토론하거나 인물을 품평하였는데, 목적은 모두 유럽의 풍속에 맹목적으로 빠져 외래를 숭상하는 사상에 대해 반대하고 "우리 동포의 국민"이라는 민족적 자신감과 자긍심을 끓어오르게 하는 것이다. 그들은 "15세기가 유럽의 르네상스 시대였다면 20세기는 아시아의 르네상스 시대이다."라고 하며 소리 높였다. 하지만 그들은 전통문화로의 회귀에 대해서 종종 너무 멀리 가기도 하는데 어떤 이들은 헌책 속에 빠져서 스스로 벗어나지 못하기도 했다. 예를 들면, 누군가는

243) 《二十世纪之支那》, 第1期.

"국수주의는 정신적인 학문이고 서구화는 물질적인 학문이다.", "국수주의는 도덕의 원천으로 공훈과 업적이 모이는 곳이다."[244]라고 했으며 다른 사람은 아예 국학과 "황제, 요, 순, 우, 탕, 문, 무, 주공, 공자의 학문" 등을 함께 일으켜 고학을 부흥하니 곧 유교의 부흥이라고 했다. 이런 논조들은 대부분 "중체서용"의 수준을 회복했고 심지어 신학문과 구학문 사이의 경계가 희미해지거나 뒤섞여지기까지 했다. 그래서 일부 구파 사람들은 마침내 국수주의자들이 창건한 《국수학보》에 동조하는 시를 써서 찬양하기도 했다. "신주(神州)의 태양은 그믐날처럼 어둡고 도의는 사라진 지 오래다. 진정한 영걸이 없다면 어찌 고금을 세울 수 있겠는가. 새로운 사조가 대륙에 가득하여 고국엔 비통한 소리만 생겨나네. 예악은 왕의 일보다 앞서 있으니 유생들은 모두가 이 마음이네."[245] 이것에 대해 20세기 중국의 르네상스를 이끌었던 혁명당 사람들이 말하는 점은 정말로 엄청난 역사적 아이러니이다.

토인비는 하나의 심각한 의견을 제시하였다. "복고주의자들이 사람들의 비난을 받는 이유는 그들의 기획적 본질이 항상 과거와 현재 사이에서 양립할 수 없는 두 개의 상충하는 요구를 중재하려 했기 때문이다. 바로 복고주의는 생활방식에 내재한 약점을 갖고 있다. 우리는 복고주의자들도 어디로 가든지 출구를 찾을 수 없는 진퇴양난의 처지에 빠져 있다고 말할 수 있다. 만약 그들이 현재를 고려하지 않고 오로지 과거를 회복하는 데만 빠져 있다면 영원히 전진하는 삶의 격류

244) 许守微：《论国粹无阻于欧化》, 载《国粹学报》, 第7期.
245) 潘复：《寄题<国粹学报>第三周年祝典兼呈秋枚,晦闻诸君子》, 载《国粹学报》, 第38期.

가 반드시 그들의 나약한 체제를 산산조각 낼 것이다. 반대로 그들이 추억이라는 그윽한 감정을 현재의 사업으로 바꿔서 종속시킨다면 복고주의란 일종에 협잡꾼임을 증명할 것이다."[246] "진퇴양난의 처지"에 빠진 국수주의자들의 주관적인 계획은 자신의 민족과 함께 20세기로 들어가는 것이었으나, 전통적 유령은 막무가내로 그들을 오래된 과거로 이끌었다. 더욱 슬픈 일은 혁명의 풍조를 부추겼던 "배만"이라는 구호가 원래는 전통적인 "이하지변"에서 비롯된 것이라는 점이다. 이 구호가 한때 풍미했던 이유는 득의양양했던 국수주의자들이 자신들이 극복하기 어려웠던 내재적 약점에 대해서 조금도 생각하지 않았기 때문이다. 신해혁명이 실패한 이후 이러한 회귀의 흐름은 더욱 발전하였는데 특히 도덕관념에 있어서 더욱 두드러졌다.

도덕은 전통문화의 핵심부분이며 민족문화 심리구조에서 가장 고정된 부분 중 하나이다. 도덕은 사회생활의 각 부분에 스며드는 동시에 민족과 국가의 강대한 결속력을 만들어 낸다. 서구화의 흐름이 동양으로 스며들어 전통문화에 강대한 충격을 주었을 때 사람들을 가장 초조하게 한 것이 바로 도덕관념에 대한 것이었다. 그 이유는 도덕관념이 전통적 정신적 지주를 가장 약화시켜 모든 사회를 동요시킬 수 있기 때문이다. 이 측면의 문제와 관련하여, 민국 초기의 사회분위기를 살펴보기에 앞서 먼저 메이지유신 초기의 상황에 대해 자세히 살펴볼 필요가 있다. 나카에 초민의 《일년유반(一年有

246) [英] 汤因比 : 《历史研究》 中册, 345页.

半)》의 기술에 따르면 "일본과 유럽 각국이 서로 왕래하면서 이들 국가의 화물 및 제도, 문화, 관습, 풍속, 복장 등이 한꺼번에 일본으로 유입될 때 일본 고유의 문화는 눈 녹듯이 사라졌고 모든 국가와 함께 새로운 세계로 뛰어들었다." 그 결과 돈에 눈이 멀었고 나의 이익을 위해 타인에게 해를 끼치고 교만하고 방탕해졌으며 도덕적으로 타락했다. "교육자, 사회사업가, 정치가 아무도 입을 열어 이런 부패와 타락한 문제를 논의하지 않았다."[247] 그리하여 신도교의 부활을 주장하는 자가 생겨났고 유학의 발전하고 확대하자는 주장을 하는 이가 생겨났으며 불교를 확충시키자고 주장하는 이들도 생겨났다. 여러 사람의 의견과 다른 주장이 계속 등장하였으나 고유의 도덕적인 마음을 회복하려 한 것과 전통문화로 회귀하려는 흐름은 일치했다. 또 다른 유신사상가인 후쿠자와 유키치도 《문명론개략》에서 비슷하게 서술하였다. "몇몇 사람들이 주목한 이 문제는 현대인의 경박한 행위를 '옛 것을 잊다[忘古]'라는 두 글자 탓으로 잘못을 돌리고 다시금 복고를 도모할 대의명분을 주장하는 것이다. 이를 위해 그들은 이 방면의 학문을 연구하기 시작했고 고대의 천신(天神)과 지기(地祇)에서 증거를 찾아 '국체론(國體論)'을 제창하고 이를 가지고 민심을 구제할 계획을 세우니 이것이 소위 '황학파(皇學派)'이다." 이 밖에도 "서양 학자는 기독교의 시행을 주장하고 한학자는 요순의 도를 실천할 것을 주장하니, 모두 인심을 통일된 사상으로 묶어 나아가는 데 전력을 다해 우리나라의 독립을 지키려

247) [日] 中江兆民：《一年有半·续一年有半》, 62~63页, 北京, 商务印书馆, 1982.

는 것이다. 그러나 이러한 주장은 오늘날까지 어떠한 성과도 거두지 못했고 이후에도 어떠한 효과도 거두지 못할 것이니, 이 어찌 개탄스럽지 않은가!"[248]

민국 초기의 사회 분위기는 후쿠자와 유키치, 나카에 초민 등과 같은 사람들이 말한 메이지유신의 일본과 꽤 비슷한 점이 있었다. 옛 도덕관념이 강렬한 충격을 받고 새로운 도덕관념도 아직 확립되고 보급되지 않았기 때문에 남경 임시정부가 성립된 뒤 혁명당원의 정치적 지위에 변화가 나타났고 동맹회의 핵심 및 기타 군정관원(軍政官員)의 부패 현상도 나날이 증가하여, 사회적으로는 도덕적 품격에 주의할 것을 요구했고 나아가 고유의 도덕을 회복하기를 바라는 목소리가 나날이 커져갔다. 호한민(胡漢民)은 "이때 소주와 상해를 왕래하는 각 성의 군인들은 마음껏 가무와 여색을 즐겼으니 영웅본색이라 할 만하다. 당연히 저들은 변발을 풀고 옷차림을 바꿨으며 사회는 점점 사치스러워졌고 정객(政客)들이 관직을 구하는 열기 또한 빠르게 왕성해졌다. 그러므로 정위(精衛)와 오(吳), 채(蔡), 이(李)(왕정위(汪精衛), 오치휘(吳稚暉), 채원배(蔡元培), 이석증(李石曾)을 가리킴 — 인용자)가 다른 사람의 생각을 사칭했는데 '진덕회(進德會)', '육불회(六不會)'가 모두 여기에서 생겨난 것이다."[249]라고 회상한 적이 있다. 호북의 혁명당원 반강시(潘康時)는 더욱 심하게 말했다. "국민당의 가면을 쓴 자들은 아침에 입당해서 저녁에 탈당한다. 한 사람이 하루에도 여러 번 바뀌니 변덕스럽기 짝이 없어도 태연하며 이상하게 여기지 않는

---

248) [日] 福泽谕吉 :《文明论概略》, 171, 176页, 北京, 商务印书馆, 1982.
249)《胡漢民自傳》(影印本), 246頁.

다. 당의 자질과 정치적 자질이 완전히 없어져서 표를 팔 듯 탈당을 팔고 불출석을 파는데 모두 가격이 붙어 있다. 간사하고 음험한 재주가 매우 능숙하고 뛰어나다. 신식 교역소는 정말로 보기 힘들고 사람들이 웃으라고 하면 입을 크게 벌려 웃고 울라고 하면 간장이 끊어지듯 울지만 결국 사람들을 울고 웃게 할 수 없다."[250] 이러한 탄식과 호소는 필연적으로 손중산에게 영향을 미쳐 높은 사명감을 갖춘 혁명 지도자로 만들었으니 그는 바로잡을 방법을 마련하지 않을 수 없었다.

손중산이 1917년부터 1919년의 《건국방략(建國方略)》을 집필하는 동안 심리적으로 건설한 부분은 비록 지난행이(知難行易) 학설의 기틀을 잡는 데에 치중되어 있지만, 도덕윤리의 중요한 의의에 대해서도 고려하고 있었다. 그는 "사회와 국가는 서로 돕는 것이고 도덕과 인의는 서로 이용하는 것이다. 인류는 이 원칙을 따르면 번성했고 따르지 않으면 망했다."라고 말했다. 아울러 중국이 빈약한 원인을 "탐관오리와 부패정치의 폐해이며 만약 이러한 폐해를 제거한다면 중국이 부강해지는 것은 진실로 사리에 맞는 것이다."라고 결론지었다. 1919년 10월 10일 손중산은 신해혁명 8주년을 기념해 상해의 《신보》에서 《8년 오늘》이라는 글을 발표하며 "오늘이 어떤 날인가? 바야흐로 관리가 득세하고 군인이 전횡을 일삼고 정치인들이 소란을 피우며 백성들이 편안히 살 수 없는 날이다. 이런 재앙의 근원을 찾자면 정치인들이야말로 모든 악의 우두머리이다. …… 오직 정치인만이 모두 사리사욕을 챙기고 다

250) 《潘怡如自传》, 见《辛亥首义回忆录》, 第三辑, 40页, 武汉, 湖北人民出版社, 1980.

양한 음모를 꾸미며 항상 간사하여 염치와 도덕이라고는 찾아볼 수 없어서 진실로 사람이라고 할 수 없다."라고 하였다. 이 말이 단지 정치도덕에만 국한한 것이라면 그가 1923년 말과 1924년 초에 연설한 것들에는 모든 사회도덕과 윤리문화로 확대되었다. 예를 들어 그는 "여러분들이 모두 알고 있듯이 중국의 가장 유명한 사람은 공자이다. 그가 열국을 주유하며 무슨 일을 하였는가? 당시에 요, 순, 우, 탕, 문, 무, 주공의 덕을 알리는 데에 중시하였다. 그가 시(詩)와 서(書)를 모으고 《춘추(春秋)》를 쓴 것은 무엇을 위해서인가? 요, 순, 우, 탕, 문, 무, 주공의 덕을 후대에 알리는 것을 중시하였다. 그래서 전국에 전파하였고 오늘날까지 이른 문화이다. 오늘날 중국의 옛 문화가 유럽의 문화와 어깨를 나란히 하는 원인은 모두 공자가 2천 년 전에 전파한 성과 덕분이다."[251]라고 말했다. 그리고 "대개 한 국가가 강성해지는 이유로 처음에는 모두 무력을 발휘하여 성공할 수 있다. 그러나 민족과 국가의 장구한 지위를 유지하려면 도덕의 문제가 남아 있다. 훌륭한 도덕을 가져야만 국가는 비로소 오랫동안 태평하고 안정된다.", "따라서 본원을 탐구하여 우리는 이제 민족의 위상을 되찾아야 하고, 모두가 단합해 하나의 국족(國族)을 만드는 것 외에도 고유의 도덕성을 먼저 회복해야 할 필요가 있다. 고유의 도덕성을 갖춘 뒤에야 고유의 민족적 위상을 되찾을 수 있다."[252]라고 말했다. 손중산이 말한 국족은 전통적 가족, 종족의 연합체이다. 그리고 "고유도덕"이라는 것은 충효, 인애, 신

251) 《革命成功全賴宣传主义》, 见《孙中山选集》 下卷, 492页, 北京, 人民出版社, 1956.
252) 《三民主义·民族主义》, 见《孙中山选集》 下卷, 653页.

의, 화평, 그리고 윤리규범에 원래 속했으나 일련의 정치철학으로 발전한 "격물, 치지, 성의, 정심, 수신, 제가, 치국, 평천하"를 말한다. 손중산이 상술한 도덕규범에 대해 여러 새로운 해석이 있지만 기본적으로 농업종법사회의 전통도덕체계를 벗어날 수 없다. 이것은 전통문화에 대한 대대적인 회귀이지만 전통문화에 대한 비교적 철저한 결별과 비판은 5·4운동 이후에 진행되었다.

결별이 시작되면서 회귀는 끝을 맺는다. 결별 속에는 항상 회귀가 존재하고 회귀 속에는 결별이 이어지고 있다. 이것은 손중산과 중국 전통문화에 대한 관계의 변화로 요약할 수 있고 중국이 근대로 향하는 문화역정의 대략적인 소결로도 볼 수 있다. 길은 꼬불꼬불하고 걸음걸이는 비틀거린다. 더군다나 어깨에는 무거운 전통의 관습까지 짊어지고 있다. 그러나 우리 민족은 앞으로 나아가는 발걸음을 멈춘 적이 없고 아직도 시대로부터, 세계로부터, 자신으로부터 끊임없이 새로운 생명의 활력을 이끌어 내고 있다. 신해혁명 세대의 사람들이 이루지 못한 임무는 "5·4" 세대의 사람들이 이어받아 진행하였다. 그리고 이 세대의 사람들은 씩씩하고 용기와 자신감이 가득하다. 역사의 신기원이 다가올 때 이대소(李大釗)는 여명을 맞이하며 큰 소리로 외쳤다. "하루에는 하루의 여명이 있고 일 년에는 일 년의 여명이 있다. 개인은 개인의 청춘이 있고 국가는 국가의 청춘이 있다. 지금 백발의 중국은 망해가고 청춘의 중국은 아직 태어나지 않았다. 구시대의 황혼은 이미 저물었고 새 시대의 여명이 다가온다. 바로 바야흐로 죽거나 살거나, 훼손하거나 완성하거나, 파괴하거나 건설하거나, 폐쇄하거나 개방하거나 쇠퇴하는 시기, 우리들은 이 '새벽종'을 흔들어 나의 강개하고 비장한 청년, 활발한 청년을 기대한다. 나날이 여명의 생기를 맞이하여 20주년의 여명 속에서 마땅히 다해야 할 노력을 다하고, 사람들이 청춘의 원기를 떨쳐 새로운 중화의 청춘 속에서 응당 발휘해야 할 서광을 발휘한다. 이로써 하나하나 두드려 하나하나의 소리를 내고, 하나하나의 소리에 하나하나의 꿈을 깨니, 우리민족의 자아를 자각하고 자아의 민족을 자각하게 한다. 하나하나 철저하게 하여, 급히 일어나 곧바로 추구하고 용맹하게 떨쳐 나아가고 자유의 신 앞으로 질러 도달하여, 우리 사상의 중화, 청춘의 중화를 탐색한다."[253] 이러한 계몽적인 시대의 가장 큰 목소리는 지금까지도 구구절절 강렬하게 우리의 심금을 울린다.

253) 李大釗 :《<晨鍾>之使命(青春中華之創造)》, 見《李大釗選集》, 58頁, 北京, 人民出版社, 1959.

결별과 회귀

제 10 장

끝나지 않은 생각

제 10 장

끝나지 않은 생각

전통문화와 근대문화 사이에 관련된 문제는 위원이 “서양 오랑캐의 장점을 배워야 한다.”라고 주장한 이래 이미 존재했고 백여 년간 논쟁해 왔으며 지금까지도 계속되고 있다. 체용에 관한 논쟁, 전면적인 서구화와 중국 본위의 논쟁, 철저한 전통의 부정과 새로운 유학의 진흥에 관한 논쟁 등등 모두 다른 역사적 조건 아래에서 다른 수준으로 전통문화의 결별과 회귀에 대한 진퇴양난의 선택을 끊임없이 재현하고 있다. 이것은 과거 여러 세대 사람들이 곤란하게 느낀 문제일 뿐만 아니라 현재와 약간의 미래에도 계속 우리 민족에게 곤란함을 느끼게 할 것이라고 말할 수 있다. 그리고 세계화의 물결이 날로 거세지면서 이러한 곤란함은 절대로 줄어들지 않을 것이라 예상할 수 있다.

곤란함은 격차에서 발생하니 곧 우리나라와 선진국가의 차이로는 가장 먼저 경제적인 거대한 격차다. 이런 엄청난 격차 때문에 사람들은 부단히 자신의 전통문화를 재조명하고 개조하기도 하지만 동시에 무시하는 마음이 생기기 쉬워서 민족 고유의 문화를 완전히 부정하는 극단적인 심리에 이르기도 한다. 당사자는 잘 모르지만 옆에 있는 사람은 분명히 아는 것처럼 우리는 일본 역사를 중국 역사보다 더 객관적으로 관찰할 수 있을지도 모른다. 나카에 초민은 일본에서 개항통상을 한 후 "모외병(侮外病)"이 "공외병(恐外病)"으로 바뀐 시기에 대해, 비교적 꾸밈없고 깊은 뜻이 담긴 의견을 말했다. "하지만 단지 물질과 도덕의 구별만으로 밝히기에는 여전히 부족하다. 물질적 아름다움이 애국심을 촉진하는 데에도 큰 효과가 있고 애국심의 향상은 또 자연히 공외병을 치료하는 데에 효과가 있다. 이로 인해 조선과 중국에 가 있는 일본인은 자연스럽게 그들의 생각에 연민을 갖고 일본에 와 있는 조선인과 중국인들은 자연스럽게 일본의 심리에 존경심을 갖는다. 이는 다른 이유가 아니라 그들의 모든 사물들이 모두 일본이 이렇게 갖춰 놓은 것보다 훨씬 미치지 못하기 때문이다. 유럽과 미국의 여러 나라로 말하자면 그들은 일본보다 앞서 있다. 그리고 마치 일본이 조선과 중국보다 앞서 있는 것처럼 멈추지 않는다. 그들 국가로부터 일본이 수입하는 물품은 일본 국내에도 같은 품종이 산출되지만 품질의 좋고 나쁨은 오히려 비교할 수 없다. 그래서 일본 상인들은 모두 이 서양 수입품이 가장 좋다고 말한다. 모든 물건들이 일본보다 우수하다면 우리는 자연히 열등감이 생기게 된다. 이 열등감은 보통 사람이라면 피할 수 없다. 그래서 중산층 이하 사람들은 도덕과 물질의 차이를 반드시 밝히는 동시에 물질의 아름다움을 보게 해서 애국심을 자극하여 어느 정도 직접적으로 촉진시킬 필요가 있다. (전쟁이 벌어진 시기는 당연히 별개로 평가해야 한다.) 그래서 교육과 문화를 발전시키고 과학을 번창시키는 것이며 이 두 가지는 서로 동시에 일어나기에 어느 하나라도 없어서는 안 된다."[254] 메이지유신 이후 일본은 비교적 유리했던 역사적 기회를 이용했기 때문에 국가가 적극적으로 경제정책을 취했고 공업과 전체 국민경제에서 꽤 빠른 발전을 이루었다. 특히 중국과 러시아라는 인근 대국과의 잇단 전쟁에서 승리를 거두고 나서 일본인의 민족적 자신감은 크게 높아졌고 외국인들 또한 일본을 새로운 안목으로 대했다. 역시나 외국을 높이고 자신을 비하하는 주장은 점차 지난 일이 되어 버렸고 이를 대신해 오히려 대일본민족의 우월감이 등장했다. 심지어 동아시아의 1인자로 세계의 패권을 다투는 군국주의의 야심이 생겨났다.

물론 이것은 나카에 초민이 원래 의도했던 결과와 완전히 부합하지 않았다. 왜냐하면 그는 물질의 아름다움과 도덕의 선을 서로 구별하면서도 반드시 조화롭게 발전해야 한다고 일관되게 강조했기 때문이다. 그는 일찍이 국민들에게 "과학

254) [日] 中江兆民：《一年有半·续一年有半》, 60页.

기술이 아무리 발달하더라도, 권리와 기세가 아무리 강대하더라도, 명예와 명성이 아무리 숭고하더라도 아이를 학대하는 부친이거나 부인을 억압하는 남편이거나 친구를 속여서 각양각색의 나쁜 일을 저지른다면 결과적으로 어떠한가? 우리나라가 아무리 강성하고 이웃나라가 아무리 허약하더라도 우리가 아무런 이유 없이 이웃나라에 군대를 보낸다면 결과적으로 어떠한가? 겉모습이야 어떻든지 간에 공리와 정의를 이기지 못하는 것은 중요한 것과 부차적인 것의 구분이 있기 때문이다."[255]라고 경계하였다. 그러나 애석하게도 일본인은 이 불치병에 걸린 지식인의 유언을 잊었고 군국주의의 길을 향해 점점 나아갔으며 결국에는 아시아와 세계에 대재앙을 초래한 동시에 일본 민족 스스로도 대재앙을 맞았다. 우리는 수많은 문화사 연구자들도 나카에 초민의 이러한 진실한 말에 크게 주목하지 않은 채 단순히 물질의 아름다움을 경제발전의 척도로 삼아 일본의 근대화를 평가하고 마치 일본의 전통문화와 근대문화 사이의 관계적 경험을 완전무결한 본보기처럼 다룬 점을 지적해야만 한다.

물론 일본은 외래문화에 대해 잘 배우면서도 자국의 문화전통을 소중히 여긴 민족이기 때문에, 메이지유신의 성공을 통해 경제적 발전을 드러내는 데 그치지 않고 문화교육과 정치체제의 연속적인 혁신을 이루었다. 그렇지만 전체적인 개혁이 조화롭지 못했다면 자본주의 경제의 급속한 발전을 실현하기 어려웠을 것이다. 하지만 절대 전통문화를 어떻게 현대

255) [日] 中江兆民 :《一年有半·续一年有半》, 59页.

생활에 접목시켰는지에 대한 문제를 일본이 이미 적절히 해결하였다고 볼 수는 없다. 미국학자 루스 베네딕트가 《국화와 칼》이라는 책에서 말한 것처럼 일본인의 대부분은 “충(忠)”을 도덕의 최고 가치라 언급하며 기타 덕행을 “충”의 범주 아래에 두도록 가르쳐서 의무체계를 간소화하였다. 이렇게 한 목적은 천황을 더할 수 없이 높은 지위에 올려 두려는 것만이 아니라 장군과 제후들의 세력을 제거하여 일본 전체를 천황의 숭배 아래 통일하려고 한 것이다. 게다가 기타 여러 도덕이 일으킬 수 있는 분열작용을 약화시켜 평범한 일본인들에게 “충”을 실천하기만 하면 다른 모든 의무를 실천한 것과 다름없다고 믿게 하려는 것이다. 메이지천황이 반포한 《군인에 대한 칙령》과 《교육에 관한 칙어》도 마찬가지로 둘 다 일본인들에게는 진정한 《성경》이다. “읽을 때마다 먼저 감실(龕室)에서 책을 꺼낸 뒤 청중들이 흩어지기 전에 다시 정중하게 감실에 넣어 둔다. 칙령과 칙어의 한 구절이라도 잘못 읽으면 잘못을 인정하고 자살한다.”[256] 바로 이처럼 장기적이고 엄격한 군국주의 교육이 매우 많은 일본인들로 하여금 통치자의 충성스러운 침략도구 및 희생자 역할을 자청하게 했다. 심지어 1980년대의 오늘날까지도 일본 군국주의의 잠재적인 영향은 여전히 남아 있다. 그런데도 우리가 이것을 이른바 현대화와 “병행해도 위배되지 않는” 전통문화로 간주하는 것이 건전하다고 볼 수 있는가?

일본의 역사와 현실을 거울삼아 한 가지 도리를 깨달을 수

256) [美] 本尼迪克特 : 《菊花与刀 — 日本文化的诸模式》, 152页, 北京, 九州出版社, 2005.

있는데 사회 전체구조에서 벗어나 고립적으로 문화를 이야기할 수는 없다는 점이다. 일본경제구조의 변화는 전통문화의 개혁과 발전을 빠르게 성사시킨 동시에 꽤 높은 평가를 받았다. 그러나 일본 전통문화 가운데 부정적인 부분은 자본주의 발전의 수요에 따라 마음대로 적응시켰고 그 기형적인 확장은 인류역사에서 엄청난 대재앙을 초래하였다. 문화가 경제발전을 촉진시키는 데 지연작용을 일으키기도 하지만 결국 경제구조는 문화의 발전 형태와 흐름에 따라 결정된다고 말할 수 있다. 생산력의 발전과 그에 따른 경제구조의 변화는 모든 사회를 개혁하는 거대한 원동력이다. 그리고 이러한 원동력은 전통문화의 관성을 어느 정도 사라지게 하지만 결국 그 힘을 발휘하여 정지시키기는 어렵다. 토인비가 이렇게 말한 것과 같다. “어느 장소나 시간을 막론하고 복고주의자들은 모두 자신들이 노력한 결과로 자신들도 모르게 미래주의자로 변한 것을 깨달을 것이다. 애써 시대착오적인 것을 지키려 할 때도 사실상 그들은 모든 개혁을 고려하지 않고 문호를 활짝 열어 맞이한 것과 다름없다. 이런 개혁은 언제 어디서나 은밀하게 기회를 엿보고 있다가 움직인다면 단번에 문을 밀치고 바로 들이닥칠 것이다.”[257]

경제발전에는 자신만의 규칙이 있다. 한 국가의 경제가 급성장하기 시작하면 국내외 시장과 자원 여건에 관련된 기회 문제, 사회구조와 체제가 경제발전과 적응하는 지를 조절하는 문제가 발생한다. 그리고 더욱 중요한 것은 사회 상황과 국정

---

257) [英] 汤因比：《历史研究》中册, 345页.

에 적합한지와 경제정책을 결정할 기회를 잡는 문제이다. 현실적 경제발전의 낮은 수준과 심지어 여러 중대한 경제정책 결정의 실수까지 전부 전통문화 탓으로 돌린다면 이는 편파적인 면이 없지 않고 스스로 나쁜 조상 탓을 하며 장래를 망치는 것과 다름없다. (물론 전통문화와 전혀 무관하다고 말하는 것은 아니다.) 어떤 미술계 친구의 의견이 나를 일깨운 적이 있다. 그는 전통은 본체를 체현하고 있고 본체는 언제나 정, 반의 모순을 포함하여 두 의미를 하나로 묶으므로, 그래서 어떠한 민족 집단의 전통이라도 쇠퇴와 발전이라는 두 가지 요소를 가지고 있다고 보았다. 받아들이는 이의 조건이 다르기 때문에 그가 진보하는 부분을 수용(선택)할 수도 있고 혹은 쇠퇴하는 부분을 수용(선택)할 수도 있다. 또한 자신의 유전적 조건이 다르기 때문에 진보적 부분도 쇠퇴할 수 있고 쇠퇴하는 부분이 도리어 진보할 수 있다. 이 때문에 전통에 대해서 막연히 긍정하거나 부정해서는 안 된다. 전통은 항상 발전하고 변화한다. 전통을 스스로 존재하는 사물로 간주할 때 우열을 말할 수 없을 것이다. 우열함을 일으키는 것은 수용인의 주체적 자신 조건에 따라 주로 결정된다. 따라서 전통은 우월한 것에 대해 말하면 우월한 것이 되고 졸렬한 것에 대해 말하면 졸렬한 것이 된다.[258] 이 선생의 말이 얼마나 훌륭한가! 강자(우월한 것)의 태도로 전통문화를 대해야 한다는 말은 전통문화의 짐을 짊어지는 것이 아니라 전통을 뛰어넘어 현실생활의 필요에 따라 먼저 전통에서 유용한 부분은 골라내고 부정적이거나

258) 李德红：《文化传统 — 本体作用下的精神流体》, 载《美术》, 1987(12) 참고.

해로운 부분은 버려야 한다는 것이다. 여영시(餘英時) 선생의 말을 빌려 말하자면 "전통문화와 현대생활을 동시에 수용할 수 없는 대립체로 일률적으로 간주하지" 말라는 것이다. 장기간 동안 발굴하고 선별에 힘쓴 중국문화의 가치체계 가운데 생명력을 현대생활과 당대문명에 적응시켜 발전시킬 임무가 있다.[259]

문제는 전통 수용인의 주체적 자신조건과 관련된 이상 필연적으로 주체 조건의 개선과도 연관이 있다. 즉, 어떻게 자신을 강자(우월한 것)로 만드는지에 관한 문제이다. 이 문제에 대해서 상술한 미술계의 친구도 깊이 있는 의견을 갖고 있다. 전통의 실질적인 역할은 인류 집단의 정신을 지속적으로 승화시키는 거센 흐름으로 역사의 수직적인 흐름이다. 역사상 전통의 이러저러한 흐름은 주로 역사적 "지형"(나는 "역사와 사회의 토양"이라고 부르려 한다.)에 따라 만들어진다. 전통이 우리 세대 사람들에게 어떻게 흘러가는지도 자연히 우리 시대의 지형에 달려 있다. 그러므로 우리는 과거의 흐름이 아무리 "나빠도" 낙심할 필요가 없고 과거의 흐름이 아무리 "좋아도" 도취될 필요가 없다. 중요한 것은 우리가 전통의 흐름을 위해 어떠한 "지형", 나아가 새로운 "원천"을 개척하는 일이다. 전통이 우리들에게서 어떻게 흘러갈지 역시 우리 마음의 "지형"에 달려 있다. 그러므로 전통에 대해 연구하고 토론하면서 우리 자신의 정신적 사유태도를 되돌아보는 것도 절대 소홀히 해서는

259) 余英时 :《从价值系统看中国文化的现代意义》, 见《中国思想传统的现代诠释》, 南京, 江苏人民出版社, 1998, 참고. 하지만 "전통적 자아관념을 조금만 다듬기만 하면 중국인에 적응할 수 있다."라는 그의 생각은 국민성을 개조하는 난이도에 대해 지나치게 낮게 여기는 것 같다.

안 된다.

사실 외래문화의 새로운 사조에 관한 것도 수용자 주체 자신의 "정신사유 태도"의 문제가 있다. 이것이 전통문화와 다를지라도 곧 역사의 수평적인 흐름이다. 강자(우월한 것)의 열린 마음가짐으로 외래문화를 대하되 설령 양쪽이 경쟁하다 실패를 겪더라도 "실패자의 장점"을 잘 이용하고 정신적으로는 "십 년을 기르고 십 년을 가르치는" 강자로 변모해 과감히 외래문화의 앞선 부분을 흡수하여 자신의 전통문화를 혁신해야 한다. 아울러 두 가지를 철저히 이해한 바탕 위에서 자기 민족의 새로운 문화를 통합, 발전시켜야만 한다. 이런 점에서 일본민족은 자신들의 장점이 있었다. 그들은 1850~60년대에 서양 열강의 침입을 받은 뒤 비교적 적극적이고 주동적으로 반응하였기 때문에 약자에서 강자로 빠르게 변했다. 제2차 세계대전에서 철저한 실패를 겪은 이후에도 과감히 실패를 인정하면서도 처음부터 다시 시작할 수 있다는 믿음을 잃지 않았다. 일본이 항복한 지 5일 후 미군이 일본으로 진주하기 전에 동경의 《매일신문》에서 어느 누구도 한시도 일본이 겪은 처절한 실패를 잊지 말아야 한다고 강조하는 사설을 발표했다. 완전한 실력을 바탕으로 세운 일본의 노력이 이미 수포로 돌아갔기 때문에 차후에는 반드시 평화국가의 길로 나아가야 한다. 그리하여 그들은 미군의 진주를 환영하였고 자발적으로 전쟁 때의 헌법을 폐기하였다. 정식으로 항복한 지 10일 만에 또 다른 대형 신문에서 발표한 사설은 다음과 같이 강조하였다. "우리는 마음속에 군사적 실패와 한 나라의 문화적 가치는 아무런 관련이 없다는 일종의 확고한 신념을 가져야만 한다. 군사적 실패를 하나의 호기로 삼아 그 역할을 발휘해야 한다. …… 일본 국민이 진정으로 세계를 대면하고 객관적으로 사물의 진면목으로 보기 위해서 국가의 실패와 같은 일종의 거대한 희생이 없어서는 안 된다. 지금까지 왜곡된 일본인 사고의 모든 불합리한 일들은 반드시 솔직한 분석을 통해 제거해야 한다. …… 이 전쟁의 패배를 준엄한 사실로 삼되 똑바로 볼 수 있는 용기가 필요하다.(그러나 우리는 미래의 일본문화를 믿어야만 한다.)" 기타 다양한 신문의 사설도 반복적으로 "일본은 반드시 세계 민족의 숲속에서 존경을 받아야 한다."라고 논술했으니 일본 국민의 책임은 바로 새로운 바탕 위에서 다시 이러한 존경을 얻는 것이다. 주목할 만한 것은 신문여론이 180도 바뀌었을 뿐만 아니라 동경 시내부터 외딴 시골마을의 서민들에 이르기까지 이처럼 빠르게 변화하였다는 점이다. 그들의 우호적인 태도(어쩌면 약간은 위선적인)는 의외로 미국 점령군에게 이런 국민들이 죽창을 들고 전쟁에서 목숨을 걸었던 사람이라고 믿기 어렵게 만들었다. 이 때문에 일본문화의 여러 모델들을 전문적으로 연구하던 루스 베네딕트는 일본인의 윤리는 일종의 "취사선택을 허용하는" 논리이며 그들이 지금까지 받아온 훈련이 그들을 "바람에 따라 배를 돌리는"(마치 임기응변으로 번역하는 것처럼) 사람으로 만들었기 때문에 그들은 주관적으로 신봉하는 정의를 고집하지 않으면서도 죄과를 뉘우칠 줄도 모른다고 말했다.[260] 전후 일본은 바로 이런 국민정신으로 버텨내며 가장 어려운 세월을 보냈고 만신창이가 된 국토

260) [美] 本尼迪克特 : 《菊花与刀 — 日本文化的诸模式》, 215~216页. 참고.

위에서 고도로 발달한 경제를 다시 일으켰다. 아울러 다량의 전통적 민족문화를 유지하면서 수많은 미국과 기타 서양의 문명을 흡수 및 융합하였다. 물론 나는 일본문화가 완전무결하다고 생각하지 않는다. 일본문화는 전통적으로 부정적인 요인이 있고 당대 문명에도 잠재적인 우려를 갖고 있다. 그러나 이같이 과감하게 실패를 인정하고 받아들이며 착실하게 노력해서 다시 새롭게 우뚝 솟을 수 있는 민족정신은 오히려 매우 귀한 것이고 본받을 만한 점이다.

서양의 근대문명에도 수많은 민족문화의 건강한 발전에 이롭지 않은 병폐가 많이 포함되어 있기 때문에 근대화와 서구화가 같지 않다. 이는 많은 학자들이 가진 공통된 인식이다. 그러나 솔직하게 털어놓을 수 있는 점은 17, 18세기 이후의 서양문화가 우위를 차지하면서 중국의 근대화는 오랜 시기 동안 확실히 서양과 관련된 모든 것을 학습하였다는 점이다. 심지어 뒤이은 마르크스주의도 서양에서 온 것으로 현지에서 나고 자란 고유문화가 아니다. 서양문화는 유교문화와는 판이하게 다른 기독교문명에서 비롯된 데다가 식민주의적 침략과 폭행을 함께 동반하여 중국으로 밀려들어왔기 때문에 당연히 오랜 시간 동안 평등하고 정상적인 쌍방교류가 이루어지기 어려웠다. 중국의 전통문화는 다소 내향적이고 폐쇄적인 대륙문화이며 유구한 문명의 역사와 "이화지변(夷夏之辨)"의 깊은 영향을 받았다. 그래서 종종 중국인들은 서양문화를 받아들일 때 치욕적이고 무거운 민족감정을 느껴 진정으로 열린 마음가짐을 갖기 어렵다. 게다가 제국주의의 군사침략과 경제, 문화 침략이 끊임없이 증가했으므로 중국의 상층부터 민간에 이르기까지 외래문명에 대한 배척심리가 자라나기 쉬웠다. 따라서 구망(救亡)과 계몽은 서로 쉽게 풀 수 없는 응어리가 되어 서양의 진보문명을 배우는 데 폭과 깊이가 제한되었다. 특히, 인권과 자유에 대한 관념의 확산을 방해하고 있다. 사람들이 애국주의를 선전할 때 항상 응집력을 강조하였는데 사실 이런 응집력에는 맹목적인 거만함, 대한족주의(大漢族主義) 및 종법, 지역 관념 등등의 수많은 전통의 부정적인 요소들이 포함되어 있다. 그리고 지금까지 우리는 애국주의적인 선전을 하고 있으며 이런 부정적인 요소들에 대해 합당한 처분을 내리지 못하고 있다.

나는 우리가 체용 논쟁, 서구화론과 본위론(本位論)의 논쟁을 끊임없이 이어가면서 너무나도 많은 시간을 소모했고 이제는 서양문화와 전통문화를 넘어 현실생활에 바탕을 두고 미래 발전에 필요한 새로운 가치체계를 만들어가야 한다고 생각한다. 물론 이러한 새로운 가치체계가 결코 근본도 없고 의지할 것도 없는 것이 아니다. 그렇다고 전통문화 가치체계의 단순한 계승도 아니고 서양문화 가치체계의 맹목적인 답습은 더욱 아니다. 이것은 장점을 택해 배우고 모든 것을 두루 아우르며 특히 스스로 새롭게 개척하고 창조할 수 있어야만 한다. 이를 위해서는 우선 개방, 민주, 자유라는 폭넓은 환경을 제공해야만 한다. 우리는 지금 이미 독립적인 사회주의 대국이다. 따라서 여러 반식민지와 농업종법사회 속에서 만들어진 기형적인 심리상태를 갖고 있어서는 안 되고 더 높은 자신감과 더 장엄한 기백을 갖고 전통문화와 외래문화를 다뤄야 한다. 좋고 나쁜 것이 섞여 있고 좋은 사람과 나쁜 사람이 뒤섞여 있는 것을 두려워 할 필요가 없고 민족문화의 독창성을 잃을까 걱정할 필요도 없다. 더욱 용감하게 세계로 나아가는 동시에 더욱 과감하게 세계를 중국으로 끌어들여야 한다. 우리처럼 이토록 오랜 문화전통을 지닌 대국은 강자가 즐비한 세계의 대경기장에서 용기를 내어 끝까지 싸워야만 비로소 장기간의 낡고 초라한 제도들을 씻어 내고 아울러 청춘의 활력과 창조의 잠재력을 다시 새롭게 발산할 수 있다.

우리는 과거에 세계에 대해 위대한 공헌을 해 왔고 앞으로는 세계를 위해 더 위대한 공헌을 할 것이다. 우리는 세계문화의 모든 정수를 널리 모아야 하고 새롭고 찬란하게 빛나는 중화문화를 세계에 이바지해야 한다. 우리는 이유 없이 자만하거나 자괴감을 갖지 않고 모든 외재적인 것과 내재적인 것, 행동적인 것과 심리적인 것의 장애를 제거하여 과감하고도 안정적으로 21세기를 향해 나아가자!

"오직 과도시대만이 곤(鯤)과 붕(鵬)이 남쪽으로 가면서 구만 리를 날고 한 번 쉬는 것과 같다. 장강과 한수가 바다로 흘러가듯 민심은 대세에 따라 변하고 대국의 웅대한 기백으로 앞길은 당당하다. 생명력이 울창하고 웅심이 찬란히 빛난다. 지금의 세력권은 화살이 일곱 겹의 갑옷을 뚫은 것과 같고 공기가 만 마리의 소를 삼킨 것 같으니 누가 이를 막을 수 있겠는가. 미래의 목적지가 완전한 황금세계에서의 찬란한 생애인데 누가 이를 제한할 수 있겠는가. 그러므로 과도시대라는 것은 진정 천고영웅호걸들의 큰 무대이자 여러 민족들이 죽었다 살아나고 빼앗겼다가 복구하며 노예였다가 주인이 되고 척박하다가 비옥해지는 반드시 거쳐야 하는 과정이다.

아름답도다! 과도시대여!”[261] 이것은 1901년 새로운 세기를 바라는 양계초의 호방한 감탄사로 이 단락의 참된 감정을 담은 문장으로써 이 책의 저자가 아직 마무리 짓지 못한 생각의 잠정적인 결론으로 삼고자 한다.

261) 梁启超 :《过渡时代论》, 载《清议报全编》, 第1册.

[부 록 1]

중국 교회대학의 역사적 운명

— 베이츠 문헌(Bates papers)으로 실증하다

[부 록 1]

중국 교회대학의 역사적 운명
— 베이츠 문헌(Bates papers)으로 실증하다

중국 교회대학이 대륙에 자리 잡은 지도 50여년이 흘러 반세기 이상 존재하면서 어느 정도 역사적 지위와 역할, 그리고 영향력을 끼쳐왔지만 여전히 이해하기 어려워 한 걸음 더 나아간 연구를 할 필요가 있다.262) 본문에서는 시간과 편폭의 한계로 단지 베이츠 박사(Dr.Bates)가 남긴 관련 문헌 및 그의

262) 중국 교회대학사에 관한 연구는 미국 학자들이 비교적 일찍 착수했다. 1954년에부터 중국 기독교대학연합이사회가 주편한 교회대학과 관련된 시리즈 총서가 출판되기 시작했다. 이미 복건협화대학(福建協和大學), 금릉여자대학(金陵女子大學), 지강대학(之江大學), 성뉴한대학(聖約翰大學), 제노대학(齊魯大學), 동오대학(東吳大學), 화남여자문리학원(華南女子文理學院), 연경대학(燕京大學), 화서협화대학(華西協和大學) 등에서 10종에 이르는 책이 출판되었다. 70년대 이후 또 일부 학술 서적이 출판되었는데 비교적 중요한 저서로는 Jessie Lutz, *China and Christian College, 1850—1950,* Ithaca, 1971; William Fenn, *Christian Higher Education in Changing China, 1880—1950,* Michigan, 1976; Philip West, *Yencheng University and Sino-Western Relations, 1916—1952,* Cambridge, 1976; Mary Brown Bullock, *An American Tarnsplant : The Rockefeller Foundation and Peking Union Medical College,* Berkeley, 1980이 있다.

시각과 사상을 토대로 하여 중국 교회대학의 역사적 운명을 거시적으로 살펴볼 계획이다. 이 역시 내가 직접 중국 교회대학사 연구를 시작한 것으로 볼 수 있다.

1

우선 베이츠 박사라는 사람에 대해 소개하려 한다.

베이츠 박사의 본명은 마이너 셜 베이츠(Miner Searle Bates)로 1897년 5월 28일 미국 오하이오주의 뉴어크(Newark)에서 태어났다. 부친인 마이너 리 베이츠(Miner Lee Bates)는 신교 목사로 오랫동안 히람대학(Hiram College)의 학장으로 재직하면서 높은 명성을 쌓았다. 어린 베이츠는 이 대학에서 책을 읽으며 1916년(19세)에 학사학위를 취득했다. 성품과 학업이 모두 뛰어나 로더스(Rodes) 장학금을 받았고 영국 옥스퍼드대학교에서 역사를 공부했다. 때마침 세계대전의 불길이 크게 일어나 이듬해(1917) 그는 옥스퍼드를 떠나 기독교청년회(YMCA)의 간사가 되어 군대를 따라 근동(近東)지역으로 나갔고 얼마 뒤 정식으로 미군에 입대했다.

제대 후 다시 옥스퍼드로 돌아와 학업을 이어간 베이츠는 근대사를 전공하여 1920년 우수한 성적으로 석사학위를 받았다. 그해 여름 미국으로 돌아와 교회 파견을 신청했고 중국 남경의 금릉대학(金陵大學)으로 가서 강의를 맡았다. 금릉대학 이외에도 금릉여자문리대학, 국립중앙대학, 정치대학 등에서도 강의를 했다. 아울러 그는 강의 시간 외에도 기독교 고등교육 위원회(The Christian Council for Higher Education), 태평양관계연구원(The Institute of Pacific Relations) 등의 단체 일을 겸직하였다. 그는 신문에 국제논평을 자주 쓰는 학자이자 선교사이자 사회 활동가였다.

20년대에 반기독교 운동이 빠르게 확산되었는데, 특히 1927년에 일어난 "남경사건"은 금릉대학과 베이츠 본인에게도 커다란 충격이었다. 금릉대학 부총장인 윌리암스(J.E.Williams)는 참혹하게 살해되었고 외국인 교직원은 전부 철수하였다. 베이츠도 아내와 자식을 데리고 상해에 도착한 뒤 일본으로 갔다. 사태가 진정된 이후 그는 가장 먼저 학교로 돌아올 허가를 받은 미국 국적의 교사였다. 그 이후 계속 금릉대학에서 항일전쟁이 터지기 전까지 학생들을 가르쳤다. 그 사이 한 차례 미국으로 가서 더욱 깊은 연구를 하였는데 1935년 예일대학에서 《기원전 221-88년의 중국역사》라는 학위논문으로 박사학위를 취득하였다. 1936년부터 1941년까지 그는 일곱 차례 일본을 방문하였고 현지 교회 대표라는 자리를 이용해 아시아 현상, 일본 사회상황 및 정부 정책의 현지 자료를 연구했다. 당시 그는 비교적 이른 시기에 꽤 분명히 국제 사회를 향해 일본의 군국주의가 기필코 전면적으로 중국침략전쟁의 불을 붙일 것이라고 경고한 소수의 미국학자 중 한 명이었다.

항일전쟁이 터지고 나서 금릉대학은 성도(成都)로 옮겼다. 그때까지 일본에서 체류하고 있던 베이츠는 학교 당국의 지시를 받아 온갖 고난을 겪으며 일본군의 전선을 뚫고 남경으로 돌아와 부총장이라는 명분으로 학교의 자산을 지키는 임무를 완벽히 수행하였다. 남경이 함락된 뒤 그는 남경국제안전구위원회(南京國際安全區委員會, Nanking International Safety Zone

Committee)의 발기자 중 한 명이 되었고 나중에는 남경국제구제위원회(南京國際救濟委員會, Nanking International Relief Committee)의 주요 인사이자 위원장이 되어 남경대학살 기간 동안 중국 난민을 대거 보호하고 구제하는 일을 맡았다.

항일전쟁 승리 후 베이츠는 다시 학교자산의 회수를 교섭하라는 지시를 받고 금릉대학을 재점검하기 위해 남경에서 많은 일을 하였다. 1946년 7월 29일 베이츠는 동경의 극동군사법정의 일본 전범에 대한 재판에 출석하였다. 남경대학살의 중요 목격자로서 그는 반박할 수 없는 실사자료와 직접 보고들은 일본군이 저지른 학살과 잔악무도한 범죄행위를 증명하고 고발했다. 그의 증언은 널리 알려졌으며 찬양을 받았고 그가 남경이 함락된 동안 난민을 구제했던 탁월한 공로는 일찍이 국민정부로부터 금수경성훈장(襟綬景星勳章)을 받아 공헌을 치하 받은 적이 있다.

1950년 한국전쟁이 발발하면서 중미관계가 악화되자 베이츠는 결국 금릉대학을 떠나 미국으로 돌아왔다. 그 후 그는 유니언 신학교(The Union Theological Seminary)에서 교회사 등의 과정을 담당하는 교수로 재직하며 콜롬비아 대학의 동아시아 연구 센터와 관련된 학술활동에 늘 참가하였다. 1965년 퇴직 후 《중국에서 분투한 기독교도의 60년(The Protestant Endeavors in Chinese Society,1890—1950)》이라는 거대한 저술을 시작했다. 1978년 가을 갑자기 병으로 사망할 때까지의 13년 동안의 연구결과는 우리에게 1000종의 책과 신문 기록, 인쇄 자료, 그리고 3800가지의 업무일지(working drafts)로 남겨졌다. 그 속에는 책의 계획이 짜여 있는 개요, 수많은 장, 절로 된 제요와 초고

등이 포함되어 있다. 이 귀중한 자료들은 그가 생전에 고이 간직한 편지, 일기 및 그가 발표하였거나 발표하지 않은 문장 초고 등 각종 문헌을 망라하면 총 130상자, 1000여 권에 이른다. 모두 예일대학 신학도서관 특별 보관실(The Special Collections of Yale Divinity School Library)에 수장되어 있으며 통틀어서 베이츠 문헌(Bates papers)이라고 부른다. 베이츠 문헌은 이 박물관의 《중국문헌수장(中國文獻收藏)》의 일부분으로 일련번호는 RG10[263]이다. 이 문헌은 베이츠 한 사람의 기록[264]일 뿐만 아니라 중국 교회대학의 실록이기도 하다. 하지만 안타깝게도 지금의 학자들은 충분히 활용하지 못하고 있다.

2

왜 이 비기독교국가(Non-Christian Country)에서 교회대학이 출현하였는가? 교회대학이 건립된 주요 목적은 무엇인가? 이 목적은 실현되었는가? 이러한 문제에 대해 우리는 베이츠의 친필 원고를 통해 어떤 답을 찾을 수도 있지만 불완전할 수도 있고 완벽하다고 말하기 어려울 수도 있다.

베이츠는 선교사 교육자(missionary educator)이기도 하지만 매우 잘 훈련된 역사학자이기도 하다. 그는 교회대학의 역사적 운명이 중국 사회와 문화요소에 끼친 영향을 분석할 수 있는

263) "중국문헌수장(中国文献收藏)" 원문은 China Records Project, Miscellaneous Personal Papers Collection으로 수많은 재중 미국인 선교사들의 개인적인 문건이 모함되어 있으며 내용이 매우 풍부하다.

264) 이상의 베이츠에 대한 소개는 바로 이 문헌에 기재된 내용에 근거하였고 동시에 Maude Taylor Sarvis, *Bates of Nanking*. YMCA, 1942, pp.1-7을 참고한 것이다.

충분한 통찰력을 지녔다.

베이츠의 말에 따르면 1899년 중국의 인구가 4억 5천만인데 그 중에 대략 2800명의 선교사들이 10만 명에 가까운 중국인 기독교 신자에게 전도하였다고 한다. 영국, 미국 선교사들은 곤궁한 대국에서 일하며 모든 외래 사물을 배척하는 강력한 도전에 직면해 있었다. 전통적인 유학교조와 강렬한 반제국주의 정서는 기독교가 중국으로 나아가는 데에 중요한 걸림돌이 되었다. 그러나 서양 선진기술의 수요와 현대적 교육제도의 결핍은 오히려 선교사들에게 좋은 기회를 제공하였다. 외국 교회가 등장하면서 그들은 학교를 통해 여러 환경 속에서 중국인들과 접촉하고 그들의 삶에 영향을 끼쳤다. 1890년부터 1907년 사이에 교회학교는 빠르게 증가했고 그 중에는 몇몇 단과 대학과 2, 3년제 대학(junior college)도 포함되어 있었다.

베이츠는 교회대학이 문화교류를 뛰어넘는 산물이라고 생각했다. 물론 이것은 기나긴 발전과정이다. 1882년에는 단 하나의 교회대학만이 고등학교로 지정될 수 있었다. 12년 뒤에는 4개 대학으로 늘어났고 학생 수는 300명이 채 안 되었다. 1950년까지 13개 대학, 학생 수는 13000명으로 증가해서 전국 각지에 이러한 교회대학이 퍼져 있었다.[265]

그렇지만 기독교 내부에서는 교회대학에 관한 찬반 의견이 항상 엇갈려 있었다. 베이츠는 "교회에 교회학교의 각급 기구를 승진시키는 것에 대해 강하게 반대하는 사람들이 있는데

265) William B. Fenn이 쓴 *Christian Higher Education in Changing China, 1880—1950*, Michigan, 1976, pp. 14-15를 참고하라.

그들은 이것이 '직접 복음'을 약화시킨다고 여겼다. 종교교육을 절대다수의 교회학교의 주요 기능으로 삼고 구두포교와 종교의식이 있어야만 비로소 중국을 복음화(evangelizing China)할 수 있다는 것이다. 그러나 훌륭한 신학자이자 복음전도자인 로버트 스피어(Robert E. Speer)는 오히려 교회가 중국에서 고등교육에 종사하는 것은 일종의 장점이며 이 점이 신지식, 기독교이념, 도덕규범을 소개하여 사람들의 인식에 심어줌으로써 사회적 불안감을 해소하고 특히 외양만 번지르르한 기독교도에 대해 기독교에 대한 태도를 개선할 수 있다고 굳게 믿었다."266)라고 지적했다.

상술한 두 가지 쟁점은 오랫동안 기요파(基要派, Fundamentalism)와 현대파(Modernism) 사이에서 지속되었다. 역사적으로 보면 현대주의의 시작은 천주교 운동의 일종으로, 기독교리는 시대의 흐름에 따라 나아가야 하며 조절과 적응이 필요하다면 알프레드 로이시(Aflred Loisy, 1857—1940)와 조지 타이렐(George Tyrell, 1861—1909)의 교리도 결합할 수 있다고 선언했다. 1907년 교황 비오 10세(Pius X)는 이를 통렬하게 비판했다. 그 뒤로 현대파는 신교(기독교)의 새로운 신학 경향을 일컫는 말이 되었으며 일반적으로 자유주의 혹은 자유신학(Liberalism or Liberal Theology)이라고 부른다. 현대파와 기요파는 항상 충돌을 일으켰기 때문에 한쪽은 자유주의적인 신교교리(Liberal Protestantism)를 대표하고 다른 한쪽은 보수주의적인 복음주의(Conservative Evangelicalism)를 대표한다. 현대파가 몰두한 성경에 대한 비판적인 연구는 "현

266) Miner Searle Bates, *Gleaning—from the Manucripts of M.S. Bates*(edited by Cynthia Mclean), New York, 1984,p.43.

대과학"의 일부와 성경 교리 사이에 차이가 크다는 결론을 받아들였으니 이는 상제가 스스로 하늘을 열었다(self-revelation)는 관념을 전면적으로 거부한 것이다.

기요파, 특히 미국에 설립된 기요파는 대략 1920년 전후의 보수적인 복음주의를 가리킨다. 1910~1915년 사이에 출간된 《기요(Fundamentals)》라는 이름의 소책자 시리즈는 현대파에 반대하고 전통 기독교 기본교리와 가치표준을 지키는 데에 목적이 있다. 특히 이성주의와 현대파의 타락한 영향력을 배척하고 경전의 한 글자, 한 구절 에 대한 엄격한 연구를 바탕으로 믿음을 지키고자 했다.(the belief in the inerrancy and literal interpretation of scripture)

베이츠는 현대파와 기요파의 충돌을 앞두고 전자에 치우친 경향을 분명히 드러냈지만 직접적으로 글을 남기지는 않았다. 그 역사적 배경은 대략 아래와 같다. 1870년대 기독교 혁신운동이 시작되어 1890년 제1차 세계대전 기간까지 전성기로 발전하였다. 혁신분자들이 이룬 것 중에 하나가 해외 포교운동이다. 대학생들이 자원해서 해외로 떠나 전도하는 열풍은 북부와 메사추세츠에서부터 미국 전역까지 빠르게 확산되었다. 1914년에는 약 6천 명의 학생들이 선교사가 되어 먼 이국땅으로 떠났다. 베이츠가 바로 수십만 명이 된 이 운동을 따라 나선 이들 중의 한 명이다. 이 운동은 뒤에 진보주의(progressivism)와 연결되어 "사회복음"(social gospel)을 매우 강조하여 사람들의 물질적, 사회적 진보에 관심을 가졌으며 사회혁신은 해외사업의 적합한 검증이 되었다. 그러나 기요파의 시선에서는 학생들의 해외포교운동은 그들이 동의하기 매우 어려운 현대파와 진보주의일 뿐이었다.

기요파와 현대파의 논쟁은 매우 이른 시기에 중국에 유입되었다. 소옥명(邵玉銘)은 이 속에 자유파와 정통파가 존재하고 있다고 말한 적이 있고, 다른 누군가는 현대파와 기요파의 충돌이라고도 한 적이 있다. 1949년 이전의 중국 교회는 두 개의 진영으로 나뉘어 있었다. 연경신학대학의 지도자인 조자신(趙紫宸) 교수는 중국 종교계의 사상적인 작가이다. 그는 중국의 철학, 전통, 종교 사상 및 생활에 관련된 논의로 유명해졌고 이러한 서적으로 인해 자유주의적인 사람으로 여겨지게 되었다. 또 다른 기독교 지도자인 오요종(吳耀宗)은 《어둠과 광명》(Darkness and Light)이라는 책으로 유명해졌다. 연경대학 부총장인 오뇌천(吳雷川)은 청나라 조정의 과거에 급제한 고위 학자로 기독교와 관련된 중국전통문화에 대한 저작으로 큰 영예를 얻었다. 두 명의 오 선생은 현대파로 간주될 뿐만 아니라 종교계의 급진파로 분류된다. 송상절(宋尚節), 왕명도(王明道), 워치만 니(倪柝聲, Watchman Nee)는 기요파의 대표적인 인물로 대부분은 현지의 선교사이다. 그들은 기독교리의 근본을 지키며 현대파를 극도로 미워했다. 중국 기요파도 "사회복음"에 반대하며 사람들은 성경이라는 특별한 매개체를 통해야만 하늘의 계시를 얻을 수 있다고 생각했다. 그들은 모두 기독교의 경건하고 독실한 신자이지만 어느 정도는 현대과학지식이 부족했고 고등교육과 모든 사회의 발전을 경시했다.

베이츠와 중국 교회대학 대부분의 선교사와 교육자들도 마찬가지로 모두 어느 정도는 사상적인 면에서 현대파에 가깝다. 그는 새로운 이념을 지닌 젊은 교사들을 금릉대학으로 데리고 와서 항상 앞서 말한 두 명의 오 선생과 함께 여러 청년회 같은 사회활동에 열심히 참여하였다. 교무회의에서의 그의 발언도 새로운 흐름을 반영했기에 회의참가자들의 주목을 이끌어 내었다. 이 때문에 그는 가슴 가득 공감하는 필치로 교회와 교회대학 및 기타 조직들의 사회적 책임에 대해 서술하였다. "복음사자(messengers of gospel) 업무와는 뚜렷이 구별되는데 그들의 중국사회재건(social regeneration) 요소는 선교사들의 이러한 견해의 영향을 깊이 받았다. 아편 반대와 전족 금지와 같은 다양한 획기적인 혁신은 모두 그들의 격려를 받았다. 그 밖에도 선교사들은 병원, 나병 수용소, 맹농학교, 고아원, 금연학교를 만들었고 기녀와 인력거꾼을 위해 여러 가지 봉사를 제공하였으며 심지어 성취의 한계가 있더라도 남녀 동자군의 편성을 시도하기까지 했다. 어쨌든 이러한 낡은 폐단들이 언제나 혁신에 의해 극복되었기 때문에 찬양받을 수 있었다. 하지만 여러 문제들의 뿌리가 깊이 남아 있었고 수많은 분야에서 저항이 여전히 강했기에 선교사들의 재력과 인력이 부족해졌다. 이로 인해 겨우 약간의 힘으로 할 수 있는 일만 하는 것뿐이었다."267)

베이츠의 사회적 책임에 대한 태도는 1920년대 말부터 1930년대의 중국 교회대학의 목적 변화를 반영했다. 1921년 북미교회 이사회 주석이자 시카고대학의 저명한 교육자인 버튼 박사(Dr.E.D.Burton)는 이사회를 이끌고 중국의 교육을 시찰했다. 그는 민족주의의 강력한 도전과 중국 신식학교의 빠른 성

267) *Gleanings*, p.44.

장에 대해 충분히 공감하는 동시에 중국 교회학교의 혁신을 위한 세 가지 구호를 제시했다. 바로 더욱 실효성 높은 교육, 한층 더 나아간 기독교화, 한층 더 나아간 현지화(indigenous)였다. 베이츠는 친필 원고에 버튼의 보고서 《중국기독교 교육의 현상과 문제》를 발췌하였는데 그 중 한 단락을 보자. "우리는 우리가 중국에서 교회학교를 설립하려는 기본 취지를 달성하기 위해서 필요한 조정을 계획해야 합니다. …… 나는 중국에 남아서 기독교 정신을 빌려 중국인들을 위한 가장 효율적인 서비스를 제공하기를 바랍니다. 그들이 나로 하여금 여러 가지 말을 하지 못하도록 하겠지만 그들은 내가 목숨을 걸고 이러한 소망을 표현할 수 있는 기회를 막지 못할 것입니다. 나는 다가올 시련을 기독교인의 목숨으로써 견뎌낼 것이지 기독교인의 언어로써 이겨내지 않을 것입니다."[268] 우리가 십여 년 후에 볼 수 있었던 것처럼 베이츠는 두려운 일본군의 남경대학살을 직면하여 버튼 박사와 같은 생각이었음을 분명히 드러냈다. 그는 편지에 "나와 다른 사람들 모두가 이 모든 사태가 참혹하고 암담함의 절정이었고 이 안에서 정의를 찾기는 어려웠음을 분명히 알고 있었다. 개인의 문제는 이미 풀렸더라도 기독교인은 자신의 책무를 다하면서 자신의 생명을 걱정하지 않고 오로지 자신이 무력하여 거대한 수요를 감당할지를 걱정해야 한다."[269]라고 썼다.

중국의 거대한 수요란 무엇인가? 중국은 반식민지 국가(semi-colonial, 베이츠가 쓴 자필 원고에 이렇게 쓰여 있다.)로, 중국의 독립,

---

268) Bates papers, B20, F309.

269) *Bates on Nanking,* p.5.

국가통일 및 사회 복지를 위해 백여 년간 분투해 왔다. 이 때문에 기독교의 교회와 학교는 중국의 운명에 깊은 관심을 기울였고 열심히 봉사하였기에 겨우 중국 인민들의 인정을 받게 되었다. 1927년 2월 중국어판 기독교 잡지인 《진광(眞光)》(True Light)에 《기독교는 현대 중국에 어떻게 적응하였나?》라는 제목의 글이 발표되었다. 이 글의 작자인 서천석(徐天石)의 답변은 이러하다. "기독교인들은 당대 중국의 세 가지 요구에 부응하였으니 — 민주정신의 발전, 민족주의와 국제주의의 적절한 상승, 물질문명의 진보의 향상이다." 8년 뒤 또 다른 한 명의 저명한 기독교 작가인 사부아(謝扶雅)는 《당대 중국 기독교인의 사명》이라는 글을 발표하며 "오늘날 중국 기독교인의 사명은 위대한 혁명의 가속이다. 즉, 민족 혁명과 사회 혁명, 그리고 정신혁명이다."[270]라고 공표했다.

물론 대부분의 선교사와 중국 기독교인들이 혁명을 추진하는 데에 모두 동의한 것은 아니지만 그들 대부분은 왜 그리고 어떻게 중국 사회의 조류에 순응해야 하는지는 알고 있었다. 1930년대와 40년대에 몇몇 교회대학은 자신들의 학교 설립 취지를 "하느님을 위한 봉사와 사회를 위한 봉사" (serve God as well as the society)로 규정하였다. 의문의 여지없이 기본적인 동력은 당연히 종교적인 것에 속하지만 학교를 통해 교회 발전에 필요한 인재와 지도자를 제공한다는 것이다. 그러나 교회대학이 잇달아 교육부에 등록된 이후 학교 설립의 취지가 모두 수정되었다. 복건협화대학(福建協和大學)의 새로운 요강

270) 소옥명서(邵玉铭书), 480쪽, 636쪽

에도 "복건대학은 사랑, 봉사 그리고 봉헌의 정신으로 중국 청년들에게 대학 수준의 교육을 제공한다."라고 쓰여 있다. 지강대학(之江大學)과 제노대학(齊魯大學)도 이 요강을 차용하였고 여기에 "사회 요구에 충족하는"(meeting the needs of society) 도덕배양과 지식훈련에 관한 규정을 덧붙였다. 다른 교회대학들도 유사하게 고쳤지만 기독교 목표와 관련된 규정들을 여전히 지키고 있었다. 예를 들어 반드시 고도의 교육수준에 부합되고 사회적 공익을 증진시키며 선명한 국민의식과 고상한 품격을 높여야 한다는 등의 금릉여자문리대학의 규정은 창립 5주년을 맞아 교회 이사회의 뜻에 따라 입안한 것이다. 화중대학(華中大學)은 자신들의 취지를 "기독교의 사랑과 봉헌의 힘을 바탕으로 고등교육발전의 재능을 통해 하느님의 천국에 오르고 인간 세상에 영원한 평화를 가져오길 바란다."라고 썼다. 호강대학(滬江大學)의 요강은 교육 수익성과 국민의식을 언급하며 "교육은 의식적으로 종교적 목표를 높이도록 인도하고 학교 창립자의 뜻에 따라 중국과 미국에서 기독복음을 추진한다."[271]라고 선언했다.

교회에 대해 말하자면 이중목표(dual-ends)는 정말 이러기도 저러기도 어려운 결정(dilemma)이었다. 중국만이 아니라 세계에서도 교회대학의 세속화(secularization)는 모두 피할 수 없는 추세여서 기독교의 영향은 점점 약해지고 있었다. 등록된 규정에 따르면 종교과목은 더 이상 필수가 아니었고 예배도 자율적으로 참여하면서 종교 활동이 과거와 같은 효과를 거두지

271) Fenn, ibid. pp.117-118.

못하게 되었다. 이 밖에도 민족주의의 급속한 발전과 사회 위기의 가속화로 인해 모든 교회활동의 활력이 점점 축소되고 있었다. 베이츠가 서술한 바와 같이 된 것이다. "(1) 예배일을 제도화할 수 없으니 심지어 대부분의 기독교인들에게도 일반적인 휴식일이 되었다. (2) 협력하는 종교 활동은 아직 중국인들 사이에서 등장하지 않은 것 같다. (3) 자원봉사의 참여가 드물어졌고 기부금도 거의 자취를 감췄으며 심지어 교구에서 지원할 능력마저 마찬가지였다. (4) 품행과 학식을 갖춘 우수한 인재가 교직을 담당하는 일이 나날이 적어졌다. 평신도의 지도자 훈련(lay leadership)도 위축되었다. (5) 신학자와 성직자가 부족하다. (6) 학생과 청년들은 교회를 그들의 필요와 무관한 것으로 여기고 있다. (7) 교회종파(denomination)의 신조와 계율에 관해 극단적으로 싫어한다. (8) 중국인들은 종교의 교육과 자양분을 외국인 선교사들이 떠나며 남겨 놓은 것이라고 생각하는 것 같다. 또한 중국 기독교인들은 외국인 선교사들이 신봉하는 성경의 정교분리의 원칙에 대해 노골적으로 반대하고 있다. 이러한 상황은 30년대에는 큰 변화가 없었지만 1937~1945년의 항일전쟁 기간 동안 상당히 발전하거나 대부분 사라져버렸다."[272)]

중국 교회대학 중에서도 강렬한 대비가 이루어졌다. 한편으로는 전문교육, 학술 수준 그리고 사회적 업무가 빠르게 향상되었고 다른 한편으로는 교내의 종교교육과 종교 활동이 점차 쇠락하였다. 종교 수업을 선택하거나 외부 종교 활동에

272) *Gleanings,* p.44A

참여하는 학생이 점점 줄어들었고 40년대에 이르러서는 정치적 분위기가 훨씬 더 학내 구석구석에 퍼져 있었다. 공동체가 우후죽순처럼 생겨났지만 대부분 원래 갖고 있던 종교적인 성질을 잃어버린 것은 물론 종교적 색채마저 완전히 사라져 버렸다. 점점 더 많은 공동체들은 정치투쟁에 개입하였는데 대부분은 공산당에 속해 있었고 소수만이 국민당의 입장을 지키고 있었다. 일반적인 학생들의 마음속에서는 베이츠와 같은 선교사 교육자들과 일반적인 비기독교인 교수들 사이에서 어떠한 차별도 있지 않았다. 학생들은 모두 그를 존중했는데 당연히 그의 박학다식과 꾸준한 가르침에 대한 존중이지 그의 기독교에 대한 사심 없는 공헌에 감동받은 것은 아니었다. 그가 금릉대학에 있던 최후의 몇 년까지도 베이츠는 그가 담당했던 역사 강의와 관련된 내용을 얘기했을지는 몰라도 학생들과 종교적인 문제에 관해 이야기를 한 적이 없었다.

물론 베이츠 자신은 시종일관 신실한 기독교인이었다. 1947년 6월 그가 아들에게 보낸 편지에는 "나는 한 명의 선교사로 교회 사람들의 지지를 받아 기독교사업이 중국 및 다른 지역에서 긍정적인 가치가 있다고 믿는다. 그러므로 나는 늘 교회와 다른 종교 활동을 위해 적지 않은 시간과 정력을 쏟았고 어떤 방면에서는 효과를 거두었다. 비록 '정신사물'인지라 수량으로 셈하기는 어렵지만 실제로 많든 적든 교회인 사들의 상상을 뛰어넘을 만큼 이루었다."라는 글이 있다. 그러나 1947년 봄, 중국정세가 이미 극단적으로 악화되고 내전의 봉화가 각지에 피어오르며 인플레와 물가상승은 이미 정부가 통제할 상황이 아니었다. 베이츠는 편지에서 개탄을 금치 못하며 "수많은 중국인들과 서양인들이 이미 오랫동안 극도로 힘든 환경 속에서 용기와 희망을 충분히 가지고 있었는데 지금은 이미 무력함과 실망감에 빠져 있다."[273]라고 썼다.

1949년 6월 남경이 함락된 뒤 베이츠는 미국에 있는 오랜 동료인 윌리엄에게 편지를 보내 학교의 근황을 알렸다. "우리는 4월 말에 며칠 동안 혹독한 나날(남경공방전을 가리킴 — 인용자)을 보냈다. 5월에 학교 당국은 물론 학교를 이끄는 교수회들은 정책과 신변 두 방면에 걸쳐 모두 대중의 맹렬한 비판을 받았다. …… 지금 우리는 올 봄에 계획한 각종 혁신을 실현하려고 거듭된 개편과 조정을 신정부의 관점에 맞춰 통과시키려 한다." 이를 위해 베이츠는 기꺼이 매일 5시간, 8시간 심지어는 10시간이나 걸리는 회의에 참가하며 언젠가는 1927년 이후의 교회대학과 정부가 함께한 훌륭한 국면이 다시 만들어지기를 기대하였다. 하지만 그는 결국 학교 당국의 모든 노력이 새로운 흐름에 영향을 끼치거나 적응하기 어렵다는 것을 알아차렸다. 특히 학생들이 신정부를 열렬히 지지하며 쉴 새 없이 학교를 떠나 인민해방군이나 인민정부의 사업에 참여하자, 학교는 단기간에 정상적인 학교업무로 복구할 방법이 사라졌다. 그는 윌리엄에게 실의에 빠져 아래와 같이 말했다. "이러한 상황이 근시일 내에 나아지기는 어렵다. 설령 금릉대학이 최소한의 자유를 얻어 앞으로 발전하여 우리가 저 '미제'(imperialistic American)의 허가를 받아 교회를 떠난다고 하더라도 그것들은 젊은이들이 정부, 러시아, 미국과 유럽 열강

273) Bates papers, B2, F24.

을 대하는 태도에 영향을 주는 주요과목이 될 것이다. 새 학기는 내가 UCMS(United Christian Missionary Society)를 위해 일한 지 30년이 되는 해로 내 나이가 53세일 것이다. 이 나이가 되면 나도 허송세월을 보낼 수 없으니 진정한 직업을 구해야만 한다. …… 나는 원래 역사교사였으니 학생을 가르치는 일이 가장 수월하다.(학술실력, 훈련, 경험 등을 가리킨다. — 인용자) 나날이 전문화(specialization)되어가는 오늘날에 나는 주로 서양사를 가르쳤기 때문에 장점을 잃어갔고 이 때문에 나는 이 분야에서 혁혁한 연구 성과나 저작을 이룬 적이 없다. 나의 중국과 동양에 관한 지식은 학생이나 다른 서양인들에게는 더할 나위 없는 도움이 되지만 내가 스스로 일류학자 수준임을 증명할 만한 저작을 완성하지 못했다. 이 때문에 나는 미국 대학의 허가 아래에서 기독교인의 더 큰 공헌을 할 생각이지 역사학의 정밀화를 하지는 않을 것이다."[274] 이에 그는 결국 1950년에 귀국하였다.

베이츠와 다른 수많은 교회대학의 미국인 교수들은 현대파의 주장을 받아들여 신에 대한 봉사(serve God)와 사회에 대한 봉사(serve the society)를 결합하고 중국 고등교육의 발전을 위해 일생 동안의 최고의 시간을 바쳤다. 베이츠는 금릉대학 사학과를 단독으로 창립하여 중국 청년 교사들이 전문적인 지식을 갖추는 데에 도움을 주었다. 그는 자신의 전공(중국고대사)을 버려둔 채 아무도 가르치지 않는 부분의 필수과목을 두루 가르쳤다. 그는 금릉대학의 발전과 학교자산의 보호, 난민 구제,

274) Bates papers, B4, F56.

학생 교육(학생들 중에는 왕승조(王繩祖), 진공록(陳恭祿), 모복례(牟複禮), 오천위(吳天威) 등의 저명한 학자들이 있다.) 등을 위해 모든 정력을 쏟느라 늘 자기 가족을 돌볼 여력이 없었다. 53세가 되어서야 비로소 자신이 학문적으로 낙오자이며 조국의 대학 내부에서도 타인과 경쟁하기 어렵다는 것을 깨달았다. 그들 대부분은 자발적으로 시류에 편승하여 중국 교회대학의 세속화를 추진하였다. 세속화는 강의 수준과 학술 품질을 높였고 대학과 사회의 관계를 밀접하게 하였으며 학교 발전을 위해 사회와 정부의 더 많은 지원을 얻었다. 하지만 세속화는 더 많은 기독교화를 일으키지 못했고 사회에 대한 봉사가 결국 신에 대한 봉사를 뛰어넘었다. 심지어 수단이 목적을 넘어섰으니 교회대학은 자신의 특징을 스스로 약화시킨 것이 분명하다. 이 점은 베이츠 개인의 비극일 뿐만 아니라 중국에 있는 교회대학의 비극이었다. 그러나 사람들은 항상 비극이 만들어지기까지의 외부 조건에 주목할 뿐 교회대학이 갖고 있던 극복하기 어려운 내부 모순에 대해서는 무시했다.

3

베이츠의 절친한 친구인 윌리엄 박사는 중국 교회대학에서 여러 해 동안 교편을 잡은 뒤 중국 교회대학연합의 평의원회(훗날 이사회로 바꿔 불렀다.)의 주석을 맡았다. 그는 미국에 돌아온 뒤에도 중국 교회대학의 역사에 대해 전반적으로 돌이켜 보았다.

그는 "초기에는 현대화된 고등교육 체계가 결여되어 있어서 모든 새로운 사물이 수입품일 수밖에 없었다. 신식대학은 분명히 외국에서 수입한 것이기에 중국의 전통 교육과는 분명히 구별되었다."라고 회상했다. 이들 학교의 기독교적인 특징은 강렬한 서양의 색채로 덧칠되었지만 사실 기독교는 초기 역사에서 식민주의, 제국주의와는 다른 상황으로 연결되어 있었다. 이 때문에 일부 식민주의, 제국주의에 대한 원한들이 교회대학에까지 직접적으로 전이되었다. 1922년 베이츠가 중국에 온 지 2년이 채 되지 않았을 때 세계기독교학생동맹(World Student Christian Federation, 약칭 WSCF)이 4월 북경에서 개최되기로 예정되어 있었고 전국기독교회의(National Christian Conference) 역시 5월에 상해에서 열리기로 예정되어 있었다. 2개의 회의는 "기독교가 중국을 정복한다."나 "중국을 주님의 품으로"(The Christian Occupation of China)와 같은 불온한 구호들과 연결되어 반기독교 운동이라는 분노의 집결지가 되었다. 반교회세력은 곧바로 창끝을 교회학교, 특히 교회대학으로 겨누었다. 1924년 7월 남경에서 열린 중화교육협의회 회의 기간 중에도 일부 중국 교육자들은 교회대학의 제도에 대해 신랄하게 비판하였다. 같은 해 10월 개봉(开封)에서 열린 각 성의 전국교육연합회에서는 외국인의 학교 운영의 부정적인 영향을 비난하는 결의를 통과시키며 교회대학의 설립인가를 요구하였고 교내 전도 및 종교과목과 예배를 금지하도록 하였다.[275)]

소년중국학회(국가주의파)는 중국의 교육과 문화에 매우 큰 관심을 가졌고 교회학교에 대해 강한 불만을 드러내면서 "교육주권을 회수하자."라는 구호를 꽤 이른 시기부터 제시하였다.

275) See Fenn, ibid, p.111; *Gleanings,* p.63.

공산당과 국민당 좌파도 1926~1927년 동안 기독교 학교에 대해 적의를 품었다. 반기독교운동의 절정은 1927년 남경사건이었는데 일부 국민당 혁명군과 대부분의 군중들은 교당과 교회대학을 직접적으로 공격하였다. 3월 24일부터 25일까지의 이틀간 금릉여자문리대학을 제외하고 외국인이 사는 주택에서는 모두 약탈과 방화가 일어났고 소수의 교회와 성경교사훈련학교(Bible Teachers' Training School)는 훼손되거나 부분적으로 불탔다. 8시간 이상의 혼란 속에서 6명의 외국인이 피살되었는데 그 중에는 금릉대학 부총장인 엘리야 윌리엄스(J.E.Williams) 박사도 있었다. 베이츠도 사로잡혀 양손을 등 뒤에 묶인 채 하마터면 총을 든 병사들에게 사살당할 뻔했으나 다행히도 적십자회로부터 곧바로 구출되어 난을 피했다.[276] 하지만 베이츠의 반응은 매우 침착해서 1927년 5월 《세계 소명》(World Call)에 발표한 보도 자료를 통해 "3월 23, 24일 이틀 간 혼란스러운 상황에서 중국인들의 공분을 산 배경을 이해하려 노력했다. 아마도 일부 외국인들의 과격한 언사에 대한 몰지각한 저항이 갑자기 폭발한 것인데 이것이 국민혁명군을 도시로 진입하게 한 장교들의 교활한 음모라는 것을 증명하기는 어렵다."[277]라고 지적했다. 베이츠 가족과 다른 외국인들은 국외로 추방되었으나 오히려 그는 가장 먼저 학교로 돌아가라는 허가를 받은 외국인 교수였다.

사건이 일어나고 몇 년 뒤에 베이츠는 당시 역사를 회상하였는데, 특히 기독교의 현지화 문제를 강조하였다. 그는 "기독

276) See *Bates on Nanking,* p.4.

277) A Letter to Carl E. Dorris (2/16/1968), Bates papers, B6, F101.

교인들 사이에서 '현지교회(indigenous church, '토종교회'로도 번역한다.)'의 내용과 형식 문제에 대해 열띤 토론을 일으켰으나 이후 서양학생들은 20년대에 토론했던 이 주제에 대한 집착을 이해하긴 어렵다. 중국 기독교인들은 서양화나 국제화(denationalized)로 풍자되는 것에 매우 민감하다. (교내에 있는) 미국의 국기는 오랫동안 존경을 받은 반면 중국의 국기는 그러하지 않았기 때문에 호강대학(滬江大學)의 유(劉) 총장은 분개하며 이러한 공격 앞에서 일부 교직원들은 수치심을 느꼈고 그 자신도 모욕감을 받았다고 말했다. 추수감사절에 중국 아이들은 미국 대통령의 연설을 경청하지만 그들은 다른 나라의 번영과 감사를 공유할 방법이 없다고 토로한다."[278]라고 썼다. 그래서 중국의 내용, 형식, 지도 및 풍모를 갖춘 중국의 교회를 건립하라는 기독교인들의 강렬한 호소가 점점 더 많아졌다. 1926년 1월 상해에서 열린 "오늘날의 중국교회"라는 회의에서 화중대학(華中大學) 총장 위탁민(韋卓民) 박사는 "우리의 주장은, 현지교회는 당연히 중국인 구성원이 주체가 되어야 하며 중국인을 지도자로 삼아야 하고 경비 역시 중국의 자원에서 가져와야 한다는 것이다. 그 밖에도 중국풍의 건축과 찬송가, 의식, 출판 및 봉사 조직을 조절하고 나아가 기본적으로 중국 기독교인들의 기독 생활을 자연스럽고 자발적으로 드러나게 하는 것이 중요하다."라고 말했다. 이러한 중국의 선교사와 교육자 외에도 훌륭한 훈련을 받은 전향적인 중국 기독교인들 중에 대다수의 젊은이들은 1920년대에 이미 중국어로 된 《생명(生命)》이라는

278) *Gleanings,* p.66.

책을 출간했다. 이 단체는 "기독교는 세계의 중심 신앙이지만 중국의 현재 환경에 부합해야 하고 현대어를 사용하여 기독교의 진리를 해석해야 한다. 중국의 풍습은 2천 년 이전의 유대인들과는 다르고 지금의 미국이나 유럽과도 다르다. …… 요컨대 중국인들은 스스로 기독교 사회에 대한 이해를 갖춰야 한다."[279]라고 강조했다.

베이츠는 비록 이러한 젊은 중국 기독교인들의 관점에 동의하지 않았지만 그들의 요구에 대해 깊이 이해할 수 있었다. 그의 미완성 원고에서 한 단락을 발췌하였다. "존 레이턴 스튜어트는 명저 《중국에서의 50년》에서 중국 교회의 희망에 대해 이야기한 것이 있다. '나는 중국 신학이 자국민과 세계에 대해 기독교의 진리에 대한 새롭고 창조적인 해석을 내놓기를 오랫동안 기대한 적이 있다. 중국 교회가 지금 겪고 있는 혹독한 시련은 그들 기독교 사상가들의 종교적 경험을 반드시 풍부하고 깊이 있게 할 것이다. 우리는 이러한 것들이 빠르게 이해를 얻어 바빌론인의 유배(in exile) 이후 문자로 남긴 《구약》의 깊은 통찰력처럼 되기를 바란다. 중국의 역사, 철학과 그들이 가진 훌륭한 전적은 사람과 사람 사이의 관계에 주목하고 있다. 여기서 나오는 위대한 전통은 그 시대의 혹독한 실패 속에서 얻은 도전과 진동으로 기독교의 교리에 뿌리를 둔 중국인들의 사상으로 인해서 활력을 되찾게 된다면 인류를 위해 예수 그리스도의 뜻을 다시 한 번 빛낼 수 있을 것이다.'"[280]

279) *Gleanings,* p.66.

280) Bates papers, B40, F523.

우리는 베이츠의 원고에서 유사한 발췌문을 찾을 수 있고 그 중 몇 개는 그 자신이 짧은 평을 달아 놓기도 했다.

> 윌리엄스(B.W.Williams) : "중국인들이 충분한 권력을 갖고 있으면서 자신들의 관점에 따라 자신들의 민간과 종교기구를 관리하는 것은 우리가 우리 뜻대로 하는 것과 마찬가지이다. 그들은 결코 우리나라를 유교화(confucianize)할 생각이 없으며 최소한 우리가 그들 나라를 기독교화 하려는 노력보다도 많지 않다. 왜 서양 국가들은 자신들의 사정도 돌보지 않은 채 중국에 가서 그들이 좋아하는 일을 하도록 하는가? 왜 외국교회는 그들의 전횡을 규제하지 않고 변함없이 다른 사람이'개종' (proselyte)하기를 바라는가? 간섭하지 말고 방해하지 말며 상식을 존중하여 중국을 중국인을 위해서 존재하도록 하자."

프란시스 화이트(F.J.White)의 《교회대학을 더 중국화시키자》(Making the Christian Colleges More Chinese)라는 책에 대해 베이츠는 아래와 같이 평하였다. "대부분의 교회대학 대표들(선교사와 중국인도 포함)의 토론에 따르면 화이트 박사는 학교의 중국화가 필요하다는 의사와 실질적인 어려움에 대해 솔직하고 건설적인 진술을 하였다. 그의 논문은 전체 회의의 대표들에게 찬성을 얻은 것 같았다. 토론 자체가 가치가 있었는데 특히 상아의과대학(湘雅醫科大學)의 안복경(顔福慶)의 공헌 덕분에 10여 년이라는 시간 동안 아례협회(Yale-in-China)를 줄곧 중국인이 직접 관리했다는 점이 주목할 만하다."[281]

281) Bates papers, B42, F548.

위탁민 박사의 《중국에 기독교를 뿌리내리다》(Rooting the Christian Church in Chinese Soil)라는 글에 대한 베이츠의 발췌문은 아래와 같다. "또 다른 문화로 기독교의 교리와 조직을 설명하는 데에 중요한 일은 바로 우선적으로 이러한 문화에 진입해야 하는 것이다. …… 우리가 중국의 문화, 사회 및 각종 종교와 지식 전통의 정신으로 진입하여 이 문화에 오랫동안 유입되더라도 기독교와 생명에 대한 의견이 합치되는 부분이 있는지를 살펴보아야 한다. 그렇지 않으면 그 안에서 중국인의 심기를 거스르지 않는 어떤 매개를 찾아 중국인들에게 기독교의 교리와 기구를 소개하는 데에 이용해야 한다."282)

내 생각에 기독교의 현지화는 불가피한 역사적 흐름이고 일부 기독교의 역사도 각 지의 끊임없는 현지화의 역사이다. 헤셀 그레이브(David J.Hesselgrave)가 편찬한 《종교운동의 활약 — 세계 각지의 종교운동의 급격한 증가 사례 연구》라는 책의 결론 부분에서도 이 점을 지적하고 있다. "종교운동은 반드시 현지화 된 세계관과 가치관에 의의를 두고 있어야 하며 전통적인 방식을 채용해야 한다. 만약 이 운동이 현지문화 내부에서 발생한다면 그것은 자연히 이러한 관점과 가치 그리고 방식이 전파되고 모범이 되기를 바랄 수 있다. 만약 이 운동이 외부로부터 소개되어 들어온다면 그것은 반드시 현지에 대한 이해를 더 쉽게 해야만 하는데 그렇지 못하면 더 많은 비용과 힘을 들여 새롭게 해석해야만 비로소 성장시킬 수 있다."283)

---

282) 위탁민은 헨리 루스(Henry Luce) 세계 기독교 석좌교수로 1945년 유니언 신학교(纽约协和神学院)에서 유명한 강연을 하였다. 당시 위탁민은 화중대학교 총장이었다. Bates papers, B34, F474. 참조.

283) David J.Hesselgrave ed, *Dynamic Religious Movement — Case Studies of Rapidly*

20년대부터 시작해서 이미 무수한 기독교인들과 일부 교회들은 중국 기독교와 교회대학의 현지화를 추진하기 위해 전력을 다했다. 1922년 5월 중화전국기독교 제1차 회의의 선언은 다음과 같다. 그들은 서양에서 들여온 교파주의(denominationalism)를 벗어나 중국 기독교인은 자신들의 기독교를 가져야 한다. 현지화 된 기독교란 중국의 본질적인 신학(indigenised theology)을 만들고, 자치권을 갖고, 스스로 번식하고, 스스로 지원하는 것(self-government, self-propaganda, self-support)을 의미한다. 1924년 8월 중화교육협의회는 제4차 연차총회에서 당면한 중국교육은 국민의 애국심을 기르는 데에 주력해야 한다고 건의했다. 회의에서는 종교가 해롭지 않더라도 학생들의 시간을 낭비한다고 여겼다. 일부 과격한 대표들은 회의 중에 교회대학의 대표들을 쫓아내자고 주장하기도 하였으나 이 건의는 받아들여지지 않았다.[284] 이러한 상황에서도 외부에서는 교회와 교회대학의 현지화를 추진하고 있었다.

더욱 강력한 도전은 정부의 등록규칙으로부터 왔다. 1925년 교육부는 외국인이 설립한 학교는 반드시 4가지 조건에 따라 정부에 등록해야 한다고 규정하였다. (1) 중국인이 교장이어야 할 것. (2) 중국인이 이사회의 과반을 차지할 것. (3) 학교는 종교의 선교를 목적으로 삼지 말 것. (4) 각 부와 위원회에서 반포한 교육과정을 표준 과목으로 개설하고 종교수업을 필수 과목으로 하지 말 것.[285] 이후 연경대학(燕京大學)이

Growing Religious Movement Around the World, Michigan, 1978, p.304.

284) See *Gleanings,* p.65.

285) See Fenn, ibid. p.115.

가장 먼저 규칙에 따라 등록했고 제노대학, 호강대학, 영남의 여러 대학들이 뒤를 이었다. 1927년 남경의 국민당 정부의 교육부는 한술 더 떠서 현지화 요구에 대해서도 더욱 강도 높게 재촉했다. 대부분의 교회대학에서 협력하는 태도를 취하면서 조직개편의 요구와 중국인을 총장으로 뽑는 것을 받아들임과 동시에 중국인이 다수인 이사회를 빠르게 구성하였다. 상황이 이렇게 흘러감에 따라 본국(영국과 미국 등)에서 나온 이사회는 이러한 급격한 변화에 대해 이렇다 할 저항을 하지 못하고 고작 찬성하는 답장을 조금 늦춘다거나 "학교의 기독교적 특성을 보장하기 위해서"[286]라는 말만 덧붙일 따름이었다. 등록 이후 교회대학과 정부 사이에는 꽤 양호한 상호관계를 맺었는데, 교회대학은 향후 10년간 빠르게 발전한 동시에 사회를 위해 중요한 공헌을 하였다. 하지만 솔직히 말해서 그 뒤 교회대학의 민족적 특징은 확연히 성장한 반면 종교적 특징은 나날이 쇠약해졌다.

정치적인 요소가 중요한 원인인데 근대 중국에서 독립과 통일, 그리고 부강은 모든 것을 압도하는 역사적 사명이었다. 중국인들, 나아가 중국 기독교인들까지도 대부분 종교가 아닌 정치나 경제적 수단으로 이용해 상술한 신성을 실현하거나 현실적인 목표로 나아가려 했다. 더욱이 남경정부의 전체주의(totalitarism)와 국민당에서의 이데올로기 일원화의 추진은 비록 그들의 최고 지도자인 장개석(蔣介石)과 그 가족들이 기독교인임에도 불구하고 교회학교의 독립을 받아들일 수 없었다. 월

286) Fenn, ibid. p.116.

리엄은 "국민당은 학생과 교사를 예의 주시하면서 학생들에게는 당의 청년단체 가입을 독려하고 교사들에게는 입당할 것을 재촉하는 압박을 가했으나 극소수의 인원만이 여기에 참여했다."[287]라고 회상했다.

일련의 정치활동들이 교회대학의 아름다운 교정으로 몰려들었다. 이를테면 일요일에는 반드시 총리기념주의식을 거행했는데 여기에는 총리의 유언 암송, 총리의 초상과 당 국기 앞에서 세 번 절하고 애국가를 부르며 묵념을 하는 등의 행위가 포함되어 있었다. 삼민주의가 종교를 대신하여 필수과목이 되었고 학생들을 관리하는 교도장의 책임은 지도 및 탈선(deviation) 방지였다. 군사 훈련이 1928년 필수 과목이 되면서 교관은 학교에서 임명하되 반드시 정부의 비준을 거쳐야만 했다. 군사 훈련교관은 학생들의 기숙사 생활까지 관리하였다. 더욱 심각하고 근본적인 피해는 사상을 통제하려는 계획이었다. 그 결과 각 학교의 교직원들 사이에 당의 대표를 배정하기도 했고 심지어는 교실에 특무대를 파견하기도 했다. 여기에 반대한 교직원들과 학생들은 국민당과 분리시켜서 정치문제나 다른 논쟁이 될 만한 문제에 대해 공개적으로 토론하기를 바라지는 않았다.

하지만 교회대학의 태도는 일반적으로 말하자면 인내하고 협력할 뿐이었다. 윌리엄은 "학교 당국이 각 부와 위원회의 반포에 따라 교육과정을 설치하면 공립과 사립학교는 동등한 대우에 따라서 관료기구가 통제하는 고통을 받기도 하고 때

287) Fenn, ibid. p.119-120.

로는 정부로부터 약간의 찬조를 받기도 했다." 하며 회상했다. 베이츠도 이 의견에 동의하며 로린슨(Dr.Rowlinso)의 《중국에 정착한 기독교》(Christianity Settles Down in China)라는 논문의 한 단락을 발췌하였다. "기독교는 새로운 합법적인 토대 위에서 중국에 뿌리를 내리는 데 최선을 다하여 다시는 외래 사물로 취급받지 않았으며 중국인들 사이에도 새롭고 자유로운 관계로 진입할 것이다. 이것은 교회와 정부의 현재 관계에서 가장 중요한 국면으로 이 변화가 완성되면 기독교는 합법적인 현지화(legally indigenous)를 이룰 것이다. 다만 문제는 이러한 정착이 쉽지 않고 시간을 들여야 한다는 점이다. 하지만 기독교는 중국에서 결국 불평등 조약에 의지했던 것에서 중국이 내어준 합법적인 권리로 변화할 것이다. …… 과거 불평등 조약은 중국 정부가 강제적으로 교회에게 준 치외법권이었기 때문에 중국의 자유의지(free will)를 이끌어 내지도 못했고 중국의 선의반응(good will)도 일으키지 못했다. 기득권 계층들은 서양의 주요 당사자들이 이해한 종교의 자유를 갖고 불평등 조약의 특권을 빌려 중국에 이식하려 했다. 비록 중국인들이 종교의 관용에 대해서도 모르고 기독교의 관계도 잘 모르지만 기독교의 포교를 이끄는 자들이 서양인의 이미지라는 것도 하나의 원인이었다. 서양인이 불평등 조약의 특권을 강제로 뺏은 것이 바로 지금의 어려움을 만들어 낸 것이다." 로린슨이 일찌감치 불평등 조약의 특권에 주목한 것은 주로 외국 선교회이지 중국에 온 선교사들이 아니었다. 그는 "선교사들은 보통 제국주의의 영향에 기대서 자신들의 권리를 도모하지 않고 비영리 단체와 봉사를 통해 자연스럽게 얻었다. 하지만 선교사들도 그 세대에서 잘못된 관념을 가지면서 일종의 새로운 대우를 받는 기독교인들의 태도가 분명히 드러났다. 중국에 대해 강제적으로 맺어진 불평등조약부터 합법적인 토대 위에서의 운동까지 기독교의 권리를 요구하기 시작했다. 오늘날 중국환경에서의 기독교인 생활은 여러 가지 불쾌한 불평등조약을 체결했던 당시의 중국과는 분명히 다르다. 외국 선교회는 여전히 우리와 함께하지만 그들은 더 이상 기독교 봉사의 주요 구심점이 아니다. 지금은 중국인들이 지도자 위치에 있는 추진자이다. 교회대학, 의약사업, 전국적인 조직망, 심지어 어느 정도는 교회 자체까지, 지금은 대부분 중국 기독교인들의 원동력(Chinese-Christian motive power)으로 옮겨졌다. 기독교 교육 종사자, 의약 사업가, 교회와 중국의 공사기구(公私機構) 간에는 항상 전국적인 범위의 우호적인 합작사업이 벌어지는 것을 쉽게 볼 수 있었고, 기독교는 더 이상 중국에서 자신들의 역할이나 권리를 위해 분투하지 않고 중국인들은 직접 기독교를 도울 방법을 모색했다. 중국 헌법은 이미 종교의 자유 권리를 규정하였다. 자신의 권리와 기회를 어떻게 적절하게 이용할 것인지가 기독교인이 당면한 문제였다."[288]라고 말했다.

대부분의 교회대학들은 자신의 권리와 기회를 어떻게 이용할지 잘 알고 있었다. 금릉대학, 영남대학 그리고 연경대학이 비교적 모범적인 사례로 정부의 자본과 지원을 바탕으로 농과교육을 발전시켜 농업의 혁신을 추진하였다. 항일전쟁이 터진 뒤에 교회대학은 이른바 유랑시기(the refugee period)에 접어

288) Chinese Recorder, Vol. LXVⅢ, 1937 September, pp.542-543.

들었다. 대다수의 학교가 서남쪽으로 이주했고 이 시기에 모든 민족들이 전시의 고통과 위험을 겪었다. 윌리엄스는 당시에 대해 간략하게 기술한 적이 있다. “급류를 건너고 고산준령을 넘으며 배나 차를 타거나 걷기도 하는 2천 리라는 믿기 어려운 고된 여정은 일반적인 결심이나 용기로는 어림도 없다. 빠르게 이동하느라 물자가 부족했기에 영양 섭취에 대해서는 말할 것도 없고 끊이지 않는 위험은 신앙심과 인내력을 시험하기에 충분했다. 그들이 요행히 살아남았다는 사실은 그들 학교에 대한 정신으로 설명할 수 있다.”[289)]

교회와 교회대학은 중국의 고난을 분담하였고 민족 생존을 수호하는 투쟁에 참여하였으며 사회진보를 이끄는 사업에도 투입되었다. 베이츠는 이에 대해 아래와 같이 회상하였다. “기독교의 역할이 전시에 중요하게 변하면서 외국제국주의에 반대하는 정서가 잠잠해졌다. 1943년 불평등조약의 폐지와 기독교인들이 담당했던 구호임무가 주목을 받았는데 특히 부상병과 수많은 난민을 도왔던 일이 주목을 받았다. 이 때문에 중국기독교인들과 선교사는 전후 새로운 기독교 사업의 뜨거운 관심을 기대할 만한 까닭이 있었기에 현재의 내부조건이 이처럼 유리한 것이다. 유일한 위험요소는 장개석 지도하의 국가와 정부의 지나친 인정인데 이러한 인정과 합작은 이전과 이후에도 계속해서 볼 수 있었다.”[290)]

항일전쟁을 겪으면서 적지 않은 사람들이 다시금 교회대학을 외국인의 학교로 바라보았으나, 절대다수의 교회대학은 이

289) Fenn, ibid. p.119-120.
290) *Gleanings,* p.93.

미 현지화 되었을 뿐만 아니라 실질적으로도 중국 고등교육의 일부분으로 인정받고 있었다. 다만 이를 위해 치른 대가가 매우 커서 학교 내에는 정치적인 분위기가 가득하게 되었다. 중국은 어디로 가는가? 이것이 좌익과 우익 학생들의 토론 쟁점이었고 다수의 중립적인 학생들도 점점 좌익성향으로 이어졌다. 반미정서가 급격히 늘어난 것은 미국의 지원을 받은 장개석과 부패한 국민정부 때문이다. 베이츠는 원고에 다음과 같이 썼다. "항일전쟁 뒤 정부가 내놓은 일련의 혁신조치가 거의 실현되지 않은 것은, 정부 자체가 크게 약화되어서 간신히 명맥만 유지할 뿐 성과를 내기는 어렵기 때문이었다. 대중은 정부에 대한 믿음을 잃었고 이러한 태도는 각 급의 관원들에게까지 퍼져 있었다. 반미정서가 더욱 심해지면서 사람들은 공산당이 국민당 부패정권을 무너뜨리는 데에 미국이 방해를 하고 있다고 여기게 되었다. 공산당의 작전에 대해서도 그들도 중국인이기 때문에 항일전쟁과 같은 애국적인 열정을 일으킬 방법이 없었다. 학생들은 극심한 물가상승에 시달리고 있어서 공산당이 통치해도 지금보다는 더 나쁘지 않을 것이라 여기기 시작했다. 일부 미국인들은 여전히 장개석의 통치가 민주적인 성격이라고 믿고 있었는데 그가 각 계층의 민중들로부터 공통적인 지지를 받기 때문이었다. 그들의 말에 따르면 그는 그들이 어떠한 대가를 치르더라도 침략자에게 저항하는 정신적인 상징이었고 이 점 때문에 정치조직과 군대역량 등의 중요한 문제를 간과하였다. 존 킹 페어뱅크(John King Fairbank)는 장개석의 《중국의 운명》에 덧붙인 10개년 사업계획을 포함한 각종 프로젝트와 기술의 발전을 강조한 경제

분야가 농업발전을 경시하여 인구의 4분의 3이나 되는 낙후된 농민에게 관심을 기울이지 않았다는 점을 1947년에 이미 알아차렸다. 마지막으로 장개석이 공산당의 침투를 저지하느라 고압적이었으며 인권을 침해했다고 인정했다."[291]

베이츠는 자신 역시 조금씩 믿음을 잃어갈 것이라는 점을 거리낌 없이 말했다. 그는 멀리 미국에 있는 아들에게 쓴 편지에서 다음과 같이 말했다. "나는 나의 신념, 어쩌면 기질이라 말할 수 있는 것을 1927년('남경사건')과 1937년(남경대학살 — 인용자) 그리고 이어진 수많은 경험을 겪으면서 지탱해 왔고 눈앞의 어려움과 방해를 꿋꿋이 버텨냈다. 하지만 앞으로 몇 년간은 무슨 일을 하던 계속 유지하기 어렵거나 여기보다는 다른 곳에서 성과를 낼 것이 분명하다. 만일 내가 여기에 계속 머무른다면 곧바로 어떤 목적을 위한 문제가 생겨난 것이며 더 큰 공헌을 이루려고 노력할 것이다. 금릉대학과 중국교육이 늘 도덕과 수준 및 계획을 상승시키려고 모든 노력을 했는지는 모르지만 몇 년간의 문제는 특히 심각해 보인다. 나는 내 자신이 장기간 행정업무를 잘 해나갈 것이라 생각하지 않았으며, 심지어 미국을 배경으로 둔 중국학교에서 주변인 부류(marginal kind)로 불렸다. 지금의 나는 본교의 '서양고문'으로 발탁되어 서양과의 관계를 조율하는 임무를 담당하고 있으며 미국에서는 '부총장'으로 간주되지만 이는 이사회와 진유광(陳裕光) 교장의 요구에 따른 것이지 나와는 사전에 어떠한 상의도 거치지 않았다. 나는 내가 이런 업무를 감당할 수 있으리

291) *Gleanings*, p.94.

라 생각하지 않는다. 일부 업무는 미국인이 와서 진행한다 하더라도 경험과 대외연락이라는 두 가지 부분에서 현재로서는 나보다 더 뛰어난 미국인은 없다. 나는 단지 교수 자리를 지키길 바랄 뿐 이러한 번잡스럽고 고생스러운 새 업무를 필요로 하지 않는다."[292] 이 때문에 그는 결국 금릉대학과 중국을 떠나 유니언 신학대학교에서 전임교수를 담당하며 강의와 연구에만 몰두하였다.

20년대 중반 이래로 교회와 교회대학의 현지화는 성과를 거두었고 그 속에는 수많은 외국인 선교사들의 노력이 포함되어 있었다. 하지만 이러한 현지화의 최종 결과는 결코 그들이 바랐던 것과는 달랐다. 《베이츠의 수기 원고 개요》의 편집자 중 한 명인 매클레인(Cynthia Mclean)은 아래와 같이 적었다. "중국의 '삼자'교회의 발전은 이미 19세기 중반 무렵부터 수많은 선교사들의 이념과 목표였던 것으로, 당시 이러한 처방은 영국의 헨리 벤(Henry Venn)과 미국의 루퍼스 앤더슨(Rufus Anderson)이 동시에 계획한 것이다. 자양(自養), 자치(自治), 자전(自傳)하는 교회를 만들어 기독교 정신을 주변 사회에 스며들게 하는 것을 해외포교운동의 분투하는 목적으로 삼고 그 인품에 따라 상인은 중국에서 이익을 추구하고 군인은 중국에서 정복을 하며 외교관은 중국에서 모든 행위를 자국의 이익에 기반을 둔다. 베이츠는 사상가로서의 신분은 그의 문헌을 통해 드러냈지만 실제로 그는 중국인의 대다수가 좋은 정부라 추구했던 최후의 희망이 공산주의로 바뀌는 것에 대해 동

292) Bates papers, B2, F24.

의했다. 하지만 그는 결국 한 명의 굳건한 교회인사이자 기독교 사업의 수호자로서 이 사업들이 수많은 착오와 약점이 있다는 것이 분명히 드러났지만 중국에 위대한 가치가 있는 무언가를 일으킬 것이라고 내다봤다. 이러한 가치는 기독교인들이 세운 학교, 병원 사회봉사 등을 뛰어넘는(그러나 포함한) 물질적인 복지를 제공하였다. …… 그렇지만 베이츠 박사는 우리에게 하나의 인상을 남겼으니 교회의 성격이 중국의 현실과 큰 격차가 있음에도 불구하고 수많은 선교사들이 이에 대해 서양의 통념을 그대로 답습하고 있다는 것이다. 중국인들이 교파주의(denominationalism), 신조, 신학, 십일조와 성직자의 급료 그리고 무조건적인 정교분리에 격렬히 반대하고 있음에도 불구하고, 수많은 외국인 선교사들은 이 점을 보고도 모른 체했다. 그들은 중국 교회가 '성숙'한 시기가 되면 이들 교회의 '정수' 장식의 가치를 알게 될 것이라고 굳게 믿었다. 이러한 선교사들은 그들의 '영지'에서 소수의 중국신자들과 함께 있으면서 그들의 관념에 대한 불만족스러운 비평이 많아진 것을 엿볼 수 있었는데, 심지어 이러한 비평은 중국 기독교인들의 지도자로부터 나온 것이다. 집단적으로 이러한 선교사들은 중국에 있으면서 다른 역사와 문화 때문에 교회가 그들이 국내에 있을 때 알고 있던 것과는 다른 형식을 채용해야만 한다는 점을 여태껏 알지 못했다."[293]

베이츠는 수많은 현대파 선교사 교육자들과 마찬가지로 현지화의 이러한 시류에 순응한 동시에 현대 중국사회를 위해

293) *Gleanings,* p.43a-46a.

상당히 유익한 사업을 진행하였다. 다만 그는 기독교의 역사와 문화 전통이 결여된 중국에서의 현지화가 세속화 내지는 정치화를 초래할 것이라고는 예측하지 못했다. 그리고 중국의 정치화는 또 항상 이데올로기의 일원화에 치우쳐 있어 본질적으로 다문화의 고등교육, 특히 문화의 다원화(pluralism)를 배척한다. 그러므로 기독교와 교회대학은 중국에서 늘 정부 이데올로기의 도전에 직면해 있었다. 1949년 이전에는 대부분 국민당 정부의 삼민주의, 1949년 이후에는 전적으로 공산당의 마르크스·레닌주의의 도전을 받아왔다. 이러한 이데올로기의 도전이 교회대학이 예상치 못했던 결과를 불러온 것이다.

하지만 중국에서의 오랜 생활과 업무로 인해 대부분의 외국인 선교사들이 각자 어느 정도는 현지화 된 것은 분명하다. 그들은 존 레이턴 스튜어트가 말한 것처럼 "내 대부분의 생애에서 중국은 내 집이었다. 내가 벗어날 수 없는 콤플렉스는 이 위대한 국가와 백성들과 함께 묶여 있다. 왜냐하면 내가 여기서 태어났을 뿐만 아니라 오랫동안 살았고 셀 수 없는 친구들이 있기 때문이다."[294] 베이츠와 그의 교회 동료들은 미국으로 돌아간 뒤에 오랫동안 자신들을 "우리는 중국인(We Chinese)" 혹은 "우리는 남경 사람(We Nankinese)"이라고 불렀다. 마치 그들은 진작 중국 사회에 공감하였으나 미국 사회와의 상호 공감은 상당한 세월이 필요할 것 같았다. (그 속에는 외부인들이 이해하기 어려운 괴로움과 슬픔이 많이 포함되어 있다.) 1960년 중국을 벗어난 지 10년 뒤 베이츠는 《중국을 무시할 수 없다》라는 글에

294) John Leighton, *Fifty Years in China,* New York, 1954, p.9

서 아래와 같이 말했다. "어떻게 해야 하는가? 우리의 마음을 상상에서 현실로 적절하게 뒤바꿔야 한다. 친구들과 중립자들과 함께 끊임없이 협상하여 점차 문호를 열고 중국과 '정상'적인 관계를 수립할 방법을 찾아 항상 중국인들과 소통하고 적응하여 동방과 남아시아의 지속적인 긴장을 진정시켜야 한다. 도덕적 경직성과 배타성은 지금의 재난을 연장시키고 증가시킬 뿐이다. …… 중국에는 여전히 존재한다. 미국과 대만은 10년 가까이 거친 말을 쏟아냈으니 이로 인해 동요하지 않았다."[295] 그 후 10년이 지난 1971년에 그는 또 다른 글을 썼다. "우리는 자기 자신을 두려워해서는 안 된다. 문제는 다른 국가들이 '좋든', '싫든' 상관없이 중국과 왕래해야만 하는 것이다. 장기적인 안목으로 보면 적대적으로 소원한 것보다야 접촉하는 것이 항상 낫다. 미국은 다른 독재국가들 사이에서 이미 공통의 기반을 찾았다."[296]

베이츠는 다행히도 중미 국교의 정상화를 목도하였고 10년간의 "문화대혁명"의 결과도 보았다. 하지만 30년 가까이 살아온 꿈에 그리던 제2의 고향을 다시 찾진 못했다. 그가 세상을 떠난 지 10년 만인 1988년에 나는 베이츠의 문헌 중에서 몇 장의 사진을 발견하였는데 이 사진들은 1947년 가을에 그와 우리 20여 명의 역사학과 학생들이 현무호반(玄武湖畔)에서 함께 찍은 사진이었다. 내 생각에 그는 그가 꼬박 30년간 일해 왔던 금릉대학을 끝끝내 잊지 않은 것 같다. 그의 미완성된 원고의 정리자는 한 가지 의문을 제기한 적이 있다. 20년

295) *Christianity and Crisis,* Vol. XX, No. 18, 10, 10/31/1960.

296) *Christianity and Crisis,* Vol. XXX, No. 14

대부터 40년대까지 베이츠는 수많은 중대사건에 참여자이며 목격자였는데, 어째서 이러한 사건들에 대해 서술한 원고에서 베이츠의 이름이 보이지 않는가? 사실 이 또한 복잡한 것은 아니다. 베이츠 자신이 생각하기에 그는 이미 모든 생명을 이들 사건에 이입시키려 하였고 그 중에서 가장 중요한 것이 금릉대학의 역사였기 때문이다.

4

중국 교회대학 이야기의 결말에 대해 베이츠는 원고 속에 몇 마디 말로 요약할 뿐 영원히 침묵을 지키려는 것 같다.

하지만 그의 오랜 벗이자 동료인 윌리엄스는 솔직하고 정감 넘치는 언어로 묘사했다. 그는 "20세기 전반기에 마침표를 찍을 때 중국 교회대학이 자랑스럽게 과거를 회상할 수도 있고 현실에 대해 충분한 자신감을 가질 수 있지만 반드시 미래에 대한 희망을 갖고 있다고는 할 수 없다.", "건축과 설비가 여전히 남아 있고 교사가 새롭게 학교에 재직할 수 있지만 교회대학은 이때부터 점점 사라져갔다.", "결말은 비극적이나 이야기 자체는 결코 비극은 아니다. …… 중국 교회대학이라는 이름은 대서양 양안의 기독교인이 이룩한 태평양 동쪽의 위대한 민족들의 빛나는 공헌으로 간주되어 영원히 기억될 것이다."297)라고 말했다.

결말은 확실히 비극적이다.

297) Fenn, ibid. p.232.

중국 교회대학은 20세기 이전의 50년간 노력해 온 결실로 혁혁한 성과를 쌓았다. 아프리카의 교회학교와 비교하면 더 높은 교육 수준에 도달했고 인도의 교회대학과 비교하면 그 수량은 적지만 질적으로는 더욱 우수했다. 일본의 교회대학과 비교하면 꽤 많은 학과영역에서 일찍이 유리한 고지를 장악했기 때문에 공립대학과 대조해 더 많은 경쟁력을 갖추었다. 하지만 중국 교회대학의 운명은 오히려 전 세계에서 가장 좋지 않았다. 다른 몇몇 지역에서도 상황이 점차 악화되긴 했지만 교회학교는 여전히 남아서 완만히 발전하고 있었기에 그들은 여전히 미래가 있었다. 하지만 중국대륙에서는 영원히 자취를 감췄다.

그러나 이야기 자체는 전혀 비극적이지 않다.

기요파는 아마도 교회대학을 자업자득이라 생각할 수 있을지 모르지만 교회대학의 공적은 사라질 수 없는 것이다. 호적(胡適)은 존 레이턴 스튜어트의 회고록에 쓴 서문에서 교육자 선교사들에 대해 매우 높은 평가를 하며 그들이 "중국을 점차 각성시켰다."298)라고 여긴 적이 있다. 이보다 앞선 시기에 국립 동남대학 총장인 곽병문(郭秉文)은 중화전국교육자협의회에 편지를 보내 "전국적으로 따져볼 때 일부 교회대학은 이미 중국에서 가장 훌륭하고 가장 효율적인 대학으로 평가받고 있다. 아울러 그들의 창립이 비교적 빨랐기 때문에 그들은 더 큰 영향력과 더 많은 장점을 갖고 있다."299)라고 여겼다.

베이츠의 문헌 중에서 나는 그가 보존하고 있던 일부 이름

---

298) *Fifty Years in China,* pp.12-13

299) Bates papers, B20, F312.

없는 학자300)들의 중국 교회대학에 대한 평가를 발견했다.(제목은 "평가"였다. Assessments) 작자는 아래와 같이 지적했다. "(교회대학) 동문들은 대부분 정부계통이나 당무계통이 아닌 직무를 맡은 것 같다. 약간의 명성이나 운이 있던 사람들은 교회대학에서 이점을 갖고 있던 직업에 종사하였는데 의료 업무, 농업, 신문 등과 같은 것들이다. 보고에 따르면 1947년 북경대학 농학원의 교사 중 과반수가 금릉대학 농학원을 졸업하였고 금릉대학 동문들은 여전히 농림부나 각 성의 농림청 같은 수많은 농업 기구와 학교에서 주도적인 역할을 하고 있다. 둘째로 교회대학 졸업생들은 중국 의학회와 보건소와 같은 의과교육에서도 매우 눈부신 활약을 펼치고 있다. 연경대학 신문학과 졸업생들은 영어와 신문 전공의 양쪽 분야의 재능이 필요한 직장에서 우세를 점하고 있는데 이는 그들이 항상 중국 국제신문처와 서양신문의 요직을 담당하기 때문이다. 전하는 말에 따르면 연경의 신문학과의 훈련은 서양 신문의 일부 방법과 연재소설, 신문 사진, 신문 요점 등을 소개하고 확충한다고 한다. 교회대학이 여성 고등교육에 앞장섰기 때문에 정부와 기타 기관들은 교회여자대학의 학장과 동문들을 조심스럽게 초빙하였고 그들이 필요한 여성대표로 만들었다. …… 교회대학 졸업생들도 항상 능숙한 외국어가 요구되는 외교업무를 담당했다. 예를 들어 '2차 대전' 이후 그들은 유엔 주재 중국 대사관 직원들 사이에서 큰 비중을 차지하고 있었다. 심지어

300) 이 학자가 지금은 미국의 유명한 교회대학사 전문가인 루츠(Jessie Lutz) 교수임을 확인할 수 있으며, 그녀와 나는 베이츠에게 수업을 들은 적이 있으니 일종의 인연이라고 할 수 있다.

중화인민공화국 10년 동안에도 교회대학의 동문들이 영문잡지 《중국 건설》의 편집부와 상임 기고자와 같은 여러 주요 보직을 담당했다. 오이방(吳貽芳)은 기타 교회대학 및 YWCA(여성 청년회)와 관련 있는 대표적인 인물로, 전국 인민 대표대회와 정협 및 기타 수많은 단체와 위원회의 여성 대표가 되었다." 하지만 저자는 대부분의 동문들이 명성이 비교적 낮거나 아니면 열심히 일하지만 전혀 세상에 알려지지 않아서 심지어는 기본적인 문자기록도 남아 있지 않기 때문에 동문들을 따라다니며 조사하는 방법으로는 교회대학의 전체적인 공헌을 반영하기 어렵다고 솔직하게 시인했다.[301] 사정이 이러하기 때문이 우리는 어쩔 수 없이 상황을 가장 잘 알고 있는 윌리엄스의 평가를 빌릴 수밖에 없다. "중국에 대한 교회대학의 공헌은 마침 국가가 가장 필요한 순간에 사회 각층에서 커다란 영향력을 가진 남성과 여성들을 훌륭하게 훈련시켜 길러낸 데에 있다.", "중국 교회대학의 주요 공헌은 국가 간의 상호 이해와 우호 증진에 있다. 학교에서 제공하는 언어, 지식, 가치 및 외국인 교직원을 통해 서양의 훌륭한 문물을 들여왔다. 동시에 그들을 통해 중국의 지식이 번역되고 시범 보이며 서양에 소개되었다. 그들은 정신적이며 문화적인 사절단으로 비록 제국주의의 연루와 외국적인 성격의 방해를 받았다 하더라도 동양이 서양을 이해하고 서양이 동양을 이해하는 데에 도움이 되었다. 서양 문화의 소개자로서 그들은 중국 문화와 사회 및 정부의 대혁명에 참여하였다."[302]

301) See Bates papers, B20, F312.

302) Fenn, ibid. p.236.

베이츠가 세상을 떠나기 3개월 전인 1978년 6월 30일 가장 마지막으로 쓴 평론원고 《장기적으로 생각하다》(It's the Long Pull that Counts)는 그의 마지막 유언과도 같다. 그 속에 실린 글을 보자. "금릉대학에서의 30년이라는 역사 동안 국민당 혁명과 항일전쟁, 그리고 중공 통치를 경험하면서 나는 자연스럽게 뒤이은 중국의 변화를 세밀하게 추적했고 또 NCC(베이츠가 속한 교회)의 중국위원회[303]와 콜롬비아 대학 계열 학자들의 심포지엄(faculty seminars)에서 도움을 받았다. 현재 나의 주요 관심사(prime concerns)와 장기적인 생각은 다음과 같다. 첫째, 세계 인구의 4분의 1인 중국 민족의 행복. 둘째, 거의 10억 명의 국민과 기타 국가의 국민들의 관계, 특히 그 관계에서 직접적인 책임을 맡고 있는 북미 사람들이다. …… 박애주의의 '첫 번째 관심'에서부터 출발한 우리 기독교인들은 확고부동한 믿음으로 깊이 스며들어 이데올로기와 제도적 차별을 뛰어넘어 보듬어야만 한다. 중국의 남녀, 아동 및 우리는 모두 하나님의 가정에 속하니 …… 우리는 진심으로 중국을 이해하고 중국 백성들과 튼튼한 관계를 구축해야 한다. 어떠한 충격이나 북경 혹은 워싱턴 또는 우리 자신들의 정보 분야에서 어떠한 오류가 발생하더라도 이 사건은 미국과 중국의 권력자들 모두에게 매우 중요해져서 그들 중 누군가는 아마도 고상한 양국 관계의 '정상화'를 러시아에 대항할 무기로 삼으려 할 수

303) 정식 명칭은 The China Committee of the National Council of Churches로 베이츠는 이 위원회의 핵심인물로 항상 참가하여 각종 학술활동을 개최했다. 베이츠도 콜롬비아대학 동아시아 연구센터에서 개최한 각종 중국 관련 세미나에 참가하였으며 그는 이 학교의 저명한 중국 역사학자인 월버(Clarence Martin Wilbur) 교수와 평생의 벗이다.

도 있다."[304] 이것은 한 편의 미완성인 원고로 《기독교인의 중국에서의 60년》 원고의 미완성된 부분과 마찬가지이며 베이츠가 여전히 그의 꿈을 품고 있음을 알 수 있다. 만약 이 꿈이 정말로 이루어졌다면 교회와 교회대학이 중국에서 수십 년간 노력한 것을 더 이상 시시포스 신화(Sisyphus story)[305]라고 할 수는 없다. 하지만 베이츠는 그와 그가 몸 바친 교회대학이 중국을 영원히 떠나게 되었기 때문에 이러한 꾸며 낸 이야기의 끝을 서술할 방법이 없었다.

[이 글은 1991년 봄 예일대학에서 개최한 중국 교회대학사의 국제 세미나에 제출한 영문원고를 바탕으로 한다. 1995년 중국어로 번역되었고 《곽정이(郭廷以) 선생 탄생 90주년 기념 논문집》에 수록되어 있다.]

304) Bates papers, B87, F681. 이것은 두 장의 타자 용지에 불과한 간단한 메모로 다 쓰지 않은 초고임이 분명하다. 아마도 그가 평소에 꽤 좋아했던 *Christianity and Crisis* 등의 잡지에 보내려고 했으나 건강상의 이유로 그렇게 하지 못한 것으로 보인다.

305) Sisyphus story는 그리스 신화 중 하나이다. 코린토스의 왕이 저승에서 받는 벌로 큰 돌을 산 위로 밀어 올리지만 다시 산 아래로 굴러 떨어지기 때문에 그는 계속 큰 돌은 산 위로 올려야 한다. 계속 다시 올려야하기 때문에 영원히 쉴 수 없다.

결별과 회귀

[부 록 2]

결별에서 회귀까지 — 손문(孫文)과 전통문화의 관계

[부 록 2]

결별에서 회귀까지
— 손문(孫文)과 전통문화의 관계

전통문화와 현대화의 관계는 오늘날 이미 사람들이 매우 많은 관심을 갖고 있으며 열띤 토론을 했던 주요 과제이다. 본문에서 손중산(孫中山, 손문)과 전통문화의 관계를 분석해 보려는 목적 역시 전통문화와 현대화의 관계를 토론하는 전반적인 과제이다. 손중산은 중국의 현대화를 이끌었던 위대한 선구자이다. 그의 전통문화에 대한 인식과 태도는 지금까지도 유익한 교훈으로 삼을 만하다.

1. 곡절의 노정

손중산은 중국의 전통문화에 대해 한 번의 결별했다가 회귀로 이르는 굴곡진 과정을 거쳤다.

우선 결별에 관해 말해 보자.

손중산은 《복적리사함(復翟理斯函)》에서 자신의 소년기의 사상변화에 대해 간략하면서도 생동감 있게 회고한 적이 있다. "어렸을 때 유학 책을 읽었고 12살 때 경전을 마쳤다. 13살 때 어머니를 따라 하와이(Hawaiian Islands)로 가서 처음 증기선 같은 기물과 넓디넓은 바다를 보며 저절로 서학을 사모하는 마음과 천지를 궁구하는 계획을 갖게 되었다. 이해 어머니는 중국으로 돌아가시고 나는 형과 함께 하와이에 남아서 영국이 주재하는 칼리지(Ionlani College, Honolulu)에 입학하여 영어를 배웠다. 3년 뒤 다시 미국인이 세운 칼리지(Oahu College, Honolulu)에서 공부하였는데 여기가 하와이에서 가장 수준 높은 칼리지였다. 처음엔 여기서 학업을 모두 배우면 미국으로 가서 대학에 입학해 전문적인 학문을 익힐 예정이었다. 그러나 훗날 예수의 가르침을 열렬히 사모한 손문이 교회에 입교할 것이 두려웠던 형이 직접 그를 매우 책망하며 중국으로 돌아가게 하였으니 그때가 18살이었다."306)

호놀룰루는 미드웨이 섬 근처인 서경 160°에 위치한 날짜변경선과 그다지 멀지 않은 곳이다. 지구 동반부의 아시아대륙과 서반부의 북미대륙의 정중앙에 있어 동서 문화가 맞물린 지역이라 말할 수 있다. 미국은 1875년 "호혜조약(互惠條約)"이라는 것을 통해 하와이의 정치와 경제를 장악하기 시작했고 1899년에는 더 나아가 병탄 합병하였다. 손중산은 공교롭게도 1879년 호놀룰루에 도착해서 1879년 9월부터 1883년

306) 《손중산전집》, 제1권, 47쪽.

7월까지 영국과 미국 기독교회가 주관하는 중, 고등학교를 다녔다. 겨우 2년 동안 시골학교에서 교육을 받았던 농촌아이가 갑자기 서양근대문명(비록 그것이 변방임에도 불구하고)을 접촉하였으니 서양문명을 앙모하는 마음이 생겨나지 않을 수 없었다. 서양의 튼튼한 전함과 화포가 일부 지주계급의 계몽인사들을 양무사업으로 이끌었다고 한다면, 태평양의 증기선과 같은 기물은 한 시골 소년을 바로 서학에 빠져들게 하였다. 그는 영어를 열심히 공부하며 자연과학 및 서양사회의 정치학설의 기본 지식을 배웠으며 성경을 독실하게 읽는 동시에 종교 활동에까지 참여하였다. 12살부터 18살까지는 인간의 삶에서 적응력이 가장 강한 시기이다. 근대 기독교문명이 일으킨 부지불식간의 감화는 그를 점점 전통 문화권에서 결별한 서양화된 중국인으로 만들었고 그 결과는 기독교에 귀의하는 것이었다. 하지만 보수적인 성향의 형인 손미(孫眉)가 보기에는 이러한 현상은 조국의 오랜 전통에 대한 결별이었다. 그는 동생이 조상과 가족을 잊는 배신자로 자라날까 두려워하였고 그 때문에 해외의 수구주의자라는 엄한 역할을 맡으며 즉시 손중산을 고향으로 돌려보냈다.

하지만 주강(珠江)의 삼각주는 이미 개방된 지 오래인 지역으로 비록 궁벽한 시골지역인 취형(翠亨)이라 하더라도 분위기는 내륙의 폐쇄적인 도시보다 훨씬 여유로웠다. 고향에 돌아온 뒤 손중산의 부모는 그에게 "따로 독책하는 바가 없이 그가 좋아하는 것을 하게 하였다." 이 때문에 전통문화에 대한 결별 과정은 여전히 계속되었고 온 세상을 놀라게 한 일인 시골 사당의 북극전에 있는 보살상을 때려 부수는 일을 저질렀다. 이러한 패륜적인 행위를 수구 세력은 받아들이지 못했기에 손중산은 어쩔 수 없이 다시 고향을 떠나 홍콩으로 가서 곧바로 정식으로 기독교인의 세례를 받았다. 이후로는 계속 서구화된 학력을 갖게 되었다. 홍콩발췌서실(香港拔萃書室)부터 시작해서 중앙서원(中央書院, Queen's College), 광주남화의학당(廣州南華醫學堂, 미국 장로회가 설립), 홍콩서의서원(香港西醫書院)까지 다니면서 1892년에는 가장 뛰어난 성적으로 서의서원을 졸업했다. 당시의 손중산은 겨우 26살의 청년이었으니 완고한 수구세력의 시선에서 그는 한낱 이방인과 다를 바 없었다.

어린 시절 호놀룰루에서의 생활경험은 손중산에게 지워지기 어려운 인상으로 남아 있었다. 1905년 8월 동경의 중국 유학생 환영대회에서 손중산은 특히 호놀룰루 100년간의 변화에 대해 "외국인과 서로 친교를 맺으면서 야만으로부터 공화국으로 발돋움하였다."라며 연설했다. "외국인과 친교를 맺다."라는 것은 바로 서양 자본주의문화에 접촉했음을 말한다. 손중산은 현상에 안주한 답보상태를 반대하며 호놀룰루를 거울삼아 자발적으로 서양을 배울 것을 주장하였다. 그는 "우리 중국은 먼저 4천 년 동안 내려온 우리 중국의 문명이 훌륭하다고 잘못 말하여 개혁을 거부하였으며, 지금까지도 쓸 수 없는 것이라 생각하지만, 반드시 남을 본받아야 합니다. 이렇게 현재의 가장 우수한 문명을 본받지 않고서 도리어 다른 문명의 과도기 이전을 모방할 것입니까? 우리는 결코 진화에 따라 바뀌는 것이 아닌 사람의 일을 위해 바꿔야만 하고 그것이 빠른 진보입니다."[307]라고 말했다. 혁명 운동의 선구자로써 손중산은 인민을 인도하며 중세기의 야만과 결별하게 만드는 데에 더욱 중점을 두었다.

1894년부터 호놀룰루 흥중회 조약서에 "합중정부의 창립"이 제기되었고 1911년 귀국하기 전에 파리에서 "아메리카 연방제를 빌려 쓰는 것이 가장 적합하다."[308]라고 주장한 것은 모두 다 전통문화에 대한 결별 과정의 연속이라고 볼 수 있으며 유년기에 전반적으로 서구화에 경도된 흔적이 어느 정도 남아 있고, 오랫동안 해외에 있던 손중산의 국정과 전통문화에 대한 뚜렷한 간극을 나타낸다. 그러므로 국내 입헌파의 영수인 장건(張謇)은 손중산과 만난 이후 꽤 인상적이었다고 말했다. "중국의 4, 5천 년의 영토, 민족, 풍습, 정교의 변화를 오랫동안 외국을 떠돌았던 탓에 모두 다 이해하지는 못했다. 즉, 날마다 분주하고 위험한 상황에 놓여 있던 터라 각국 정치풍속의 기원과 발전에 대해 다방면으로 통달할 겨를이 없었다."[309] 이러한 비판은 단순히 입헌파와 혁명파 사이의 당파적 싸움으로 볼 것이 아니라 당시 손중산이 분명히 갖고 있던 부족한 점을 지적한 것으로 보아야 한다.

하지만 총체적으로 보면 이러한 결별 과정을 과대평가해서도 안 된다. 손중산 평생의 혁명 사업은 결국 자국의 토양에

---

307) 《손중산전집》, 제1권, 281~282쪽.

308) 《파리 〈파리일보〉 기자와의 담화(巴黎〈巴黎日报〉记者的谈话)》, 《손중산전집》, 제1권, 562쪽.

309) 장건 : 《장수자구록·문록(张季子九录,文录)》, 권18. 장건은 전통문화에 대한 미련으로 그의 보수적인 경향을 드러내며 《국수보존회 제3주년 축전 공모시(国粹保存会第三年祝典征诗)》를 읊었다. "진나라의 불빛 속에 복생(伏生)이 있었고 흩어진 경전을 모아 한(漢)에서 명(明)으로 이어졌네. 누가 면면히 이어진 주나라 사당을 두려워하겠는가. 아직도 슬픈 가락을 빌려 노성을 위로하네. 세상이 변해 구주(九州)의 삼고(三古)는 끊어졌고 오랜 국혼은 한 가닥 실처럼 가볍네. 스스로 우리 일을 지키면 남모르게 고생한 보람으로 이름이 알려지네."

뿌리내렸기 때문이다. 조국을 사랑한 해외 동포로써 그는 중국 전통문화에 대해 회귀하려는 경향이 날로 강해졌다.

지금 회귀에 대해서 다시 이야기해 보자.

우선 우리는 어린 손중산의 생활환경이 여전히 봉건주의 농업종법사회이며 2년 동안 전통적인 시골 서당에서 교육을 받아왔다는 것을 잊어서는 안 된다. 그가 이러한 교육방식에 대해 의심을 품어왔더라도 어린 손중산에게 물든 유학을 배제할 수는 없다.

그 다음으로 손중산은 호놀룰루에서 자본주의의 교육을 받았더라도 여전히 중국인의 전통문화권 아래에서 생활하고 있었는데, 하와이 중국인 사회는 미국의 배화정책 추진과 현지 토착 거주민의 배화정서가 생겨남에 따라 보수적인 성향이 점점 강해지고 있었다. 이러한 특정 생활환경은 소년 손중산이 전통문화와 결별하는 과정에서 어느 정도 제약을 가질 수밖에 없다.

손중산은 일반적으로 외국으로 귀화한 해외 중국인들과는 다르다. 그는 조국을 사랑할 뿐만 아니라 조국을 개조하기로 마음먹었다. 그가 전통문화와 결별한다는 것은 사실 야만과 결별하고 문명을 지향한다는 뜻으로 조국을 저버린다는 의미가 절대 아니다. 이 때문에 홍콩으로 돌아간 뒤, 특히 청불전쟁이라는 정신적인 충격을 통해 반청사상이 싹튼 뒤에 그는 점차 스스로 자국의 역사와 문화에 대한 이해가 부족하다고 깨달았고 일찍이 베를린대학에서 한학(漢學)을 수년간 가르쳤던 구봉지(區鳳墀) 목사에게 교육을 받았다. 의학을 배우는 기간에도 한학 교사인 진중효(陳仲堯)를 초빙하여 수업을 들었다.

그 자신의 추억처럼 "한학에서는 삼대(三代)와 양한(兩漢)의 글을 좋아했고 서학에서는 다윈주의를 좋아하며 자연과학과 정치도 자주 둘러보았다."[310] 손중산의 한학에 대한 보충학습은 효과가 있었으니 최소한 그의 혁명선전에 약간의 민족적 색채가 가미되었다는 것이다. 그러한 까닭에 1899년 나가사키에서 장태염과 토지문제에 대해 토론했을 때 손중산은 중국 역사와 결부된 자신의 토지권의 주장을 명백히 밝힐 수 있었다. 당대 전통문화의 종주라 자처하는 장태염은 "좋구나!"라는 칭찬을 통해 내륙의 선진 지식인들로부터 시작된 손중산에 대한 동조를 분명히 밝혔다.[311] 1903년에 이르러 황중황(黄中黄)이 역술한 《손일선(孫逸仙)》이라는 책을 통해 장태염이 손중산을 유방(劉邦)이나 홍수전(洪秀全)과 같은 지도적인 인물로 추앙하면서 "외부인"이라는 인상은 그들의 마음속에서 조금씩 퇴색되어 가고 있었다.

혁명은 수입할 수 없는 것이다. 혁명은 필연적으로 본토의 사회적 뿌리를 갖춰야 할 뿐만 아니라 민족적 형태를 갖춰야 한다. 예를 들어 간단한 "반청복명(反清復明)"의 선전에서 손중산은 회당(會黨)의 전통심리에 대한 인식과 이용을 나타냈다. 그렇다면 그는 자신의 선전한 주요 관점을 회당에서 국내의 지식인에게 돌릴 때, 그는 자신의 민족주의를 "이하지변(夷夏之辨)"이라는 허울 좋은 외투로 더욱 정성스럽게 걸쳐야 한다. 왜냐하면 그가 전통문화 부문에 대한 최소한의 공통분모마저 없었다면 예전부터 유가의 경전을 읽어왔던 애국지사들의 존

310) 《復翟理斯函》, 《손중산전집》, 제1권, 48쪽을 보라.

311) 장태염의 《구서·정판적(訄书·定版籍)》 참고.

경과 신임을 얻을 수 없기 때문이다. 그러나 보다 분명한 문화회귀는 귀국하여 남경임시정부가 설립한 이후에나 이루어졌다. 이는 시정활동에는 반드시 국정을 잘 살펴야 할 뿐만 아니라 그가 더 많은 다양한 유형의 지식인 집단을 대면하고 있기 때문이며 손중산은 그들의 이해와 지지를 얻기를 바랐기 때문이다. 그들의 마음속에서 손중산은 여전히 국정과 전통문화와 어울리지 않는 "외부인"이었다.

동맹회의 발족은 주로 동경에 모여 있는 중국 유학생들에게 의존하였고 이들은 20세기 초에 일어난 새로운 신지식인들이었다. 그들 가운데 진보적인 인물들은 서양 근대문명과 미국, 프랑스 공화제도에 대해 거의 광적인 수준으로 선망하였다. 그들은 스스로를 "사회계약은 루소를 따르고 위대한 스펜서의 진화론에 전념하여 다윈을 좇길 바란다."[312]라고 표방하거나 "위노벽(韋露碧) 같은 여인에게 장가를 가고 자식을 낳으면 마치니처럼 기른다. 수탉이 세 번 우는 것을 듣고 새벽을 알리니 나는 프랑스에 몸담고 있구나."[313]라고 여러 번 읊조렸다. 이렇게 서양화에 열정적으로 경도된 유학생들에 관해 손중산은 자신의 풍부한 서양학과 혁명의 격정을 바탕으로 삼아 그들의 마음을 사로잡을 수 있었다. 전통 문화적 소양의 차이 따위는 양자 간의 사상교류를 가로막는 장벽이 되기엔 부족했다.

---

312) 금송잠 : 《금회(今怀)》, 《강소》 제4기에 실려 있다.

313) 금송잠 : 《진군이 병이 나아 일본에서 돌아오고, 동인들은 임씨가 사원으로 물러나온 것을 환영하였다. 취해서 돌아와 잠들지 못하고 감격하여 이에 짓다[陳君去病歸自日本,同人歡迎於任氏退思園,醉歸不寐,感事因作]》, 《강소》 제5기에 실려 있다. 191쪽 주석

그러나 귀국 후에 그는 곧바로 해외와는 현저하게 다른 사회 환경 속에서 생활하게 되었을 뿐만 아니라 자신이 집권하고 있는 지위 때문에 더 이상 장건과 같은 입헌파나 동남의 신상(紳商)들과 교류할 수 없었다. 이는 오랜 문화적 전통과 더욱 밀접한 관련이 있는 과반수의 신구 지식인들로 그들은 비교적 안정적으로 전통문화 심리 구조를 지키고 있었다. 신해혁명의 폭발과 민국 건립의 현실은 그들의 정치 관념에 새로운 돌파구를 촉진(심지어는 강제적으로 압박)하였니 그것은 바로 군주 입헌제에서 민주공화제로의 전향이었다. 이 때문에 손중산의 지도자적 지위는 그들에게 어느 정도의 인정과 존경을 받을 수 있게 되었다. 장건이 남긴 하나의 평론은 대체로 해외에서 돌아온 손중산에 대한 저들을 대표하는 감상이라 할 수 있다. “중국은 4~5천 년의 군주주의 국가로서 일단 민주주의로 바뀐다면 세계의 새로운 흐름일지라도 순응하고 세계의 낡은 관념은 거스른다. 하물며 한두 사람이 이를 행하려 하면 이는 거스르는 것이기 때문에 더욱 어렵다. 그러나 손중산은 고난과 역경을 두려워하지 않고 여러 번의 실패를 부끄러워하지 않으면서 동지들을 규합해 혁명을 계획하며 갖은 고생을 다 겪었다. 신해년에 일이 어느 정도 이루어졌고 끝내 성공했다 말할 수 있게 되었다. 역사적으로 중국 혁명의 최초의 인물로 상(商)나라의 탕왕(湯王)을 꼽는다. 그 후 군주의 우매함이나 다른 이유 때문에 일어난 혁명가가 대대로 드물지 않았지만 그저 왕조나 이름이 바뀌었을 뿐 완전히 달라지기엔 부족했다. 이에 비해 손중산의 혁명은 국가 자체의 개혁으로 왕조나 이름을 바꾼 것과는 전혀 다르다. 그러므로 손중산은 민국을 직접 세운 공신일 뿐만 아니라 중국과 동아시아 역사에서 가장 위대한 인물이기도 하다."314)

하지만 전통문화 심리구조의 내부로 깊이 파고들어 윤리관념에서 이른바 도통관념에 이르는 측면에서, 장건과 같은 인사들은 손중산과 혁명파들에 대해 다른 평가를 내렸다. 민국이 건립될 당시 장건은 《요순론(堯舜論)》(상·중·하 3편), 《혁명론(革命論)》등의 연이은 저서를 통해 가리키는 바가 명백한 비평을 하였다. "혁명을 일으킨 자들에게는 위로 관인지용(寬仁智勇)과 문무신성(文武神聖)을 갖춘 임금도 없었고 아래로 예악병농(禮樂兵農)과 수화공우(水火工虞)를 갖춰 보좌할 인재가 없었다. 즉, 낡은 것은 없어졌지만 새롭게 베풀 만한 것도 없었다. 베푼 것도 임금의 은택을 감당하고 백성의 소망을 만족시키기에 부족하니 혁명을 하지 않는 것보다 나은 것이 얼마나 되는가?" 장건은 2천 년간의 혁명을 신성(神聖), 호걸, 간신, 도적이라는 4가지로 구분하는 동시에 아래와 같이 결론지었다. "탕왕과 무왕은 성현이나 탕왕과 무왕에 빗댄 자들은 호걸이거나 현자들이다. 그 밑으로는 모두 간신, 도적들 중에서 나왔으니 여기에서 전제국가의 체제가 만들어졌다." 이러한 평론은 모두 전통적 윤리 관념을 척도로 삼는 동시에 태고의 요, 순, 우, 탕을 최고의 정치도덕 모델로 여기는 것으로써 명백한 수구 유학의 도덕적 규범이다.

전통은 일종의 무형적인 거대한 힘으로 사람들이 곳곳에서 영향을 받아야 존재할 수 있다. 해외에서 오랜 유랑생활을 한

---

314) 《손중산의 연설을 추모하며[追悼孫中山的演說]》, 《장수자구록·문록》을 보라.

혁명자들은 하루아침에 고국으로 돌아와서 즉시 전통문화의 매력에 빠져드는 동시에 전통문화의 관성이라는 막중한 부담감을 받아들여야 했다. 황흥(黃興)과 같은 열혈남아는 200명의 장사들을 이끌고 남방지역을 달리면서 수많은 청나라 군사들을 초개처럼 여겼다. 하지만 막상 "입헌파를 만나는 순간 겸연쩍어하며 제 딴엔 맞지 않다고 여기거나 동당으로는 여겼지만 포악한 이는 그저 파괴할 수 있을 뿐이라 새로운 일을 함께 건설해 나가기는 어렵게 느껴졌다." 이 때문에 황흥은 어느 정도 전통문화 소양을 갖춘 입헌파의 인물들에 대해 친근하면서도 겸손한 태도를 갖췄을 뿐만 아니라 "장건과 탕수잠(湯壽潛)을 끌어들여 관직에 뜻을 얻을 수 있게 하고" 양탁(楊度), 탕화룡(湯化龍), 임장민(林長民) 등을 초빙하는 데에 심혈을 기울여 더 많은 협조를 얻게 되었다.[315] 호한민(胡漢民)은 이를 근거로 황흥의 정견을 "하루아침에 우경화" 되었다고 비판했다. 그러나 이는 결코 황흥 개인의 전향만이 아니라 강력한 전통의 역량이 사상적으로 모든 혁명파에게 영향을 미쳤음을 보여준다. 1912년 10월 연(燕), 진(晉), 제(齊), 노(魯) 지역을 두루 유람하고 상해로 돌아온 손중산은 아래와 같은 감상을 말했다. "혁명이 남방에서 일어났기에 북방의 영향은 여전히 미미하다. 그러므로 모든 낡은 사상을 깨끗이 쓸어버리지 못했다. 이로 인해 북방은 음력과 같고 남방은 양력과 같다. 신구 양력을 함께 써야만 하니 오롯이 음력만 쓰고 오롯이 양력만 쓰는 것은 모두 합리적이지 않다."[316] 이것이 손중산

315) 《호한민자전(胡漢民自傳)》, 239쪽, 타이베이, 1978.
316) 《손중산전집》, 제2권, 485쪽.

이 원세개(袁世凱)에게 정권을 내준 원인 중에 하나이다. "그러므로 민국을 다스리고자 하면 새로운 사상과 구세대의 경험 및 수단을 갖추지 않고서는 불가하니 원 총통은 이를 충분히 감당할 수 있다."[317)]

그 뒤, 특히 손중산의 말년에는 중국 전통문화로의 회귀 경향이 더욱 두드러졌다.

1923년 말 손중산은 한 차례 연설을 통해 "여러분 모두가 알고 있는 중국의 가장 유명한 사람인 공자는 열국을 주유하면서 무슨 일을 하였습니까? 당시에 중요하게 여겼던 요, 순, 우, 탕, 문, 무, 주공의 도를 선전하였습니다. 그가 《시경》과 《서경》을 엮고 《춘추》를 지은 것은 무엇을 위해서입니까? 후세에 요, 순, 우, 탕, 문, 무, 주공의 도를 후세에 알리는 데에 치중한 것입니다. 그 덕분에 전국에 전파되었고 지금까지도 문화로 남아 있습니다. 오늘날 중국의 옛 문화가 유럽과 미국의 신문화와 함께 나아갈 수 있는 원인은 모두 2천여 년 전부터 공자가 널리 알려온 덕분입니다."[318)]라고 지적했다. 뒤이어 1924년 초에 그는 삼민주의에 대한 첫 번째 강연에서 "대체로 한 나라가 강성해지는 원인은 처음엔 모두 무력의 발달로부터 시작해서 다양한 문화를 발전시키는 데까지 이르러야 성공할 수 있습니다. 하지만 민족과 국가의 장구한 지위를 유지하려면 도덕의 문제도 있어야 하니 훌륭한 도덕을 갖춰야 국가가 오랫동안 태평해질 수 있습니다.", "따라서 궁극적으로

317) 《손중산전집》, 제2권, 485쪽.

318) 《혁명의 성공은 모두 주의를 선전하는 데에 달려있다.(革命成功全赖宣传主义)》, 《손중산선집(孙中山选集)》, 하권, 492쪽, 북경, 인민출판사, 1981.

현재 우리가 민족적 지위를 회복하려면 모두 단결하여 하나의 민족과 국가를 이루는 것 말고는 고유의 도덕을 먼저 회복시키는 길밖에 없습니다. 고유의 도덕을 갖춘 뒤에야 비로소 고유의 민족적 지위를 회복할 수 있습니다."[319]라고 재차 강조하였다. 손중산이 여기서 말한 "고유의 도덕"이란 충효·인애·신의 및 원래 도덕적 범주에 속해 있었으나 일종의 정치철학으로 발전한 "격물(格物), 치지(致知), 성의(誠意), 정심(正心), 수신(修身), 제가(齊家), 치국(治國), 평천하(平天下)"를 가리킨다.

결별에서 시작하여 회귀로 끝마쳤고 결별하는 와중에 계속 회귀해 왔으며 회귀하면서 계속 결별을 꾀하였다. 이 점이 어쩌면 손중산과 중국 전통문화의 관계에 대한 대략적인 상황으로 간주할 수 있을 것이다.

2. 중국과 서양 문화를 받아들여 융합하다

신해혁명이 일어난 이후 손중산은 "미국과 유럽의 민주주의를 모델로 삼는 동시에 수천 년간의 오랜 문화도 여전히 취해서 통달할 것이다."[320]라고 선포한 적이 있다. 중국과 서양 문화를 받아들여 융합한다는 것은 손중산의 일관된 방침이라고 말할 수 있다.

전체적으로 보면 손중산은 중국의 전통문화를 고유의 "유물"로, 서양의 근대문명을 외래의 "신문물"로 보았다. 그는 수구세력에 반대하며 "다른 사람을 본받고", "뛰어난 이를 본받고", "서구문명을 배우는 데에 개방적인 태도를 취해야 한다."

319) 《삼민주의·민족주의》, 《손중산선집》, 하권, 653쪽.

320) 《유럽 연설(在欧洲的演说)》, 《손중산전집》, 제1권, 560쪽.

라고 주장했다. 하지만 1896년까지 유럽과 미국을 돌아본 이후 그는 자본주의의 심각한 폐해를 직접 목격하면서 서양을 맹목적으로 숭배해서는 안 되며 더군다나 서양문명을 "맹목적으로 답습"할 수는 없다고 생각했다. 정확한 방법으로는 "서양인의 문명을 본받아 쓰고" 차후에 "조금씩 발전시키고", "부족한 점을 강하게 만들고 낡은 것은 새로 바꾸면", "곧 모든 낡은 것을 새로운 것으로 고르게 바꾸지 않겠는가."[321]라는 것이다.

손중산은 중서문화에 대해 다소 편파적인 선입견을 갖고 있었다. 그는 고유의 문명은 대외개방 과정에서 다른 문명과의 비교, 선택을 통해야만 끊임없이 발전할 수 있다고 생각했다. 그는 대외개방, 서양모방을 국내 개혁과 긴밀하게 연계하는 동시에 이러한 개방과 모방에 대해 자신감을 갖게 하였다. 누군가가 여기에 대해 회의적인 시각으로 "당시 중국의 모든 개혁은 스스로 독자적인 학설은 전혀 없이 다른 사람을 베끼기만 하니 이런 일들은 처음부터 독립성을 기를 수 없으며 차후에도 국민들이 독립을 바랄 자격이 있겠는가?"라는 질문을 던졌다. 손중산은 "그 말이 옳다. 하지만 당시 이민족 정부가 온갖 말도 안 되는 일을 벌였으니 어디에서 독자적인 학설을 내놓겠는가? 또한 어디에서 국민 독립의 뿌리를 기르겠는가? 대개 한 번 변하면 전국의 인심이 동요하고 동요하면 진화가 빨라지는 법이다. 불과 10년 뒤에는 이 '독립'이라는 두 글자가 저절로 국민의 뇌리에 각인될 것이다. 그러므로

321) 《동경의 중국유학생 환영대회 연설(在东京中国留学生欢迎大会的演说)》, 《손중산전집》, 제1권, 278쪽.

당시 중국의 개혁이 모두 다른 사람을 베꼈다 하더라도 나중에는 그들이 중국을 베낄 것이다. 미국의 문명은 겨우 100년에 불과하나 먼저 영국을 받아들이고 프랑스의 것을 가져와 오늘날에는 세계 공화정의 조국이 되었다. 만약 여전히 변하지 않았다면 지금 이 지구상에서 가장 뛰어난 행복을 누릴 수 있었겠는가?"[322]라고 대답했다.

손중산이 혁신 사업에서 전통문화를 대하는 태도는 강유위(康有爲)의 탁고개제(托古改制)와도 다르고 장태염(章太炎)의 국학진흥과도 다르다. 그는 빈농의 가정에서 태어나 소년기에 해외로 떠나 그곳에서 서양식 기초교육을 받은 뒤 다시 고개를 돌려 중국의 언어와 문화 및 역사 등을 공부하였다. 따라서 그는 봉건전통의 속박을 비교적 덜 받은 만큼 서양 근대문명을 배우려는 결심이 더욱 컸고 긍정적인 정서도 더 많았다. 아울러 그는 서양의 의사 자격을 갖춘 자로서 체계적인 과학이론과 방법에 관한 훈련을 받으며 세계관, 사상방법, 가치관 등의 여러 방면에서 다양한 시대적 풍모를 지니고 있었다. 그러므로 중서문화의 교류와 정통한 문제에서도 더욱 냉정하고 이지적이며 넓은 관점에서 표현할 수 있었다. 이는 장점을 고르고 따를 때 한 가지 방식과 규칙에 구애받지 않았다고 말할 수 있지만 물론 이러한 점이 그가 당시 사람들의 인식수준의 제약을 전혀 받지 않았다는 의미는 아니다.

손중산의 중서문화에 관한 "융합"은 대체로 세 단계로 구분할 수 있다.

322) 《손중산전집》, 제1권, 281쪽.

제1단계는 신해혁명 이전으로 "융합"을 주로 정치 강령의 형성으로 표현하였다. "만주족을 몰아내고 중화를 회복하자." 라는 말은 "이하지변"이라는 전통적 관념과 근대 민족주의를 "융합"한 산물이다. "민국 창건"은 주로 서양의 민권학설과 의회정치에서 벗어난 동시에 중국 고유의 민본사상을 "융합"하고 전통적인 감찰, 과거제도를 교훈삼아 오권헌법(五權憲法)으로 삼권분립의 부족함을 보완하는 것이기도 하다. "토지 균등화"는 물론 헨리 조지와 존 스튜어트 밀을 모범으로 삼은 것이기도 하지만 오랜 옛날의 대동사상 및 균전, 공창 등과도 깊은 관련이 있다. 그러므로 삼민주의는 중서문화에 "융합"한 산물이라고 말할 수 있다. 손중산은 자신이 만든 법령에 자신만만해하면서 서양 모델을 맹목적으로 답습하는 유학생들을 비판했다. "이러한 이유로 중국의 역사와 풍속, 민정을 연구하지 않고 유럽과 미국을 최고로 떠받든다. 그들은 날마다 유럽과 미국을 떠돌며 중국을 어지럽게 하니 이러한 무리들이 중국의 지식인들을 깎아내린다."323)

제2단계는 신해혁명과 "2차 혁명", 그리고 토원(討袁) 및 호법(護法)이 연이어 실패한 뒤 손중산은 여러 번 좌절을 겪었다. 이를 통해 거듭 고민한 끝에 점차 사람들의 사상적 상황과 심리적 건설의 중요성을 깨닫게 되었다. 그는《건국방략(建國方略)》을 통해 다음과 같이 지적하였다. 혁명이 거듭 실패한 까닭은 당원들이 혁명의 취지와 혁명의 계획에 대해 신뢰가 부족하고 실행할 의지가 없기 때문이다. "그러한 까닭은 성공

323)《유성우와의 담화(与刘成禺的谈话)》,《손중산전집》, 제1권, 444쪽.

과 이익에 관련되어 마음을 바꾼 것이 아니라 사실은 사상의 오류로 인해 뜻이 흐트러졌기 때문이다. 이 사상의 오류란 무엇인가? 바로 '알기는 쉽지만 실천하기는 어렵다.'라는 말이다. 이 말은 부열(傅說)이 무정(武丁)에게 한 말에서 유래된 것으로 수천 년 동안 중국인의 가슴속에 부서질 수 없을 만큼 단단하게 깊이 박혀 있다. 그러므로 내가 세운 계획은 하나하나가 이 이야기를 불식시키는 것이다. 아! 이 이야기가 내 평생의 대적이니 그 위력은 만청(滿清)에 100배에 달한다. 만청의 위력은 나라는 사람의 뜻을 죽일 수 있을 뿐이지만 나라는 사람의 뜻을 뺏을 수는 없다. 그러나 이 대적의 위력은 내 뜻을 뺏는 것도 모자라 억조창생의 마음을 혼란케 한다."[324)]

손중산은 더욱 심각하게 전통의 거대한 관성을 느꼈지만 그는 이러한 관성에 굴하지 않고 오히려 용감하게 전통의 관성을 향해 도전장을 내밀었다.

손중산의 첫 번째 인식의 특징은 주로 세 가지 방면에서 드러난다.

첫째, 물질문명은 반드시 정신문명과 함께 전진한다. "실제로 물질문명은 정신문명과 동등해진 뒤에야 진보할 수 있었다. 중국 근대 물질문명이 진보하지 못한 까닭은 정신문명의 진보가 지체되었기 때문이기도 하다." 이는 물질문명이 정신문명의 기초인 동시에 정신문명 발전의 속도와 수준을 제한하고 있다는 말이다.

둘째, 중국 고유 문명을 "모두 말살"하는 것은 불가하다.

324) 《건국방략(建国方略)》, 《손중산선집》, 하권, 105쪽. 이하 인용한 문장은 주석을 첨부한 것 이외에는 모두 이 책에서 근거한 것이다.

"유럽과 미국에 비해 중국 근대문명은 물질적인 부분에서는 비교할 수 없을 만큼 차이가 나지만 정신적인 부분에서는 저들 못지않게 다양해서 저들과 비슷한 것도 적지 않고 저들보다 우수한 것도 가지고 있다." 요컨대 구체적으로 따져본다면 우열을 가릴 수 없다는 말이다.

셋째, 그러나 총체적으로 말해서 중국전통문화에 대해서도 맹목적으로 보수적인 태도를 취할 것이 아니라 현재 쓸 수 있도록 개량해야 한다. "게다가 중국인들의 성격은 옛사람들을 통해 만들어진 것이기에 진보적으로 개량을 하려면 옛 조상들의 성격에서부터 그 근원을 탐구하고 그 장단점을 살펴봐야 비로소 잘못을 교정하고 바로잡을 수 있는 방법을 알 수 있다.", "옛사람을 쓸 수 있으며 옛사람들에게 미혹되지 않고 옛사람을 부리면서 옛사람들을 천시하지 않으면 책에 실린 것들이 모두 나를 위해 조사한 것 같기에 옛사람들을 시켜 나를 위해 기록한 것은 많을수록 좋다."

이 단계의 주요 성과는 행하기는 쉽지만 이치를 아는 것은 어렵다는 학설이다. 손중산은 음식, 소비, 작문, 건축, 조선, 축성, 운하, 전기공학, 화학, 진화론 등의 방면에서부터 서양 근대 자연과학 및 인문과학의 지식과 방법을 응용하여 송명 이학자들이 전파했던 전통적인 지행관(지선후행(知先行後), 지이행난(知易行難)부터 지행합일(知行合一)까지)을 비교하여 체계적으로 정리하고 비판을 한 연후에 지난행이(知難行易)라는 자신의 인식론을 만들었다. 손중산은 인식 과정에서의 지위와 역할에서 실천을 강조하며 왕충(王充)에서부터 왕선산(王船山)의 행선우지(行先于知)에 이르는 유물주의적인 지행관(知行觀)을 발전시켰다.

아울러 손중산은 서양 실험과학의 대개념을 빌려와 성운설(星雲說), 지질완만진화설(地質緩慢進化說)을 결합해 우주의 형성 과정에 대해 꽤 과학적으로 해석했으며, 자연과학 부분에서는 중국 고대의 유물주의인 원기론(元氣論)을 발전시켰다. 이 밖에도 존재와 의식, 물질과 정신의 관계와 같은 철학에 바탕을 둔 문제에 대해 손중산은 서양자연과학과 사회정치학설을 결합하여 정신문명과 물질문명의 관계에 관한 수많은 합리적인 해석을 했다. 물론 이 가운데에는 정신적인 역할을 과대평가하는 전통적인 유심론의 경향이 담겨 있었으니 "마음이라는 것은 모든 일의 근본이다."와 같은 것들이다.

손중산이 중서문화의 "융합"에 관한 제3단계는 그의 만년에 드러난다. 우리가 제2단계를 철학의 "융합"이라고 불렀다면 제3단계는 윤리의 "융합"이라고 부를 수 있을 것이다. 하지만 이 두 단계가 서로 뒤섞이면서 시간적인 간격은 그다지 명확하지 않았다.

이미 1917-1919년에 《건국방략》을 쓰면서 손중산이 심리구조를 세우는 부분에서 지난행이라는 학설의 기틀을 세우는 데에 치중하였지만 윤리도덕에까지 고려하였다는 것은 중요한 의미를 가진다. 그는 "사회국가라는 것은 서로 돕는 것이고 도덕인의라는 것은 서로 필요한 것이다. 이 원칙을 따르는 인류는 흥하고 따르지 않으면 망한다."라고 말하였다. 아울러 중국이 빈약한 원인을 "탐관오리와 썩은 정치의 해악이니 만약 이 해악을 모두 제거한다면 명실상부하게 중국은 부강해진다."라고 지적했다. 1919년 10월 10일 손중산은 신해혁명 8주년을 기념하여 상해 《신보(晨報)》에 발표한 《8년의 오늘[八

年今日]》이라는 글을 통해 “오늘이 어떤 날인가? 바로 관리가 득세하고 군인이 제멋대로 굴며 정치인이 혼란을 일으켜 백성들이 도탄에 빠진 날이다. 죄악의 근본을 똑똑히 가려보면 정치인들이야말로 모든 악의 근원이다 …… 정치인들은 그저 사리사욕만을 챙기고 각종 음모를 꾸미며 교활하기 이를 데 없으며 염치나 도덕 따위는 전혀 찾아볼 수 없으니 진정 인류라 말할 수 없는 것들이다.”라고 통렬하게 지적했다. 이 논평이 단지 정치도덕에 바탕을 둔 것이라면 1924년 봄 그는 민족주의에 관한 강연을 통해 “현재 우리가 민족적 지위를 회복하려면 모두 단결하여 하나의 민족과 국가를 이루는 것 말고는 고유의 오래된 도덕을 먼저 회복시키는 길밖에 없다. 고유의 옛 도덕을 갖춘 뒤에야 비로소 고유의 민족적 지위를 회복할 수 있다.”라고 더욱 명확하고 포괄적으로 강조했다.

주목할 만한 것은 손중산이 공개적으로 “고유의 옛 도덕”의 회복을 호소했을 때가 이미 5·4운동이 일어난 뒤에 마침 어느 정도 신문화운동에 대한 반대로 옛 도덕의 역행하는 반응이 있던 때라는 점이다.

손중산은 비록 5·4운동에 대해 열정적인 지지를 드러낸 적이 있지만 무조건적으로 옛 도덕을 부정하는 신문화운동에 대한 불만을 말하는 것을 피하지 않았다. 그는 같은 연설에서 “중국 고유의 도덕에 대해 말하자면 중국인들이 지금까지 잊지 못하는 것으로서 가장 으뜸이 충효, 그 다음이 인애, 그 다음이 신의, 그 다음이 평화이다. 이러한 옛 도덕을 여전히 지금도 중국인들은 말하고 있다. 하지만 지금 외래 민족이 억압하고 신문화가 침입하면서 이러한 신문화의 세력들이 지금도 중국을 휘젓고 있다. 보통 신문화에 심취한 사람들은 옛 도덕을 외면하고 신문화를 점유하면 더 이상 옛 도덕은 필요 없다고 생각한다."라고 지적했다.

이 점을 중국전통문화에 대한 손중산의 매우 뚜렷한 회귀로 볼 수 있지만 완전히 신문화운동과 대립되는 복고라고 생각할 수는 없다.

여기에는 두 가지의 설명이 필요하다.

첫째, 손중산은 결코 전면적으로 신문화운동을 부정한 것이 아니라 단지 신문화운동 과정 속에서 드러난 민족허무주의의 경향을 반대한 것이다. 신문화운동의 적극적인 참가자들은 대부분 2, 30대의 혈기왕성한 청년들로 그들은 신해혁명의 열매를 구세력이 착복한 것에 대해 분개하였기 때문에 더욱 전통문화로부터 결별하는 간격을 벌렸다. 게다가 몇몇은 한문을 폐기하거나 한자로 쓰인 서적들을 읽지 말자는 등의 과격한 주장을 하였다. 그리고 일부 서양문화에 완전히 도취한 유학생들은 단순하고 난폭하게 중국은 "모든 일이 사람보다 못하다.", "10분의 1은 사람 같지만 10분의 9는 귀신같다."와 같은 말로 조국의 문화를 깎아내리거나 전면적으로 부정하기까지 했다. 이러한 현상은 당연히 많은 사람들의 반감을 불러일으켰는데 그 중에는 민족적 자존심을 가진 애국자들의 반감도 포함되어 있었다. 손중산의 옛 도덕에 대한 수호의식은 바로 민족주체의식이 사라질 우려에서 비롯한 것이다.

둘째, 손중산도 절대 모든 옛 도덕과 옛 전통을 되살리고자 한 것은 아니다. 적어도 주관적인 바람에서 그는 전통문화의 정수와 찌꺼기를 구분하려 애썼고 남아 있는 옛 도덕에 관해서도 수많은 새로운 해석을 해야 한다고 생각했다. 이를테면 그가 《북벌선언(北伐宣言)》에서 지적했던 것처럼 "원세개의 칭제, 장훈(張勳)의 복위, 풍국장(馮國璋)과 서세창(徐世昌)의 범법행위, 조곤(曹錕)과 오패부(吳佩孚)의 매국행위 등이 13년 동안 끊임없이 이어졌던 것을 고려하면 이 사람들이 세대교체를 이루어도 전통사상 자체는 한결같았음을 알 수 있다."[325] 여기에서 말하는 전통사상은 당연히 제왕사상, 전제사상과 같은 쓸데없는 것으로 이러한 반동성분은 마땅히 없애야 한다. 또한 그는 고유의 도덕인 "충"을 유지해야 한다고 주장하면서도 "충"에 관한 새로운 해석을 덧붙였다. "우리가 어떤 일을 할 때 항상 성공할 때까지 변치 말아야 하며 만약 성공하지 못한다면 목숨을 바치는 것도 아끼지 말아야 하니 이것이야말로 충이다.", "우리 민국의 도리에 비추어 말하자면 충성을 다하되 군주에게 충성하는 것이 아니라 나라에 충성하고 백성에 충성하며 4억 동포들에게 충성을 바쳐야 한다."[326] 이 밖에도 그는 정통유학이 주장하는 내성적인 수신(修身)을 자중하고 자율적인 문명행위로 해석하며 서양인들이 배워야 한다고 강조했다. "만약 여러분들이 수신의 조예를 체계적으로 갖춰 이러한 모습이 자연스럽게 밖으로 드러나고 설사 작은 행동거지라도 주의를 기울이면 외국인들도 천박한 짓을 하지 않을 것이다. 다른 사람의 자유를 침해하는 것은 외국인들이 반드시 존중하는 것이기 때문이다. 그러므로 오늘 말한 수신을 여러 청년들이 외국인들의 신문화를 배워야 한다."[327]

325) 《손중산선집》, 하권, 873쪽.
326) 《삼민주의·민족주의》, 《손중산선집》, 하권, 653쪽.

이뿐만 아니라 손중산 말년의 중서문화 "융합"은 한층 더 높은 차원의 성향을 드러냈으니 그것은 중국의 전통적인 대동(大同)과 왕도사상을 세계 무산계급 및 억압받는 민족이라는 레닌의 선전과 연합하여 제국주의에 반대하는 위대한 사상으로 그러모은 것이다. 1923년 그는 《이누카이 쓰요시에게 보내는 글[致犬養毅書]》을 통해 소비에트주의(즉 레닌주의)를 "억울한 인민은 억울한 인민과 연합해야만 횡포를 제거할 수 있다."라고 요약했다. 그리고 더 나아가 "소비에트 주의라는 것은 곧 공자가 말한 대동이다. …… 소비에트 러시아를 세운 이념이 이와 같은 것이니 두려울 것이 무에 있겠는가!"라고 말했다. 이듬해 겨울 그는 고베 여고에서 《대아시아주의》를 강연하면서 이 사상과 중국전통의 왕도문화를 결합해야 한다고 주장했다. 손중산은 "동양의 문화는 왕도이며 서양의 문화는 패도이다. 왕도가 말하고자 하는 것은 인의와 도덕을 주장하는 것이고 패도가 말하고자 하는 것은 실리와 강권이다. 인의와 도덕에 대해 말하자면 정의와 공리로서 사람들을 감화시키는 것이고 실리와 강권에 대해 말하자면 서양의 창과 대포를 이용하여 압박하는 것이다."라고 설명했다. 아울러 진지하게 일본에게 충고하기를 "너희 일본민족은 이미 유럽과 미국의 패도문화를 받아들였으면서도 아시아 왕도문화의 본질을 갖고 있다. 지금부터 세계 문화의 전망에 대해 서양 패도의 주구가 될지 동양 왕도의 간성이 될 지는 일본국민 여러분의 신중한 선택에 따라 평가된다."라고 하였다.

327) 같은 책, 655~656쪽.

도덕관에 따라 말하자면 이 역시도 한층 더 높은 차원으로 진입한 것으로써, 즉 전통적 왕도관념과 당대의 국제주의를 결합한 것으로 나라와 나라 간의 관계를 최고의 도덕적 규범으로 처리함으로써 세계라는 범위 안에서 합리적인 구조와 질서가 이루어지기를 바란 것이다. 이러한 전통문화의 회귀는 이미 참신한 시대적 내용을 주입한 동시에 반짝이는 이상주의적 광채를 띠고 있기 때문에 복고주의와는 함께 논의할 수 없다.

손중산은 점차 자신의 날카로운 통찰력을 10월 혁명 이후의 러시아에 집중하였으며 새로 일어난 "소비에트 주의"에 대해 많은 희망을 걸고 있었다. 또한 이러한 새로운 형식의 서양문화를 도입하려는 약간의 의지도 내비쳤다. 다만 안타깝게도 너무 빨리 병사하였기 때문에 손중산은 중서문화의 "융합"이라는 새로운 지평을 직접 열지 못했다.

3. 역사의 계시

전통문화에 대한 결별과 회귀는 인류 역사에서 개별적이거나 우연한 현상이 아니라 매우 보편적인 현상이다. 중세 야만의 시기에서 근대 문명으로 전환하는 시기의 상황은 특히 그러했다.

르네상스의 발상지인 이탈리아는 새로운 사회의 역량인 지식계층을 대표하였는데 중세 시기의 낡은 제도, 관념과 결별하기 위해 고대 그리스, 로마 문명의 정신력을 흡수하였다. 그들은 세계의 발견을 거치면서 인간을 발견했을 뿐만 아니라 양피지에 베껴 쓴 희랍어와 라틴어 고전, 정교하고 뛰어난 예술작품, 역사 유적지의 무너진 담벼락을 통해 새로운 사회를 건설할 이상과 열정을 추구했다. 이런 근대문명의 선구자들은 고전문화를 마치 미친 듯이 모방한 것이다. 그들은 키케로와 플리니우스를 모델로 삼아 열심히 라틴어로 쓴 서찰을 공부하였을 뿐만 아니라 매회 이루어진 강연은 마치 고대 로마 원로원의 웅변가들의 그윽한 메아리를 방불케 하였다. 오늘날의 낡은 전통의 권위를 거스르기 위해 어쩔 수 없이 더 낡은 전통에 기댈 수밖에 없었다. 마치 루터가 사도 바울의 복장을 뚫고 크롬웰이 《구약성서》의 선지자 모세를 빌렸던 것과 같다. 그래도 마르크스는 "죽은 자를 되살리는 것은 새로운 투쟁을 찬양하기 위함이지 낡은 것을 모방한 졸렬한 투쟁을 위함이 아니다."[328]라는 훌륭한 말을 했다. 고전문화로 회귀하려는 열기는 오히려 지중해 연안을 자산계급을 육성하는 요람으로 만들어 버렸다.

표트르대제의 개혁이 단행된 뒤 러시아에서는 결별과 회귀라는 두 가지 성향은 두 개의 파벌로 등장했다. 대표적인 서구주의자였던 표트르 1세 이후의 개혁 흐름은 그들을 러시아가 야만성과 낙오를 벗어나려면 반드시 전반적인 서구화가 필요하다고 생각하였는데, 특히 영국의 입헌군주제를 본받아 실행해야 한다고 여겼다. 낡은 전통과 결별하기 위해 그들은 극단적인 언어를 구사한 것도 모자라 러시아가 인류 문명의 발전에 줄곧 먹칠을 해 왔으며 어떠한 공헌도 한 적이 없다고 생각했다. 이러한 민족허무주의적인 발언들은 수많은 러시아인들의 감정에 깊은 상처를 남겼으므로 슬라브주의를 탄생하게 만들었다. 슬라브주의자들은 러시아의 역사적 유산을 지

328) [독] 마르크스 : 《루이 보나파르트의 브뤼메르 18일(路易·波拿巴的雾月十八日)》, 《마르크스·엥겔스 선집》, 제1권, 586쪽.

키는 투사를 자처하며 최대한 민족 고유의 미덕을 발굴하여 인민의 애국사상을 고취시키고 서양에 영향을 받은 러시아 문화의 타락을 반대한다고 주장했다. 하지만 슬라브주의자들도 위에서부터 시작되어 아래로 내려오는 개혁을 반대한 것만은 아니다. 이 문제에 있어서는 그들도 서구화주의자들과 근본적으로 별반 차이가 없다.

근대 자산계급문명의 발전을 세계적 경향에 따라 말한다면 "서조동점(西潮東漸)"이라는 네 글자로 요약할 수 있다. 유라시아 대륙을 뛰어넘는 러시아를 포함한 동양의 국가들의 근대화 과정은 대부분 서양을 배우는 데서부터 시작했다. 러시아의 혁신자들이 그저 자기 민족의 낡은 전통에서 결별할 것을 주장했다면 서양의 진보한 문명을 애모하는 유신지사들은 더 나아가 모든 아시아의 낡은 전통에서 벗어나기를 주장했다. 후쿠자와 유키치가 1885년 발표한 《탈아론》이 바로 이러한 사조의 대표작이다. 하지만 강대한 서양세력을 맞닥뜨린 충격에서 시작된 고유의 민족정신을 잃을까 두려워하는 위기의식도 계속 증가했기 때문에 "화혼양재(和魂洋才)"와 같은 주장도 여전히 어느 정도 영향을 끼치고 있었다. 국학파의 미야케 세쯔레이(三宅雄次郎), 시게타카 시가(志賀重昂) 등은 국수주의를 지킬 것을 주장하며 "일본주의"329)를 널리 알렸다. 뒤이어 "동양의 루소"라는 명예를 지닌 나카에 초민도 "숭외비내주의(崇外卑內主義)"의 유행에 대해 깊은 우려를 갖고 있으며 맹목적으로 서양을 모방해선 안 된다고 여겼다.

---

329) 황절 : 《〈국수학보(國粹學報)〉 서문》, 《국수학보》, 제1기에 실려 있다.

서학동점은 일본을 거쳐 중국에 충격을 주었고 중국에서도 개방과 배외라는 두 가지 반응을 이끌어 냈다. 민족 고유의 문화를 대하는 태도는 곧 결별과 회귀라는 두 가지 경향을 보여 준다. 앞에서 말한 대로 손중산이 겪은 결별에서부터 회귀에까지의 과정은 그저 이러한 근대문화 발전 상황의 한 단면에 불과하다.

중국의 낡은 전통문화는 엄청난 매력을 지니고 있으며 깊은 타성에 젖어 있다. 서양의 근대문명을 배우기 위해서는 먼저 진부한 전통과 결별해야 하는데 적어도 그 절대적인 권위를 흔들어 놓아야 한다. 결별의 경향은 19세기 중엽부터 이미 시작되었지만 낡은 전통은 언제나 새로운 제도가 탄생하는데 장애가 되곤 한다. 풍계분의 "중국의 윤리와 명교를 근본으로 삼고 여러 나라가 부강해진 방법으로 보완한다."라는 말에서부터 시작되어 양무파가 받들었던 "중국학이 체(體)이고 서학은 용(用)이다."라는 말들은 모두 앞으로 나아가는 길이 얼마나 힘든지를 알 수 있다. 이러한 표층적 결별에 불만을 품은 식견을 갖춘 이들은 근본과 방법, 체와 용은 나눌 수 없는 것이라 생각하였기 때문에 본체의 혁신을 추진하였다. 엄복(嚴複)은 "체용은 하나라는 말이다. 소의 근본은 무거운 것을 짊어지는 용도이고 말의 근본은 먼 곳을 가는 용도이니 소의 근본으로 말의 용도를 쓴다는 것은 들어본 적이 없다. 중국과 서양의 학문은 다르기에 그 학문을 배우는 사람들의 성향도 다를 수밖에 없으니 억지로라도 비슷하다고 말할 수 없다. 그러므로 중학에는 중학의 체용이 있고 서학에는 서학의 체용이 있다. 나누면 공존할 것이고 합치면 함께 망할 것이다."[330)]

라는 금궤거인(金匱舉人) 구가부(裘可桴)의 말을 인용하였다. 이러한 견해는 분명 심각하지만 매우 품격 있는 선구자의 철학이 담긴 말이다. 하지만 이러한 말이 항상 민족이 이미 정한 심리 상태에 받아들여지는 것은 아니다. 설령 탁고개제의 외투를 뒤집어 쓴 무술유신일지라도 매우 쉽게 완고파에 의해 잔혹하게 말살되었고 연이어 신문물을 완전히 배척하는 "부청멸양(扶清滅洋)" 운동에까지 이르렀다. 즉 진부한 전통과 결별한다는 말은 신해혁명과 "5·4"신문화운동처럼 모두 무술유신의 미완의 사업을 계승한다고 말할 수 있다.

새로운 사회제도는 대부분 이전 사회의 모체에서 태어나지만 신생아가 탯줄을 끊고 모체를 벗어나야만 독립적인 자신의 생명을 얻는 것처럼 새로운 제도 역시 어떻게든 낡은 세력의 굴레를 벗어나야만 하는 무거운 과제를 안고 있다. 그러려면 계급적, 경제적, 정치적, 이데올로기의 힘을 포함하는 엄청난 역량이 필요하고 여기에 많은 세대의 꾸준한 노력을 있어야만 이러한 과제들을 조금씩 해결할 수 있다. 가장 우선시되는 과제는 바로 낡은 전통에 대한 무조건적인 정신적 권위를 무너뜨리는 일이다. 서양은 고대문명의 찬란한 빛을 찬양하고 중세시기의 암흑을 폭로함으로써 인간성으로 신성성을 대신하였고 낡은 종교의 부패한 통치체제를 부정하였다. 동양은 서양과 비교하여 자신들의 우매함과 야만성을 폭로함으로써 정통문화의 권위 있는 지위를 흔들었다. 중국의 경우에는 유학의 신성한 도통을 부정하였다. 벨린스키의 《고골에게 준

330) 엄복 : 《〈외교보〉와 주인론 교육서적(与〈外交报〉主人论教育书)》, 《외교보》, 1902(9)에 실려 있다.

편지》, 체르늬셰브스키의 《서막》, 후쿠자와 유키치의 《문명론 개략》, 나카에 초민의 《1년 반·속(續) 1년 반》부터 신해혁명 전날 밤의 《강소(江蘇)》, 《절강의 시류》 등의 서적에 쓰인 수많은 시문들은, 모두 작가가 동서 문화의 비교를 통해 자기 나라의 아시아식 야만과 우매함을 강력히 비판한 것이라 볼 수 있다. 손중산이 1897년 봄에 발표한 《중국의 현재와 미래》라는 글도 이러한 내용을 담고 있다.

물이 높은 곳에서 아래로 흐르는 것과 달리 인간은 다양한 문명을 비교하고 선택하는 과정에서 대부분 저급한 곳을 떠나 고급스러운 곳에 가까워지려고 한다. 이로 인해 근대 동서 문화의 교류와 충돌과정 속에서 동양의 국가들이 드러낸 전통문화에서 벗어나 서양문명으로 나아가려는 현상은, 역사적으로 필연적인 과정이며 진보적인 흐름이다. 하지만 동서양의 차이가 너무 컸기 때문에 동양의 국가들은 충돌과 경쟁에 있어서 늘 약자와 실패자의 위치에 처해 있었기에 서양을 배워가는 과정 속에서도 쉽사리 민족적 자괴감이 생겼으니, 이것이 바로 나카에 초민이 혐오했던 "숭외비내주의"이다. 이러한 경향이 극단적으로 발전한 것이 전면적인 서구화라는 주장인데 자기 민족의 고유한 문화를 완전히 단절하자는 것이다. 물극필반(物極必反)이라고 전면적인 서양화에 대응해 생겨난 산물은 더욱 강조된 전통문화로의 회귀로, 이들은 옛 학문을 보존하고 부흥해야 한다고 공개적으로 주장하는 데까지 이르렀다. 이러한 회귀를 긍정적으로 바라보면 민족정신을 상실할 수 있다는 걱정에서 비롯된 것이지만 부정적으로 바라보면 근대화의 역반응을 일으키기 쉽다고 말할 수 있다.

일본에서는 국학파의 배타적인 논조 이외에도 1890년에 반포한 《교육칙어(教育敕語)》에서 "완전한 도덕적 역량" 및 주민 생활방식의 서구화와 전통의 이원화된 공존을 요구하였는데 모두 "일본 고유의 정신인 화혼(和魂)"을 보존하려는 강렬한 염원을 드러낸 것이다. 중국에서 20세기 초에 일어난 국수주의 사조도 공개적으로 주장했다. "옛 서유럽의 발흥은 르네상스로부터 시작되었고 일본의 진흥은 국수를 보존하는 논의에 바탕을 둔다. 전철을 밟지 않으면 뚜렷하게 볼 수 있다."[331]라고 하였다. 국학파의 대가인 장태염이 직접 국수주의를 선언한 것은 바로 서구화 주의자들의 "자포자기"[332]를 배격하기 위한 것이다. 손중산의 전통문화에 대한 대폭적인 회귀는 신해혁명 이전의 국수주의 사조와는 10년 이상의 떨어져 있다. 하지만 그가 민족의 주체의식을 잃을까 걱정한 동시에 "중국 고유의 정신"의 발양과 "고유의 민족적 지위"회복을 연관 지은 기본적인 생각은 장태염 등과 유사한 맥락이 있다.

도덕은 전통문화의 핵심이며 민족문화의 심리구조에서 가장 안정된 단계 중 하나이다. 도덕은 사회생활의 각 방면에 스며들 뿐 아니라 민족과 국가를 아우르는 가장 큰 응집력이 된다. 동양으로 서양문화가 흘러들어올 때 전통문화가 받는 충격 중에 사람들을 가장 걱정스럽게 하는 것도 도덕관념인데 이는 도덕이 사회 전반에 걸쳐 엄청난 파장을 일으킬 수 있기 때문이다. 나카에 초민이 《1년 반》을 통해 일본 메이지 유신 이후의 상황을 "일본과 구미 각국이 서로 왕래하면서

---

331) 《국수학당의 시작을 여는 단초(拟设国粹学堂启)》, 《국수학보》, 제26기.

332) 《연설록》, 《민보》 제6기에 실려 있다.

이 나라들의 재화, 제도, 문화, 관습, 풍속, 복장들이 한꺼번에 일본으로 전해질 때 일본의 고유문화는 순식간에 사라져 버렸고 온 나라가 새로운 세계로 일제히 뛰어들었다."라고 묘사한 것도 이와 같다. 그 결과 돈과 재물에 눈이 멀거나 사리사욕만 생각하거나 방탕하고 도덕적으로 타락하여 "교육자, 사회사업가, 정치인들 모두 입만 열면 부패하고 타락한 문제들을 논의"하게 되었다. 이에 신도교를 회복을 주장하기도 하고 유학을 더욱 발전시키자고 주장하기도 하며 불교를 널리 보급하자고 주장한 이들도 생겨났다. 여러 의견이 분분했지만 고유의 도덕성을 회복시키려는 마음은 한결같았으니 전통문화의 회귀에 대한 경향 역시 마찬가지였다. 비슷한 경향은 1906년 이후 장태염의 사상에서도 분명히 드러났는데, 그는 도덕적 해이가 망국의 "씨앗"이며 "혁명을 가로막는 원인"이라고 생각했다. 이 때문에 염치를 알 것, 충성, 정직과 믿음이라는 네 가지 덕목을 혁명단체에 요구하며 어린 시절에 전통도덕을 경시했던 것을 후회했다.[333)]

장태염의 도덕적 설교는 분명히 수구의 색채를 띠고 있고 전통도덕의 복원을 "문화복고"를 구성하는 성분이라 여기고 있다. 하지만 그의 우려는 객관적인 근거가 없는 것이 아니라서 혁명 진영 내부에서도 응답자가 생겨났다. 남경 임시정부가 설립된 뒤 정치구조가 변함에 따라 동맹회의 핵심과 다른 군정관원들의 부패현상이 나날이 증가했기 때문에 도덕적 품격을 주의할 것을 바라는 목소리가 더욱 강해졌다. 호한민은

---

333) 《혁명의 도덕(革命之道德)》 참조, 《민보》 제8호에 실려 있다.

"당시 각 성의 군인들 중 강소와 상해지역을 왕래하는 자들은 꽤나 방탕하고 음란하니 영웅호색이라 할 만하다. 그들은 머리를 자르고 복식을 바꿨으며 사회는 점점 사치스러워졌다. 정치인들의 매관열기도 들불처럼 일어나서 정위와 오, 채, 이(왕정위(汪精衛), 오치휘(吳稚暉), 채원배(蔡元培), 이석증(李石曾) — 인용자) 등 여러 인사들은 사고능력으로 이를 교정하고자 했다. '진덕회(進德會)', '육불회(六不會)'가 모두 여기에서 생겨난 것이다."[334]라고 말한 적이 있다. 이 점은 나카에 초민이 묘사했던 메이지 유신 이후 일본 사회의 변화와 꽤 흡사하다. 손중산이 만년에 전통문화와 고유 도덕으로 회귀한 것도 신해혁명 전후의 이러한 정신적 폐단을 바로잡으려는 노력이 이어진 것이라고 할 수 있다.

사람들은 도덕에 대한 근심걱정을 이해할 수 있지만 과학적 인식에 접근한 것은 말하기 어려워한다.

왜냐하면 "자본은 사회로부터 와서 머리부터 발끝까지 모든 땀구멍에 피와 온갖 더러운 것들을 쏟아 붓기 때문이다."[335] 자산계급은 태어날 때부터 이윤을 남기기 위해 노골적이며 뻔뻔스럽고 직접적으로 착취하거나 종교적 환상, 정치적 색채 및 도덕이라는 껍데기를 뒤집어 쓴 채 이윤을 챙기기도 한다. 자산계급이 직접 통치하는 지역에서 갖가지 종법적이고 도덕적인 봉건굴레를 냉정하게 제거하지 못하면 그들은 전대미문의 거대한 생산력을 만들어 낼 수 없을 것이다. 장태염은 1906년 발표한 《구분진화론(俱分進化論)》을 통해 인류문명의 발

---

334) 《호한민선생 자서전》, 246쪽.
335) 《마르크스·엥겔스 선집》, 제2권, 266쪽.

전에 대해 몇 가지 통찰력 있는 논평을 한 적이 있다. 그는 "진화가 발전한다는 것은 한쪽 방향으로만 나아가는 것이 아니라 반드시 양쪽이 함께 나아간다. 한쪽 방향으로만 나아가는 것은 오직 지식의 진화만 그러하다고 말할 수 있다. 도덕에 대해 말하자면 선한 것도 진화이며 악한 것도 진화이다. 삶에 대해 말하자면 즐거움도 진화이고 고됨도 진화이다. 양쪽이 함께 나아간다는 말은 그림자가 형체를 따르고 망량(罔兩)이 그림자를 좇는 것과 같다."[336]라고 말했다. 이는 앞서 서술한 역사적 명제에 상당히 가깝게 접근한 것이지만 장태염은 소자산계급의 비탄에 빠진 시각으로 근대문명을 바라보았기 때문에 전통문화로의 회귀로 돌아가기 쉬웠다. 우리는 손중산을 포함한 일부 옛 민주주의자들이 저마다 다른 수준으로 전통적인 사고방식의 제약을 받았음을 알 수 있으니 즉 삼왕을 정치사상으로 삼고 윤리를 교화의 시작으로 여기며 자아성찰을 수양의 근본으로 삼은 것이다. 그리하여 그들의 전통문화에 대한 회귀는 종종 도덕적 측면에 편중되어 있다.

하지만 메이지유신 시기에 일부 사상가들은 도덕적 타락을 그다지 중시하지 않았다. 후쿠자와 유키치는 "문명의 근본은 개인의 도덕에 달려 있지 않다.", "문명의 여부를 단순히 나쁜 사람의 많고 적음으로 판단할 수는 없다."라고 말했다. 무턱대고 권선징악의 "덕교"로서 세상 사람들의 마음을 구슬린다면 "오히려 사람들의 천부적인 지능을 감퇴시키고", "인간의 본성을 발전시키는 것을 가로막을 수" 있다. 나아가 현대에서

336) 《민보》, 제7호.

태고로 돌아가는 것은 도시가 시골로 바뀌고 어른이 아이로 돌아가는 것이며 인류가 원숭이로 변하는 것이다. 그러므로 그는 "지덕"을 주장하며 실질적으로 근대과학의 지식에 바탕을 두고 세워진 "지혜"를 강조했다. 그는 전통도덕에 대한 맹목적인 신봉을 반대하는 동시에 후세 사람들이 도덕적으로는 옛 성현을 넘을 수는 없지만 지금 사람들의 지혜가 옛사람들을 훌쩍 뛰어넘을 것이라고 주장했다. 지혜로만 따진다면 고대의 성현들은 그저 지금의 3살짜리 아이 수준에 불과하며 아울러 후세 사람들의 지혜의 발전도 성인들이 말한 도덕에서 비롯되어 실현한 것이 아니다.[337] 나카에 초민은 "각각의 계층사람들은 모두 조금씩 자신의 인품과 덕성의 수양을 높여야 한다."라고 권유했지만 그 역시도 진화의 낙관적인 시각에서 메이지유신 시기의 사회변화를 바라보았고 "시세를 결정하는 것은 자연적인 과정이며 필연적인 단계일 것"이라고 생각했다. 그는 문화교육의 발전과 과학의 발전을 더욱 강조하여 "물질의 아름다움"을 거대한 정신력으로 바꿀 수 있다고 주장했다. 그의 관점으로 본다면 일본의 "중대한 실패원인"은 도덕이 부족해서가 아니라 "독창적인 철학"이 없기에 위대한 사업을 이루기 어렵다는 것이다. 그러므로 "무엇보다 중요한 것은 최대한 빨리 근본적인 교육개혁을 통해 완고한 학자가 아닌 적극적인 백성을 길러내는 일"[338]이라고 생각했다. 이러한 인식은 분명히 20세기 초의 중국의 사상가들보다 어느 정

337) [일] 후쿠자와 유키치 : 《문명론개략》, 제6장, "지덕의 구별", 북경, 상무인서관, 1982. 참고.

338) [일] 나카에 초민 : 《1년 반》, 제1장, 북경, 상무인서관, 1982. 참고.

도 깊이가 있으며 일본인이 선진 외래문화를 더 잘 받아들였을 뿐만 아니라 일본 사회 역시 자산계급문명을 발전시키는 적극적인 요소가 갖춰져 있었음을 증명한다. 전통문화와의 결별이 낡은 도덕이 타락하자마자 시작되었음을 놓고 비교해 보면 이는 바로 중국의 자산계급혁명이 아직 성숙하지 않았음을 보여준다.

이상의 대략적인 비교분석을 통해 아래의 몇 가지 인식을 얻을 수 있다.

첫째, 봉건사회에서 자본주의사회로 변화하는 과정에서 새로운 제도를 창조한 선구자들은 전통문화에 관해 모두 결별과 회귀라는 두 가지 성향을 띠고 있다. 자본주의 발전이 가장 이른 서유럽이 한 가지 유형이다. 여기서의 결별은 중세기의 부패한 종교에 대한 비판과 결별로 주로 드러나고 회귀는 주로 고대 정신문명에서 인문주의의 원천을 찾고자 하는 것으로 드러난다. 어쩌면 일종의 시간을 뛰어넘는 결별과 회귀라고 말할 수 있다. 중세기의 낙후된 상태로 오랫동안 몰락했던 동양은 또 다른 모습이다. 여기서 결별은 서양의 근대문명을 모방하고 배우고 따라하는 것으로 가장 먼저 드러나고 회귀는 전통문화에서 자기 민족의 주체의식을 찾아 선진 외국문명에 동화되는 것을 막고자 하는 형태로 주로 드러난다. 이는 공간을 뛰어넘는 결별과 회귀라고 말할 수 있다.

두 번째, 동양의 국가들로 말하자면 서양 근대문명으로 나아가기 위해 전통문화와 결별하려는 태도는 전반적으로 진보적인 역사적 흐름이라 말할 수 있다. 하지만 강약과 빈부격차가 너무 커서 부족한 자신감과 민족적 자괴감이 생기기 쉬웠고 완전한 서구화주의와 민족허무주의가 생겨나기 쉬웠다. 전통문화로의 회귀는 상황은 꽤 복잡하다. 완고파의 수구주의로의 복구와 새로운 사조에 대한 대항은 자연스럽게 후퇴하려는 경향이다. 새로운 제도의 창조자들이 종종 전통문화로 회귀하는 것은 대부분 독립적인 민족정신을 상실할까 두렵기 때문이며 서양에 완전히 동화되는 것을 막기 위함이다. 이러한 회귀는 지극히 합리적이고 필요한 것이며 긍정적인 의식을 갖고 있다. 그러나 오랜 전통은 워낙 튼튼하고 관성력 또한 굉장히 강해서 새로운 사회적 역량은 한정된 결별 뒤에 쉽사리 회귀를 거쳐 옛 전통을 복구하기도 한다. 따라서 동서문화의 교류 과정에서 결별과 회귀는 모두 다 어느 정도는 필요하다. 어쩌면 결별하면서도 근본을 잊을 수 없고 회귀하면서도 옛것으로 돌아갈 수는 없다고 말할 수 있다.

셋째, 손중산이 주장했던 중서문화를 받아들이고 "융합"하여 수용하며 장점을 골라 따른다는 것은 본토문화의 정수를 소중히 여기며 또 외래문화의 선진적인 부분을 과감히 흡수한다는 것으로 이러한 주장은 모두 높이 평가해야 한다. 하지만 그가 결별과 회귀라는 두 가지 문제를 적절히 해결하지 못했다는 점도 주목해야 한다. 그는 위대한 실천가로서 빈번하고도 긴장된 혁명 활동은 그가 더 많은 시간 동안 이론을 연구하는 것을 불가능하게 했고 자연히 전통문화를 다루는 방법에 관한 연구에 더 많은 정력을 쏟지 못했다. 그는 결코 옛 전통문화 진영에서 태어나지 않았기에 이는 그가 서양의 진보문명으로 나아가는 데에 유리한 조건이라고 말할 수 있다. 하지만 중국문화에 대한 이해가 깊지 않아서 그는 중서문화를 "융합"하는 데 어려움을 겪었다. 의사의 전문적인 훈련과 직업적 소양은 그로 하여금 과학적인 두뇌를 갖게 한 동시에 실천을 중시하도록 만들었지만 높은 수준의 철학사상과 추상적인 사유는 부족하게 만들었다. 그의 이론은 많은 사실적 증거를 열거한 뒤에 종합하여 이념적 개괄을 만드는 것을 좋아하기 때문에 치밀하고도 깊이 있는 사상체계를 만들기는 어렵다. 즉 중서문화에 대한 "융합"에 관해 말하자면 대부분 개략적인 비교와 분석에 국한되며 당연히 갖춰야 할 깊이나 역량이 부족하다. 이러한 방식으로 손중산은 전통문화에 대한 결별과 회귀라는 문제를 비교적 원만하게 해결할 수 없을 것이다. 결별은 합당한 철저함이 결여되어 있었고 회귀 역시도 낡은 전통이라는 어느 정도의 속박에 사로잡혀 있음이 분명했다. 손문주의(孫文主義)가 손중산 사후에 쉽게 우파로 발전하고 대계도주의(戴季陶主義)의 아류 중 하나로 왜곡된 이유가 바로 여기에 있다.

하지만 절대로 경박하게 선구자를 무시해선 안 되며, 조국의 근대화를 위해 분투했던 업적을 존중해야만 한다. 더군다나 손중산은 정치적, 사상적, 문화적으로 근대 중국사회에 깊숙한 영향을 미친 당대의 거인이었다. 그의 성공의 경험과 실패의 교훈은 모두 우리 민족의 귀중한 보물이다. 중서문화를 "융합"한 토대 위에 우리 민족의 현대문명을 창조하려는 위대한 사상을 포함한 그의 이루지 못한 사업을 우리는 계속 이어가려고 노력하고 분투해야 한다. 우리는 절대 교만하거나 자만해서도 안 되지만 스스로를 비하할 필요도 없다. 역사가 우리에게 부여한 사명은 다음과 같다. 선인의 역사적 경험을 바르게 정리하고 우리의 이데올로기와 사유 방법을 과학적으로 갱신하며 더 개방적인 태도로 외국의 선진문명을 받아들이는 동시에 더욱 너그러운 태도로 우리나라의 문화유산을 대해야 한다. 널리 수용하며 다른 사람의 장점을 보고 배우며 다방면의 도리와 이치에 통달하여 당대 민족의 휘황찬란한 정신문명과 물질문명을 이룩하기 위해 노력해야 한다.

결별과 회귀

[부 록 3]

선구자의 족적

— 예일대학 도서관에 수장 중인 용굉(容閎) 문헌 논평

[부 록 3]

선구자의 족적

— 예일대학 도서관에 수장 중인 용굉(容閎) 문헌 논평

용굉(容閎)은 근대 중국에서 가장 먼저 나라를 떠나 세계를 본 소수의 선각자 중 한 명이다. 그는 미국에서 비교적 완전한 고등교육을 받았기 때문에 서양에 대한 이해가 동시대의 동료들보다 더 깊었고 그의 사상과 언행은 더 많은 전망성을 띠고 있었다. 하지만 용굉에 관한 연구는 지금까지도 우리 사학계에서는 취약한데 그 주원인은 남아 있는 직접적인 원시 사료가 매우 적고 《서학동점기》를 제외하고는 활용할 수 있는 다량의 축적된 문헌이 거의 없기 때문이다. 이는 당연하게도 용굉을 연구하려는 뜻을 품고 있는 수많은 연구자들을 곤란하게 한다.

직접 미국에서 유학하고 아울러 중국의 아이들을 데리고

미국 유학을 떠나는 것이 용굉 인생의 역정 중에 매우 중요한 장이 된 것은 그의 현대화된 사상과 실천이 여기에 밑거름이 되었기 때문이다. 하지만 기존의 문헌 중에 이 시기의 용굉과 관련된 역사적이고 더욱 직접적인 기록(《서학동점기》를 제외한)이 결여되어 있다. 1988년 나는 우연히 미국 예일대학 도서관의 문서부(Yele University Library,Manuscripts and Archives)에서 소장중인 용굉 개인의 문헌(Yung Wing Collection)을 발견하였다. 그 중에는 Manuscripts Group No. 602의 일련번호로 된 용굉의 소장품, Manuscripts Group No.547의 일련번호로 된 사무엘 윌리엄스[339] 가문의 문헌(Samuel Wells Williams Family Papers) 및 예일대학 1854학년의 기록(Yale University Archives,Class of 1854)이 포함되어 있다. 총 35건, 177쪽으로 구체적인 목록은 다음과 같다.

문헌	시간 (연도)	건수	쪽수
용굉 소장품	1848-1910	14	26
사무엘 가문 문헌	1849-1878	8	25
예일대학 1854학년 기록		9	121
도서관장 기록보존	1878, 1879	3	4
贝因内克 선본 도서관	1854	1	1

시간 순서대로 말하자면 이 문헌들은 수량이 많다고 할 수는 없고 내용도 완벽하다고 할 수 없지만, 용굉이 1848-1879

339) 사무엘(Williams, Samuel Wells, 1812-1884), 미국의 선교사로 1833년 중국에 온 뒤 광주에서 공리회를 위해 인쇄소를 설립하고 《중국총보》(The Chinese Repository)를 만드는 데 도움을 주었다. 1956년 미국주중외교관으로 옮겼다. 1877년 사직하고 미국으로 돌아가 예일대학 한학교수를 맡았다. 그와 용굉은 매우 돈독한 사이이다.

년간 두 차례 미국에서 공부하고 작업했던 것과 관계된 문헌 기록들의 부족함을 어느 정도 메워줄 수 있다. 이 자료들을 국내학자들의 더 쉽게 이해하고 운용하기 위해서 나는 간단한 소개와 평론을 만들어 보려고 한다. 하지만 문헌이 오랜 세월이 흐른 탓에 필적이 희미한데다가 대부분 청소년기의 필적이라 글씨가 거칠고 빠진 부분도 많아 식별하기가 곤란했다. 따라서 보다 상세하고 확실한 원문과 번역문의 발표는 나중으로 미뤄 두려 한다.

1. 젊은 시절의 편지

용굉의 젊은 시절 편지는 용굉의 소장품과 사무엘 가의 문헌에 별도로 보존되어 있다. 가장 이른 시기의 편지는 1848년 6월 7일 가렌델 박사(Dr. J.H.Gallandel)에게 보낸 편지이다. 당시는 용굉이 미국에 온 지 겨우 1년 좀 넘은 시기로 몬슨학교(Monson Academy)에서 공부를 할 때였다. 이 편지는 주로 여름 휴가를 떠나 뉴욕과 필라델피아를 여행 중에 볼랑 부인의 친구가 열정적으로 말린 탓에 원래의 여행계획이 어그러졌고 가씨 집에 며칠 간 머물게 되어 매우 죄송하다는 내용을 설명하고 있다. 이 편지는 "제게 중국산 계란이나 닭을 보내주실 수 있는지 알려주셨으면 합니다. 만약 없다면 제가 당신을 위해 약간의 노력을 해 보겠습니다."와 같은 완곡하고 함축적이며 꽤 인간미가 엿보이는 글이 쓰여 있다. 이런 소소한 부분을 통해 용굉이 이미 어느 정도 세상물정을 알고 예의 바른 청년이 되었음을 알 수 있다.

대부분의 편지는 사무엘 선생에게 보낸 것이다. 그 중 한

통은 1849년 4월 12일에 쓴 것인데 이때 사무엘과 그의 가족은 도중에 뜻밖에 재난으로 태풍을 만났으나 이미 중국 광동성에 무사히 도착하였다. 편지에는 안부를 묻는 말 이외에도 두 가지 부탁이 담겨 있었다. 하나는 사무엘이 자신의 형(Yung Aeum)을 고용해 주길 바란 것이었는데 아마도 이 기회를 빌려 집안의 경제적 어려움을 어느 정도 줄이기 위함이었을 것이다. 다른 하나는 사무엘이 용굉의 모친과 누이에게 용굉이 계속 미국에 머무르며 학문을 더 닦는 이유를 설명해 주길 부탁한 것으로 원래는 2, 3년 안에 학업을 마치고 귀국하기로 약속되었기 때문이다. 모친과 누이가 이해하기 어려워할까 걱정되어 사무엘에게 완전히 공부하는 데에 6년이 걸리고 숙부가 모친을 설득하는 것을 도와주길 바란다는 자세한 설명을 숙부에게도 해 주길 부탁하였다. 용굉은 가족들이 그가 기독교의 복음을 신봉하느라 돌아오지 않을까 걱정하고 그가 빨리 돌아와 돈을 벌어 가정을 부양하기를 바라는 것을 사무엘에게 솔직하게 말했다. 용굉은 편지에서 몬슨학교의 학창생활을 언급하며 “이 나라에 도착한 뒤 나는 가진 시간의 전부를 영어를 배우는 데에 쏟았고 또 작년 겨울에는 대학에서 필요로 하는 것을 얻기 위해 라틴어와 희랍어를 배웠습니다.”라고 말했다. 편지 말미에는 사무엘에게 자신의 “수많은 문자오류와 서투른 문법”과 상황이 이와 같아서 영어 수준의 한계 때문에 용굉의 사상을 더욱 정확하게 표현하기 어렵다고 양해를 구했다.

하지만 1850년 12월 20일에 사무엘에게 쓴 편지는 사정이 훨씬 나아졌는데 당시 용굉은 예일대학의 신입생이었다. 편지의 서두에는 두 통의 사무엘의 편지에 대해 때맞춰 답장을 보내지 못함에 대한 사죄의 뜻을 표했는데 이는 지난 1년간 대학 전공을 위한 준비로 바빴기 때문이다. 용굉은 약간 흡족해하며 "올 가을 저는 순조롭게 대학에 들어갔을 뿐만 아니라 1학기 수업을 마치고 지금은 2주간의 휴가를 얻었습니다. 이 점이 제가 유일하게 바라는 친구에게 편지를 쓰는 시간입니다. 몬슨학교에서 일부 필요한 훈련을 받은 적이 있지만 대학생활은 나에게 어느 정도 신선함을 안겨주었습니다."라고 말했다. 대학 신입생은 공부 외에도 다른 일을 생각할 여유가 거의 없었는데 용굉은 "대학생들 사이에서 일종의 흥분(excitement)이 있었는데 나는 예일대학에서 웅심이 가득한 분위기에 둘러싸여 있는 것처럼 생각된다."와 같은 날카로운 느낌을 받고 있었다. 용굉은 똑똑한 청년으로 자신이 이러한 분위기의 영향을 많이 받았다고 시인하면서도 관대하고 너그러운 웅심(generous ambition)을 가져야 건설적인 일들이 가득할 것이며 그렇지 않으면 잘못된 길로 들어서기 쉽다고 주장했다. 용굉의 말은 대학생활이 그에게 더 많은 즐거움을 선사하지만 학습경쟁이 불평등한 토대 위에서 진행된다고 밝힌 것이다. 왜냐하면 그는 입학하기 전에 1년 반 동안 어학공부를 했는데 다른 동학들은 3년 내지 6년이나 걸렸다. 용굉은 건강한 신체와 충만한 정력을 갖춰야만 학업을 마칠 수 있다고 생각했다. 편지의 이러한 내용은 《서학동점기》의 관련된 기록과 완전히 일치하며 서로 보완할 수 있다.

이 편지에도 가정사에 관한 이야기를 담고 있다. "저는 저희 모친과 당신이 만났고 누이도 여전히 건강하다고 하니 매우 기쁩니다. 하지만 누이가 편지로 제게 불행한 소식을 전해 왔으니 제 형의 죽음과 그녀의 처지였습니다. 이 편지는 저를 지난 2주간 가슴 아프게 했습니다.", "제 마음의 눈(mind eye)으로 가족들의 처지를 짐작할 수 있습니다. 다른 어떤 일보다 그들은 저를 걱정하게 합니다. …… 제가 진작 집으로 돌아갔어야 했는데 이제 와서 일이 이렇게 되었으니 그저 그들을 위해 기도할 뿐입니다." 이때, 용굉과 같이 미국에 왔던 황승(黃勝)이 이미 1848년 가을에 병 때문에 귀국하였고 뒤이어 황관(黃寬)도 의학공부를 위해 영국의 에딘버러대학으로 갔다는 것을 편지로 말했다. "저는 매우 고독한데 지금 저와 함께 중국어로 이야기할 사람도 없어서 제 중국어 실력이 빠르게 퇴화되고 있습니다. …… 제가 중국을 떠날 때 저는 중국서적을 하나도 갖고 있지 않았는데 당신께서 편지에 적어드린 목록에 따라 책을 제게 구입해 주실 수 있습니까? 저는 몇몇 중국인 동학들의 소식을 듣고 싶어서 그들 모두에게 편지를 썼지만 아직 답장을 받지 못했습니다. 아청(Achung, 황승을 말하는 듯하다.)은 이곳을 떠난 뒤 한 통의 쪽지도 주지 않았습니다. 지구 반대편에서 오는 소식이 매우 적고 부족하니 단지 한 사람이라도 줄어들지 않기만을 바랄 뿐입니다." 이러한 소박한 말투는 고향친지들과 동학들에 대한 용굉의 깊은 애정을 드러내는 동시에 그가 중국문화의 뿌리를 버리지 않으려는 것도 설명하고 있다.

용굉이 예일대학을 졸업하기 1년 전인 1853년 6월 27일에 사무엘에게 보낸 편지의 필적이 더 많이 밝혀졌는데 주로 재무문제에 관한 이야기였다. 1853년 겨울 그는 다른 사람에게 부탁하여 사무엘에게 30달러를 주었는데 그 중 25달러는 어머니에게 주되 어머니가 돌아가셨다면 누이와 동생에게 나눠 주게 하였다. 나머지 5달러는 사무엘이 대신 사준 중국 책값으로 갚았다.(책은 이미 받았다.) 당시의 원양통신은 대부분 인편으로 전달하는 것이었는데 그 주기가 매우 길어서 용굉은 편지에서 초조하게 말했다. “저는 오랫동안 집안 소식을 듣지 못했습니다. 그래서 저는 제 친구들의 답장이 없는 것에 대해서도 혹시라도 그들이 제가 어머니와 관련 있는 어떤 상황을 알기를 바라지 않거나 혹은 제 어머니가 이미 돌아가셔서 감히 말하지 못한 것은 아닐까 억측하기도 합니다. 부디 제게 편지로 모든 중요한 일들을 알려주십시오.” 편지에 추신이 달려 있기를 “저는 돌아가고 싶은 마음이 급하기 때문에 졸업하자마자 중국으로 돌아가려 합니다. 저는 (외국에 있은 지) 너무 오래되었습니다. 제 상황을 주변의 제 지인들에게 알려주시길 바랍니다.” 졸업이 가까워올수록 고향생각이 더 깊어졌는데 그가 1854년 11월 배를 타고 귀국한 것은 이러한 사상적 기반이 있었기 때문이다.

예일대학에 소장 중인 문건 중에 1854년부터 1876년까지 용굉이 사무엘에게 보낸 편지는 없다. 그 뒤 나는 가장 이른 시기인 1877년 2월 19일자의 편지를 보았는데 이때 용굉은 아이들을 데리고 미국 유학을 떠난 후 몇 년 뒤로 여전히 유학생 부감독(주미 부공사도 겸임)을 담당하고 있었고 예일대학에서 멀지 않은 하트퍼드(Hartford) 중국 유학사무소에서 근무하고 있었다. 이 편지는 사무엘이 2월 17일에 보낸 편지에 대한 답장으로 그때 사무엘 가족은 이미 예일대학 소재지인 뉴 헤이븐

(New Haven)에 도착하였기 때문에 두 사람의 편지는 부쩍 늘고 있었다. 이 편지는 주로 하트퍼드 지역 신문이 보도한 미국 국회에서 논의하고 있는 쿠바에 있는 중국인 노동자 문제를 사무엘에게 알려주는 내용인데 용굉은 사무엘이 이 문제에 관해 많은 관심을 가져주기를 바라고 있었다. 편지에서 "저는 태평양 연안의 중국인 노동자들이 매우 가혹하고 야만적인 대우를 받는 것을 잘 알고 있습니다."라고 썼다. 용굉은 미국의 중국인 배척에 대해 단호히 반대하였다. 하지만 국내의 수구세력이 이를 빌미로 재미 중국 유학생들의 철수를 요구하였기 때문에 문제가 더욱 복잡해졌다. 용굉은 편지에서 "우리 중국학생들은 칭찬할 만한 발전을 이루었고 단 한 명의 사망자를 제외하고는 모두가 매우 건강합니다. 우리의 새 건물은 빠르게 완공될 것이고 사무소도 3월 15일에 이사할 것으로 보입니다. 우리는 다행히도 당신을 4월 1일 이후라면 언제든지 초청(참관을)할 것입니다."라고 힘주어 말했다. 이는 그가 유학생 파견 계획에 대해 여전히 신뢰를 갖고 있음을 보여준다.

2년 뒤(1877년 2월 21일) 용굉은 다시 사무엘에게 편지를 보냈는데 주요 내용은 여전히 중국인 노동자에 관한 문제였다. 사무엘은 중국인 배척문제에 대해 반대하면서 용굉의 맹우가 되었다. 편지에서 말하길 "나는 당신이 (캘리포니아)주의 조사위원회에서 했던 답변을 본 적이 있는지 모르겠지만 앞으로 며칠간 기쁘게 신문을 읽으면서 조사위원회가 보고서를 발표할 때 정상참작이 이루어지길 바라고 있겠습니다."라 하였다. 사무엘은 분명히 용굉에게 있어 말이 필요 없는 친구가 되었다. 편지에 "이민 문제를 제외하고도 진란빈(陳蘭彬)과 실랑이가 벌어질 수 있는데 저는 스페인 함선 1척이 대만해협에서 침몰했다는 것을 빌미로 스페인이 중국을 공격할 선언문을 스페인공사가 이미 마련해 뒀다고 생각합니다. 왜냐하면 8년 전 스페인 선원들이 원주민들에게 살해되었을 때 스페인에서 통첩을 보낸 적이 있기 때문입니다. 중국은 쿠바에 있는 스페인 사람들에게 살해된 3천 혹은 4천 명의 중국인들을 위해 그들이 죽음을(뒤에 이어지는 글자들은 정확하지 않다.) …… 전면적인 배상을 요구합니다."라고 썼다.

1877년 6월 7일 사무엘에게 보낸 편지에도 여전히 중국인 노동자 문제를 얘기하고 있다. 왜냐하면 용굉이 이미 워싱턴에 있는 친구들을 통해 국회와 관계된 특별위원회에서 제출한 캘리포니아의 중국인 노동자 문제에 관한 보고서를 얻었기 때문이다. 아울러 사무엘이 위원회에 제기한 문제에 대한 답변도 읽어보았기 때문에 드러낸 의견 역시 더욱 깊이를 갖게 되었다. 그는 이러한 중국인 배척을 주장하는 미국 의원들을 "정객"이라 비난하면서도 미국의 뜻있는 인사들에게 기대를 걸었다. 편지에 "그들이 선인이라면 당연히 선행을 할 것이니 저는 그들이 중국과 중국인을 공정하게 대우하리라고 생각합니다."라고 썼다. 그는 특히 남미 페루의 각지를 횡행하며 악행을 저지르는 스페인 사람들을 몹시 원망했다. 편지에 "제 마음은 저들 스페인 사람들의 손아귀에 떨어져 간난고초를 겪고 있는 중국인들의 피가 흐르고 있습니다."라고 적었다.

1878년은 유학업무를 강제로 마치고 귀국한 해로서 이때 용굉은 사무엘에게 한 통의 편지를 보냈다. 5월 4일에 쓴 이 편지는 중국인 노동자 문제에 관한 조사를 계속 얘기하고 있을 뿐만 아니라 용굉이 미국에 증정한 중국 서적에 관한 일도 언급하고 있다. 최초의 증서목록이 이미 유실되었기 때문에 증정한 서적의 총 수량과 종류 역시 알 수 없다. 하지만 편지에 일부 손상된 목록이 덧붙여서 있었으니 그 목록은 아래와 같다.

1878년 용굉이 증정함
《강감역지록(綱鑒易知錄)》, 《삼자경(三字經)》, 《천자문(千字文)》, 《사서(四書)》, 《오경(五經)》, 《산해경(山海經)》, 《강희자전(康熙字典)》
일재자서(一才子書) 《삼국지(三國志)》(아마 《삼국연의(三國演義)》일 것으로 추정), 《이태백시집(李太白詩集)》.
(이 서목의 앞면은 중국어 병음으로 되어 있고 뒷면은 영어로 번역되어 있다. 뒤의 것은 생략하였다. — 인용자)

편지에는 뒤이어 증정한 《황조역사(皇朝曆史)》("Dynastic Histories", 17사 혹은 22사의 종류를 가리킨다.) 한 질과 《대청중외일통여도(大淸中外一統輿圖)》 한 질을 언급하였다. 이 편지와 별도로 네이먼 교수(Addison Van Name)에게 보낸 편지로 알 수 있는 점은 이 책들은 모두 예일대학에 전달된 것이다. 나는 미국 유명대학 도서관의 완벽한 관리 덕분에 용굉의 이러한 증서의 자취를 찾을 수 있었고 중미문화교류사의 미담을 더할 수 있을 것이라 생각한다.

2. 54반의 고별사

용굉이 1854년 예일대학을 졸업했을 때, 반 친구들과 헤어지면서 서로 고별사를 나누었다. 용굉이 보관한 54반의 고별사는 다행히 아직까지 전해지고 있는데 우리 연구에 한 권의 귀중한 원시 사료가 더해졌다. 우리는 바이올렛 진 부인(Mrs.Violet Chan)에게 감사드려야 하는데 그녀는 용굉이 예일대학을 떠난 지 100년 뒤에 고별사를 해당 학교에 기증해 주었다. 이 귀중한 고별사가 어떻게 떠돌다가 아름다운 바이올렛 부인 손에 들어갔는지에 대해서 한 걸음 더 나아가 종적을 찾아볼 필요가 있다.

54반의 졸업생은 모두 98명으로 그 중 중국인은 단 한 명이니 바로 용굉이다. 《서학동점기》에 따르면 "중국인으로 미국 제일의 대학교를 졸업한 것은 내가 처음이다. 이미 고인이 된 미국인들의 나에 대한 감정은 꽤 좋았다. 재학시절 중국학생이 전혀 없었기 때문에 주목을 받기 쉬웠다. 또 나는 형제회 장서각에서 사서 일을 2년간 했기 때문에 아는 사람이 더 많아졌다. 같은 학교 위아래 3개 반에 있는 학생 중에 나와 낯이 익은 사람이 절반이 넘는다. 그래서 나는 미국 생활에 익숙해졌고 학계에서의 교류도 더욱 넓어졌다. 학창시절에 나는 꽤 이름나 있었다."라고 쓰여 있다. 바로 이런 이유 때문에 용굉에게 고별사를 써 준 사람이 매우 많았고 대부분 진지하고 성실했다. 내 일차적인 점검에 의하면 용굉에게 고별사를 써 준 사람은 92명이다. 이 밖에 용굉이 급우들에게 써 준 고별사가 7개인데 (그 중 하나는 격언을 4번 중복해서 쓴 것으로 "대인은 갓난아이의 마음을 잃지 않는다."라는 말이다.) 아마도 용굉 스스로 남긴 말 같다. 이러한 헌사의 형식은 대부분 자신이 신뢰하는 옛사람의 격언을 인용한 뒤에 직접 고별사를 쓴다. 이렇게 인용된 격언과 자신의 고별사(서예를 포함한)를 통해 이 청년학생들의 각기 다른 개성, 수양, 학습 수준 및 용굉과의 친소관계가 어떠했는지를 보여 주고 있다. 동시에 고별사를 쓴 사람의 시선에서 용굉이 그들에게 남긴 인상을 볼 수 있으니 각기 다른 측면과 시각으로 본 용굉의 초상화와 다를 바 없다. 이 120여 쪽의 서로간의 고별사는 용굉이 예일대학 4년간의 대학생활에 남긴 비교적 밀접한 흔적으로 이 자취를 좇다보면 우리는 청년 용굉에 대해 더 깊이 이해할 수 있다. 나아가 우리에게 용굉 이후 58년의 사상과 행위에 관해 좀 더 새롭게 인식을 얻게끔 할 수 있다. 하지만 대부분이 침착하지 못하고 충동적이었던 대학생들이 꽤 거칠게 쓴 것들이고 문헌의 보존연대도 매우 오랜 것이어서 모호한 부분도 많고 대부분 끝까지 읽어내기도 어렵다. 본문에서는 약간이나마 파악된 부분을 갖고 초보적이고 소략한 평론을 할 수 있을 뿐이다.

절대다수의 고별사들은 용굉의 품덕과 재능, 다른 사람보다 뛰어난 정력적인 분투, 그리고 4학년 동창들의 굳건하고 진지한 우정을 모두 충분히 인정하였다. T.W Cattin(글자가 분명하지 않음)이라는 친구가 고별사에 남긴 말이다. "친애하는 용굉에게 : 난 네가 세계의 반대편에 있는 너의 고향으로 돌아갈 때 이 대학에서 있었던 우리의 교제가 너의 기억에 남아 있으리라고 믿어. 난 절대로 나의 중국인 동학을 잊지 않을 거야. 너의 내면에 깊숙이 감추어 둔 열정과 우리 문학에 대한 깊은 애정, 그리고 그 자신의 조국에 대한 봉사와 깊은 관심은 모두 일찍부터 내가 알고 있던 것이라고 느끼고 있어. 난 우리의 즐거운 대학생활 가운데 수많았던 협력과 공감을 일일이 열거할 필요는 없어. 하지만 네가 너의 친한 동창인 '톰'(Tom)을 그리워할 때 반드시 이 모든 것을 쉽게 그리워 할 것을 난 알아. 그리고 너도 알다시피 난 조정클럽 제1팀의 멤버로서 용핑의 선봉을 항상 기억할 것이고 그는 내가 늘 사랑했던 도시와 거대한 고목 아래에서 함께 산책하는 동반자이기도 해. 나는 네가 나를 잘 알아주는 좋은 친구라고 생각해. 너는 전에 나에게 너의 조국의 상황과 관한 이야기를 했었고 너의 어머니의 바람과 그리움을 이야기했었지. 이런 일들이 내 마음속에 남아 있어서 나는 너의 정력과 활동을 이해해. 나는 네가 미래의 중국 역사에서 위대한 사업을 하고 있다는 소식을 듣기 바라. 나는 너의 위대한 계획이 실현되어 너의 동포들 사이에서 위대한 시간을 보내며 선량하고 의미 있는 일생을 보내길 바라. 내 사랑하는 친구야. 하느님의 가호와 축복이 너에게 있기를 기원할게."

또 다른 친구인 Ritch가 남긴 고별사이다. "우리는 같은 반이 된 뒤로 더 친해졌지. 물론 네가 머나먼 고향으로 돌아갈 때 매우 슬플 것이라는 생각이 들었어. 하지만 너는 이것이 기쁠 거라 생각해. 왜냐하면 네가 여기에 오랫동안 인연을 맺은 친구들을 남겨 두지만 네 앞에는 너의 재능을 충분히 발휘할 수 있는 삶의 희망이 놓여 있기 때문이지. 너는 내가 깊은 희망을 품고 네 미래의 발전을 지켜볼 거라는 것을 믿어도 좋아. 하느님께서 너를 보우하시고 나아가 너의 동포들의 행복을 위해 노력하실 거야. 그리고 너에게 끊임없이 유쾌한 생활을 베푸실 것이고 이게 내가 이별을 앞두고 축원하는 바야. 너의 반에는 수많은 열정적인 친구들이 있고 넌 그 우정들을 영원히 간직할거야. 난 네가 가끔씩 우리를 방문하길 바라고 우리는 네가 찾아올 때 뜨겁게 환영할 준비를 할게. 우리를 이어주는 유쾌했던 공감대가 너무 많아서 더 할 말이 많지만 그들이 잘 간직하고 있으니 내가 굳이 말할 필요는 없을 것 같다. 안녕. 친애하는 용굉. 네가 제일 즐거웠던 추억 중 하나가 나였으면 좋겠어."

이 두 편의 고별사는 비록 간단하지만 정취가 있다. 알렉산더(Alex)라는 이름의 친구는 다음과 같이 말했다. "내가 처음 대학에 와서 너와 같은 자리로 배치되었을 때 나는 다른 친구들보다 너를 일찍 알게 되었어. 아! 우린 아마 다시는 '하하'(일종의 장난스런 쉿 하는 소리로 생각됨), '통과하지 못한(시험이나 테스트)'에서 서로 영감을 나눌 수는 없겠지. 특히 시합에서 '선봉'도. 난 너의 세계적인 소식을 들을 수 있으리라 믿고 있으며 너 같은 친구가 있다는 게 매우 자랑스러워. 내가 너의 재능과 가치를 정말 부러워한다는 것을 네가 알고 있으리라 믿고 난 네가 날 잊지 않을 것이라 굳게 믿어. (이후는 생략한다. — 필자 주)" Erskine N.White라는 친구는 고별사를 통해 "한 중국인이 '미국 토착'인 교내에서 모든 부분의 상을 갖고 갔지만 난 너처럼 총명한 녀석이 거둔 성공을 떨떠름하게 볼 어떤 사람도 찾지 못할 것이라고 생각해. 네가 앞으로도 계속 이전과 같은 모습과 웅대한 포부를 갖고 있다면 넌 절대 실패할 위험이 없을 거야." 수많은 과거와 현재의 미국 대학생들처럼 이 미국청년은 용굉에게 고별사를 쓰며 다른 사람의 문구(혹은 시)인

"Ambition is gems, from which all growth of nobleness proceeds." 를 인용했는데 이는 "야망은 모든 위대한 성장을 진행시키는 보석이다."라는 뜻이다. 영문 가운데에 ambition이라는 단어는 야망(혹은 포부)과 야심이라는 두 가지 의미를 갖고 있다. 서양인은 ambition을 개인의 중요한 자질로 여기고 있어서 만약 ambition이 없다면 장래성이 없는 것(혹은 쉽게 포기하는 것)과 마찬가지라고 생각하는 데 젊은 "예일인"(Yale man)은 더욱 그러했다. 이 점은 중국의 낡은 전통교육이 청년들에게 윤리규범이나 행위규범을 요구하는 것과는 매우 대조적이다. 미국 학생들이 용굉의 고별사에 인용한 옛사람들의 명언들은 대부분 《성경》과 영미 문학작품에서 따왔다. "하나님! 숨이 붙어 있는 한 우리는 당신을 기억하겠습니다."라든지 "영예는 위대한 마음의 결과이지 목적이 아니다.", "지식의 영혼은 천사의 긴 창을 버리고 이러한 기개로 세계를 굴복시키고 제국을 위해 싸운다.", "아마도 지구상에서 직관의 눈으로는 난 영원히 너의 외모를 볼 수 없을 것이다. 하지만 내게 있어 너는 영원히 늙지 않고 나의 기억 속에서 영원한 청춘일 것이다."(시인 롱펠로의 명구인 것 같다. — 필자), "그의 인격과 사람됨을 잘 알도록 노력하고 황금열쇠를 쥐며 살아가고 강대한 정부의 법령을 바꾸고 궁궐의 음모를 획책한다."와 같이 일일이 다 열거할 수는 없다. 수많은 미국 대학생들의 다양한 개성과 이념, 그리고 가치추구를 반영하는 것으로 당연히 젊은이들의 해학과 과장이 심하다.

이와는 대조적으로 용굉이 미국 동창생들에게 준 고별사는 그윽한 동양의 색채가 짙었다. 애석하게도 그가 남긴 것이 매우 적어서 그 전모를 엿보긴 어렵지만 요점만을 따오면 아래와 같다.

"예(禮)의 나라에서는 공손함이 가장 귀하다.(용굉은 'The most valuable thing in politeness is concord'라고 번역하였다.) 친한 친구 해리스에게 : 너의 영민한 기지와 그 밖에 사교적인 재능으로 가는 곳마다 너는 친구를 얻을 수 있을 거야. 난 네가 대단한 노력으로 승리를 얻을 수 있을 거라는 점에 대해 조금도 의심하지 않아. 너의 소망과 목표를 원만하게 이루어 질 거야.", "대인은 갓난아이의 마음을 잃지 않는다.(용굉은 'A great man never losed the heart he had when a child'라고 번역했다.)친한 친구 스나이더에게 : 난 너의 고상한 품격에 높은 평가를 주고 싶어. 너의 일생에 좋은 일만 가득하고 아름다운 소망이 모두 이루어지길 바라.", "뜻이 있는 곳에 길이 있다.(용굉은 'When there is the will the work is effected whatever it may be'라고 번역하였다.) 친애하는 스타에게 : 너는 정력과 끈기 그리고 타고난 천성을 갖고 있어. 대자연이 너의 기대에 부응하고 네가 숭고한 목적을 이루고 다른 사람과 행복하게 살아가기를 바랄게.", "손에 붓을 쥐면 어디에서든 남에게 도움을 청하지 않는다. (용굉은 'He who know how to use the pen is an independent man wherever he goes'라고 번역하였다.) 친애하는 랭바드에게 : 너의 상냥하고 친절한 성품을 항상 나에겐 가장 즐거웠던 추억이었어. 네가 선생님이나 편집자 또는 목사, 아니면 집배원이던지 어떤 삶에 영역에 있더라도 너는 너의 목적을 충분히 실현할거야.", "대인은 갓난아이의 마음을 잃지 않는다. 친애하는 왕에게 : 난 너의 다정한 목소리를 언제나 즐겁게 기억할거야. 빨리 넓은 세계에 발을 들이고 사회를 위해 우호와 화합을 불어넣기를 바랄게. 너의 고상한 행동에 경의를 표할게."

고별사를 적은 책 위에서 용굉이 쓴 두 편을 짧은 시를 발견할 수 있다. 한 편은 다음과 같다.

해마다 하고자 하는 바를 못했는데, 새해는 또 어떨까?
옛날 함께 놀던 이를 생각해 보니, 지금 몇이나 살아 있을까?
한가함으로 자유로우니, 오래 사는 것으로 허송세월을 만회하네.
봄빛은 세상사를 따지지 않아, 은거한 곳에도 찾아오네.
(작자 자신이 번역하였지만, 영문은 너무 모호하여 감당할 수가 없다.)

또 한 편은 다음과 같다.

선(善)은 청송(靑松) 같고 악(惡)은 꽃과 같아서,
지금 눈앞에는 보이지 않네.
서리와 눈 내리는 날 아침이면,
그저 청송만 보이고 꽃은 보이지 않으리라.

(용굉은 "The good resembles the evergreen. The wicked resembles the flower.At present the one is inferior to the others. There is a mourning and[340] a day when frost and snow fall, we only see the evergreen but not the flower."라고 영문번역을 하였다.) 이 시의 상단에는 매우 흐릿하게 "Chinese poetry written by ping ming, a native of China and a junior on Yale

340) 이 부분은 오역이 의심되지만 원문임을 감안하여 그대로 실었다.

College."라는 영문제목이 있다. "중국 본토 출신의 예일대학교 3학년 일반인이 쓴 중국 시가."라는 의미이다.

위의 고별사들은 대체로 중국어를 대부분 붓을 사용하여 해서체로 썼는데 필획이 여전히 또박또박해서 용굉이 오랜 해외생활을 하면서도 글자연습을 그만두지 않았음을 볼 수 있다. 시작(詩作)과 번역은 고치고 다듬어야 할 부분이 많지만 오랫동안 영어를 쓰는 사회에서 생활하고 완벽하게 영어로 소통해 왔던 중국인 청년에게는 매우 기특한 일이라고 말할 수 있다. 두 편의 시도 미국 동학들의 고별사를 위해 쓴 것인지는 아직 명확하게 판단할 수 없지만 더 큰 가능성은 작자가 스스로 마음을 털어놓고 자신의 심경과 신념을 드러낸 것일 수도 있다.

3. 읽은 후 느낀 점

상술한 용굉의 문건은 수량이 많다고 할 수 없고 지금으로선 정확하게 알 수 있는 것도 일부분에 불과하지만 읽은 뒤에는 꽤 깊은 감동을 받았다. 동시대에 출국하여 세계를 보았던 다른 사람들과 비교해 보면 용굉에게는 두 가지 특징이 있다. 하나는 출국할 때 나이가 어렸기에 적응력이 매우 크고 서양문화교육의 영향을 더 쉽게 받아들였다는 점이다. 더구나 그는 출국하기 전 10년 넘게 서양식 초중교육을 받은 적이 있던 터라 이미 어느 정도 기독교문화에 물들었다. 앞서 1845년에 모리슨학당을 졸업하였을 때 용굉은 《뉴욕 여행을 생각하며》라는 제목의 글을 써서 서양세계에 대한 동경을 살짝 드러냈다. 다른 하나는 미국에서 고등교육을 꽤 완벽하게 받고 2년 만에 예비교육을 마친 뒤에 다시 4년 만에 본과학업을 완수했을 뿐더러 혼자서도 항상 미국 동학들과 함께 지냈다. 그리하여 그는 비교적 서양근대화문명을 전면적으로 받아들였는데 언어문자, 생활방식, 행동거지, 과학지식, 문화소양에서부터 세계관과 인생관에 이르기까지 모두 서양문명의 흔적이 깊이 새겨졌다. 그래서 용굉은 《서학동점기》를 통해 막 돌아온 조국의 풍경에 대해 말할 때 "줄곧 서양문명의 특징으로 여겨지는 서양교육을 받은 어떤 동양인이 그 내재된 기질을 바꾸지 않았는데도 그가 맞닥뜨린 감정과 행동이 다른 사람과 달라서 자신이 오히려 다른 세상에서 온 것처럼 느껴진다면 이상하지 않겠는가."[341]라며 탄식을 금치 못했다. 하지만 용굉은 유학 전에 이미 중국 땅(마카오와 홍콩을 포함한)에서 18년 이상을 살았고 가족과 고향의 감정적 유대감 역시 형성되어 있었기 때문에 앞서 서술한 용굉의 편지 속에서 고향과 친인에 대한 애틋한 그리움을 엿볼 수 있었다. 동시에 그는 미국에 오기 전까지 비록 서양식의 교육을 받았지만 어디까지나 동양문화권 안에서 있었기 때문에 중국 서적을 전혀 읽지 않은 것도 아니었다. 《서학동점기》에서는 고부인서숙(古夫人西塾)을 사정으로 그만둔 뒤에 "나는 집으로 돌아와 한문을 쓴 지" 대략 1년쯤 된다고 언급한 적이 있다. 예일대학에 입학한 뒤에도 용굉은 광동성의 사무엘 선생에게 돈을 보내 대신 중국 서적을 사달라고 부탁했다. 상술한 용굉의 고별사에

341) 현재 서점에서 유행하는 《서학동점기》는 1919년 서풍석(徐凤石), 운철조(恽铁樵)가 번역하여 쓴 것으로 역자가 문언으로 번역하고 원문 영어 판의 자서 및 부록을 삭제하였다. 여기서는 1985년 악록사 판본에 보충된 "자서"를 인용하고 영문 원고를 백화문으로 번역하였기에 본문과 차이가 있다.

서 볼 수 있듯이 그가 중국어를 말하는 것은 잊었을지 몰라도 중국어를 읽고, 쓰고, 글 짓는 능력은 여전히 갖추고 있었다. 그러므로 우리는 젊은 용굉을 한 장의 서양 유화를 마음껏 그릴 만한 백지로 간주하는 것은 옳지 않다. 실제로 그는 서양문화의 분위기 속에서 그림을 배우는 동양식 도제와 비슷해서 비록 서양의 유화를 위주로 하지만 중국식 기법과 함의가 은밀히 스며들어 있다. 그는 서양 기독교의 사명감과 봉사정신과 천하를 나의 책임으로 여기는 중국 전통문화와 함께 묶어서 조국에 융합하여 보답하고자 했다. 또한 서양 근대화의 개성해방을 기반으로 삼은 ambition(영웅심)을 중국 고대경전에서 제창한 대장부의 기개와 연결 지었다. 따라서 그가 미국에 유학한 원인과 결과는 모두 근대서양학문으로 중국을 개조하는 것이지 전적으로 서양에 귀화한 것이 아니다.

바로 이것이 "영예는 위대한 마음의 결과이지 목적이 아니다."라고 용굉을 위해 고별하는 미국 동학이 인용했던 말로, 그는 직접 "네 처지는 매우 특별하고도 곤란한데 너 자신은 여기에서 완강하게 버텨왔구나. 난 네가 고향에 돌아간 뒤 진리와 하나님을 위해 많은 고상한 일들을 할 수 있는 역량을 가질 거라 굳게 믿어."라고 고별사를 썼다. Smith라는 성을 가진 친구의 고별사는 더욱 분명하다. "네가 중국(Celestial Empire)으로 돌아갈 때 중국이 신성한 공화국(Celestial Republic)이 되었고 네가 위에 적은 시에서 말하는 것처럼 억압을 뒤엎는 승리를 얻는 곳에 참여하기를 바라." 이른바 "위에서 적은 시"란 그가 인용한 영국 시인 테니슨(Tennyson)의 작품으로 첫 구절만 인용하면 다음과 같다. "우리의 적들은 무너졌고 승리는 빛날 것이다."("Our enemies have fallen, but victory shall glow.") 이어서 고별사에 "나는 친애하는 용굉이 저 위대한 자유의 나무가 자라는 것을 촉진시켜 중요한 역할을 할 것이라 깊이 믿어. 그 나무 아래에서 이 민족은 서양에서 온 그늘을 발견할 것이고 그 위로는 가을의 열매가 새롭게 나뉠 거야. (여기는 글자가 희미하다. — 필자)"라고 썼다. Robert E.Taylor라는 친구의 고별사는 더욱 과격해진 것 같다. "난 그때 네가 형제회 홀(Brother's Hall)에서 나에게 투표하였고 성공적으로 하나의 통일체 속에서 형제(brother in unity)가 되었음을 기억해. 내가 늘 너를 떠올리는 이유는 네가 선량한 마음과 착한 감정을 가졌기 때문이야. 난 네가 자신의 재능을 발휘하기 위해 생명선을 너무 불태우지 않기를 바라. 내가 내 친구의 행운을 빌 때 난 항상 널 그리워하고 네가 인민의 복지를 위한 영광된 사명을 추구할거야. 너의 고향이 전제 통치와 우매한 사슬로부터 해방되었다는 기쁨을 알게 된다면(왜냐하면 내가 알기를 바라니까) 너를 알기에 나의 친애하는 용굉, 이러한 영광스러운 일을 나누기로 하였으니 더욱 배가 될 거야. 하느님께서 너를 보우하시길 바라고 성공과 네가 함께하기를 바랄게."

당시는 미국이 건국한 지 80년도 채 안 되었는데도 사람들은 민주, 자유 등과 같은 정치 이념에 대해 전혀 의심하지 않았다. 중국을 배척하는 풍조도 아직 나타나지 않았기에 용굉은 비록 혼자이지만 수많은 미국인 동학들과 사이좋게 어울릴 수 있었다. 대학생끼리 서로 나누는 격려사는 대부분 다 열정이 넘치고 속마음을 털어놓기 때문에 아무리 기탄없이 말할지라도 대부분 선량한 소망으로 시작한다. 용굉은 이러한 환경과 분위기 속에서 4년간 대학생활을 했기에 그의 언행과 몸가짐은 많든 적든 미국 동창들의 거칠고 어수선한 고별사들을 반영하고 있다. 이렇게 미숙하지만 진정성 있는 글을 읽고 난 뒤 우리는 용굉이 귀국한 뒤에 겪었던 사업, 학교설립, 변법, 혁명, 망명과 같은 여러 가지 노력에 대해 약간의 새로운 해석을 덧붙일 수 있다.

《서학동점기》가 중국어로 번역된 이름을 따른 것은 이미 오래된 일로 사실 용굉이 영어로 쓴 원본은 "My Life in China and America"로 직역하면 더욱 더 꾸밈없이 적절하다. 하지만 서학동점이 이미 근 100여 년 동안 역사의 흐름인지라 이 단어는 긴 세월이 지나도 사라지지 않을 것이다. 용굉은 물론 이러한 흐름의 산물이기도 하지만 이러한 흐름 속에서 중요한 역할을 맡고 촉진시키는 역할도 하고 있다. 그러나 용굉은 사상가라기보다는 차라리 실천가이다. 그는 저술한 책이 결코 많지 않을뿐더러 어떠한 대작도 없이 단지 아주 얇고 현실적인 회고록만을 남겼다. 그의 특징은 10년간 중국에서 받은 서양식 교육과 예과(預科)를 포함해 6년간 받은 미국의 고등교육으로 자신을 비교적 규범에 맞는 서학체제에서 길러낸 뒤 자기의 조국으로 돌아가 일련의 혁신을 실천함으로써 서학동점을 중국으로 이끌었다.

하지만 《서학동점기》라는 책이름이 오랫동안 전해 내려오면서 우리는 어느 정도 서학동점의 이면, 즉 동학서점을 간과한 측면이 적지 않다. 문화교류의 양측은 주도적이고 수동적일 수밖에 없지만 총체적으로 말하면 서로 상호작용을 하는 양상을 띠지 결코 절대적으로 주도적인 것이나 절대적으로 수동적인 것은 없다. 물론 이는 하나의 큰 주제로 이러한 짧은 글에서 정확히 말할 수는 없고 더욱 체계적인 심층연구가 필요하다. 그러나 우리는 용굉이라는 사람을 통해 동학서점의 새로운 소식을 어렵지 않게 포착하였다. 서양에 동양문화의 풍모를 전시하는 것으로 말하자면 용굉은 당연히 왕도(王韜), 곽숭도(郭嵩燾), 설복성(薛福成)과 같은 학문적 소양을 갖추지 못했다. 따라서 서양학문과 대등하게 대화를 나눌 실력도 없었다. 하지만 그가 출국할 때의 나이가 18, 9세였기 때문에 중국문화의 유전자는 어느 정도 지니고 있었다. 그는 예일대학을 다닐 때에도 여전히 자발적으로 중국책을 읽고 중국어를 쓰는 것도 모자라 중국어로 시를 썼다. 당시 일반적인 미국인이 중국에 관해 아는 것이 적었기 때문에 예일대학의 수많은 미국학생들에게는 용굉이 바로 중국이며 그를 통해 중국과 중국인을 이해하였고 중국의 사회와 역사문화에 관련된 지식을 얻었다. 비록 낮은 차원의 동학서점이지만 용굉이 자발적으로 주도한 행위였으며 특히 이별을 앞둔 고별사에서는 중국문화의 풍모를 과시했다. 20년 뒤에 예일대학으로 다수의 중국서적을 증정한 일은 일종의 자발적이고 더 고차원적인 동학서점의 커다란 조치이다.

내가 지금 용굉의 이러한 동학서점의 노력이 어떠한 효과를 거두었는지에 관해 이렇다고 단언할 방법은 없지만 적어도 동학이 용굉을 통해 예일대학 안팎의 미국인들에게 꽤 좋은 인상을 심어주었고 그들로 하여금 중국, 중국인, 그리고 중국문화에 대한 관심을 더하게 하였다. 용굉이 말한 것처럼 그가 예일대학에서 미국인 동학들과 벌인 경쟁은 불평등한 기초 위에서 진행되었고 이는 한 미국인 동창이 고별사에서 "특수한 상황에 놓여 있었고 꽤나 곤란했다."라고 말했다. 그러나 용굉은 중국 농촌의 아들로 고초를 참으면서 열심히 공부했고 중국전통의 윤리규범으로 자신을 단속하며 남을 대했다. 당연히 그가 서양문화로부터 받아들인 민주, 자유, 진취와 같은 정신적 자양분이 영향을 끼쳤다는 점을 배제할 수는 없다. 그는 결국 수많은 난관을 개척하기 위해 계속 분투하여 전체적으로 미국 동학들과의 학문적 거리를 큰 폭으로 줄인 데다가 그의 영어 작문은 계속 우승을 차지하기도 했다. 중국의 궁벽한 농촌에서 온 학생이 놀랍게도 영어를 모국어로 하는 7, 80명의 미국 명문대학생들을 제친 일은 당연히 많은 예일대학의 교수와 학생들의 사랑과 존경을 받을 수밖에 없었다. 더구나 이 중국학생이 인용한 동양의 경전과 민간 속담은 몇 마디의 간단한 말이지만 뜻은 모두 들어 있었고 54반의 고별사에서는 불쑥불쑥 《성경》, 셰익스피어, 테니슨, 롱펠로우의 격언이 나란히 달려 있었다. 중국의 철인과 지식인들이 서양의 철인과 지식인들에게 조금도 뒤지지 않고 서양의 지혜에 필적하는 동양의 지혜를 완전히 구사할 수 있었던 점은 필연적으로 일부 미국대학생들의 지식을 탐구하는 시선을 신비한 동양으로 돌리도록 유인하였다.

볼드윈이라는 어린 친구(용굉보다 6살 어렸다.)는 고별사에 "난 네가 무슨 일을 하든 영광스러울 것이라고 생각해. 만약 내가 중국을 방문한다면 반드시 너에 대해 '열심히 찾아볼 거야.'" 라고 썼다. William K.Eastman이라는 친구는 고별사에서 "넌 먼 곳에서 와서 또 네가 온 곳으로 돌아가겠지. 하지만 난 네가 우리 사이에 있었다는 것을 잊지 않을 것이며 이러한 끈은 너와 (평생) 함께할 거야. 우린 중국에 대해서 전보다 훨씬 더 흥미를 갖게 되었어."라고 썼다. W.C.Flagg라는 친구는 고별사에 "우린 항상 우리의 중국인 친구를 자랑스럽고 사랑스럽게 여겼고 머나먼 중국 땅에 있는 친구를 절대 잊지 않기를 바라.(그 밖에 글자는 흐릿하다. — 필자) 넌 이미 지식의 힘을 갖고 있으니 이를 이용해서 너의 동포와 온 인류를 돕게 될 거야."라고 썼다. 그리고 알렉산더라는 친구는 고별사에 "네 미래의 계획이 모두 성공하길 바라며 네가 조국을 떠나 먼 이역만리에서 유학한 일을 절대 후회하지 않을 거야. 왜냐하면 예일대학에서 매우 열정적인 친구들을 알게 되었기 때문이지. 조국에 돌아간 뒤에도 절대 우리를 잊지 말고 우리 미국의 이방인(the savages of America)들과 함께 있었던 생활을 종종 돌이켜보자."라고 썼다. 여기에 덧붙어 더욱 격정적인 고별사를 썼는데 "대해가 너와 네가 예일대학에서 공부하던 시절의 풍경을 가로막을 때, 영어가 네게 있어 다시금 외국어가 될 때, 네가 중국의 속박에서 벗어난 지난 세월에 대해 놀라워하며 회고할 때, 네가 전족을 한 여인과 장발을 한 남자를 보는 것이 다시 익숙해질 때, 우리의 애정을 잊지 않았으면 좋겠어. 너는 여기에 많은 친구들은 남겨 두었고 그들은 너에 대한 기억을 영원토록 지우지 않을 거야.(일부 글자가 흐리다. — 필자) 내 말을 믿길 바라고 난 우리가 4년의 대학생활 동안 쌓아올린 우정을 항상 감사하고 자랑스럽게 여길 거야."라고 했다.

대학시절의 우정은 일생동안 가장 순수하고 진솔한 감정이다. 1864년 용굉은 명령에 따라 미국으로 건너가 군공기계를 구입하는 김에 뉴 헤이븐에 들러 예일대학 54반 졸업 10주년 기념회에 참석하였다. 《서학동점기》에 이에 관한 기술이 있다. “옛 친구들을 다시 만나 한 자리에 모여 이야기를 나누네. 모두들 기쁨에 넘쳐서 몹시도 즐겁구나. 내가 인연이 있어 직접 이 자리에 오게 되니 무엇이 이보다 행복하겠는가.” 54반은 용굉을 잊지 않았고 예일대학 역시 용굉을 잊지 않았다. 용굉이 남긴 문헌은 스털링 기념 도서관(Sterling Memorial Library)에서 진귀한 소장품으로 여겨지고 있으니 예일대학은 영원히 이 첫 번째 중국인 졸업생을 자신들의 자랑으로 생각할 것이다. 올해 여름방학은 용굉이 졸업한 지 144년이 된 해로서 예일대학 사학과는 용굉과 다년간 공부하고 일해 왔으며 영원히 잠들어 있는 곳이기도 하다. 하트퍼드와 관련된 단체들은 용굉과 그가 이끌었던 유미유동(留美幼童)의 후손 40여 명을 초대해 기념 모임을 가졌다.

용굉의 삶은 사회의 진보와 조국의 흥성을 추구했던 삶으로 그는 항상 시대흐름을 앞장서서 달렸다. 그의 사업이 비록 전부 성공할 수는 없었지만 그는 당시의 조건에서 모든 정력을 다 바쳤다. 그는 해외를 떠돌다가 끝내 이역만리에서 죽었지만 이는 절대 그의 잘못이 아니다. 당시의 보수적인 중국이 저 해외동포를 받아들이지 못했기에 그를 오랫동안 나라 밖으로 쫓아낸 것이다. 개혁개방과 유례없는 규모의 완벽한 현대화를 이룩한 오늘날 우리는 마땅히 저 위대한 이름을 기억해야 한다. 특히 그가 아름답게 묘사한 고향은 이 위대한 선구자에게 숭고한 경의를 표해야 한다.

결별과 회귀

[부 록 4]

문화 위기와 인간성 회복

[부 록 4]

문화 위기와 인간성 회복

1

20세기 과학기술의 발전은 휘황찬란한 현대의 물질문명을 만들고 셀 수 없을 만큼의 사람들의 물질적 생활수준을 어느 정도 높였지만 정신문명과 윤리도덕을 놓고 말하자면 인류는 매우 극심한 대가를 치러야했다. 우리는 유례없는 두 차례의 세계전쟁과 지금까지도 끊이지 않는 국지전들을 겪었다. 그리고 현대전에 쓰인 고도의 과학기술로 인해 인류의 생명과 재산의 손실은 역사상 어떤 공포시대보다도 훨씬 더 커졌다. 100년 동안 환경파괴, 자원낭비, 마약 및 범죄율의 급증은 그 규모와 피해 수준으로 봐도 전에 없던 수준이었다.

1968년 영국의 역사학 대가인 토인비는 85세라는 고령의 나이로 일본의 학자인 이케다 다이사쿠(池田大作)와 오랜 시간 담화를 나누었는데 바로 현대문명의 심각한 결함에 대해 깊은 우려를 드러낸 것이다. 그는 "근대 초기의 유토피아 이론은 거의 대부분 낙관적이었다. 이는 과학적 진보와 정신적 진보를 분명히 하지 않고 철저히 별개의 사안으로 생각했기 때문이다. 그들은 과학과 기술의 진보를 축적하면 자연히 정신적인 진보가 쌓일 것이라고 잘못 생각했다. …… 근대 서유럽의 이러한 환상은 제1차 세계대전에 의해 흔들렸다. 뒤이어 다시 제2차 세계대전 말기에 제조되고 투하된 두 개의 원자폭탄에 의해 산산이 부서졌다. 장수한 H.G 웰스는 이런 환상도 보고 그 참담함도 맛보았다. 따라서 웰스의 이후 유토피아 이론은 풍자적이게도 디스토피아 사상으로 변질되었고 이러한 유토피아 이론은 극단적으로 발달하여 비관적으로 변하였다. 이는 근대 초기부터 1914년까지 4세기에 걸쳐 발표된 유토피아 이론이 지나치게 낙관적인 터라 도리어 이러한 지나친 낙관적인 상황에 대한 반작용이 일어났기 때문이다."[342]라고 말했다.

토인비는 더 나아가 과학과 윤리의 관계에 대해 서술하였다. "과학의 진보는 기술의 응용을 거쳐 인간에게 다른 사람을 지배하고 인간 이외의 자연을 지배하는 힘을 가져다주었다. 이 힘은 윤리적으로는 중립적이기 때문에 좋은 측면으로도 쓸 수 있고 나쁜 방면으로도 쓸 수 있다. 힘은 단지 선악행위가 가져다 줄 실질적인 영향의 수준을 늘려 줄 뿐이다.",

342) 《21세기를 전망하며 — 토인비와 이케다 다이사쿠의 대담록(展望二十一世纪 — 汤因比与池田大作对话录)》(중국어판), 408~409쪽, 북경, 국제문화출판공사, 1985.

"원자탄은 악의적으로 사용한다면 순식간에 수백만 명을 죽일 수 있다. 하지만 사람의 힘은 1대 1 전투에서 금속무기를 사용할지라도 한 번에 기껏해야 1명을 죽일 뿐이다. 반대로 의학의 진보는 의사들에게 힘을 주었고 지금은 세균과 바이러스의 피해로부터 수백만 명을 구해냈다. 이 동일한 과학의 힘을 세균전에 사용한다면 원자폭탄처럼 수백만 명이 목숨을 잃게 된다. 이처럼 과학 기술력이 인간 생명에 끼치는 영향은 이 힘을 사용하는 사람의 윤리 수준에 달려 있다."[343)]

토인비의 자기해부는 그가 서유럽인으로서 독일의 철학자이자 역사학자인 슈펭글러(Oswald Spengler)의 영향을 어느 정도 받아 20세기에 인류가 "서유럽의 몰락"을 목도할 운명이라고 믿었기 때문이다. 슈펭글러의 《서구의 몰락》(Der Untergang des Abendlandes), 제1권 《형태와 현실》과 제2권 《세계 역사의 전망》은 1918년과 1922년에 연이어 출판되었는데 마침 제1차 세계대전 직후였다. 작자는 서양이 이미 기계의 통제 하에 있고 금전주의와 향락추구가 시대적 특징이 되었기 때문에 불가피하게 쇠락의 길로 달려가고 있다고 보았다. 사실 이 책이 공식 출간되기 12년 전에 장태염은 《민보》 제7호(1906년 9월 5일 출판)에서 《구분진화론》을 게재하였는데 이와 유사한 견해를 발표한 것이다. 이 글은 중국을 한때 휩쓸었던 진화론에 대한 통렬한 반성이다. 장태염은 진화를 전면 부정한 것이 아니라 사람들에게 맹목적으로 진화를 맹신해서 진화가 일종의 절대적인 신앙이 돼서는 안 된다고 경고한 것이다. 그는 (1) 진화

343) 《21세기를 전망하며 — 토인비와 이케다 다이사쿠의 대담록》(중국어판), 410쪽.

의 종착역이 반드시 "완벽한 아름다움과 순수한 선의 구역"에 이르는 것은 아니다. (2) 그렇기 때문에 진화는 "일방적인 직진이 아니라 반드시 쌍방이 함께 나아간다." 도덕으로는 "선이 진화하면 악도 진화한다."라는 말이고 생계로는 "즐거움도 진화하고 고통도 진화한다."라는 말이다. (3) 게다가 경제, 문화 및 지식과 기술 수준이 높아짐에 따라 선악과 고락 역시 계속해서 함께 증가할 것이다. "옛날의 선악이 작았다면 지금의 선악은 크고 옛날의 고락이 작았다면 지금의 고락은 크다." 이는 60여 년 뒤에 토인비가 말한 "(과학기술)의 힘은 단지 선악행위가 가져다 줄 실질적인 영향의 수준을 늘려줄 뿐이다."라는 말과 영웅적인 소견이 거의 같다고 말할 수 있다.

현대 문명의 폐단에 대한 비판의 측면에서 장태염은 어느 정도 일본의 유신사상가인 나카에 초민의 영향을 받았다. 그는 《구분진화론》에서는 나카에를 "동방의 사표"라고 찬양했다. 20세기 초 나카에 초민은 문명발전의 미래에 대해 깊은 우려를 품고 세상을 떠났다. 그가 죽기 전 발표한 명저 《1년 반》은 일본의 근대문명이 발전하며 수반된 두 가지 경향을 꽤 생동감 있게 묘사하였다. 메이지유신 이후 한편으로 사회진보, 경제발전과 생활수준이 높아졌지만 다른 한편으로는 물욕의 범람, 풍속의 타락, 사회도덕의 상실이 생겨났다. 그는 "모두들 자신의 경제력을 뛰어넘는 향락을 추구하기를 바라고 그것을 얻으려고 갖은 방법을 다 쓴다. 그래서 관리가 된 사람들은 예물과 뇌물을 받아서 자기 몫을 챙긴다. 상공업에 종사하는 사람들은 여기저기 빌붙어 이익을 취하고 배경에 의존하며 서로 결탁하면서 폭리를 취할 수 있는 기회를 찾는다. 게다가 일본 서부의 무사들은 수백 년간 가혹하고 경직된 법률과 제도의 속박을 겪다가 일본 메이지유신 때가 되자 갑자기 고관대작이 되어 국가의 정치에 참여하였다. 그런데 쏘아진 화살처럼 급속하게 사치스럽고 방탕해져서 도시의 황음과 부패한 분위기를 지나치게 만들고 부추겨서 일본 전역에서 무절제하게 향락을 즐기는 모양새가 되어 버렸다. 관료자본가와 유력한 거상부터 나머지 중산계급 이하의 사람들까지 모두 다 줄지어 타락하면서 이를 자신의 사치라고 여겼다. 이것이 바로 현대 일본제국의 관민상하, 빈부귀천, 일반인들이 사치와 음탕한 풍속의 역사를 만들었기 때문이다."[344]라고 말했다.

이러한 선현들은 당시에 모두 시대의 흐름에 앞장서서 사회의 진보와 국가의 부강을 위해 사상적 선도역할을 했다. 그들은 결코 현대문명을 무작정 배척한 것이 아니라 현대문명이 나날이 드러내는 병폐를 똑똑히 보고 인류문명발전의 미래를 위해 걱정하는 것이다. 비관적이라 말한다면 일종의 묵직한 비관인데 묵직한 비관은 얄팍한 낙관보다 사상적 경계에 있어서 최소한 더 높은 차원을 요구했다.

2

토인비는 일찍이 동아시아 정신문명의 부흥에 희망을 걸고 이를 빌려 인류현대문명의 심각한 결함을 메우려고 했다. 하지만 그는 제2차 세계대전 이후, 특히 1960, 70년대 이후에도

344) [일] 나카에 초민 : 《1년 반》, 62쪽.

아시아 일부 국가들과 지역들도 언젠가는 물질을 중시하고 정신을 가볍게 여기는 서구 현대화의 길로 나아가며 그 부정적인 영향이 야기할 피해가 점점 더 심해지리라고 짐작하지 못했다. 이는 이케다 다이사쿠가 말한 것과 같다. "근본적으로 긴 안목에서 살펴보면 현대인들은 경제부문에서 뼈저리게 느끼지 않고는 못 배길 많은 잘못된 실수를 저질렀고, 일본인들의 GNP(국민 총생산)에 대한 신뢰는 가히 최고라 할 수 있습니다. 모두들 알다시피 제2차 세계대전 후 일본은 GNP 성장을 절대적인 것으로 여겨서 구미 선진국가의 수준으로 따라잡는 것을 목표로 삼았는데 결과는 어땠습니까? 사람들은 늘 인간성을 무시하는 조건 아래에서 일했고 상황은 줄곧 조금도 나아길 기미가 없습니다. 좁고 긴 국토에서 공해는 곳곳에서 화산의 마그마처럼 분출되었습니다. 그리고 세계 시장으로 들어간 일본 제품은 처음엔 사람들을 놀라게 했으나 최근에는 오히려 사람들의 반감이 심해진다는 말이 나오고 있습니다."[345] 토인비의 GNP에 대한 비난은 더욱 격렬해서 그는 한 걸음 더 나아가 "GNP가 국가의 경제번영 척도를 가늠하는 지표로 여겨지는 것은 옳지 않습니다. 통계 종사자들이 GNP 소득을 국가의 인구수로 나눈 몫을 '국민 1인당 평균 소득'으로 삼았는데 이는 무의미한 발상이며 이 일을 디지털화 한다는 자체가 상상하기 어려운 오류입니다. 차라리 이 발상을 '1인당 평균 물질적 손실'의 지표로 삼는 것이 유의미하다고 보는 것이 낫습니다. 왜냐하면 경제적으로 자유롭게 경쟁하는

345) 《21세기를 전망하며 — 토인비와 이케다 다이사쿠의 대담록》(중국어판), 117쪽.

사회에서 GNP의 성장에 따른 손실의 분포는 주택부문에서는 다 같진 않더라도 공기, 토지, 물, 그리고 기타 자연환경들이 물질적으로 오염되면서 한 나라의 국민이 모두 동등한 손실을 입었기 때문입니다. 오염은 가난한 엄마의 자식이든 부유한 엄마의 자식이든 모두 해롭긴 마찬가지입니다."[346]라고 말했다. 토인비의 비판은 상당히 강렬하지만 정작 그는 이러한 국가의 국민들이 모두 동등하게 피해 받지 않았다는 사실을 간과했다. 피해가 가장 큰 이들은 여전히 가난한 민중들이고, 고관대작과 부호들은 자기 나라의 환경오염도가 아무리 심각해도 그들은 양지바르고 맑은 공기가 가득하며 수려한 산수의 경치 좋은 곳에서 살 수 있을 뿐만 아니라 건강에 유익한 각종 무공해 식품들을 충분히 공급받을 수 있다.

토인비와 이케다 다이사쿠가 GNP에 대해 완전히 반대하는 것은 아니며, 그들은 GNP의 유의미한 의의에는 동의하지만 평균적인 수치로 빈부격차를 감추고 그저 물질적인 이익만을 중시하고 정신적인 이익은 도외시하는 폐단이 있다는 것을 지적하였다. 그래서 이케다는 일종의 새로운 국민경제의 기본지표인 GNW, W는 즉 Welfare(복지)를 제기했다. 이 지표는 한 나라의 경제력이 국민의 복지를 위해 많은 기여를 해야 한다는 것을 반영하고 "초점을 정신적 복지 수준을 높이는 데에 맞췄다." 토인비는 곧 복지수준을 가늠하는 데에는 네 가지를 고려해야 한다고 제기했다. "첫 번째는 사회 구성원들의 조화와 상호간의 친밀도, 두 번째는 개개인의 정신복지의 평균은

346) 같은 책, 117~118쪽.

조화와 상호간의 친밀도에 따라 좌우된다는 점, 세 번째는 자신을 자제하는 평균적 수준이 정신복지의 관건이라는 점, 네 번째는 사회는 물질과 정신의 오염을 막기 위해 이윤 추구에 대해 규제력을 추구해야 한다는 점이다. 이 마지막 잣대는 한 사회가 정신복지를 물질복지보다 우선시하여 어느 정도 성공하는 지를 가름하는 시금석이다."[347] 그럼에도 GNP는 지금까지도 수많은 사람들의 사랑을 받고 있는데 특히 일부 고위 관리들이 자신의 치적을 집중적으로 드러낸 것이라고 여기기 때문에 현대문명의 병폐는 점점 더 전 세계에 확산되고 있다.

옛사람이 이르기를 "창고가 가득해야 예의를 차린다."라고 했다. 존재를 결정하는 것은 의식이라는 말로서 예의를 차리려면 창고가 가득한 것이 기본이지만 창고가 가득하다고 반드시 예의를 차리게 할 수는 없다. 왜냐하면 "충족"과 "모자람"은 상반된 말로 인간의 물질적 욕구는 완벽히 만족시키기 어렵기 때문이다. 훌륭한 제도와 체제가 부족하다면, 특히 충분한 사상교육과 건강한 문화적 분위기가 결여되어 있다면 의식이 풍족해서 생기는 음탕한 욕망이나 앞서 말한 물욕이 횡행하는 심각한 사회적 병폐가 나타날 수 있다. 시장경제는 당연히 자연경제보다 우월하고 또 구시대의 계획경제보다도 우월하기에 개혁의 흐름으로도 뒤집을 수 없다. 그러나 시장경제는 개인의 이익을 주요 동력으로 삼기 때문에 배금주의와 자신의 이익을 얻기 위해 남에게 해를 끼치는 행위가 넘쳐나는 것을 피할 수 없다. "자산계급은 그가 이미 지배하고

347) 《21세기를 전망하며 — 토인비와 이케다 다이사쿠의 대담록》(중국어판), 118쪽.

있는 곳에서 모든 봉건적, 종법적인 것들과 목가적인 관계들을 전부 파괴했다. 그들이 사람들을 속박하고 있던 타고난 배분과 같은 갖가지 봉건적인 굴레를 냉정하게 잘라 버려서 그들로 인해 사람과 사람 사이에는 적나라한 이해관계와 냉혹하고 무자비한 '현금장사' 이외에는 더 이상은 어떠한 다른 관계도 남지 않게 되었다. 그들은 종교의 신앙, 기사의 열정, 소시민의 슬픔과 같은 신성한 감정의 발휘를 이기주의적인 계획이라는 차가운 얼음물 속에 넣어 버렸다.", "자산계급은 모든 사람들의 존경과 경외심을 갖는 직업들의 신성한 후광을 지워 버렸다. 그들은 의사, 변호사, 교사, 시인 및 학자들을 그들이 돈을 내고 고용하는 임금노동자로 바꾼 것이다."[348] 마르크스와 엥겔스가 150여 년 전에 쓴 묘사는 조금도 시대에 뒤떨어지지 않았고 자산계급에 대한 그들의 묘사는 여전히 시장경제에 대해서 쓸 수 있어서 150여 년 전의 서구에 드러난 풍경은 지금도 새로운 조건과 다른 토대 위에 있는 아시아의 일부 신흥국가와 지역에서 재현되고 있다.

개인의 이익추구는 끝이 없는지라 합리적 제도가 규범을 제공하지 않고 건전한 체제가 조절하지 않고 올바른 도덕기풍이 인도하지 않는다면 빈부격차의 바탕 위에서 세워진 사회의 불평등한 현상은 계속 심해진다. 이는 사회 안정에도 기본적인 보장이 부족하다는 말이다. 시장경제의 발전에는 두 가지 지렛대가 있다. 하나는 사회적 수요증가이고 다른 하나는 나날이 증가하는 사회적 수요를 만족시키기 위해 끊임없

348) 《마르크스·엥겔스 선집》, 제1권 274~275쪽.

이 높아지는 생산력의 수준이다. 일반적으로 사회적 수요가 계속 증가하는 것은 사람들이 물질생활에 대한 욕구는 끝이 없는데다가 다양한 상업광고의 유혹과 자극이 갖가지 고액소비를 부추겨서 물욕이 횡행하는 현상을 쉽게 만들어 내고 이러한 현상과 타락과 부패와 같은 사회적 병폐가 함께 뒤따르기 때문이다. 하지만 수많은 이익에 눈이 먼 투자자들에게는 이는 단지 돈 벌기 좋은 때이고 그들에게는 자기가 돈을 벌게 된 결과가 사회에 복을 만드는 것인지 아니면 화를 부르는 것인지는 중요하지 않다. 바로 일찍이 엥겔스가 "자산계급의 관점에서는 돈을 위해 존재하지 않는 것이란 세상에는 없다. 여기에는 그들 자신도 예외가 아니다. 왜냐하면 그들은 돈을 벌기 위해 살고 빠르게 돈을 버는 것 이외에는 다른 행복을 알지 못하며 돈을 잃는 것 말고는 다른 고통을 알지 못하기 때문이다."[349]라고 말한 것과 같다. 그리하여 이들은 돈의 노예가 되고 더 많은 사람들이 금전적인 고통을 겪는 것에 그치지 않고 여전히 이 돈의 노예들에 의해 교묘하거나 억지로 강탈당하는 고통을 겪었다. 사회적 수요의 증가를 만족시키기 위해 생산력의 수준을 높였으나 복지는 절대로 사회에서 함께 누린 적이 없다. 나의 이런 말은 절대평등주의를 주장하려는 것이 아니라 단지 빈부격차에 따른 사회의 심각한 불평등에 대해 경고하고 사회적 병폐를 폭로하려는 것일 뿐 이상주의자의 도덕적 설교가 절대 아니다.

갈수록 늘어가는 사회적 욕구를 만족시키기 위해 현재 사

349) [독] 엥겔스 :《영국 노동자계급의 상황(英國工人階級狀況)》,《마르크스·엥겔스 선집》, 중문1판, 제2권, 564쪽, 북경, 인민출판사, 1957.

회는 생산력 중에 가장 활발한 요소인 과학기술에 더욱 의지한다. 이른바 지식경제에 과학기술의 함량이 더 높아진 것은 분명한 사실이다. 과학기술은 고도로 높아진 인류 지혜의 결정체이지만 반드시 개발을 거쳐 시장에 투입되어야 사회적 이익을 만들어 낼 수 있다. 과학기술 자체는 중립적이지만 시장에 투입되어 활용한 뒤에는 선이 될 수도 있고 악이 될 수도 있다. 왜냐하면 과학기술은 기술자(혹은 기술 집단)의 의지에 종속되었기 때문에 과학기술의 기술자가 그 가치를 결정한다. 첨단과학기술은 기술자(혹은 기술 집단)가 엄청난 재원을 가져올 수 있기 때문에 순리에 맞게 성장하여 사회적 총아가 되고 지극한 존중과 후한 대접을 받는다. 이러한 사회적 효과는 역설적으로 첨단과학기술의 발전을 더욱 빠르게 하여 여러 대자본 집단 사이에 격렬한 경쟁을 일으키고 각 국가의 국력을 두고도 치열한 경쟁을 일으켰다. 첨단과학기술의 발전 속도는 사람을 어리둥절하게 만들었으며 쉴 새 없이 바쁘게 하였다. 그러한 반면 필연적으로 과학기술과 물질을 중시하고 인문학과 정신을 경시하는 근시안적인 공리주의의 해악이 범람하게 되었다. 더욱 심각한 결과는 사회윤리가 급격히 낮아졌고 나아가 인간성마저 점점 사라진다는 것이다.

인문학자들은 과학기술의 급속한 발전에 반대하지 않지만 날로 심각해지는 사회병폐와 인류 자신의 타락을 걱정한다. 토인비는 "지금까지 인간윤리의 수준은 줄곧 낮아져서 조금도 향상되지 않았다. 하지만 기술의 성취 수준은 급속하게 상승하여 그 발전 속도는 유사 이래 어느 시대보다도 빠르다. 그 결과 기술과 윤리 사이의 격차는 전례 없이 커졌다. 이는 수치스러운 것일 뿐만 아니라 치명적인 것으로 …… 이러한 현상에 대해 우리는 수치심을 느껴야 하고 아울러 이러한 모욕감을 잃어버리지 말아야 한다. 존엄성(그것이 없으면 삶도 무가치하고 인생도 행복할 수 없는 것)을 확립하기 위해 기필코 한 걸음 더 노력해야 한다. 인간은 기술 분야에 관해 잘 알고 있지만 여기에는 존엄성이 확립될 수 없다. 이러한 윤리적 목적달성 여부의 평가는 우리의 행동이 얼마나 탐욕과 공격성의 지배를 받지 않았는지, 그리고 얼마나 자비와 사랑을 기본으로 삼았는지를 봐야 한다."[350]라고 말했다. 토인비는 생명의 존엄성을 절대적으로 최고의 가치이거나 "보편적 가치기준"으로 간주하였다. 인간의 존엄성은 물론이고 우주 전체를 아우르는 만물, 즉 대지, 공기, 물, 암석, 샘, 하천, 바다 등등에도 모두 자신의 존엄성을 지니고 있어서 마음대로 침범할 수 없다. 그리고 인간만이 사심 없이 이타적이며 동정심을 갖고 다정다감하게 다른 생물과 우주를 위해 헌신할 때 자신의 진정한 존엄성을 갖게 된다.

사실 이러한 인식을 갖고 있는 것은 인문, 사회과학자만이 아니다. 아인슈타인은 "청년이 학교를 떠날 때는 한 명의 조화롭게 발전한 사람이 돼야지 하나의 전문가가 되어서는 안 된다. 그렇지 않다면 그와 그의 전문적인 지식은 한 마리의 훈련받은 개와 같아서 조화롭게 발전한 사람과는 다르다. 조화롭게 발전한 사람이 되려면 전반적으로 자아분별력이 있어야 하는데 이는 자유롭고 완벽한 교육에 달려 있다."라고 말했다.

---

350) 《21세기를 전망하며 — 토인비와 이케다 다이사쿠의 대담록》(중국어판), 431~432쪽.

내가 이해한 바로는 이른바 "조화롭게 발전한 사람"이란 우리가 일관되게 주장했던 덕, 지, 체, 미, 노(勞)가 전체적으로 발전한 사람으로 과학기술교육이라는 한쪽에만 치중해서는 안 되고 반드시 인문, 사회과학의 교육을 강화해야 한다는 의미이다. 자연의 존엄성을 존중하지 않음으로써 자신의 인간적 존엄성도 잃게 되면 이는 단지 편협한 전문지식을 가진 "전문가"일 뿐이니 "한 마리의 훈련받은 개"와 같아질 수도 있다. 그들은 단지 자신의 고용주에게 고용되어 일할 뿐이지 사회윤리의 차원에서 자기 업무의 방향성을 변별해 낼 수는 없다.

지금의 과학기술 전문가들은 이 문제에 대해 더 깊이 느낄 것이며 그들은 자신과 과학기술의 관계로부터 더욱 더 독특한 느낌을 낼 것이다. 2001년 8월 21일자 《USA Today》에 실린 《기술의 전제정치가 사람들의 반발을 불러왔다》라는 한 편의 유명한 글을 통해 실리콘 밸리의 일부 과학기술자들의 과학기술의 범람에 대한 강한 불만을 반영하였다. 그들은 인터넷 고급 전문가이지만 저 "끊임없이 발생하는 요란한 소음, 번쩍번쩍 빛을 뿜어내는 기계"에 대해 점점 싫증을 느껴서 차라리 어디에나 있는 인터넷의 영향력과 점점 더 디지털화 되는 생활방식에서 벗어나기를 원했다. 그들은 "첨단과학의 진보가 경제발전을 촉진하고 노동 생산성을 높여 많은 사람들이 풍족한 생활을 하게 했다. 하지만 여기의 어두운 면도 점점 더 통제를 잃어버리고 있어서 우리에게 커다란 영향을 미치고 있다. 첨단과학은 밤낮을 가리지 않고 우리의 생활을 침범하고 우리는 컴퓨터 앞에 묶어 놓았으며 우리의 인간성을 쉬지 않고 갉아먹고 있다."라는 것을 인정했다. 대기업의 고문을 맡은 심리학자는 "기술은 원래 우리를 해방하고 사람들의 생활을 더 편안하게 만드는 도구이다. 그러나 현재의 기술은 정반대의 작용을 불러와서 우리의 생활에 재난을 가져다준다. 모두 다 기술에 정복당했고 무거운 책임을 감당할 수 없다. 다행히 마침내 사람들이 깨달았고 그들에게 '멈춰라! 우린 이제 지긋지긋하다!'라고 외치고 있다."라고 더욱 솔직하게 말했다.

물론 우리는 복고주의자나 문화보수주의자가 아니다. 과학기술의 높은 발전은 당대에 막을 수 없는 흐름이고 사람들의 생활수준이 한층 향상되고 낙후된 지역의 가난에서 벗어나려면 모두 과학기술의 빠른 발전이 필요하다. 냉소주의식의 반박귀진(反璞歸真)은 터무니없을 뿐만 아니라 대다수의 사람들에게도 받아들여지지 않는다. 하지만 더 중대하고 더 절박한 문제는 더는 환경을 오염시킬 수 없고 더는 자원을 낭비할 수 없으며 더는 빈부격차를 늘릴 수 없고 더는 사회에 공정성이 사라져도 안 되며 인류는 더 이상 서로 죽여서는 안 되고 더는 도덕이 몰락해서는 안 되고 …… 한마디로 말하자면 우리는 더 이상 무작정 조상들과 후대의 자손들에게 바보짓을 해서는 안 된다. 우리가 이렇게 격앙되게 말하는 것은 절대 비관적으로 실망해서가 아니라 더 많은 사람들이 더 빨리 깨어나기를 간절히 바라는 것이다.

3

역사와 현실에서 모두 분명히 밝혔듯이 물질문명과 정신문명, 과학기술과 인문과학은 수레의 두 바퀴나 새의 두 날개처럼 하나라도 부족하면 안 된다. 단순히 과학기술에 의지해서는 절대 합리적이고 완벽한 사회를 이룰 수 없다. 오늘날의 인류사회는 당연히 아직 한 바퀴가 빠져 있거나 날개 한쪽이 부족한 사회라고 말할 수 없지만 적어도 절름발이나 한쪽으로 기울어진 사회라고 볼 수 있다. 만약 이 악랄한 발전을 내버려 둔다면 언젠가 인류는 스스로 자신을 파멸하는 길로 나아갈지도 모른다.

시대는 인문정신과 정신문명의 건강한 발전을 절박하게 필요로 하지만 여전히 인류의 자아완성에 있어서 중요한 관건은 무엇보다 인간성의 회복이다. 토인비가 "우리 인류는 공작인(Homo Faber)가 아닌 영장류(Homo Sapiens)라 자부하지만 우리가 눈앞에 과학기술혁명의 시련을 통과해야 비로소 우리는 영장류라는 칭호에 걸맞게 될 것이다."라 말한 것과 같다. 이는 물론 1940년대 일어난 과학기술 결정론(Scientific and technological determinism)에 초점을 둔 말로서 과학기술 결정론자들이 생산력을 단지 과학기술로만 귀결시키고 역사발전의 원동력은 오로지 과학기술 요소만이 가지고 있어서 과학기술 전문가들만이 인류의 역사적 운명을 좌우할 수 있다고 판단했기 때문이다. 토인비는 이러한 관점에 반대하였다. 그가 말한 영장류란 포유동물과 같은 방식의 분류가 아니라 인류만이 갖고 있는 지혜를 부각시킨 것이다. 그는 인류의 재능을 두 가지로 크게 분류하였다. 이른바 "도구"란 과학 기술 능력과 관리 능력을 말한 것이며 "영장"은 예술재능과 종교재능이다. 토인비가 재능에 대해 구분을 나눈 것이 정확하고 적절한지는 자연스럽게 논의할 수 있지만 그가 인간에게 과학기술의 절대화는 불필요하고 인간성의 회복을 강화하며 지, 덕, 체, 미를 전반적으로 발전시킨 신인류를 길러내기를 바란다는 점은 잘 알 수 있다.

우리는 과학기술의 발전을 두려워할 필요가 없고 또한 신세기의 엄준한 도전 앞에서 속수무책으로 있어서도 안 된다. 과학기술은 결코 판도라의 상자에서 나온 마귀가 아닌 인류가 만들어 낸 과학기술인 만큼 반드시 통제할 수 있는 기술이다. 관건은 사람에게 달려 있다. 건전한 사람들로 구성된 건전한 사회여야만 과학기술이 인류를 행복하게 하고 재앙을 만들지 않는다는 것을 보장할 수 있다.

건전한 사람이란 우선 인간의 가치와 존엄성을 잘 알아야 하고 이러한 가치와 존엄성은 인간과 인간이 함께 사는 과정 속에서 드러나는 것이다. 유신지사인 담사동이 《인학》을 통해 이미 밝힌 적이 있다. “인(仁)은 이(二)와 인(人)으로 만든 글자로 서로 만난다는 뜻이다. 원(元)은 이(二)과 인(儿)으로 만들었는데 인(儿)는 옛 인(人) 자이니 이 역시 인의(仁義)다. 무(无)는 원(元)에서 무(无)가 되었다고 생각할 수도 있지만 무(无) 역시 이(二)와 인(人) 만들었으니 이 또한 인의(仁義)다. 그러므로 인(仁)을 말하는 자는 원(元)을 알지 못하면 안 되고 그 효능은 무(无)에서 궁극적으로 이루어진다. 인(仁)을 행한 이 중에 으뜸이고 무에서 신(神)을 이룬 사람이 셋이 있다. 공자, 부처, 예수이다.” 또한 우주에 인(仁)이 가득하다고 생각해서 “공자는 인(仁)이라고도 하고 원(元)이라고도 하며 성(性)이라고도 했다. 묵자는 겸애(兼爱)라고 했으며 부처는 성해(性海)라고도 하고 자비(慈悲)라고도 했다. 예수는 영혼(靈魂)이라도 했으며 ‘남을 나처럼 사랑하고 적을 친구처럼 보라고도 말했다. …… ”

담사동의 기독교에 대한 이해가 정확하지는 않지만 그는 기독교와 공자, 묵자, 부처를 두루두루 논하면서 상통하는 정의를 찾아서 인간과 세상을 구하려고 노력하였는데 이는 당시의 역사적 조건 속에서는 대단히 힘든 값진 일이었다. 나는 오늘날 인간성을 회복하고 인류문명의 실수를 바로잡기 위해서는 이렇게 모든 것을 두루 아우르는 넓은 포부를 갖고 기독교와 다른 우수한 종교들이 지니고 있는 역사문화유산 속에서 유익한 정신자원을 발굴하기 위해 노력하고 인간과 인간, 인간과 자연이 조화롭게 공존하는 새로운 문화를 만들어 다함께 모든 인류의 타락에서 구해내야 한다고 생각한다!

세계의 다른 유구한 역사를 가진 대 종교처럼 기독교도 원래 어느 한 나라나 한 민족에 속하지 않았다. 기독교가 동에서 서로 또 서에서 동으로 움직이면서 전 세계로 퍼져 나가는 과정 역시 하나하나 새로운 사회문화 환경에 끊임없이 이식되는 과정이었다. 그래서 교회신도들은 대대로 비기독교 지역의 "기독교화"를 간절히 바래왔지만 실제로는 기독교가 이들 지역에서 현지화 되고 있었다. 정상적인 문화교류는 원래 쌍방향의 상호과정이어서 선진문화와 낙후문화의 교류도 이러한 상호작용이 전혀 없지 않았다. 단지 그 정도와 형식의 차이일 뿐이다. 역사학자의 눈으로 보면 기독교의 보편성은 그 신학의 핵심이자 1100여 년 동안 각양각색의 언어와 문화의 해석을 통해 조금씩 조화롭게 융합하여 만들어진 것이다.

중국의 예로 말하자면 기독교는 외래 종교임에도 불구하고 명청 시기, 특히 1920~30년대에는 수많은 중국 안팎의 기독교 신자들의 끊이지 않는 노력을 통해 교회와 신학 두 측면의 현지화에 있어서 모두 주목할 만한 발전이 있었다. 국내외 수많은 기독교 신자들과 기독교 신자가 아닌 학자, 특히 종파가 즐비했던 외국교회들은 현지화라는 개념에 대한 이해와 태도가 모두 달랐다. 그러나 어찌 되었든 간에 이토록 오랜 세월 동안 퍼졌고 이토록 많은 신도가 있으며 나아가 이토록 많은 영향을 끼치고 있는 기독교를 더 이상은 애매하게 외래종교라고 부를 수는 없다. 수십 년간의 우여곡절을 겪은 뒤 기독교는 도시와 농촌에서 급속하게 발전하였고 사회 변환기가 혼란스러웠던 많은 사람들이 정신의 안식처를 필요로 할 때 어느 정도 만족시켰다. 그들이 현실 생활에서 공허함과 뒤숭숭한 마음을 채워 준 것은 나름대로의 이유가 있었다.

따라서 중국은 물론 해외 각지에서 중국 기독교 연구의 왕성한 발전에 대해 지금은 학술적 의의와 사회적 의의를 한층 더 드러내고 있다. 여러 명의 학자들이 각지의 연구 현황을 상세하게 적은 특별주제보고를 할 것이기에 나는 단지 이러한 배경 부분에서 설명한 것일 뿐이니 여러 동료들의 질정을 바란다.

[이 글은 2001년 11월 대만에서 열린 "양안삼지(兩岸三地) 교회사연구 현상연구토론회"의 주제 강연 내용이다.]

[부 록 5]

나의 역사학의 길

[부 록 5]

나의 역사학의 길

올해 4월 근대사연구소 동인들과 고향인 절강성(浙江省) 호주시(湖州市)로 봄나들이를 떠났다가 장씨(章氏) 집성촌 — 적항촌(荻港村)으로 갔다. 나는 여러 차례 고향을 방문했지만 이번에 고향에 돌아간 여행은 크게 달랐다. 어떤 공적활동도 없이 순수하고 사적인 이번 여행은 나에게 고향의 자연과 정, 인문학의 정수, 선배들의 자취들을 조용하고 평안하게 느끼게 해주었다. 함께했던 동인들도 이 여정에 대해 충분히 즐거웠던 것 같다. 호필(湖筆)의 고향과 강남의 안개비같이 짙은 인문학의 정취가 현대적 분위기의 도시와 서로 어울려 하나 된 모습은 역사를 연구하는 사람의 입장에서 보면 "전통"과 "현대"가 한데 어우러져 그려낸 한 폭의 아름다운 강남의 두루마리 그림처럼 자연스럽게 일반 사람들과는 다른 영혼의 깨달음을 갖게 된다. 각자의 마음속에는 모두 인문적이거나 자연적인, 아니면 낭만적이거나 우아한, 또는 풍요롭거나 평범한, 아니면 유행에 민감하거나 소박한 각기 다른 강남이 있기 마련이다. 하지만 이론의 여지가 없는 것은 전통적인 인문학의 축적과 오늘날의 경제 도약이 강남의 매력을 더욱 높였다는 점이다.

적항촌에서 이틀간 머무르며 나 또한 고향의 "역사 변천사"를 보았다. 저녁에 발길 가는 데로 걷다 보니 원래 기억 속에 가득했던 갈대가 눈앞에서 흔들리고 원래 오랜 시골 마을이었던 곳이 높은 건물의 가로등 불빛으로 되살아났고 경항운하(京杭運河) 옆에 있던 항구는 몰락해 버렸으며 마을 사람들이 스스로 돈을 모아 만든 화원 —"숭문원(崇文園)"에는 꽃과 나무만 울창했다. 이러한 정경은《장씨가승(章氏家乘)》의 기록과는 천양지차라서 나를 더욱 더 실감하게 했다. 사실 나는 어릴 적부터 바깥에서 "유랑"하느라 고향과 가족에 관한 이해가 매우 부족하다. 청년기에도 "동분서주"하였고 일자리는 구한 뒤에는 더욱 여유가 없었다. 늘그막에 이르러서야 몇 번 고향으로 돌아와 옛 추억을 더듬어 옛 마을을 찾으니 그 가운데서 개인, 가족, 고향 및 국가의 운명과 함께 두근거렸던 시대의 추세를 깊이 감지할 수 있었다.

적항촌은 이름난 옛 마을이지만 땅은 좁고 사람이 많아 몇몇 뜻 있는 사람들은 외지로 나가 장사를 하거나 관직에 오르는 것으로 생계를 유지하였으니 장씨의 선조도 예외가 아니었다. 나의 증조부인 장유번(章維藩)은 감생(監生)의 신분으로 좌종당(左宗棠)의 서정(西征) 군대에 투신하여 신강의 남북 양로를 전전하였다. 그 후 군공을 인정받아 관직에 제수되어 안휘성의 순무아문(巡撫衙門), 무위(無爲)의 지주(知州), 회령현(懷寧縣)의 지현(知縣) 등을 역임하였다. 갑오전쟁 이후 증조부는 무호시(蕪湖市)에 익신면분공사(益新面粉公司)를 세웠는데 이것은 중국 최초의 기계식 밀가루 제조공장 중 하나이다. 그 뒤에 또 안휘성 당도현(當塗縣)에서 철광을 개발하였고 이때부터 안휘성 무호시에 살림을 꾸렸던 터라 내가 무호시에서 태어난 것이다. 내가 태어났을 때는 가세는 이미 기울어졌지만 이 가문의 배경은 나에게 장건(張謇)에 대한 연구에 흥미를 일으키는 원인 중에 하나가 되었고 또 나에게 이후의 신상(紳商) 및 자산계급의 연구에 관한 실질적인 이해를 더욱 가깝게 했다.

하지만 장건 연구는 물론이고 신해혁명 연구까지 모두 나의 젊은 시절의 삶에서는 계획하지 않은 것이다. 중학교 시절에 나는 문학에 푹 빠져서 온갖 잡서를 즐겨 읽었고 글쓰기를 맹렬히 연마하고 말투는 냉정해서 친구들 사이에서는 "어린 노신(魯迅)"이라고 불렸다. 문학가가 되는 것이 당시 나의 꿈이었다. 금릉대학 역사학과에 진학한 대학 시절에도 전공에 대한 생각 없이 수업을 듣고 얼렁뚱땅 과제나 시험을 해치우고 그 외에는 문학작품 속에 푹 빠져 있었고 사회과학서적도 관심이 늘어났다. 광풍이 불고 구름이 밀려드는 기세의 학생운동에 참가한 뒤 쓰는 시사 논평은 과외의 즐거움이 되었다. 《기차는 고장 났다[火车抛锚]》라는 정치풍자시와 《금원권에 대한 수다[漫话金圆券]》라는 정치평론을 쓴 적이 있었는데 이 글 속에는"소년의 맹랑함"이 없지 않았지만 괜찮은 평가를 받았다. 젊은 시절 넘쳤던 패기와 불같이 격렬했던 혁명의 세월

동안 문학가가 너무 무덤덤하게 느껴졌다. 새로운 꿈은 종군 기자였는데 총알이 빗발치는 곳에서 뉴스를 취재하는 것이야말로 열혈남아로서의 본색을 드러낸다고 생각했다.

1948년 겨울 나는 수많은 진보학생들처럼 학업을 그만두고 중원의 해방지구로 들어갔다. 혁명은 중국 전역을 바꿨고 내 인생의 길도 바꿨다. 중원대학교(中原大學校) 측은 우유부단하고 글 장난을 칠 뿐인 이른바 "이론뿐인 인재"인 나를 좋게 봐줘서 정치연구실의 혁명사 팀에 남겨 주었고 그곳에서부터 역사와 매듭을 풀 수 없는 인연을 맺었다. 이제와 생각해 보면 대학 시절 마음에 두지 않던 역사전공이라는 배경이 예전부터 내 이후의 길을 결정해 버린 것으로 이는 원래 나의 "인생계획"에 없었던 일이다. 요즘 유행하는 광고 문구인 "모든 것이 가능하다."라는 말을 인용해 보면 이 말은 여전히 "변증법"에 부합되는 경우가 많다.

1951년 중원대학과 무창화중대학(武昌華中大學)이 통합되면서 화중사범대학(華中師範大學)으로 이름이 바뀌었다. 나는 이 학교의 역사학과에서 스스로 역사학 연구생이라는 삶을 시작했다. 이는 내 원래의 바람은 아니었지만 우리 세대들은 낭만적이고 진정한 이상주의자들로, 혁명에는 자신의 의지가 필요했다. 나는 항상 나의 멋쩍음을 감추기 위해 변명하기를 나의 직업이 마치 "결혼"을 먼저 하고 연애를 하는 중매결혼 같다고 하였으나 결국 교학과 연구 사이에서 "행복"을 찾았다.

초기 연구는 하나의 영역으로 정해진 것이 아닌 순전히 수업을 위한 업무라고 할 수 있다. 1954년 한 독일학자가 무창(武昌)에서 가장 먼저 일어난 한조(漢調)를 연구하러 이역만리에서 왔는데, 이 한조는 나에게 신해혁명사를 알게 함으로써 학술적 매력을 일깨워 주었고 이 독일학자의 학문정신도 나에게 감동을 불러 일으켰다. 그 뒤로 나는 신해혁명연구에 온 힘을 다 쏟았는데 특히 장건 연구가 그러했다. 1961년에 무한에서 열린 신해혁명 50주년 기념 학술 세미나에 참여하여 두 편의 논문을 제출하였는데 오옥장(吳玉章), 범문란(範文瀾) 등의 학계의 선배들로부터 찬사를 받았다. 그 중 《신해혁명으로 본 민족 자산계급의 성격》이란 글은 회의에서 단 한 편밖에 없는 대표적인 논문으로 《신화일보(新華日報)》에 전문이 게재되었다. 1963년에 양동순(楊東蓴) 선생님의 보살핌을 받았는데 나를 북경으로 불러서 전국정협(全國政協)과 협조해서 문사자료위원회의 일을 하게 하였다. 이 일은 나에게 북경도서관에 수장된 장건 연구자료를 체계적으로 수집할 수 있는 기회였으며 이를 바탕으로 《개척자의 발자취 — 장건 원고》를 작성하였다. 하지만 이 책은 1986년에 이르러서야 겨우 중화서국에서 출판하였다.

북경 여행에서 많은 학술 정보를 얻었으며 수많은 우수한 스승과 벗들과 교제할 수 있게 되어서 나의 학술인생의 새로운 출발점이라고 말할 수 있다. 그러나 이제 막 학문의 정도에 접어든 내게는 하나의 전환점이기도 하다. 1964년 《광명일보》에 발표한 이수성(李秀成)의 공과를 평론한 글로 인해서 "중점적인" 비판을 받았다. 학술토론회 참가금지, 논문 발표 금지, 자기변명 금지라는 "3불(三不)"의 비판은 나에게 "학술 분야 내 계급투쟁"의 엄격함을 느끼게 했다. 비판투쟁의 고통은 "문화대혁명"의 기간 내내 이어졌고 학술연구가 10년 이상 중단된 것이 더 고통스러웠다.

1976년 "사인방(四人幫)"이 무너지기 얼마 전에 나는 옛 일을 다시 잡을 수 있어서 임증평(林增平) 선생 등의 학자들과 함께 《신해혁명사》를 썼다. 이 책은 120만 자로 1981년에야 전질이 완간되었으며 최초로 신해혁명을 연구한 종론(綜論)적인 성격을 띤 대형저작으로 여겨진다. 국내외 역사학계의 찬사를 받았으며 당시 중국의 신해혁명연구의 관점, 방법, 수준을 가장 잘 드러냈다고 칭해지는 권위 있는 책이다. 그러나 학술적인 각도에서 말하자면 이 책은 단지 신해혁명 연구의 새로운 출발점일 뿐 아직 부족하고 누락된 곳이 많다. 내 개인에 있어서도 이 책은 새로운 출발점이었다. 오랫동안 억눌려왔던 학술적 열정이 솟구쳐 올라오면서 나는 《신해혁명과 근대사회》, 《개척자의 발자취 — 장건 원고》, 《결별과 회귀 — 전통문화와 근대의 관계에 대한 시험적 분석》, 《신해 전후의 역사적 사건 논총》 등의 저서를 연이어 출판하였고 국내외 중요 학술기간지에 일련의 논문을 발표하여 신해혁명 연구에 관한 문제와 방법을 자신만의 연속된 관점으로 제기하여 중국과 외국 학계의 적극적인 반응을 이끌어 냈다. 이 시기가 내 인생에서 정신과 체력이 가장 왕성했고 성과 역시 가장 많았던 시기라 할 수 있다. 비록 훗날 관심주제가 바뀌었지만 신해혁명 연구는 줄곧 나의 모든 학술적 생애의 전반에 걸쳐 있다고 말할 수 있다. 하나의 "늙은 혁명"으로서 총을 메고 전장에 서진 않았어도 지금껏 "혁명"을 연구해 왔다고 불릴 만하다.

신해혁명의 학술적 성격은 분명 정치적 잣대를 이용해서 연구하고 판단할 수는 없다. 나는 당시의 지나치게 교조적인 연구에 대해 매우 불만이었던 터라 근대 중국역사발전의 복잡성을 알아야 할 필요가 있고 “사회적 역사적 토양”의 요소를 중시해서 사회환경, 사회집단 및 사회계층의 연구를 강화해 “계급”, “혁명” 등의 개념을 구체화하여 분석해야 한다고 제기했다. 이러한 제안은 각각 일부 젊은 학자들이 실천하였는데 이미 화중사범대학 역사연구소에서 공부하는 석, 박사과정을 밟은 신진학자들은 모두 잇따라 사회단체의 연구에 종사한 적이 있고 괄목할 만한 성과를 거두었다. 예를 들어 마민(馬敏), 주영(朱英)은 소주(蘇州)의 상인 단체 및 신상에 관한 연구를, 우화평(虞和平)은 상인 단체에 관한 총체적인 연구를, 상병(桑兵)은 청말 학당과 학생에 대한 연구를, 조군(趙軍)은 일본대륙낭인단체에 대한 연구를, 왕기생(王奇生)은 민국의 현 이하 관리단체에 대한 연구 등을 하였는데 관련된 학술 분야 및 개인의 학술 성장에도 모두 긍정적인 작용을 일으켰다. 2000년까지 내가 주편한 《중국 근대민족 자산계급 연구》, 《중국 근대사의 관신상학(官紳商學)》은 대체로 이 연구에 대한 단계적인 결론이다. 이 시기 동안 나도 중국의 초기 현대화 과정에 대해서 연구를 치중하며 비교적인 시각으로 역사사회의 토양과 문화심리상태를 접목하여 근대중국 발전과정의 특수성과 복잡성을 이해해야 한다고 주장했다. 이번에 재판된 《결별과 회귀 — 전통문화와 근대의 관계에 대한 시험적 분석》이라는 책은 대체로 중국 초기 근대화 역사과정에 대한 거시적인 관점이 반영된 것으로서 1980년대 이전의 학술작업에 대한 총체적인 결과물이라고 할 수 있다.

오늘날 교회대학사의 연구와 남경대학살의 연구에 대해 언급하자면 적지 않은 학자들은 내가 선도한 노고가 있다고들 하지만 사실은 이 분야에 들어서게 된 필연적인 기연도 있었다. 역사를 연구하는 사람들은 "숙명"에 대해 많이 이야기하지 않는 것 같지만 이 두 가지 주제는 확실히 내가 금릉대학에서 공부를 하게 된 것과 관련이 있으며 그 사이에는 우연히 일치하는 부분도 많다. 금릉대학은 기독교 선교회가 중국에 설립한 대학 중 하나이며 남경대학살 연구와 밀접한 관계인 "베이츠 문헌"의 주인공이 바로 내가 금릉대학에 있을 때 스승이다. 그는 원래는 미국인 선교사였다.

1984년 나는 뜻하지 않게 화중사범대학원의 원장에 임명되어(이듬해에는 화중사범대학의 총장으로 바뀌었다.) 6년간의 교무행정생활을 시작하게 되었다. 대학 총장은 책임은 무겁고 일이 많아 학술적으로 큰 업적을 이루기란 어렵다. 뜻밖에도 1985년 가을 미국 프린스턴대학의 유자건(劉子健) 교수가 갑자기 방문해서 두 학교가 합작하여 중국 교회대학사 연구를 추진하자고 제의했다. 유자건 교수는 연경대학(이곳 역시 교회대학이다.)을 졸업하였는데 그는 나에게 이론적으로 설득하고 정으로 움직여서 빠르게 이 건의를 받아들이도록 설득한 동시에 곧바로 행동에 옮겼다. 1989년 6월 화중사범대학에서 열린 제1회 중국 교회대학사 국제 심포지엄은 중국 내외 학계에서 이 분야의 이정표로 인식되었다. 내가 생각하기에 만약 유자건 교수의 방문이 없었다면 나는 교회대학사 연구를 주 연구방향으로 삼는 것을 주도적으로 선택하지 않았을 것이다.

남경대학살 연구의 상황도 마찬가지로 사실 처음에는 주로 남경의 학자들이 이 연구 작업에 몸담았고 나도 관심은 있었지만 살펴볼 능력이 없었다. 1988년 여름휴가 때 나는 뉴욕에서 초청을 받아 국제 심포지엄에 참가하였는데 오랜만에 상급지도자가 나에게 한 달간의 학술휴가를 아낌없이 내주었다. 나는 이 흔치않은 기회를 이용해 예일대학 신학원의 도서관을 찾아가 중국 교회대학사의 역사자료를 열람하였는데 그 와중에 생각지 않게 "베이츠의 문헌"을 발견하였고 그 속에는 대량의 남경대학살과 관련된 1차 사료와 문건이 있었다. 그러나 당시에는 학교 업무가 매우 많아서 마음만 내켰을 뿐 남겨 두고 올 수밖에 없었다. 1990년에 총장을 퇴임하고 다시 예일대학을 방문하니 그제야 "옛 친구를 다시 만난 것" 같았다. 총 1000여 권에 달하는 베이츠의 문헌을 체계적으로 살펴보면서 남경 함락 당시에 남경의 난민구 국제위원회와 남경 국제 구제위원회의 발기자인 동시에 책임자를 맡았던 베이츠의 일본군의 범죄행위에 대한 기록과 보도를 체계적으로 정리하기 시작하였다. 이를 바탕으로 《남경대학살의 역사적 실증》과 《절대 받아들일 수 없다. — 미국 선교사의 눈에 비친 남경대학살》이라는 책을 연달아 집필했다. 이때가 마침 일본의 우익세력이 역사적 진실을 부정하는 언론과 행동이 지속적으로 높아진 시기였는데, 이 책이 일본 침략자들의 범죄를 폭로하여 반박할 수 없는 확증을 제공하였고 출판한 뒤로는 광범위한 국제적 관심을 받았다. 개인적으로 나는 이러한 일이 주로 역사학자의 양심과 책임감에서 비롯된 것이지 어떤 때와 상황에 맞춰서 대책을 세운 것이 아니다. 하물며 1997년 이전에 책을 출간했을 때도 합당한 이해나 지지를 얻지 못하지 않았는가.

예일대학 신학원 도서관 수장품이 더욱 풍부한 것은 중국 교회대학의 기록 보관소이기 때문이다. 교회대학에 대해서 나는 금릉대학에 있을 때 이미 나와 관련된 느낌을 받았었다. 출국한 뒤에는 서양학계가 중국에 있는 교회대학의 연구를 매우 중시해서 약 1950년대에 이미 시작되었다는 점을 알았다. 하지만 국내에서는 오랫동안 "좌편향" 된 사조의 영향을 받아 교회대학사의 연구는 줄곧 학문적 금지구역이었다. 그래서 국내학자들의 발길이 뜸해졌는데 이는 근대 중국 교육의 발전을 연구하는 데 있어서 결함이 된다. 나는 중국도 교회대학사의 연구를 전개할 유리한 조건이 있다고 생각해서 1980년대 중반부터 교회대학사의 연구를 강화할 것을 끊임없이 외쳐왔고 아울러 미국의 루스재단 및 프린스턴대학과 협력해 수차례 중국 교회대학사의 국제 학술 심포지엄을 개최했다. 1994년 화중사범대학에서는 교회대학사 연구센터를 설립하였다. 해외의 자료와 대량의 1차 문헌사료를 수집하거나 구입하였고 연구프로젝트를 계획해서 연구 역량을 한 자리에 모은 동시에 해외학자들과 널리 교류하여 이제 막 걸음마를 뗐다고 말할 수 있으나 교회대학사는 이미 근대사 연구에서 광범위한 주목을 받고 있는 새로운 분야가 되었다.

개혁개방 덕분에 나는 운 좋게 대외학술교류의 선구자가 되었는데 앞으로 중국의 학술성과를 세계에 널리 알리고 세계 역사학의 정수를 중국에 도입하기를 진심으로 바란다. 왜냐하면 열려 있는 학술체계가 중국학술의 혁신에 훨씬 더 유리하기 때문이다. 나 역시도 항상 중개자의 위치에서 동서 문화의 소통을 촉진시켜 서로간의 이해를 높여 함께 학문을 발전시키도록 노력할 것이다. 중대한 일이라 어려움도 꽤 많지만 그나마 기쁘고 안심이 되는 점은 스스로 일부 성과를 거둔 일을 어느 정도 해 왔다는 점이다. “북아메리카 방랑기”, “한일기행”부터 “대만의 인연”(《장개원의 오래된 사진》의 표제어)까지 학술 강연을 하며 친구들을 만나고 이치를 따져가며 질의응답을 했던 일은 고되기도 하였으나 그 속에는 즐거움도 있었다. 이제 곧 신해혁명사 연구는 양안을 넘나들 것이며 남경대학살 연구는 일본의 정직하고 선량한 학자들과 세계 각국의 진보세력의 인정을 받을 것이며 교회대학사 연구 역시 중외 학술교류가 빈번한 체제, 객지의 고독함, 바쁜 활동의 고달픔을 모두 씻어낼 것이다. 2001년에는 국내외 학술기구 및 스승과 벗들의 지지를 얻어 “장개원 동양문화교류 학술기금”을 만들었다. 매년 정기적으로 해외의 저명한 학자들을 중국으로 초청해 강연을 열었으며 여름 방학에는 청년학자 세미나를 개최하는 동시에 관련 학자들의 연구 프로젝트를 또한 지지하며 국제 학술 대화의 플랫폼의 한 자리를 차지하게 되었다.

역사학 연구는 나에게 고난을 주기도 하였으나 더 많은 즐거움을 주었다. 개인의 운명과 국가 및 사회의 변화는 너무나도 밀접해서 역사연구를 업으로 삼은 사람은 자신이 살고 있는 시대를 읽고 이해해야 한다. 역사학자들은 역사에 대해 더 많은 해석을 하면서도 시간이 그어놓은 정해진 궤도를 벗어날 수 없다. 역사학자들이 가장 먼저 존중해야 하는 것은 역사적 진실이지 자신의 시대 이외의 것이어서는 안 된다. 나는 언제나 학자는 “학문을 닦는 것은 세상에 아첨하는 말을 하려는 것이 아니라 홀로 찾은 진정한 지식을 후세 사람들에게 전해주는 것이다."와 같은 독립적인 품격을 유지해야 한다고 주장해 왔다. 진실을 탐구하는 정신과 후세에 남길 만한 우수한 학문은 민족의 문화를 풍요롭게 한다. 나 또한 참여하는 역사학을 주장했고 역사학자들의 현실참여에 동의하여 역사 연구를 통해 사회의 발전에 기여했다. 대중들에게 역사적 진실을 이해시키고 역사적 지혜를 찾게 하며, 민족문화를 널리 알리고, 이성적으로 사회의 선택을 인식하게 했다. 독립적 사고와 적극적인 참여는 모순되는 것이 아니다. 학자의 참여가 독립적이고 객관적인 품격을 잃는다면 사회적 가치를 잃게 된다. 나의 사회활동 참여도 꽤 많아서 자주 강연에 초청을 받는다. 내 강연은 꽤 환영받는 편이지만 내가 수시로 "반대의 논조"를 펴기 때문에 환영하지 않는 사람들도 당연히 있다. 곧 2000년에 이르는 시점에서 다른 사람들은 기쁜 마음으로 신세기를 맞이할 때 나는 신세기란 그저 시간을 나눈 것일 뿐이니, "좋은 일이 많아지면 나쁜 일 또한 많다." 1900년도 상서롭고 아름답지 않았다는 말로 찬물을 끼얹었다. 다른 사람들은 "문화창신"이나 모두 다 부수고 새로 짓자는 논지는 말할 때 나는 굳이 또 "수구"를 말하며 옛것을 지키지 못하면 혁신도 없다고 말한다. 하지만 청중들의 반응은 나 같은 학자의 목소리가 여전히 중시되고 있고 그들에게도 필요한 것이라는 것을 설명한다. 학술과 사회적인 측면에서는 수많은 "현대병"을 직면하고 있는데 역사학자들은 침묵을 지켜서는 안 되고 아무것도 하지 않아서는 더더욱 안 된다. 다른 인문과학, 사회과학, 더 나아가 각 방면의 과학기술 전문가들 중에 뜻있는 지식인들과 함께 현대 인류문명의 결점을 바로잡을 .

수 있어야 한다.

역사학과 역사학자의 가치는 물론 사회의 "발견"을 기다려야 하지만 발견의 가치가 있는지 없는지, 무엇을 발견해야 하는지는 여전히 역사학자 자신에게 달려 있다. 오늘날 역사학은 비록 명성 높은 학과는 아니지만 과거 어느 때보다 그 "직업의 규모"는 더하면 더했지 못하지는 않아서 매년 등장하는 역사학 작품은 헤아리기 어렵다. 하지만 부실한 학풍의 영향으로 인해 1차 사료를 발굴하고 응용하지 않는 경박한 풍조 역시 나날이 드러나고 있다. 나는 비교적 연구시각의 혁신에 중점을 두어서 사회과학이론을 응용하는 것도 배제하지 않고 역사 현상을 해석하지만 늘 실증을 역사학 연구의 주춧돌로 삼아왔다. 이는 가장 기본적인 방법이며 가장 기본적인 태도이다. 객관적 실증을 잃어버린 연구는 반드시 시간의 검증을 이겨내지 못해서 그 장구한 가치를 잃기 마련이다.

최근 몇 년 사이 나는 "최초의 상태[原生態]"라는 역사학적 개념을 제기하여 학계에 반향을 일으켰다. "최초의 상태"라는 것은 본래 사물의 원시적 생존상태나 생활상을 가리키는 데에 쓰는 말로 사물의 가장 순수한 면이다. 그 시작은 예술에 종사하는 사람들이 예술의 최초의 상태, 즉 예술가들이 소수민족의 지역에 깊이 파고들어 발굴, 정리해야 하는 가공하지 않은 민가, 민속춤, 민요와 같은 것으로 예술의 혁신과 발전을 위해 주입되는 신선한 혈액 같은 역할을 한다. 내가 이러한 유행어를 역사연구에 빌려 쓰는 까닭은 역사자료의 원시성, 완전성이 역사연구에 관한 중요한 역할이라는 것을 가장 먼저 강조하고 싶기 때문이다. 역사학 논문은 반드시 사료로부터 오는 것인데 가장 중요한 사료는 반드시 원문을 읽어야 하고 반드시 그 자료가 어디에서 왔으며 배경은 어떠했는지를 알아야 한다. 비록 가장 원시적인 자료라 할지라도 당시의 사람들이 이미 발생한 역사적 사실에 대해 정리와 문자가공을 거친 뒤에 기록된 것이기 때문에 이러한 과정에는 꽤 많은 주관적인 성분이 뒤섞인다. 또한 사람들마다 각자의 가치관, 입장이 다르기 때문에 같은 일에 대해서도 충분히 다른 기록이나 평가가 나올 수 있다. 따라서 역사 연구자들이 사료를 응용할 때는 반드시 여러 차례 비교대조와 고증을 거쳐야만 역사를 더욱 역사적 진면목에 가깝게 재구성할 수 있다. 역사의 "최초의 상태"에 접근한다는 또 다른 측면은 연구대상의 최초의 상태를 해석하고 추적하는 것을 중시하는 것이다. 즉 되도록 주제와 거리가 먼 평론을 하지 않고 어떠한 편견 없이 가치중립을 지킨다. 아울러 이해하려는 마음도 갖고 객관적인 태도를 취해야 한다. 이러한 것들이 역사연구의 본질은 무엇보다도 진실을 찾는 것이며 역사적 진실이 바로 역사대상의 최초의 상태이기 때문이다. 창의적인 방법이나 창의적인 양식을 강조할 때도 "패러다임"의 범람을 경계해야 한다. 연구 과정 중에서 걸핏하면 이러이러한 패러다임이라고 한다면 오히려 사람들의 사상을 그 속에 가두기 쉽다. 이래서야 옛것을 찾고 진실을 구하는 일이 어찌 어려울 것이 있겠는가!

역사가의 입장에서 말하자면 시간의 어떤 한 시점에서 역사적 최초의 형태는 단 하나뿐이지만 사회와 생활 속에 있는 개체의 입장에서 말하자면 오히려 변화의 과정 속에 영원히 놓인 것이다. 조상 대대로 살던 적계의 흔들리는 갈대밭, 고향인 무호 청익강(青弋江)가의 버드나무, 누렇게 보존된 족보, 아이들이 아무렇게나 읊조리는 시문, 천강섬공(川江纖工)의 구호소리, "명령에 따라 비판하는" 시절의 대자보, 프린스턴의 떠들썩한 객실, 강연장 아래의 열정적인 박수소리처럼 개인생활의 흔적은 국가와 역사와 마찬가지로 다사다난하며 다채롭다. 내가 앞으로 써내려갈 수 있을지는 모르겠지만 그 정취와 그 정경을 진정으로 체험할 수 있는 사람은 오직 나뿐이다. 내가 늘 말하는 "역사는 이미 마침표가 찍힌 과거이며 역사학은 영원히 끝나지 않는 원양항해다."라는 말을 누가 부정하겠는가?

쓸데없는 말이 길어졌으나 이를 자서(自叙)로 삼는다.

[부 록 6]

장카이위안(章开沅) 논저 목록(1957~2009)

[부 록 6]

장카이위안(章开沅) 논저 목록(1957~2009)

저 작

1. 《辛亥革命前夜的一场大论战》, 人民出版社, 1975。
2. 《辛亥革命与近代社会》, 天津人民出版社, 1985。
3. 《开拓者的足迹 一 张謇传稿》, 中华书局, 1986;日本东方书店, 1989(日文版)。
4. 《离异与回归——传统文化与近代化关系试析》, 湖南人民出版社, 1989;韩国岭南大学, 2008(韩文版)。
5. 《辛亥前后史事论丛》, 华中师范大学出版杜, 1990。
6. 《南京大屠杀的历史见证》, 湖北人民出版社, 1995。
7. 《南京:1937年11月—1938年5月》, 香港三联书店, 1995。
8. 《辛亥前后史事论丛续编》, 华中师范大学出版社, 1996。
9. 《实斋笔记》, 上海东方出版中心, 1998;陕西人民出版社, 2008(修订再版)。
10. 《章开沅学术论著选》, 华中师范大学出版社, 2000。
11. 《从耶鲁到东京——为南京大屠杀取证》, 广东人民出版社, 2003。
12. 《鸿爪集》, 上海古籍出版社, 2003。
13. 《传播与植根——基督教与中西文化交流论集》, 广东人民出版社，2005。

14. 《平凡的神圣——陶行知》，湖北教育出版社，1992，合著。

15. 《张謇与近代社会》，华中师范大学出版社，2001，合著。

16. 《南京难民宣教师证言集》，南京大学出版社，2005(日文版，编著)。

17. 《南京大屠杀史料集:美国传教士的日记与书信》，江苏人民出版社，2005(编著)。

18. 《武昌起义》，中华书局，1964(编写)。

19. 《辛亥革命史》(三卷本)，人民出版社，1980—1981(合编)。

20. 《辛亥革命史丛刊》，中华书局，1980—1994(主编)。

21. 《中国近代史》，湖北人民出版社，1983(合编)。

22. 《辛亥人物文集丛书》，华中师范大学出版社，1986—1996(主编)。

23. 《辛亥革命运动史稿》，中国人民大学出版社，1988(合编)。

24. 《中外近代化比较研究丛书》，湖南人民出版社，1988—1994(主编)。

25. 《对外经济关系与中国近代化》，华中师范大学出版社，1990(合编)。

26. 《中西文化与教会大学》，湖北教育出版社，1991(合编)。

27. 《辛亥革命辞典》，武汉出版社，1991(合编)。

28. 《国内外辛亥革命研究综览》，湖北教育出版社，1991(合编)。

29. 《苏州商会档案丛编》(第一主编，共2辑)，华中师范大学出版社，1991。

30. 《比较中的审视——中国早期现代化研究》，浙江人民出版社，1993(合编)。

31. 《辛亥革命与中国社会发展道路》，湖北人民出版社，1993(合编)。

32. 《文化传播与教会大学》，湖北教育出版社，1996(合编)。

33. 《社会转型与教会大学》，湖北教育出版社，1998(合编)。

34. 《天理难容——美国传教士眼中的南京大屠杀(1937—1938)》，南京大学出版社，1999(编译)。

35. 《湖北通史》，华中师范大学出版社，1999(合编)。

36. 《中国教会大学史研究丛刊》(第一辑)，珠海出版社，1999(合编)。

37. 《清通鉴》(共4卷), 岳麓书社, 2000(合编)。
38. 《基督教与中国文化丛刊》, 湖北教育出版社, 2000年以后陆续出版(合编)。
39. 《中国近代民族资产阶级研究:1860—1919》, 华中师范大学出版社, 2000(合编)。
40. 《中国近代史上的官绅学商》, 湖北人民出版社, 2000(合编)。
41. 《辛亥革命与20世纪中国》, 湖北人民出版社, 2001(合编)。
42. 《中国著名大学校长书系》(共10卷), 山东大学出版社, 2004(合编)。
43. 《辛亥革命与中国政治发展》, 华中师范大学出版社, 2005(合编)。
44. 《辛亥革命史资料新编》, 湖北人民出版社, 2006(合编)。
45. 《中国教会大学史研究丛刊》(第二辑), 珠海出版社, 2006(合编)。
46. 《余家菊与近代中国》, 华中师范大学出版社, 2007(合编)。

논 문

1. 《关于中国近代史分期问题》, 载《华中师院学报》, 1957(1)。
2. 《中国近代史分期问题讨论》, 载《历史研究》, 1957(3)。
3. 《有关太平天国土地政策若干问题》, 载《华中师院学报》, 1957(3)。
4. 《有关太平天国性质的几个问题》, 载《理论战线》, 1958(2)。
5. 《试论中国十九世纪七十年代至甲午战争前的维新思维》, 《理论战线》, 1959(12)。
6. 《1990年前后湖北地区反洋教斗争》, 载《理论战线》, 1960(5)。
7. 《武昌起义与湖北革命运动》, 载《江汉学报》, 1961(3)。
8. 《从辛亥革命看民族资产阶级的性格》, 载《新华日报》, 1961(11)。
9. 《谭人凤与社会改进会》, 载《文汇报》, 19620223。

10. 《太平天国在天京实行的几个制度》，载《历史教学》，1962(4)。

11. 《论张謇的矛盾性格》，载《历史研究》，1963(3)。

12. 《辛亥革命前后张謇与袁世凯的关系》，载《光明日报》，19630407。

13. 《辛亥革命前后黄兴和江浙立宪派》，载《文汇报》，19630530。

14. 《试论1913年的"二次革命"》，载《新建设》，1964(2)。

15. 《民国初年清朝"遗老"的复辟活动》，载《江汉学报》，1964(4)。

16. 《从"伪降"到"苦肉计"》，载《文汇报》，19640812。

17. 《不要尽量美化，也不要一笔抹煞》，载《光明日报》，19640824。

18. 《是尊重历史事实，还是乞降辩护》，载《江汉学报》，1964(9)。

19. 《论张勋复辟的历史机缘和失败的必然性》，载《新建设》，1965(3)。

20. 《湖北阳新半壁山太平天国烈士丛葬》，载《文物》，1973(12)。

21. 《"孔家店"与张勋复辟》，载《文物》，1975(5)。

22. 《从状元到资本家——<张謇评传>连载之一》，载《华中师院学报》，1978(2)。

23. 《在两个世纪之间——<张謇评传>连载之二》，载《华中师院学报》，1978(3)。

24. 《论同盟会的性格及其内部分歧》，载《历史研究》，1978(11)。

25. 《民元"争都"浅释》，载《北方论丛》，1979(1)。

26. 《宫崎寅藏与<革命评论>》，载《文物》，1980(3)。

27. 《解放思想、实事求是，努力研究辛亥革命史》，载《辛亥革命史丛刊》，第1辑，中华书局，1980。

28. "A General Review of the Revolution of 1911 in the P.R.C.", The Journal of Asian Studies, Vol.39, No.3 (May 1980).

29. "Some Problems of Historical Research on the1911 Revolution", Chinese Studies in History, Vol.12, No.4 (Spring-Summer 1980).

30. 《翁张交谊与晚清政局》，载《近代史研究》，1981(1)。

31. 《论国魂——辛亥革命进步思潮浅析之一》，载《华中师院学报》，

1981(3)。

32. 《排满与民族运动》, 载《近代史研究》, 1981(3)。

33. 《论1903年江浙知识界的新觉醒》, 载《江汉论坛》, 1981(3)。

34. 《辛亥革命史研究中的一个问题》, 载《历史研究》, 1981(4)。

35. 《时代·祖国·乡里》, 载《社会科学战线》, 1981(4)。

36. 《辛亥革命与江浙资产阶级》, 载《历史研究》, 1981(5)。

37. 《论辛亥革命时期爱国主义思想特征》, 载《华中师院学报》, 1982(5)。

38. 《苏州市民公社与辛亥革命(1908—1912)》(合撰), 载《辛亥革命史丛刊》, 第4辑, 中华书局, 1982。

39. "Liberate Thought, Seek Truth from the Facts, and Diligently Research the History of 1911 Revolution", Chinese Studies in History, Vol.15, No.34(Spring-Summer 1982).

40. 《就辛亥革命性质问题答台北学者》, 载《近代史研究》, 1983(1)。

41. 《论辛亥国魂之陶铸》, 载《江汉论坛》, 1983(2)。

42. 《关于改进研究中国资产阶级方法的若干问题》, 载《历史研究》, 1983(5)。

43. "Characteristic of the Trend of Patriotism in the 1911 Revolution", Chinese Studies in History, Vol.16, No.34 (Spring-Summer 1983).

44. "The Slogan 'Drive out the Manchus' and the Modern Chinese Nationalist Movement", The 1911 Revolution-a Restrospective after 70 Years, New World Press, 1983.

45. 《民族运动与中国近代史的基本线索》, 载《历史研究》, 1984(3)。

46. 《辛亥革命史研究如何深入》, 载《近代史研究》, 1984(5)。

47. 《从状元到资本家的张謇》, 载《文史知识》, 1984(9)。

48. "The Slogan 'Expel the Manchus' and the Nationalist Movement in Modern History", The 1911 Revolution in hina-Interpretative Esssays, Ed. Eto Shinkichi and Harold Z.Schiffrin, University of Tokyo Press, 1984.

49. 《振兴中华与认识国情》, 载《华中师院学报》, 1985(1)。

50. "The 1911 Revolution and the Jiang-Ze Bourgeoisie", Chinese Studies in History, Vol.18, No.1 (June 1985).

51. 《辛亥革命七十周年纪念学术讨论会国内论文批评》, 见狭间直树等编:《中国历史学の新しぃ波——辛亥革命研究につぃて》, 东京:霞山会昭和六十年版。

52. 《辛亥革命前后的张謇》, 载《社会科学战线》, 1986(1)。

53. 《辛亥革命时期的社会思潮》, 载《求索》, 1986(4)。

54. 《孙中山と中国国情》, 见《孙中山研究日中国际学术会议报告集》, 东京:法律文化社, 1986。

55. 《"排满"と民族运动》, 见安藤彦太郎编:《辛亥革命——中国近代化の道程》, 东京:早稻田大学出版部, 1986。

56. 《从离异到回归——孙中山与传统文化》, 载《历史研究》, 1987(1)。

57. 《张謇与中国近代化》, 载《华中师范大学学报》, 1987(4)。

58. 《对外经济关系与大生资本集团的兴衰》, 载《近代史研究》, 1987(5)。

59. 《张謇与近代化模式》, 载《民国档案》, 1988(1)。

60. 《"排满"与民主运动》, 载《湖北民族学院学报》, 1988(1)。

61. 《法国大革命与辛亥革命》, 载《历史研究》, 1989(4)。

62. 《俱分进化论的忧患意识》, 载《历史研究》, 1989(5)。

63. 《大陆对于孙学之研究与定位:回顾与前瞻》, 载《中山社会科学季刊》(高雄)第五卷四期(1990年12月)。

64. 《论国魂》, 见《辛亥前后史事论丛》, 华中师范大学出版社, 1990。

65. 《国魂与国民精神试析》, 见《辛亥前后史事论丛》, 华中师范大学出版社, 1990。

66. 《孙中山与宫崎兄弟》, 见《辛亥前后史事论丛》, 华中师范大学出版社, 1990。

67. 《孙中山与世情》, 见《辛亥前后史事论丛》, 华中师范大学出版社, 1990。

68. 《对张謇的再认识》, 见《辛亥前后史事论丛》, 华中师范大学出版社, 1990。

69. 《辛亥革命后张謇与袁世凯的关系》, 见《辛亥前后史事论丛》, 华中师范大学出版社, 1990。

70. 《辛亥武昌首义记》, 见《辛亥前后史事论丛》, 华中师范大学出版社, 1990。

71. 《湖南人与辛亥革命》, 见《辛亥前后史事论丛》, 华中师范大学出版社, 1990。

72. 《辛亥革命与只争朝夕》, 载《华中师范大学学报》, 1991年专辑。

73. 《愤悱·讲画·变力——对外反应与中国近代化》, 载《历史研究》, 1992(2)。

74. And Ng, Tze Ming Peter, "Recent Development in Research on the History of Christian Higher Education in Mainland China-the Chinese Experience", Newsletter for Modern Chinese History, Vol.15 (March 1993), pp.118128.

75. 《贝德士与金陵大学》, 载《宇宙光杂志》(台北), 1994(6)。

76. 《教会大学与20世纪20年代的中国政治》, 见《中国教会大学史论丛》, 成都科技大学出版社, 1994。

77. 《1949年以后大陆辛亥革命资料》, 载《国史馆馆刊》(台北)1994(12)。

78. 《中国教会大学的历史命运》, 载《中央研究院近代史所专刊》(台北)1995(2)。

79. 《展望未来中国教会大学档案之研究方向》, 见《中国教会大学历史文献研讨会论文集》(香港)1995。

80. 《现代化与中国近现代史研究》, 载《中国历史学年鉴》, 1995。

81. 《"排满"评议——对辛亥前后民族主义的再认识》, 载《国史馆馆刊》(台北)复刊号1995。

82. 《甲午战争与晚清政局》, 见《辛亥前后史事论丛续编》, 华中师范大学出版社, 1996。

83. 《艰难的探索(论纲)——对五权宪法的再认识》, 见《辛亥前后史事论丛续编》, 华中师范大学出版社, 1996。

84. 《基督教与五四运动》, 见《辛亥前后史事论丛续编》, 华中师范大学出版社, 1996。

85. 《让事实说话——贝德士眼中的南京大屠杀》, 见《辛亥前后史事论丛续编》, 华中师范大学出版社, 1996。

86. 《年年新绿满芳洲》, 载《历史教学问题》, 1997(1)。

87. 《教会大学史研究的文化视野》, 载《华中师范大学学报》(哲学社会科学版), 1997(3)。

88. 《贝德士文献的史料价值》, 载《历史教学问题》, 1997(3)。

89. 《论史魂》, 载《华中师范大学学报》(人文社会科学版), 1998(1)。

90. 《论史学与政治及其他》, 载《华中师范大学学报》(人文社会科学版), 1998(2)。

91. 《史学四题》, 载《华中师范大学学报》(人文社会科学版), 1998(3)。

92. 《到底是谁在制造伪证?——驳田中正明著<南京大屠杀之虚构>对贝德士的诋毁》, 载《历史研究》, 1999(2)。

93. 《对于容闳的新认识》, 载《华中师范大学学报》(人文社会科学版), 1999(3)。

94. 《教育改革与培养高素质人才》, 载《华中师范大学学报》(人文社会科学版), 1999(6)。

95. 《王道与霸道——试论孙中山的大同理想》, 载《浙江社会科学》, 2000(3)。

96. 《张謇与中韩文化交流》, 载《华中师范大学学报》(人文社会科学版), 2000(6)。

97. 《参与的史学与史学的参与论纲》, 载《江汉论坛》, 2001(2)。

98. 《关于孙中山研究的思考》, 载《郧阳师范高等专科学校学报》, 2001(4)。

99. 《论汤寿潜现象——对辛亥革命的反思之一》, 载《浙江社会科学》, 2001(6)。

100. 《张汤交谊与辛亥革命》, 载《历史研究》, 2002(1)。

101. 《张謇感动中国》, 载《苏东学刊》, 2003(2)。

102. 《荻溪章氏家乘初探》, 载《浙江社会科学》, 2003(3)。

103. 《金泽荣——中韩文化交流的友好使者》, 载《华中师范大学学报》, 2003年韩国研究专刊。

104. 《落叶归根与落地生根——从容闳与留美教育说起》, 载《徐州师大学报》, 2004(2)。

105. 《荻溪章氏》, 载《寻根》, 2004(3)。

106. 《境界——追求圆融》, 载《史学月刊》, 2004(6)。

107. 《走自己的路——中国史学的前途:在暨南大学“星期一史学沙龙”的演讲》, 载《暨南学报》(人文科学与社会科学版), 2005(3)。

108. 《东南精英与辛亥前后的政局》, 载《史林》, 2005(4)。

109. 《尊重历史 超越历史》, 载《学习月刊》, 2005(9)。

110. 《同盟会及<民报>的渊源》, 载《文史知识》, 2005(9)。

111. 《学习张謇的理性爱国主义》, 载《华中师范大学学报》(人文社会科学版), 2006(2)。

112. 《百年以后看同盟会》, 载《四川大学学报》(哲学社会科学版), 2006(4)。

113. 《商会档案的原生态与商会史研究的发展》, 载《学术月刊》, 2006(6)。

114. 《从清史编纂看太平天国》, 载《江海学刊》, 2006(6);《清史研究》, 2007(1)。

115. 《追寻早期华工的历史足迹——以艾尔松<爱达荷华人往事>为例》, 载《四川大学学报》(哲学社会科学版), 2007(1)。

116. 《展望二十一世纪的张謇研究》, 《南通大学学报》(社会科学版), 2007(1)。

117. 《国学家的精神世界——对章太炎与<苏报案>的再认识》, 载《光明日报》, 2007057。

118. And Wang Weijia, “Tao Xingzhi and Mass Education Movement”, Ethical Visions of Education : Philosophies in Practice, Boston Research Center for the 21st Century, Teachers Colleges Press, Columbia University. April, 2007.

기 타

1. 《“傲霜花艳岭南枝”——评论历史故事<林则徐>》，载《人民日报》，1959-11-15。

2. 《既不苛求也不溢美——<孙中山思想研究>读后》，载《光明日报》，1982-11-24。

3. 《<帝国主义侵华史>第二卷读后》，载《近代史研究》，1987(6)。

4. 《与世纪同龄、与时代俱进——刘廷芳<记两广“六·一事变”未曾公开的一段内幕>一文读后》，载《辛亥前后史事论丛续编》，华中师范大学出版社，1996。

5. 《近代中国商会与市民社会研究的力作——评朱英著<转型时期的社会与国家>》，载《华中师范大学学报》(人文社会科学版)，1999(1)。

6. 《由<文化的商务>引起的遐想》，载《华中师范大学学报》(人文社会科学版)，2000(5)。

7. 《讲述老百姓自己的故事——评介艾尔松的<爱达荷华人往事>》，载《历史研究》，2001(4)。

8. 《“受光于天下照四方”——<魏源全集>出版感言》，载《华中师范大学学报》，2003(5)。

9. 《历史视角下的区域文化研究——评<沧桑与瑰丽——鄂西北历史文化论纲>》，《沧桑与瑰丽——鄂西北历史文文化论纲》，蒋显福等著，湖北人民出版社，2004。

10. 《纪念辛亥革命七十周年学术讨论会论文评述》，见《辛亥革命史研究通讯》，1982。

11. 《辛亥革命(1982年研究述评)》，载《中国历史学年鉴》，1983。

12. 《辛亥革命研究的三十年》，见《纪念辛亥革命七十周年讨论会论文集》，中华书局，1983。

13. 《辛亥革命研究の三十年》，见狭间直树等编:《中国历史学の新しぃ波——辛亥革命研究につぃて》，东京:霞山会昭和六十年版。

14. 《孙中山革命思想研究述评》，见《回顾与展望——1986国内外孙中山研究述评》, 中华书局, 1986。

15. 《50年来的辛亥革命史研究》, 载《近代史研究》, 1999(5)。
16. 《辛亥学脉, 世代绵延——辛亥革命九十周年国际学术会议述评》, 载《华中师范大学学报》(人カ社会科学版)2002(4)。
17. 《革命日记》, 见《辛亥革命史丛刊》第5辑, 中华书局, 1984, 译文。
18. 《<改良与革命——辛亥革命在两湖>中译本序言》, 见[美]周锡瑞著, 杨慎之译:《改良与革命——辛亥革命在两湖》, 中华书局, 1982。
19. 《<孙中山与中国革命的起源>中译本序言》, 见[以]史扶邻著:《孙中山与中国革命的起源》, 中国社会科学出版社, 1985。
20. 《<邹容陈天华评传>序言》, 见冯祖贻著:《邹容陈天华评传》, 河南教育出版社, 1986。
21. 《<章太炎思想研究>序言》, 见唐文权、罗福惠著:《章太炎思想研究》, 华中师范大学出版社, 1986。
22. 《<张之洞评传>序言》, 见冯天瑜著:《张之洞评传》, 河南教育出版社, 1986。
23. 《<蔡元培评传>序言》, 见胡国枢著:《蔡元培评传》, 河南教育出版社, 1986。
24. 《<陈英士>前言》, 见《陈英士》, 浙江人民出版社, 1986。
25. 《<唐继尧评传>序言》, 见谢本书著:《唐继尧评传》, 河南教育出版社, 1987。
26. 《<幻想与现实——中国道路>序言》, 见《辛亥前后史事论丛》, 华中师范大学出版社, 1990。
27. 《<中外近代化比较研究丛书>总序》, 见《辛亥前后史事论丛》, 华中师范大学出版社, 1990。
28. 《把人类作为一个整体——布莱克<现代化动力学——比较史学研究>中译本前言》, 见《辛亥前后史事论丛》, 华中师范大学出版社, 1990。
29. 《<辛亥人物文集丛书>出版说明》, 见《辛亥前后史事论丛》, 华中师范大学出版社, 1990。

30. 《<苏州商会档案丛编>第一辑序言》, 见章开沅等主编:《苏州商会档案丛编》第一辑, 华中师范大学出版社, 1990。

31. 《<近代上海人社会心态(1860—1910)>序言》, 见乐正著:《近代上海人社会心态(1860—1910)》, 上海人民出版社, 1991。

32. 《<辛亥革命辞典>序言》, 见章开沅主编:《辛亥革命辞典》, 武汉出版社, 1991。

33. 《<辛亥革命史地图集>序言》, 见辛亥革命史纪念馆等编:《辛亥革命史地图集》, 地图出版社, 1991。

34. 《<辛亥革命研究动态>创刊感言》, 载《辛亥革命研究动态》, 创刊号。

35. 《<辛亥人物碑传集>序言》, 见卞孝萱、唐文权编:《辛亥人物碑传集》, 团结出版社, 1991。

36. 《<强权与民声——民初十年社会透视>序言》, 见马小泉等著:《强权与民声——民初十年社会透视》, 河南大学出版社, 1991。

37. 《<辛亥革命时期新式商人社团研究>序言》, 见朱英著:《辛亥革命时期新式商人社团研究》, 中国人民大学出版社, 1991。

38. 《<护法运动史>》序言》, 见莫世祥著:《护法运动史》, 广西人民出版社, 1991。

39. 《<中国人文精神的重建>序言》, 见郭国灿著:《中國人文精神的重建》, 湖南教育出版社, 1992。

40. 《<传统与近代的二重变奏——晚清苏州商会个案研究>序言》, 见马敏、朱英著:《传统与近的二重变奏——晚清苏州商会个案研究》, 巴蜀书社, 1993。

41. 《<比较中的的审视:中国早期现代化研究>序言》, 见章开沅、罗福惠主编:《比较中的的审视:中国早期现代化研究》, 浙江人民出版社, 1993。

42. 《<商会与早期现代化>序言》, 见虞和平著:《商会与早期现代化》, 上海人民出版社, 1993。

43. 《<居正传>序言》, 见林济著:《居正传》, 湖北人民出版社, 1993。

44. 《<湖北地方政府与社会经济建设(1890—1911)>序言》, 见宋亚平著:

《湖北地方政府与社会经济建设(1890—1911)》, 华中师范大学出版社, 1993。

45. 《<过渡形态:中国早期资产阶级构成之谜>序言》, 见马敏著:《过渡形态:中国早期资产阶级构成之谜》, 中国社会科学出版社, 1994。

46. 《<官商之间——社会剧变中的近代绅商>序言》, 见马敏著:《官商之间——社会剧变中的近代绅商》, 天津人民出版社, 1995。

47. 《<晚清经济政策与改革措施>序言》, 见朱英著:《晚清经济政策与改革措施》, 华中师范大学出版社, 1995。

48. 《<跨越中西文化的巨人>序言》, 见马敏主编:《跨越中西文化的巨人》, 华中师范大学出版社, 1995。

49. 《<抗日战争大辞典>序言》, 见《抗日战争大辞典》, 湖南教育出版社, 1995。

50. 《<熊希龄传>序言》, 见《熊希龄传》, 湖南教育出版社, 1995。

51. 《<走向世界的宁波帮企业家>序言》, 见《辛亥前后史事论丛续编》, 华中师范大学出版社, 1996。

52. 《<朱峙三日记>说明》, 见《辛亥前后史事论丛续编》, 华中师范大学出版社, 1996。

53. 《诂经谭史, 言传身教——纪念钱基博先生诞生100周年学报专刊序言》, 见《辛亥前后史事论丛续编》, 华中师范大学出版社, 1996。

54. 《<中国教育近代化研究丛书>序言》, 见《中国教育近代化研究丛书》, 广东教育出版社, 1996。

55. 《<东方商旅丛书>序言》, 见《东方商旅丛书》, 华中理工大学出版社, 1996。

56. 《<近代史秘>序言》, 见《辛亥前后史事论丛续编》, 华中师范大学出版社, 1996。

57. 《<文化传播与教会大学>序言》, 见章开沅主编:《文化传播与教会大学》, 湖北教育出版社, 1996。

58. 《<杨东莼学术论著选辑>序言》, 见《杨东莼学术论著选辑》, 华中师范大学出版社, 1997。

59. 《近代商人与中国社会转型——序<东方商旅丛书>》, 载《天津社会科学》, 1997(4)。

60. 《<荆楚青年人文学者文丛>序》, 载《理论月刊》, 1999(8)。

61. 《优秀出版社永远是无形的大学——<文化的商务>序》, 载《出版广角》, 2000(5)。

62. 《大教育:建设中国的支点——<陶行知与中国现代化>序》, 载《中国改革》, 2002(7)。

63. 《<中国著名大学校长书系>序言》, 载《高等教育研究》, 2004(3)。

64. 《<明清郧阳历史文献笺注稿>序》, 载《十堰职业技术学院学报》, 2005(1)。

65. 《<辛亥革命与中国政治发展>序言》, 见章开沅、严昌洪主编:《辛亥革命与中国政治发展》, 华中师范大学出版社, 2005。

66. 《生活教育已经成为世界文化遗产中的瑰宝——<陶行知与中国现代化>序》, 载《生活教育》, 2006(10)。

67. 《我怎能保持沉默——<重庆大轰炸档案文献史料丛书>总序》, 载《红岩春秋》, 2007(6)。

68. 《中国近代革命史的缩影——<湖北近代革命史>代序》, 载《湖北社会科学》, 2007(5)。

69. 《<中国基督教区域史研究>代序》, 见《中国基督教区域史研究》, 巴蜀书社, 2007。

70. 《序:迎接辛亥革命一百周年》, 见《辛亥革命史丛刊》(第13辑), 湖北人民出版社, 2007。

71. 《<武汉抗战史料>序言》, 见武汉地方志编纂委员会编:《武汉抗战史料》, 武汉出版社, 2007。

72. 《<中国基督教乡村建设运动研究(1907—1950)>序言》, 见刘永峰著:《中国基督教乡村建设运动研究(1907—1950)》, 天津人民出版社, 2008。

73. 《大学啊, 大学!——<政局与学府:从东南大学到中央大学(1919—1937)>序言》, 见许小春着:《政局与学府:从东南大学到中央大学(1919—1937)》, 中国社会科学出版社, 2009。

74. 《百年前的长江第一座大桥》, 载《长江日报》, 19551111。

75. 《"读书与求解"(学史偶记)——史料与史学的关系》, 载《理论战线》, 1959(7)。

76. 《对外经济关系与中国近代化国际学术研讨会开幕词》, 载《华中师范大学学报》, 1981(3)。
77. 《辛亥七十周年感言——兼论辛亥革命的历史意义》, 载《长江日报》, 1981-10-03。
78. 《访日纪事——一首黄兴题赠日本友人的诗》, 载《湖南日报》, 1982-03-17。
79. 《我与辛亥革命史》, 载《书林》, 1983(6)。
80. 《纪念馆的地位、功能及其发展方向》, 载《辛亥革命研究会通讯》, 1987(3)。
81. 《着眼于培养二十一世纪的新人》, 载《华中师范大学学报》, 1988(6)。
82. 《增强主体 意识、维护科学尊严》, 载《湖北社会科学》, 1989(3)。
83. 《辛亥以前康有为、梁启超等致柏原文太郎等的13封信注释》, 见《辛亥前后史事论丛》, 华中师范大学出版社, 1990。
84. 《辛亥严复致陈宝琛书注释》, 见《辛亥前后史事论丛》, 华中师范大学出版社, 1990。
85. 《赣宁之役史料辑录》, 见《辛亥前后史事论丛》, 华中师范大学出版社, 1990。
86. 《辛亥革命的意义与纪念馆的建设》, 见辛亥革命武昌起义纪念馆编:《辛亥革命研究及其他》, 武汉大学出版社, 1994。
87. 《在"三个中心"的道路上迈进》, 见辛亥革命武昌起义纪念馆编: 《辛亥革命研究及其他》, 武汉大学出版社, 1994。
88. 《海外旅程》, 见《1994—95年度黄林秀莲访问学人——章开沅教授》特刊, 香港中文大学崇基学院, 1995。
89. 《我与教会大学史》, 见《1994—95年度黄林秀莲访问学人——章开沅教授》特刊, 香港中文大学崇基学院, 1995。
90. 《历史寻踪》, 见《1994—95年度黄林秀莲访问学人——章开沅教授》特刊, 香港中文大学崇基学院, 1995。
91. 《知识分子与历史使命感》, 见《1994—95年度黄林秀莲访问学人——章开沅教授》特刊, 香港中文大学崇基学院, 1995。

92. 《孟浪少年游》, 见《1994—95年度黄林秀莲访问学人——章开沅教授》特刊, 香港中文大学崇基学院, 1995。

93. 《华中师大章开沅教授来信》, 载《百年潮》, 1998(1)。

94. 《改革也需要策略》, 载《开放时代》, 1998(3)。

95. 《一个交流的窗口》, 载《书屋》, 1998(1)。

96. 《回忆与祝愿》, 载《江汉论坛》, 1998(8)。

97. 《学风应成为世风的先导——致曾业英同志》, 载《近代史研究》, 1999(1)。

98. 《西学东渐与东学西渐——耶鲁馆藏容闳档案简介》, 载《浙江社会科学工作者》, 1999(1)。

99. 《开卷有益》, 载《学习月刊》, 2000(2)。

100. 《百年树人 一往情深——张謇赠通师毕业生诗述略》, 载《南通工学院学报》(社会科学版), 2002(3)。

101. 《精品意识与文化武汉》, 载《政策》, 2003(9)。

102. 《武汉研究》, 载《近邻》, 2003(8)。

103. 《对若林正书评的回忆》, 载《近代基督教史研究集刊》, 2004(6)。

104. 《笔墨缘结五十年——寄语<历史研究>》, 载《光明日报》, 20040410。

105. 《望重士林 泽惠江汉》, 载《江汉论坛》, 2006(10)。

106. 《学人评说学界弊病(专家访谈)》, 载《同舟共进》, 2006(5)。

107. 《回忆学报若干往事》, 载《华中师范大学学报》(人文社会科学版), 2005(6)。

108. 《为什么要有校园草坪?——读<小草青青践踏何忍>一文有感》, 载《学习月刊》, 2006(9)。

109. 《中部崛 起, 文化先行——武汉社会文化研究院专家学者纵论"中部崛起"》, 载《学习与实践》, 2006(9)。

110. 《香山花艳岭南枝》, 载《粤 海风》, 2007(2)。

111. 《寻梦无痕——西北寻根随笔》, 载《寻根》, 2007(4)。

112. 《史华慈:真正的学术与真正的学者——兼议当今高校的"项目拜物教"》, 载《同舟共进》, 2007(5)。

113. 《章开沅与一位普通考生的通信》, 载《同舟共进》, 2007(9)。

114. 《泰晤士河源头的思考——从"牛津现象"谈起》, 载《同舟共进》, 2008(1)。

115. 《谁在"折腾"中国的大学》, 载《同舟共进》, 2009(6)。

116. 《与陕西学者张应超的学术交往》, 载《武汉文史资料》, 2009(6)。

117. 《以张謇精神研究张謇》, 载《历史教学》(高教版), 2009(5)。

118. 《黄帝与辛亥革命》, 载《华夏文化》, 2009(2)。

119. 《"20后"寄语"90后":一定要珍惜自己的大学时代》, 载《湛江师范学院学报》,2009(1)。

재판(再版) 후기

이 책의 시작은 1980년대 중반에 우리가 중국 현대화의 역사적 흐름에 관한 연구를 국가중점 프로젝트로 담당하게 되면서부터이다. 프로젝트 담당자로서 나는 전면적이고 체계적인 고민을 하였고 그 결과를 한 질의 총서의 전체 서문과 내가 쓴 《결별과 회귀 — 전통문화와 근대의 관계에 대한 시험적 분석》에 모두 다 담았다. 이 한 질의 총서는 호남인민출판사에서 출판된 중국근대화연구총서인데 몇 년 동안 이 책을 찾는 독자가 항상 있었다. 그렇지만 인쇄부수가 많지 않았기에 나는 나눠줄 책이 없었고, 심지어 한국 학자들은 이 책의 복사본을 소장해야 했다.

그러다가 이번에 인민대학출판사에서 재판의 기회를 주어 감사하기 짝이 없는 차데이다. 그러나 이 기회를 빌려 전면적인 수정과 보강을 할 생각이었으나 호남출판사 판본은 주로 사회 대중을 겨냥한 책인 데다가 당시 나는 학교 행정업무를 담당하고 있었기에 매일 아침 4시부터 8시까지의 “황금시간”을 이용할 수밖에 없어서 급하게 쓰느라 하고 싶은 말을 마음껏 하지 못했다. 더구나 세월이 흘러 어느덧 80 고령이 되니 정신과 체력이 좋지 않아 한계에 이른 느낌이라 폐추자진(敝帚自珍)이라는 말처럼 기본적인 원형은 유지한 채 겨우 소수의 수정과 교정을 가했을 뿐이다. 지금 세계는 이미 현대에 들어섰지만 아직도 여전히 수많은 낙후한 국가와 지역에서는 현대화가 계속 진행되고 있다. 그러나 현대화 연구는 어느덧 푸대접을 받고 있는 듯하다. 재판한 이 책은 학술적 가치를 지닌 전문서라고 하기 보다는 그럭저럭 격식을 갖춘 채 문서로 보존된 당대 역사학자의 심리과정을 담은 실록이라고 보아주었으면 한다.

수정증편과정에서 출판사의 담서봉(譚徐鋒) 편집자의 많은 도움을 받았고, 젊은 동료인 전단, 유리 역시 교정과 인쇄를 도와주며 수많은 시간과 정력을 쏟았기에 이 자리를 빌려 깊은 감사를 표한다. 이 책은 당초 출간할 때 숱한 논란을 일으켰던 터라 이 재판본도 비평과 질정(叱正)을 해주기를 바라마지 않는다.

장카이위안(章开沅)
2008년 구랍에 백운산(白雲山) 기슭에서.